中级日语语法新解

〔日〕市川保子 /著

修刚 /审订

叶欣 赵淑玲 /译

中級日本語文法

著作权合同登记号　图字：01-2017-5804

图书在版编目（CIP）数据

中级日语语法新解 /（日）市川保子著；叶欣，赵淑玲译 . —北京：北京大学出版社，2017.10
ISBN 978-7-301-28830-6

Ⅰ.①中⋯　Ⅱ.①市⋯②叶⋯③赵⋯　Ⅲ.①日语—语法—教材　Ⅳ.①H364

中国版本图书馆 CIP 数据核字（2017）第 247675 号

© 2007 by ICHIKAWA Yasuko
PUBLISHED WITH KIND PERMISSION OF 3A CORPORATION,
TOKYO, JAPAN

「本書籍の中華人民共和国国外での使用および販売を禁止します。」
本作品仅限在中华人民共和国境内使用及销售（台湾、香港、澳门等地区除外）。

书　　名	中级日语语法新解 ZHONGJI RIYU YUFA XINJIE
著作责任者	〔日〕市川保子　著　叶　欣　赵淑玲　译
责任编辑	兰　婷
标准书号	ISBN 978-7-301-28830-6
出版发行	北京大学出版社
地　　址	北京市海淀区成府路 205 号　100871
网　　址	http://www.pup.cn　新浪微博：@北京大学出版社
电子信箱	zpup@pup.cn
电　　话	邮购部 62752015　发行部 62750672　编辑部 62759634
印刷者	北京溢漾印刷有限公司
经销者	新华书店 787 毫米 ×1092 毫米　16 开本　23.5 印张　360 千字 2017 年 10 月第 1 版　2017 年 10 月第 1 次印刷
定　　价	65.00 元

未经许可，不得以任何方式复制或抄袭本书之部分或全部内容。
版权所有，侵权必究
举报电话：010-62752024　电子信箱：fd@pup.pku.edu.cn
图书如有印装质量问题，请与出版部联系，电话：010-62756370

序

《初级日语语法新解》和《中级日语语法新解》是从日本引进语法著作的中文译本。它由我国日语教学和翻译经验丰富的一线教师译出，为我们的日语教育和学习者做了一件脚踏实地的工作。

原版作者市川保子教授是活跃在日本教学第一线的语法学者和对外日语教育专家。从20世纪60年代开始一直从事海外日语教育工作，有着极其丰富的实践经验和理论造诣。原书是专门针对外国人学习日语而编写的，它抛弃了传统的、枯燥的语法讲授加例句的做法，突出了语言的应用性，运用了有效的教学手段，较好地解决了困扰业界多年的、如何有效地进行语法教学，以及如何诱发学习者学习语法的兴趣等"老大难"问题。它侧重于"学了就能用"的实际操作层面。原书在日本数次再版，是深受读者欢迎的日语语法书，具有很大影响力和参考价值。译者根据我国的日语教学的现状，经过长期选材，精心策划，反复推敲译文，付出了艰辛的劳动。本书的译文力求准确地传达作者的思想，再现原著的风貌。本书的出版不仅可以满足我国不同层次日语读者的需求，也为我国读者介绍了日本新近出版的具有代表性的语法书籍和语法教学实态。

本书的初级部分，旨在帮助学习者有效地学习和运用基本的日语语法知识，自主解析一些常见的语法现象，培养识别病句的能力，对学习者遇到的语法现象进行解惑和指导。初级部分涉及69项语法，中级部分涉及54项语法，主要解决的是如何依据语法规则，正确地遣词造句，如何与有关的词语搭配使用；以及近义词的表达与比较；作者力求在轻松自然的会话和语句中，加以透彻的说明。

原书参考了大量的日本学者新近的著述，做到了通过现实的语言来解析语法现象，引出令人信服的结论。由于本书内容符合实际、确为学习者所需，而且，语言生动简洁、视点例句新颖、讲解深入浅出。中译本可以作为日语专业学生、研究生、有同等水平读者的学习用书，也可以作为我国日语专业教师的教学参考用书使用。另外，本书所

列出的语法项目涉及了独立行政法人国际交流基金、财团法人日本国际教育支援协会所举办的日语能力考试（JLPT）的主要语法要点，亦可成为参加考试人员的案头书籍。

最后，对中译本的出版谨表衷心的祝贺，对参加本书翻译工作的全体工作人员，特别对本书的原作者、株式会社スリーエーネットワーク、北京大学出版社的通力合作表示由衷的感谢！期待着它成为日语学习者、教学工作者的"良师益友"。

教育部外国语言文学类教学指导委员会
日语分委员会　主任委员
中国日语教学研究会　名誉会长

2017 年 6 月 6 日

前　言

　　如何指导中级水平的日语学习者学习语法，会有各种各样的看法。有些人认为随着水平的提高，不要大量投入语法学习就可以了；也有些人觉得正是因为水平提高了，才更应该理顺语法，进行语法项目之间的对比。

　　在众多的思考中可以说共同的一点是：在面对中级水平的学生时，老师不要将一切都给出来，而应该让学生自己去思考、去发现问题。

　　培养学生自己去感受，并用自己的语言，把自己想说的表达出来这种能力，才是中级指导的根本。

　　此前已经编写了以"易懂""实用"为目标的《初级日语语法新解》。本书为与其配套，进一步提高水平，将语法项目新增设了"何时使用""容易和哪些词语相连接"这两项内容。

　　在"何时使用"一项中，就该语法项目在什么样的会话或文章中使用，举出具体的例子，进行解释说明。

　　在"容易和哪些词语相连接"中，将明确该语法项目容易和什么样的动词或形容词一起搭配使用的问题。

　　比如，日语中表示"做……困难"就有「～にくい・～つらい・～がたい」等。「食べる」这个动词，可以说成「食べにくい・食べづらい」，而不能说成「食べがたい」。「信じる」这个动词可以说成「信じにくい・信じがたい」，但很少说「信じづらい」。

　　我们确信学生将"何时使用""容易和哪些词语相连接"等信息为线索，就可以开始独立思考、造句，并尝试去对话了。

　　独立思考、独立发现、独立尝试的任务不单要求学生做，同时也要求教授中级的教师完成。本书与《初级日语语法新解》不同，并非"事无巨细"手把手地去教授的书籍。教师自己要从本书中提到的内容里得到启发后，根据需要去应用，甚至可以亲自边补充边使用本书。

　　本书中的一些新尝试，只不过停留在还没有得到充分验证的阶段。还有必要收集更多的实例，并加以分类和验证。

　　今后我们力求广泛征求大家的意见、批评，使本书更为严谨。

　　在本书的编写过程中，得到了佐野智子、山本磨己子二位编辑的悉心指导和帮助，向井直子女士为本书提供了精美的插图，在此一并表示衷心的感谢。需要再次说明的是，如果没有两位出色的编辑工作，本书是无法完成的，对此再一次表示感谢。

市川保子
2007 年 5 月

本书的使用说明

1. 关于全书的构成

本书将日语教育中级阶段涉及的语法项目，选取了54项。可以说基本涵盖了中级阶段的语法项目。

语法项目的顺序如下：

复合格助词（1 として（は）・にとって（は）・（にしては）⇔ 7 を通じて・を通して）

↓

提示助词 （8 くらい（ぐらい）・ほど ⇔ 14 まで・（までに））

↓

句尾表达方式（15 一つつある⇔ 29 ーん（の）じゃないか・ーのではないか）

↓

从句（30 ーあいだ（は）・ーあいだに ⇔ 54 連用中止（形））

2. 关于各语法项目的构成

本书的各语法项目由以下几部分组成：

（1）小会话

使用了该语法项目的小会话，让学生从自然流畅的会话中，掌握该项语法的使用。

（2）学生学习中的难点和常提出的问题

关于这一项目，我们提出了一些学生经常提到的问题，并将学生感到困难的地方分条列出。在"说明"中对这些问题进行解释。

（3）学生习作中出现病句的例子

这里举出的是学生常出现的病句例子。先提出的是病句，箭头后边是改正过的句子。错误的部分用阴影标出。

（4）说明

① 基本的意义及用法

关于该语法项目的基本意义和用法的说明。

② 构成法及接续方法

在这部分中，解释了该语法项目如何接续动词、形容词、名词等。用到的相关语法符号如下：

N　　　名词　　　V　　　动词
イ adj.　　イ形容词　　ナ adj.　　ナ形容词

下面说明"构成法及接续方法"的使用方法。

如下图所示「くらい・ほど」该接什么样的词。首先名词（N）要用「Nくらい・Nほど」的形式接续。下面写为"普通形"的，表示动词（V）、イ形容词（イ adj.）要用「词典形、ナイ形、タ形、ナカッタ形」的形式接续；ナ形容词（ナ adj.）、「名词（N）+だ」要用「ーだ・ーでは（じゃ）ない・ーだった・ーでは（じゃ）なかった」的形式接续。而作为例外，提出ナ形容词词尾不是「ーだ」，像「静かなくらい」「元気なほど」那样，用「ーな」的形式接续。

另外，「名词（N）+だ」在「くらい・ほど」的前面如「日曜日くらい」「子供ほど」那样「だ」会脱落。但是，名词（N），在表的最上部所示，例外部分不包含它。

N 普通形 　　[例外 ナ adj. ─ だ → ナ adj. ─ な]	くらい ほど

关于接续，作为接续方法即使存在，也仅限于书面语，不常用的接续方法没有收录进来。

③ 何时使用

具体明确该语法项目在实际的场合、状况、上下文当中，应该何时使用。"何时使用"中，分为"在会话中"和"在文章中（以句子连接为例）"。

在会话中

举出几个例子说明在会话中该如何使用。

在文章中（以句子连接为例）

这里虽然使用了"文章"一词，并不仅指书写出来的文字，也包括一个人的自言自语或演讲，是广义地通过谈话看"句子连接"。举几个具体的例子，说明该语法项目容易出现在什么样的前后句中。

④ 容易和哪些词语相连接

展示该项目容易接续什么样的动词、形容词、名词等。

⑤ 其他用法

附加了该项目的"说明"中没有收录进来的几个其他重要用法。

⑥ 与近义表达方式的比较

将该语法项目与其他近义表达方式进行比较。

（5）"学生习作中出现病句的例子"的解说

在（3）中，关于所举出的学生错误使用的例子，就犯错的主要原因及怎么做才可以避免产生错误，进行说明。

3. 教学指导

在"教学指导"中，分别针对助词（1—14）、句尾表达方式（15—29）、从句（30—54）准备了一些练习。

这里所设计的是着重学生独立发现、独立思考、能够自主表达的练习。它不是注重以往语法练习所培养的单一能力，而是注重综合能力的培养。

练习举出的仅是参考的例子。请根据学生的实际情况增加题量或变换内容。有时一种练习方法也可以用于其他语法项目，所以，请大家设法将同样的练习方法应用于没有提到的项目当中。

4. 关于"参照"

本书中的参照要求如下：

例如（⇒ 16）：请参照本书（《中级日语语法新解》）的16课。

（⇒ 初级 20）：请参照《初级日语语法新解》的20课。

目　录

1　として（は）・にとって（は）・（にしては） …… 1
2　〜から〜にかけて・にわたって・（にかけては） …… 8
3　に対して …… 13
4　について・に関して・（をめぐって） …… 19
5　にもとづいて・をもとにして・にそって・（にのっとって・に即して） …… 25
6　によって …… 31
7　を通じて・を通して …… 38
8　くらい（ぐらい）・ほど …… 43
9　こそ …… 51
10　さえ・でさえ …… 57
11　だけ・（しか・だけしか） …… 64
12　など・なんか・なんて・（でも） …… 71
13　ばかり …… 78
14　まで・（までに） …… 85
教学指导〈1〉 …… 91
15　〜つつある …… 95
16　〜（よ）うとする …… 101
17　〜はじめる・〜出す・（〜かける） …… 107
18　〜きれない・〜えない・〜かねる・（〜きれる・〜える／うる・〜かねない） …… 112
19　〜にくい・〜づらい・〜がたい …… 119
20　〜ことだ …… 124
21　〜（せ）ざるをえない・（〜ほかはない・〜しかない） …… 130
22　〜てならない・〜てたまらない・〜てしかたがない・（〜てしようがない） …… 136
23　〜ないではいられない・〜ずにはいられない …… 143
24　〜にちがいない・に相違ない …… 149
25　〜べきだ …… 154
26　〜まい …… 161
27　〜ものだ …… 166
28　〜（し）ようがない・〜（し）ようで・〜（し）ようによって …… 174
29　〜ん（の）じゃないか・〜のではないか …… 179

教学指导〈2〉	186
30　～あいだ（は）・～あいだに	192
31　～一方だ・～一方（で）・（～反面）	199
32　～うえで・～際（に）・～に際して	205
33　～うちに・～うちは	211
34　～おかげで・～せいで	219
35　～かぎり・～かぎりでは・～にかぎって	225
36　～からには・～以上（は）・～うえは・（～ん（の）だから・～からこそ）	233
37　～かわりに・～にかわって	240
38　～くせに・～にもかかわらず・～にかかわらず	245
39　～結果・～あげく・～うえで・（～すえに）	251
40　～（の）ことだから・～ものだから・（～わけだから）	258
41　～ては・～ても	265
42　～というと・～といえば・～といったら	271
43　～（た）ところ・～（た）ところが・～ところに／へ・～ところを	276
44　～とすると・～すれば・～としたら	284
45　～（た）とたん（に）・～（たか）と思うと・～次第・（～や否や・～なり）	290
46　～となると・～となれば・～となったら	297
47　～ないで・～なくて	304
48　～ず・～ずに	310
49　～ながら・～ながら（も）	315
50　～につれて・～にしたがって・～にともなって・～とともに（～に応じて）	321
51　～には・～のに	328
52　～場合	333
53　～まま（で）・～まま（に）・～とおり（に）・～っぱなし（で）	337
54　連用中止(形)	342
教学指导〈3〉	348
索引	357
后　記	362

1
として(は)・にとって(は)・(にしては)

〈A：社区的人　　B：社区居委会的干部〉
A：このごろ変なセールスマンが来るんです。/ 最近来了个怪异的推销人员。
B：それはいけませんね。/ 那可不好呀。
A：お年寄りにとってはよくないと思うし……。/ 我想对上年纪的人不好……
B：ええ。/ 是的。
A：町内会として注意してくれませんか。/ 作为社区居委会（是不是）要注意一下。

 学生学习中的难点和常提出的问题

1. 难于理解「にとって」与「として」的差异。
2. 不能区分「にとって・として」与「にとっては・としては」。
3. 何时使用「（私）にとって」？不能使用「（私）に」吗？
4. 使用「（私）は」为宜的地方，使用了「（私）として」。

 学生习作中出现病句的例子

1. 彼は学生として、学校へ行かず、遊んでばかりいる。
   →彼は学生なのに／学生のくせに、学校へ行かず、遊んでばかりいる。/ 他虽说是学生，却不去学校，就是玩。
2. 留学生として大変なのは食べ物だと思う。
   →留学生にとって大変なのは食べ物だと思う。／我想对留学生来说，接受不了的是饮食（问题）。
3. 私にとってその色はあまり好きではない。
   →私はその色はあまり好きではない。/ 我不太喜欢那种颜色。
4. 現代女性にとって、結婚するまでに一度外国旅行に出たいと思うのではないだろうか。
   →現代女性なら、結婚するまでに一度外国旅行に出たいと思うのではないだろうか。／我想现代女性，是不是都想结婚前，到国外旅游一趟呢？

说明

● **基本的意义及用法**

「社会人として振舞う／作为社会一员行为举止」句中的「として」，「それは学生にとって大きな問題だ／对学生来说那可是大问题」句中的「にとって」，本来是助词「と」和动词「する」，助词「に」和动词「とる」组合而成的。一些像这样组合而成，起到格助词作用的词语，称为"复合格助词"。"复合格助词"除了「として」「にとって」以外，还有「にかけて」「にわたって」「について」「に関して」「にもとづいて」「にそって」「によって」等。在本书语法项目1—7中，讲解上述几个复合格助词。

1. として

「名词 + として」与「名词 + にとって」都表示立场、观点等。「として」如下所示，多表述从其立场、观点出发，还有，作为资格要做（已经做了）什么呢这一行为。

（1）センターの代表として委員会に出席した。（资格、立场）／作为中心的代表，出席了委员会。

（2）アザラシ型ロボット「パロ」が「世界一の癒しロボット」としてギネスブックに載った。（资格）／海豹型机器人"帕罗"作为"世界第一的治愈型机器人"，登载到吉尼斯世界纪录大全上。

2. にとって

「にとって」多表示从那个立场（人）来看，会有怎样的评价、价值判断和心情等。

（3）これは私にとって忘れられない思い出だ。／这对我来说是不能忘记的回忆。

在「として」「にとって」后分别加上「は」，在「としては·にとっては」后，加入说话人的判断，即将某一事情作为（提出）主题（话题），或使其具有对比性的含义。

（4）私としては、その考えには賛成いたしかねます。／作为我难以苟同那种想法。

（5）あなたにとっては朝飯前かもしれないが、私にとっては大変な仕事だ。／对你来说，也许轻而易举，但对我来说，是（件）麻烦的工作。

● **何时使用**

1. 在会话中

例句（6）表示从父亲的立场来看，会怎么做，如何呢?

> （6）妻子：最近、洋子の帰りが遅いんです。／最近，洋子回来得很晚呢。
> 丈夫：うん、そうだね。／嗯，是啊。
> 妻子：服装も乱れてきているし。／衣服也乱七八糟的。

> 丈夫：……。
> 妻子：お父さん、父親としてきちんと言ってくださいよ。
> /孩子她爸爸，你作为父亲，要好好地说说才是。

还有，从某种立场看，表示"可能、不可能"，还有"困难、严重、厉害、重要、感谢"等评价的时候，多使用「にとって」。

> （7）A：これ、捨ててもいい？/这个，可以扔掉吗？
> B：いえ、だめです。/不，不行。
> A：どうして。/为什么？
> B1：これは私にとって大切なものなんです。/这对我来说是很重要的。
> B2：これは私にとって忘れられない思い出の品なんです。
> /这对我来说是不能忘记的纪念品。

> （8）A：来年から医療費が上がるんだって。/听说明年医疗费上涨。
> B：ええっ、また？/唉、还涨呀？
> A：うん、特に老人の負担が増えそうだよ。/嗯，特别是老年人的负担要增加了。
> B：そう……。老人にとって大変ですね。/是这样啊。对老年人来说真是够受的。

在表示评价的「大切だ、忘れられない、大変だ」中，使用「にとって」；在以下的例子中，也可以使用「として」。

（9）人 ｛として／にとって｝大切なことは何か。
　　　｛作为／对于｝人（来说）重要的是什么？
（10）広島の原爆は日本人 ｛として／にとって｝忘れられない出来事だ。/ 广岛的原子弹爆炸｛作为／对于｝日本人是不会忘记的事件。
（11）医療費値上げは老人 ｛として／にとって｝大変な問題だと思う。/ 我想医疗费上涨，｛作为／对于｝老年人来说，是个严重的问题。

在例句（9）—（11）中，使用「として」和「にとって」的时候，各自的含义不同。例句（9）中的「人として」会让人感到"作为人应该"这一含义。例句（10）中的「日本人として忘れられない」会让人感到"作为日本人不可忘记"的含义。例句（11）中的「老人として大変な問題」会让人感到"作为老年人不能允许的、必须做些什么的问题"这一含义。它们都让人感到与行为结合的，那种积极的含义。另一方面，「にとって」只是单纯地叙述就是那样。

下面是「としては・にとっては」将某种事情作为（或提出）主题（话题），使其具有对比性含义的会话例子。

> （12）A：東銀行が西銀行と合併するそうだよ。/ 听说东银行和西银行要合并呀。
> B：へえ。でも、東銀行{としては／にとっては}、そう悪いことではないんじゃない？/ 唉，是吗？但是，{作为／对于}东银行来说，并不是那么不好的事呀。
> A：でも、西銀行としては黙って見ているわけにはいかないんじゃないか。/ 可是，作为西银行，不可能默不作声地看着吧。

在这里提出了东银行和西银行的对比。

作为礼貌的形式，常常使用「としまして・といたしまして・にとりまして」。

> （13）A：環境省としてはどう考えていますか。/ 作为环境省（中央政府部级单位，相当于中国的环境保护部——译者注）是怎样考虑的？
> B：環境省としましては、今回の処置はやむを得ないものと考えております。/ 作为环境省，考虑到这次的处理是不得已的。

2. 在文章中（以句子连接为例）

在「として」和「にとって」中，句子连接的形式有些不同，下面分别加以说明：

1）として

例1　事态、情况的句子。　见解、立场的句子[—にとって—]。

它的形式是首先出现了这一事态、情况的句子，其后，再叙述对它的见解、立场。

（14）市から感謝状と記念品をいただいた。これは我が家の家宝として大切にしたい。/ 从市里得到了感谢信和纪念品。这要作为我家的传家宝保管好。
（15）大勢の友達が死んだ。生き残った者として、英霊の前に手を合わせずにはいられない。/ 很多的朋友死了。作为生存者在他们的英灵前，不得不合手（祈祷）。

例2　意见、思考的句子。　见解、立场的句子[—にとって—]。

它是一种首先提出自己的意见、思考，其后，对它表达见解、立场的说法。

（16）解説者は、「なるほど」と思わせる説明を加えるべきである。精神論ばかりふりまわす人は、解説者として不適格である。/ 解说人应该加以说明，使对方认为"原来如此"。只会卖弄精神论的人，作为解说人是不适合的。
（17）義務教育の段階で手紙の書き方を教えたほうがいい。手紙は社会人として絶対に必要な国語教育である。/ 在义务教育阶段，教授书信的写法为好。作为社会的一员，书信是绝对必要的语文教育。

2）にとって

例3　—にとって—の／ことは—だ／である。

「—にとって」的基本形式，一般为「—は—にとって—だ」。是将「—にとって—だ」的部分提示出来，或是加以强调的形式。

（18）今、私にとって唯一の楽しみになっているのは音楽だ。/ 现在对我来说，唯一的乐趣是音乐。

（19）糖尿病の患者にとって非常に厄介なことは食事療法である。/ 对于糖尿病患者来说，非常麻烦的是食疗法。

例4 主体、话题的句子［－にとって－］。具体性说明的句子。
它的形式是最初在「にとって」的句子中，导入主题、话题，然后在后面的句子中加以说明。

（20）昔の人々にとって「川」は必要不可欠なものであった。交通手段ばかりでなく、生活用水にもいろいろな形で利用されていた。/ 对于很久以前的人们来说，"河流"是必不可少的。它不仅是交通手段，而且，还以各种形式用于生活用水。

（21）建築業界にとって優秀な建築士が少ないのが現実だ。建築業界では一級建築士の奪い合いが熾烈になっている。/ 对于建筑行业来说，现实是优秀的建筑师很少。在建筑行业一级建筑师的争夺已处于白热化。

3）としては・にとっては

例5 事态、状况的句子。意见、思考的句子［（しかし）－としては／にとっては－］。
它的形式是首先介绍一个事态、情况，下面的句子，用于对其陈述意见、思考的时候。「としては・にとっては」两者都可以使用。

（22）A型はこういう性格だとか、B型はこういう性格だとか、昨今まことしやかに語られている。科学者｛としては／にとっては｝、全く研究に値するものではないらしい。/ A型血是这种性格啦，B型血是这种性格啦，近来在煞有介事地谈论着。｛作为／对于｝科学家来说，好像是完全不值得研究的。

（23）新幹線の駅を作る計画が進められている。しかし、住民｛としては／にとっては｝益になるものは何もない。/ 建造新干线车站的计划在推进。可是，｛作为／对于｝居民来说，什么益处也没有。

●**容易和哪些词语相连接**

1. XとしてY

〈Y处的词〉

◆**表示动作的动词：**
殴る、発言する、行動する、出席する、許す等。

（24）一会員として許すわけにはいかない。/ 作为一个会员是不能允许的。

◆**表示状态的动词、形容词：**
通用する、（人気が）ある、知られている、恥ずかしい、失格だ、有名だ等。

（25）彼は俳優としてより、エッセイストとして有名だ。／ 比起当演员，他作为随笔作家更有名。

2. XにとってY

〈Y处的词〉

◆ 可能、不可能的表达方式：

可能だ・不可能だ、忘れられる・忘れられない、無理だ、（手が）届く・届かない等。

（26）これ以上の作業は従業員にとって無理だ。／ 超出这些的工作，对工作人员（有些）勉强。

◆ 表示评价、价值判断的形容词：

大切だ、深刻だ、貴重だ、重大だ、難しい、ありがたい、大変だ等。

◆「形容词＋名词だ」的形式：

深刻な問題だ、大切な宝だ、忘れられない思い出等。

（27）これは現場の教師にとって重大な問題だ。／ 对于现场的教师来说，这是重大的问题。

● 「として・にとって」的其他用法：

「として・にとって」修饰名词的形式：

「として」在修饰名词的时候，使用「～としての＋名词」这一形式。

（28）私には私としての考えがあるけれど、今は言いたくない。／ 我有我的考虑，但现在还不想说。

（29）一市民としての責任を感じている。／感到作为一个市民的责任。

「にとって」在修饰名词的时候，使用「～としての＋名词」这一形式。

（30）日本人にとってのタブーとは何でしょう。／对日本人的禁忌是什么呢？

（31）皆さんにとってのアンデルセン、そして、デンマークという国についての想いをお聞かせください。／请允许我问一问大家有关安徒生以及丹麦这个国家的感受。

● 与近义表达方式的比较

「としては」与「にしては」的比较

「にしては」表示与说话人至今所具有的评价、期待不一致时，所抱有的"出乎意料（想象以外）并非那样"的心情。

（32）上司：川崎君、この間の報告書だけれど。／川崎，（和你说说）前些天（你写的）报告。

川崎：はい。／是。

上司：君にしてはまとめ方が雑だね。もう一度やり直してください。／你总结方法真有些粗糙呀，请重新修改一下。

例句（32）的「にしては」表示上司对川崎提交的报告未获得（自己所）预期时的心情。

（33）A：海岸にごみがいっぱいですね。／海岸上满是垃圾啊。

B：本当に……。／真是的。

A1：日本を代表する三崎海岸としては汚すぎますね。／ 作为代表日本的三崎海岸太脏了啊。

A2：日本を代表する三崎海岸にしては汚すぎますね。／ 作为代表日本的三崎海岸却太脏了呀。

A1的「～としては」是从客观的立场出发，评价"三崎海岸"的情况，而A2叙述了"代表日本的海岸应该理所当然地干净，相反却……"这样的与说话人期待的不一致的心情。

"出乎意料"这一心情多表示"负面（失望感）"。但如下所示，也有并非是那样的情况：

（34）A：あの外人タレントは日本語がうまいね。／那个外国的电视公众人物（可以指在电视出镜的受人欢迎的演员、主持人、明星、文化人等的总称）日语真棒呀！

B：そうだね。／真的呀。

A：外国人にしては発音がきれいだ。／作为外国人发音却真漂亮。

例句A含有外国人"发音理应不好"这一负面的评价、期待，但是，实际上却与其并不一致这时的心情，用「にしては」表达出来。

"学生习作中出现病句的例子"的解说

「として」表示从其立场、观点出发，要做什么。在第1句中，有"学生这一立场相反却"这种逆接的意思，所以使用「として」，就显得不恰当。第2句是「として」与「にとって」相混淆的例子。「大変だ」这一心情从立场、观点出发，不表示要做什么，而是表示说话人的评价、价值判断，所以，使用「にとって」更为恰当。

第3句和第4句是「にとって」的病句例子。第3句中的「にとって」在句尾多表示评价、价值判断的表达方式。「好きだ」不包含在那样的表达方式之中。第4句中的「たいと思う」也因表示愿望的表达方式，与「にとって」难于连接。

从第1—4句的学生错误可以说，为了有效地掌握「として・にとって」的使用区别，接续各自句子结构句尾的形容词等相当有限，一般认为在出现这样形容词的时候，指导学生使用「にとって」为宜。

2

～から～にかけて・にわたって・(にかけては)

A：ゆうべから今朝にかけての大雨はすごかったですね。/ 昨天晚上到今天早晨的大雨真够大呀。
B：ええ、本当に。/ 嗯，真的。
A：午後10時ごろからだったから、6時間にわたって降ったことになりますね。/ 从晚上10点左右开始，下了6个小时呀。
B：ああ、そうですね。/ 啊，是呀。

 学生学习中的难点和常提出的问题

1. 混用了「～から～まで」与「～から～にかけて」。
2. 不明白「にかけて」与「にわたって」的区别。
3. 「にかけて・にわたって」前接续的名词，不恰当。

 学生习作中出现病句的例子

1. 新潟から東京まで地震がありました。
   →新潟から東京にかけて地震がありました。/ 从新潟到东京一带发生了地震。
2. 午前10時から午後6時にかけて宿題をした。
   →午前10時ごろから午後6時ごろまで宿題をした。/ 从上午10点左右到下午6点左右做了作业。
3. シンガポールでは、東側から西側にかけて車で40分でかかる。
   →シンガポールでは、東側から西側に行くのに車で40分かかる。/ 在新加坡从东到西行车大约40分钟。
4. ゴールデンウィークにわたって関西全体を観光した。
   →ゴールデンウィークのあいだ、関西全体を観光した。/ 黄金周期间，游览了整个关西地区。
5. 老若男女にわたって世論調査を行った。
   →老若男女すべてに（対して）世論調査を行った。/（对）全体男女老少进行了舆论调查。

说 明

● **基本的意义及用法**

「にかけて」「にわたって」接在表示场所、时间的名词后，表示空间上、时间上的范围。

1. ～から～にかけて

一般以「～から～にかけて」的形式，表示在两个时间点、地点之间，要出现（发生了）什么事情、是（曾经是）怎样的状态。例句（1）是表示时间的例子；例句（2）是表示地点的例子。

（1）この道路は夕方5時から7時にかけて必ず渋滞する。／ 这条道路从傍晚5点开始到7点肯定堵塞。

（2）宮城県から茨城県にかけて震度4の地震が起こった。／ 从宫城县到茨城县一带发生了4级地震。

2. にわたって

「にわたって」接在表示期间、时间、次数、场所、范围等主要表示数量的名词后，表示其规模之大。

（3）吉田博士は30年にわたって研究を続け、新療法を開発した。／ 吉田博士历时30年的持续研究，开发了新疗法。

（4）環境をミクロからマクロにわたって眺めることが必要だ。／ 需要从微观到宏观，关注环境。

● **何时使用**

1. 在会话中

「～から～にかけて」与「～から～まで」大致具有相同的意思。「～から～まで」限定两点间的意思，而「～から～にかけて」则具有稍显含糊的特征。

> （5）A：山手線のラッシュアワーはすごいですね。／ 山手线的高峰时间（堵得）真够厉害的呀。
> B：そうですね。／ 是呀。
> A：何時から何時までが一番込みますか。／ 从几点到几点最为拥挤呢？
> B：そうですね。朝7時から8時半にかけて一番込みますね。／ 是呢，从早晨7点到8点半最为拥挤呀。

对于A问的准确时间，B做了稍稍笼统的回答。

可是，下面的例句（6）、（7），使用「～から～まで」就有些不妥。地震的灾害和肩疼，是因

为「～から～まで」不可能齐刷刷地限定到某一点、线，而表示在某一范围扩展吧。

> （6）A：きのう地震があったね。／昨天发生了地震啊。
> B：うん、東北地方が震源地だってね。／嗯，听说震源是东北地区呢。
> A：うん、宮城県から茨城県{？まで／にかけて}かなり被害が出たようだよ。／嗯，从宫城县到茨城县一带出现了大幅度的灾害。

> （7）A：どうしたの？／怎么了？
> B：五十肩かもしれない。／也许是五十岁的肩痛。（一部分日本人到四五十岁，由于缺乏运动，出现肩痛的现象。它是一种走向衰老的表象。有时开玩笑时，听话人虽然年轻，也被说成"四十岁的肩痛""五十岁的肩痛"，以示对方"老了"。——译者注）
> A：痛いの？／痛吗？
> B：うん、肩から腕{？まで／にかけて}痛くて、重くて……。／嗯，从肩痛到胳膊这块儿，发沉……

「にわたって」前接的名词相当有限。还有，接续后项（主句）的动词也出现具有「続く・続ける・継続する」含义的词语。

〈在退休祝贺会上〉
> （8）A：定年退職おめでとうございます。／祝贺您退休！
> B：ありがとうございます。／感谢。
> A：吉田さんは40年にわたって国際交流の仕事を続けてこられました。これは私どもからのささやかな記念品です。どうぞ。／吉田先生历经40年，连续从事国际交流工作。这是我们的微不足道的纪念品，请您笑纳。

2. 在文章中（以句子连接为例）

例1 事态、状况的句子［～から～にかけて～］。（だから／それで）～。

它的形式是首先叙述某种事态、状况发生，接下来，说明为此怎么做。

（9）今晩から明朝にかけて台風が上陸します。海岸寄りの皆さんは高潮に警戒してください。／从今晚到明早，台风登陆。请靠海岸的各家各户要警戒满潮（的危险）。

（10）今晩8時から9時ごろにかけて宅急便が届きます。ですから、その時間は家にいてください。／从今晚8点到9点左右快递到达，所以，这一段时间请您在家待着。

例2 原因、理由的句子［～から～にかけて～ので／から］、～。

例2使用表示原因、理由的「～ので／から」，也常用一个句子表示。

（11）今晩から明朝にかけて台風が上陸するので、海岸寄りの皆さんは高潮に警戒してください。／从今晚到明早，台风登陆。所以，请靠海岸的各家各户要警戒满潮（的危险）。

（12）今晩8時から9時ごろにかけて宅急便が届くので、その時間は家にいてください。／ 快递在今晚8点到9点左右到达，所以，这一段时间请您在家呆着。

例3　原因、理由的句子［—ために／ので／から］、—から—にかけて（は）—。
它的说法是首先出现表示原因、理由的句子，然后，讲其时间、场所如何。也常出现「—から—にかけては」这种说法。

（13）インフルエンザの発生のために、今日から週末にかけて学校は休みになる。／ 由于流感的发生，从今天到周末学校放假。

（14）豪雪が予測されるので、新潟県から群馬県にかけては注意が必要です。／ 预测会出现暴雪，所以，从新潟县到群马县一带必须注意。

例4　事态、状況過程的句子［—にわたって—］。結果的句子［その結果、—］。
它的形式是在前面的句子中，就某一事态、状况的过程加以叙述，然后，在下面的句子中显示它会变成怎样的结果。

（15）10年にわたって遺跡の調査が行われた。その結果、このあたりは奈良時代の住居の跡だということがわかってきた。／ 历经10年进行了古迹调查，其结果，明白了这周围是奈良时代的住宅遗址。

（16）長時間にわたって強風が吹き荒れた。その結果、屋根が吹き飛ばされた家屋が続出した。／ 经长时间狂风大作。其结果，屋顶被掀开的房子接连出现。

例5　事态、状況過程的句子［—にわたって—が］、結果的句子。
这种形式是在「—にわたって—」之后，不会出现好的结果。

（17）数回にわたって話し合いが持たれたが、両者の意見は噛み合わないままだった。／ 经过几次相互交谈，双方的意见仍旧存在着分歧。

（18）手術は長時間にわたって行われたが、患者の容態は回復しなかった。／ 手术进行了很长时间，患者的病情尚未恢复。

● 容易和哪些词语相连接

1. WからXにかけてY

〈W、X处的词〉

◆ 关于时间、场所的名词：

—日（から）・—日（にかけて）、—年後半（から）・—年初頭（にかけて）、—（から）・—付近（にかけて）、—曜日（から）・—曜日（にかけて）等。

〈Y处的词〉

◆ 表示"事态发生、是这样的事态"的动词：

（台風が）上陸する／来る、（地震が）ある／起こる、休暇をとる、仕事を休む等。

（19）例年、年末から年始にかけて人の大移動が起こる。／ 往年，从年末到年初，发生人员的大迁徙。

2. XにわたってY

〈X处的词〉

◆ 具有"范围大、时间长"意思的名词：

長期、長期間、長年、過去一年、将来、一週、一日間、四半世紀、半年、全般、親子二代、広範囲等。

〈Y处的词〉

◆ 含有"连续、持续"含义的动词：

行う、行われる、提供する、購読する、放映する、続く、続ける、待ち続ける、持ち続ける、持続する、（研究を）重ねる、掲載する、記録する等。

（20）この映画は、イルカの水中での動きを長時間にわたって記録している。／ 这部电影长时间记录了海豚在水中的活动。

● 与近义表达方式的比较

「〜にかけて」和「〜にかけては」的比较

在「〜にかけて」后面，添加「は」的「〜にかけては」不表示空间上、时间上的范围，则完全具有其他的意思。

（21）ラーメン作りにかけては王さんの右に出る人はいない。／ 在制作面条方面，没有超出小王的。

在「〜にかけては」的后项（主句）中，多出现对其技能、能力、本领的较高评定的表达方式。

"学生习作中出现病句的例子"的解说

第1句与第2句虽有场所、时间的不同，但还是发生了「〜から〜にかけて」与「〜から〜まで」的混淆。「〜から〜まで」与「〜から〜にかけて」相比较的话，前者对其区间、时间的范围明确，后者则略显含糊。另外，「〜から〜まで」多用于表示"从事（从事了）某一行为"，「〜から〜にかけて」多用于表示"是（曾经是）怎样的事态、状况"的场合。

第2句给人感到略微不当，是因为在模糊地表示时间的「〜から〜にかけて」之后，接续意志性的行为表达方式。与其使用意志性行为，还不如变成事态的表达方式，所以，这句如变为「午前10時から午後6時にかけて泥棒が侵入したようだ。／从上午10点到下午6点，好像有小偷闯入」，才显得恰当。

第3句也是，表示事态、状况的「〜から〜にかけて」不能正确使用的例子。「〜から〜にかけて」跨越二者之间，表示如何（怎样了），要发生（发生了）什么，所以，不能表达有关单纯二者之间的距离、时间的事情。这种场合，一般使用「〜から〜まで」。

「にわたって」一般接在表示数量的名词后，在第4句中，如果说成「ゴールデンウィーク8日間にわたって」，加入数量就妥当了。一般认为第5句也是，如果说成「老若男女1,000人にわたって／男女老少达1,000人之多」的话，才会显得恰当。

3

に対して

A：私は今の意見に賛成です。/ 我赞成刚才的意见。
B：ほかの皆さんはどうですか。ご意見があったらどうぞ。/
其他各位如何？如有意见请发表。
C：私は今の意見に対して反対です。
というのは、社員のやる気を
損なうんじゃないかと思うからです。/
我对刚才的意见表示反对。
因为我认为会损伤员工的工作积极性。

 学生学习中的难点和常提出的问题

1. 可以不使用「に対して」的地方，使用了「に対して」。
2. 「に対して」与「にとって」的辨析挺难的。
3. 「に対して」与「について」的辨析挺难的。
4. 不能辨析「に対して」和带「は」的「に対しては」，「は」漏掉了。

 学生习作中出现病句的例子

1. 勉強しない学生に対して、除名しましょう。
   →勉強しない学生を除名しましょう。/ 开除不学习的学生吧。
2. お年寄りに対して尊敬すべきだ。
   →お年寄りを尊敬すべきだ。/ 应该尊敬上年纪的人。
3. その問題に対して説明してください。
   →その問題について説明してください。/ 关于那个问题请说明一下。
4. 親に対して子供が一番大切なものだ。
   →親にとっては／には子供が一番大切なものだ。/ 对父母来说，孩子是最重要的。

说 明

● **基本的意义及用法**

以「名词 + に対して」的形式，表示"以什么为对象，与其面对，与其相对"的意思。

（1）このごろの親は子供に対して甘すぎる。/ 近来的父母对孩子过于溺爱。

（2）組合は会社の要求に対して抗議をした。/ 工会对公司的要求表示了抗议。

（3）首相は記者団の質問に対して事実関係を否定した。/ 首相对记者团的询问否定了有关事实。

在句尾接续表示施加某些影响的动词、形容词等。在例句（1）、（2）中，即使使用「に」（「子供に」「要求に」）代替「に対して」，意思也没有变化。为使对象明确，方向清楚，才使用「に対して」。此外，在例句（3）中，只能使用「に対して」。

在口语中也使用「に対して」，但这个说法变得略显生硬而正式。在「に対して」上加「は」，即「に対しては」，给人一种说话人提示（对比）的意识或判断变强的感觉。

（4）首相は記者団に対しては何も答えなかった。/ 首相对记者团什么也没回答。

（5）欧米人に対しては親切だが、アジア人に対してはそうでもない日本人が多い。/ 有很多日本人对欧美人和善，但对亚洲人并非那样。

● 何时使用

1. 在会话中

在下面的会话中，不使用单纯的「に」，要使用「（誰）に対して」，可以说"明确地表示谁对谁要做（做了）什么"。

（6）A：メールの書き方って難しいね。/ 邮件的写法，真难啊。
B：そうね、誰に対して書くかによって違ってくるし。/ 是啊，写法要根据对象的不同而不同。
A：何を書くかも難しいし。/ 写什么呢？也很难。
B：誰に対して何を書くかをはっきりさせる必要があるね。/ 对谁写什么，有必要弄清楚呀。

在例句（7）中，母亲最初使用「に対して」，在第2次使用了「に対しては」。最初的「に対して」尚未被主体化（未被提示），与动词相连接；母亲第2次讲的被主体化（被提示）为「お年寄りに対しては」。关于这一点希望大家注意。

（7）阿明：おばあちゃん、あっちへ行けよ。/ 老奶奶，你去那边呀。
母亲：明、おばあちゃんに対して何ていう言い方をするの。/ 阿明，对老奶奶该用什么说法？
阿明：……ごめん。/ 对不起。
母亲：お年寄りに対しては、丁寧なことばを使いなさい。/ 对上年纪的人，要使用礼貌的词语。

（8）A：インフルエンザの予防注射した？/ 注射流感的预防针了吗？
B：まだ。/ 还没呢。
A：早くしたほうがいいよ。/ 还是早点打为好呀。

> B：うん、でも新型のウイルスに対しては効果がないって言うよ。/ 嗯，可是，据说它对新型病毒无效呀。

这里，在「に対しては」加入了对比性的含义（对旧病毒也许有效）。

作为礼貌的形式，有时使用「に対しまして」。

（9）总经理：今回の不祥事に対しまして、お詫び申し上げます。/ 对于这次丑闻，谨表歉意。

作为稍显生硬的说法，有时使用「に対し」。

（10）ご家族の皆様に対し、心よりお悔やみ申し上げます。/ 对于全体家庭成员，表示衷心的哀悼。
（11）日本海域侵犯に対し、日本政府は直ちに抗議をした。/ 对于日本海域的侵犯，日本政府立即提出了抗议。

2. 在文章中（以句子连接为例）

例1 ～に～。～に対して～。

在改变最初使用「に」说法的时候，为了明确对象有时使用「に対して」。

（12）東洋人、たとえば韓国人とか中国人にも外人って言いますか。外見が外国人に見える人に対して、外人と言うんじゃないですか。/ 东洋人，譬如：韩国人啦、中国人啦也称为外国人吗？对于外表看得出来是外国人的人，不是称为外国人吗？
（13）今の意見に質問がありますか。今の意見に対してご質問、ご意見があったらお願いします。/ 对刚才的意见有疑问吗？要是对刚才的意见有疑问、意见，请提出来。

例2 意见、思考的句子 ［～に対して、というより～］。

叙述意见、想法时，像「というより / 与其……还不如……」等断开句子连续性的词语，接在后面的时候，不使用「に」而使用「に対して」。由于使用了「に対して」，可以看出说话人要使其事情突出的意图。

（14）このことは欧米系の人に対して、というよりすべての国の人に知っておいてほしいことです。/ 这件事与其说对欧美裔人士，还不如说希望所有国家的人都知道。
（15）これは、学校に対して、というより、教育委員会に申し上げるべきことですが。/ 这与其说对学校，还不如向教育委员会陈述。

例3 总结的句子 ［～に対して～］。

重复自己或别人的意见时，还有，重说、概括的时候，为使事物的关系明确，不使用「に」，而往往使用「に対して」。

（16）　A：日本人は外国人に一線を画していると思います。/ 我感觉，日本人和外国人之间有界线。

主持人：Aさんのご意見は、日本人は外国人に対して、一種の線を引いて接することが多いということですね。／ A先生的意见是说，日本人对外国人划界限对待的居多。

(17) 主持人：Bさんは、日本人が外国人に冷たいと思うことがありますか。／ B先生有时感到日本人对外国人冷淡吗？

B：忘れられない、いい経験もたくさんありますが、それでもやっぱり、日本人が外国人に対して冷たいということは毎日の生活の中で感じます。／ 有很多不能忘记的美好体验，但即使那样，我仍然感到在日常的生活中，日本人对待外国人是冷淡的。

例4 ～に対して（は）～が／けれども、対比的句子［～に対して（は）～］。

在使用「が／けれども」对比的、对照的句子中，常出现「に対しては」。

(18) うちの犬は大きい犬に対してほとんど吠えないが、小さい犬に対しては大声で吠える。／ 我家的狗对大一点的狗，几乎不吼，可是，对小一点的狗会大声吼叫。

(19) 日本人は知らない人に対しては消極的だが、親しい人に対しては積極的な態度を見せることが多い。／ 日本人对不认识的人（态度）是消极的，但是，对亲近的人大多会表现出一种积极态度的居多。

● 容易和哪些词语相连接

Xに対してY

〈Y处的词〉

◆ 接续「に」表示对人对物的态度的动词（使用「に」或者「に対して」）：

所谓"接续「に」表示对人对物的态度的动词"，是指对人或物施加影响的动词，像「～に答える」「～に謝る」那样，本来该使用「に」的动词。

答える、与える、請求する、同情する、謝る、遠慮する、お辞儀をする、感謝する、働きかける、立ち向かう、反対する、抵抗する、抗議する、警告する等。

(20) 我が国は、アジア諸国の人々｛に／に対して｝多大の損害と苦痛を与えました。／ 我国给亚洲各国的人民，带来了巨大的损害和痛苦。

(21) 私達｛に／に対して｝遠慮しないでください。／ 请对我们不要客气。

(22) すべての職員が執行部｛に／に対して｝抗議をした。／ 全体职员对执行部提出了抗议。

◆ 接续「に」表示对人对物的态度的形容词（使用「に」或者「に対して」）：

用表示对人或物施加影响的形容词，像「～に厳しい」「～に積極的だ」那样，本来该使用「に」的形容词。

甘い、厳しい、批判的だ、申し訳ない、熱心だ、細かい、積極的だ、消極的だ等。

(23) 若い人｛に／に対して｝甘い。／ 对年轻人溺爱。

(24) 初心者｛に／に対して｝厳しいんではないか。／ 是不是对初学者严格了？

◆不接续「に」表示对人对物的态度的动词（使用「に対して」）：

防衛する、防御する、保護する、否定する、（行動／訴えを）起こす、改善する、導入する、（態度を）軟化する等。

（25）すずめの被害に対して、目の細かいネットで稲を保護する。／ 对于麻雀的危害，使用网眼较细的网子保护稻田。

（26）ハッカーの進入に対して自動的に防御するネットワークを構築する。／ 对于电脑黑客的侵入，要建造自动防御的网络。

不接续「に」表示对人对物的态度的动词的情况下，采用「～に対して～を＋動詞」的形式居多。

● 「に対して」的其他用法

「に対して」修饰名词的形式

在「に対して」修饰名词的形式中，有「～に対しての＋名词」和「～に対する＋名词」两种。

（27）商品に対してのご感想やご質問等がございましたら、ぜひお聞かせください。／ 如您有对商品的感想、询问等，请务必提出。

（28）女性に対する暴力は、女性の人権を著しく侵害するものである。／ 对女性的暴力是对女性人权的严重侵害。

「～に対しての＋名词」与「～に対する＋名词」几乎都可以互换。

（29）結婚｛に対しての／に対する｝両家の価値観の違いに不安を感じる。／ 两家对于结婚的价值观的不同，而感到不安。

可以说「～に対する＋名词」给人以略带书面语的感觉。

「数量＋に対して」

当「に対して」附在表示数量的词语后，就表示"比例"。

（30）白菜1キロに対して塩100グラム入れてください。／请给1公斤白菜加入100克盐。

（31）採用人員10名に対して、100人の応募があった。／ 录用10名员工，应聘者有100人。

「Aが～のに対して、Bは～」

还有「に対して」采用「Aが～のに対して、Bは～」这一形式，表示对比。

（32）長男が神経質であるのに対して、次男はのんびりした性格である。／ 长子是神经质的性格，而次子是悠闲的性格。

● 与近义表达方式的比较

「に対して」与「について・に関して」的比较（⇒4）

「について・に関して」与「に対して」在以什么为对象，以及与它们相关的这一点上，有共同之处。这是学生容易混淆的语法现象之一。两者与对象有关的方面不同，「について・に関して」叙述"其自身有关的事情，提出疑问"，而「に対して」在"用与其相对的形式施加影响"这一点上，与之有所不同。「について・に関して」和「に対して」的不同，如下图所示：

について・に関して　　　　　　　　　に対して

可是，这个差异，好像学生似是而非，容易造出下面的句子：

（33）×私は朴さんの今言った意見について反対します。
（34）×水不足に関して節水制限が導入された。

一般认为两者的不同，与其在"容易和哪些词语相连接"中说明，还不如，作为在后面接续的动词的差异，进行指导更为恰当。

「について・に関して」：話す、説明する、調べる、考える等。
「に対して」：答える、反対する、保護する、導入する等。

一般认为例句（33）的「反対する」、例句（34）的「導入する」，是与「に対して」一同使用的动词。

 "学生习作中出现病句的例子"的解说

在「に対して」的病句中，可以看出在不需要的时候，却使用了「に対して」的例子。在第1句和第2句中，如「学生を除名する」「お年寄りを尊敬する」句中，使用「を」是正确的，可是偏要将「を」改作「に対して」。假如想使用「に対して」的话，就需要如下所示，补充其他动词。

1′勉強しない学生に対して除名を行おう。
2′お年寄りに対して敬意を払うべきだ。

在这里能够说的是，用「を」可以成立的情况，不使用「に対して」，假如想使用「に対して」，就必须补充可以对应「に対して」的动词。

第3句是「に対して」与「について」混淆的例子。像「説明する」这样的动词，对"说明"的对象不使用「に対して」，而使用「について」。「解説する」「述べる」等动词也同样。第4句说话人将评价、价值判断、心情表示为「大切だ」，所以，不使用「に対して」，而使用「にとって」更为恰当。（⇒1）

4

について・に関して・(をめぐって)

A：田中さんは家事はやりますか。/
田中，家务（你）做吗？
B：いえ、家事については、家内まかせです。/不，家务交给老婆。
A：奥さんは何も言いませんか。/您夫人什么也不说吗？
B：ええ、今のところは。/嗯，（至少）现在还……

 学生学习中的难点和常提出的问题

1. 「について」与「に関して」相同吗？
2. 不能辨析「について・に関して」与加「は」的「については・に関しては」，「は」漏掉了。
3. 「〜に関しての〜」与「〜に関する〜」的使用方法完全相同吗？

 学生习作中出现病句的例子

1. 今から日本に関して話してください。
   →今から日本について話してください。/ 现在请谈一谈关于日本（的情况）。
2. マンガについて、子供はどのような影響を与えるか。
   →マンガは、子供にどのような影響を与えるか。/ 漫画，给孩子什么样的影响呢？
3. 老年人口の問題に関して、最近は日本の社会問題になっている。
   →老年人口の問題が、最近は日本の社会問題になっている。/ 最近老年人口问题成为日本的社会问题。
4. この事件に関しての人はほとんど外国へ逃げ出した。
   →この事件に関係する人はほとんど外国へ逃げ出した。/ 与这个事件有关的人几乎都逃到了国外。

说明

● 基本的意义及用法

用「名詞 + について／に関して」的形式，以其事情、人物作为题材、主题，进行说明。在叙述有关事物、人物，或提出询问时使用。

（1）日本の風力発電について教えていただけませんか。/ 就日本的风力发电，请您指教一下。

（2）国際協力に関して、日本は予想以上に期待されている。/ 关于国际合作（问题），人们期待着日本更有作为。

「について」（是）提出内容本身，「に関して」（则表示）甚至与其相关的周围的内容都包括在内。与「について」相比较，「に関して」是一种稍微生硬而正式的说法。

● 何时使用

1. 在会话中

我认为学生介绍自己国家的机会很多，开始发言时，或结束时，有必要使用「について」。

（3）A：皆さん、こんにちは。今日はこれから、江南の四季についてお話しします。
  /各位，大家好！今天从现在开始，我就江南的四季谈一谈。
  A：これで終わります。江南の四季について何か質問があったらどうぞ。
  /到此结束。就江南的四季要是有什么问题，请提一提。
  A：では、江南の四季についてのスピーチを終わります。ありがとうございました。
  /那么，有关江南四季的演讲到此结束。谢谢。

可是，如将这里的「について」换成「に関して」的话，就稍显不恰当。因为演讲是说话人提出某一话题，当然就该话题进行谈论的缘故。

（4）A1：？皆さん、こんにちは。今日はこれから、江南の四季に関してお話しします。
  ……
  A2：これで終わります。江南の四季に関して何か質問があったらどうぞ。
  ……
  A3：？では、江南の四季に関してのスピーチを終わります。

在A1、A3中使用「に関して」有些不恰当，但是，像A2这样，叙述包括其事情、连同周围的情况都加以叙述。还有，询问的时候，使用「に関して」也是可以的。

在「について・に関して」加「は」的「については・に関しては」，（用于）把某一事情作为主题（话题）提出，具有对比的意思。

（5）A：秘書がお金を受け取ったんでしょう？ / 秘书收到钱了吧？
  B：……。
  A：秘書が受け取ったって言ってますよ。/ 秘书说了收到了呀。
  B：そのこと｛については／に関しては｝、私は何も知りません。/｛有关／关于｝那件事，我什么也不知道。

「について・に関して」作为礼貌的形式，有时使用「につきまして・に関しまして」。由于它是正式的说法，所以，经常用于企业的说明、通知等。

（6）A：ただ今より、企業説明会を始めさせていただきます。／ 现在，请允许我开始（主持）企业说明会。
　　……
　　B：今の説明｛について／に関して｝、質問があります。／ ｛有关／关于｝刚才的说明，有个问题。
　　A：はい、どうぞ。／ 好、请。
　　……
　　A：ただ今のご質問｛につきまして／に関しまして｝、業務部長のほうよりご説明いたします。／ ｛有关／关于｝刚才的问题，由业务部长说明一下。

「について」来源于「付く」这个动词。「付く」具有"贴紧、密切"的意思。所以，「について」密切地提出其事物。另外，「に関して」具有"关系"的意思。所以，与其谈及其事物，不如说可以讲涉及与其相关周围的事情。

「について」可与「話す・書く・考える」等语言交流行为的动词相结合使用。还有，用于书籍、论文、随笔、通知等标题、题目时，多为「について」，基本不使用「に関して」。

（7）「駐車違反取締りについて／？に関して」のお知らせ ／ "关于取缔违规停车"的通知
（8）説明会のタイトルは「アスベスト問題について／？に関して」です。／ 说明会的标题是"有关石棉问题"。
（9）来週の議題「子供を不審者から救う方法について／？に関して」／ 下周的议题是"关于从嫌疑人（那里）解救孩子的方法"

2. 在文章中（以句子连接为例）

例1 主题、话题的句子［〜について／に関して〜］。 具体性说明的句子。

它的形式是用「について・に関して」提出主题、问题和话题，在下面的句子中，进行具体性的说明。

（10）「うつ」と「うつ病」の違い｛について／に関して｝説明したいと思う。両者の違いは、「うつ」であることを本人が自覚しているかどうかにかかっている。／ ｛有关／关于｝"郁闷"与"抑郁症"的不同，我想说明一下。两者的差异，与本人能否自我察觉"郁闷"有关。
（11）現在パソコンの機能｛について／に関して｝以下の問題が発生しております。文字入力で対応できないことと画像処理が遅れるということです。／ ｛有关／关于｝电脑的功能，发生了以下问题。据说是不能用文字输入处理的问题及画面处理缓慢的问题。

例2 主题、话题的句子［〜について／に関して〜が／けれども］、 具体性的说明的句子。

它的形式是与例1相似，前面的句子使用「が／けれども」，成为开场白，形成一个句子。

（12）「うつ」と「うつ病」の違い｛について／に関して｝説明したいと思いますが、両者の違いは、「うつ」であることを本人が自覚しているかどうかにかかっています。

（13）早期教育｛について／に関して｝専門家の間でも賛否両論があるようだが、現場では早期英語教育はすでに始まっている。／｛有关／关于｝早期教育，即使专家之间好像也有同意与否定两种意见，但是，在现场早期英语教育已经开始了。

例3　意见、思考的句子。　意见、思考的句子［（一方／しかし、）～については／に関しては～］。

首先叙述一种意见、设想，在下面的句子中，有关与其相反的或对比的、对照的事情，使用「については・に関しては」来表示。

（14）私達が知りたいのはアンケートの結果です。男性であるか女性であるか、年齢はどうかなど｛については／に関しては｝、それほど重要ではありません。／我们想知道的是问卷调查的结果。｛有关／关于｝是男性还是女性、年龄如何等，并不那么重要。

（15）サッカーの審判員制度には不満があります。しかし、全体的な運営方法｛については／に関しては｝、不満はありません。／在足球的裁判员制度上抱有不满。可是，｛有关／关于｝整体的运营方法，没有不满。

例4　～について／に関して～が／けれども、对比性的句子。

前后句子在对比、对照的情况下，在以「が／けれども」引导的前项或后项（主句）中，容易出现「については・に関しては」。

（16）判断処理｛については／に関しては｝コンピュータの能力は人間の１万分の１にも及ばないが、計算処理では人間はコンピュータの足元にも及ばない。／｛有关／关于｝判断处理方面，电脑的能力不及人类的一万分之一，但是，在计算处理方面，人类对电脑望尘莫及。

（17）広報活動｛については／に関しては｝、最後まで続けていきたいとは思いますが、営業案内｛については／に関しては｝、もう少しお待ちください。／｛有关／关于｝广告活动，我想继续到最后，但是，｛有关／关于｝营业指南，请再等一下。

● 容易和哪些词语相连接

1. Xについて／に関してY

〈Y处的词〉

◆说明事件、人物的情况的动词：

話す、議論する、述べる、説明する、論じる等。

（18）建物の構造｛について／に関して｝ご説明申し上げます。／｛有关／关于｝建筑物的构造，我来做一下说明。

◆调查事件、人物的情况的动词：

調べる、調査する、探る等。

（19）現在、事件の真相｛について／に関して｝調査しております。／現在｛有关／关于｝事件

的真相，我方正在进行调查。

◆**认识、考虑事情、人物情况的动词：**
考える、知っている、熟慮する、熟考する等。

（20）彼はそのこと{については／に関しては}何も知らない。／他{有关／关于}那件事，什么也不知道。

● **「について・に関して」的其他用法**

「について・に関して」的修饰名词的形式

在「について」修饰名词的时候，采用「～についての＋名词」这一形式。

（21）公務員削減についてのアンケートが配られてきた。／ 发放了关于消减公务员的问卷调查。
（22）あちこちで著作権についての勉強会や研修会が開かれている。／ 到处在召开关于著作权的研讨会、进修会。

另外，在「に関して」修饰名词的时候，使用「～に関しての＋名词」和「～に関する＋名词」的形式。

（23）受講に関してのお問い合わせ、お申し込みは次の宛先まで。／ 关于听课的垂询、申请请与以下地址联系。
（24）個人情報の保護に関する法律が制定された。／制定了关于保护个人信息的法律。

「～に関しての＋名词」和「～に関する＋名词」，使用哪一个，意思都没有变化。只是，「～に関する＋名词」多少给人一种书面语的感觉。

● **与近义表达方式的比较**

「について・に関して」与「をめぐって」的比较

作为某人或某事表示相关对象的表达方式，还有「をめぐって」这种形式。

（25）a．メールの内容について、いろいろな憶測がなされている。／关于邮件的内容，有各种揣测。
　　　b．メールの内容に関して、いろいろな憶測がなされている。／有关邮件的内容，有各种揣测。
　　　c．メールの内容をめぐって、いろいろな憶測がなされている。／围绕着邮件内容，有各种揣测。

a、b、c，哪一个（表述）都恰当。但是，「をめぐって」有如下特点：

① 在「をめぐって」中，用于多数人员围绕某个话题进行议论，谈论某人某事如何时。在下面的例子中，因为「研究する」倒像是个人的、固定的工作，所以，使用「をめぐって」是不恰当的。

（26）私は日本経済 {×をめぐって／について／に関して} 研究しています。／ 我在研究有关日本经济。

② 「をめぐって」不能在句尾使用意志表达方式。

（27）来年の企画 {×をめぐって／について／に関して} 話し合ってください。／ 请谈谈有关明年的策划。

"学生习作中出现病句的例子"的解说

「に関して」是一种语气稍生硬、正式的说法，内容甚至包含周围有关的事情，在这点上，与「について」不同。第1句的意思是就日本的事情、日本的事物进行谈论，所以，一般认为使用模糊地包含周围的意思的「に関して」是不确切的。第2句以"漫画"为主题（话题）提出的话，不使用「マンガについて」，而是应该使用「マンガは」。假如想保留「マンガについて」的话，有必要如下所示，在句尾进行处理。

②マンガについて、子供にどのような影響を与えるのか調べる。／ 调查有关漫画问题，对孩子有什么样的影响呢。

第3句也是和第2句非常类似的病句，但是，第3句表示事态变化，所以，不使用「は」，而使用「が」。

第4句「に関する／関しての」与「関係する」容易混淆。「に関する／関しての」表示接续在后面的名词的内容及一个侧面，所以，对于和"这个事件"主体上相关的"人"，使用「に関する／関しての」的话，就显得不恰当了。

5 にもとづいて・をもとにして・にそって・（にのっとって・に即して）

A：詐欺をするとどうなりますか。/ 如果进行欺诈，会怎么样呢？
B：刑法にもとづいて裁判を受けることになります。/ 根据刑法要受到制裁。
A：その刑法というのは何をもとにしているんですか。/ 所谓那个刑法是以什么为依据的呢？
B：刑事訴訟法です。/ 是（根据）刑事诉讼法。

 学生学习中的难点和常提出的问题

1. （常）混淆「にもとづいて」和「をもとにして」。
2. 不明白「にもとづいて」的使用方法。
3. 分不清「にそって」和「にもとづいて」的差异。

 学生习作中出现病句的例子

1. これまでの経験にもとづいて、これからも頑張りたいと思う。
   →これまでの経験をもとにして、これからも頑張りたいと思う。/ 以过去的经验为基础，我想今后再努力一下。
2. 空手をやったことをもとにして、日本に興味を持つようになった。
   →空手をやったことから／をきっかけにして、日本に興味を持つようになった。/ 因为练习了空手道（以练习空手道为契机），开始对日本产生了兴趣。
3. この町は桜をもとにして「桜タウン」と名付けられた。
   →この町は桜にちなんで「桜タウン」と名付けられた。/ 这个城镇由于樱花的缘故，起名为"樱花城"
4. 親の期待にそって、サッカーの試合でチームを優勝に導いた。
   →親の期待にこたえて、サッカーの試合で優勝することができた。/ 没有辜负父母的期望，在足球比赛中，取得了冠军。

说 明

● **基本的意义及用法**

「名词+にもとづいて／をもとにして／にそって」表示参照标准做某事。

1. にもとづいて

表示"将某事情或物置于某基础上"，或者"以其为依据，与其相参照，如实地"做某事或采取某种行为。

（1）人は法にもとづいて罰せられる。／ 人要依法受到惩罚。

2. をもとにして

表示"以某事情或物为基础，一边很好地运用它，一边利用某部分"的意思。多指具体地干些什么、做什么。

（2）これまでの経験をもとにして、頑張りたいと思う。／以过去的经验为基础，想努力一下。

3. にそって

「にそって」与「にもとづいて・をもとにして」相同，具有"以某事情或物为基础，一起……"的意思。像例句（4）含有"不从物理的距离离开"这一意思。

（3）今度のプロジェクトは私の考えにそってやってほしい。／ 希望这次的计划按照我的想法去做。

（4）道にそって花が植えられている。／沿着道路种着花。

● **何时使用**

1. 在会话中

「にもとづいて・をもとにして・にそって」在"以其为基础"这一点上都具有共同点，所以，在例句（5）中，使用哪一个都合适。

（5）A：このドラマはなかなかいいね。／这个电视剧真好啊。
　　 B：これは本当の話なのよ。／这是真实的故事呀。
　　 A：ええっ。事実｛にもとづいて／をもとにして／にそって｝作ってあるの？／唉（表示吃惊），是｛根据事实／依照事实为基础／按照事实｝创作的吗？
　　 B：そうよ。／是呀。

但是，在以下的情况，使用「にもとづいて・にそって」，就显得不恰当了。

（6）A：４月から仕事ですね。／（你）从4月份开始工作啦。
　　 B：はい。／是的。

> A：頑張ってくださいね。/请努力呀。
> B：はい、この学校で得た経験｛?にもとづいて／をもとにして／?にそって｝、頑張りたいと思います。/是，我想以在这个学校所得到的经验为基础，努力一下。

所谓"经验"指的是经较长的过程所得到的结果，并非过程本身。所以，一般认为使用「にそって」就不恰当了。由于「にもとづいて」和「をもとにして」的差异微妙，请比较以下的例子：

（7）この学校で得た経験｛?にもとづいて／をもとにして｝、頑張りたいと思う。

（8）彼は過去の経験｛にもとづいて／をもとにして｝判断した。/ 他｛根据过去的经验／以过去的经验为基础｝进行判断。

即使同样是"经验"，用于「頑張る」的场合，使用「にもとづいて」就显得不恰当，使用「判断する」一词就较为恰当。「にもとづいて」意为"将……置于某基础上，如实地"。所以，能够"如实地判断"。而"如实地努力"讲起来就有些勉强。另外，「をもとにして」意为"以……为基础，充分运用"，所以，一般认为「頑張る」「判断する」两个都可以使用。

「にもとづいて・をもとにして・にそって」像以下的例句（9）那样，也能够作为动词使用。

> （9）A：このドラマはなかなかいいね。
> B：これは本当の話なのよ。
> A：ええっ。事実｛にもとづいている／をもとにしている／にそっている｝の？
> B：そうよ。

2. 在文章中（以句子连接为例）

例1　事态、状況的句子［～にもとづいて／をもとにして／にそって～］。
　　　补充说明、意思相反的句子［ただし／しかし、～］。

它的形式是对于参照某个标准所做的事情、事态或状况，在下面的句子中，加以补充说明。

（10）このドラマは史実｛にもとづいて／をもとにして／にそって｝作られた。しかし、まだ検証の足りない部分がある。/ 这个剧目｛根据史实／依照史实为基础／按照史实｝而创作，但是，还有认证不足的部分。

（11）裁判所は判例｛にもとづいて／をもとにして／にそって｝刑を確定した。しかし、刑が軽すぎるという声が上がっている。/ 法院｛根据案例／依照案例为基础／按照案例｝定刑。但是，有刑罚过轻的呼声。

例2　事态、状況［～して／し］、过程的句子。
　　　结果的句子（その結果、そして）～にもとづいて／をもとにして／にそって～］。

它的形式是出现某种事态、状况，就此经过讨论等程序、过程，最后叙述结果。说明事态或过程的句子，由于使用「～して」或「～し」，而成为一个句子的较多。

（12）カンニング事件が発生し、徹底的な調査がなされた。その結果、学校側は、校則｛にもとづいて／をもとにして／にそって｝カンニングに関わった生徒を退学処分にした。／发生了作弊事件，（对此）进行了彻底的调查。结果，校方｛根据校规／依照校规为基础／按照校规｝，将有关作弊的学生进行了退学处分。

（13）高校生が芥川賞を受賞し、世間の話題をさらった。そして半年後には彼女の小説｛にもとづいて／をもとにして／にそって｝映画が作られることが決まった。／高中生获得芥川奖，成了社会上的话题。并且，决定｛根据她的小说／依照她的小说为基础／按照她的小说｝，拍摄电影。

例3 ーにもとづいて／をもとにして／にそってーので／から、评价性判断的句子。

它的形式是，对于参照某个标准所做的事情，叙述其理由后做出评价。评价有正面的也有负面的。主要使用「にもとづいて・をもとにして」，但也有使用「にそって」的。

（14）このドキュメンタリーは徹底的な取材｛にもとづいて／をもとにして／？にそって｝書かれているので、信頼できる。／这个纪实录｛根据全面的采访／以全面的采访为基础｝写成。所以值得相信。

（15）このメールはいい加減な情報｛にもとづいて／をもとにして／にそって｝作られているようだから、信用してはいけない。／这个邮件似乎｛根据不可靠的信息／以不可靠的信息为基础／按照不可靠的信息｝写成，不能轻信。

通常给人一种感觉例句（15）的「情報にそって」比较恰当，而例句（14）的「取材にそって」就不妥。一般认为在这种情况下，是由于像"靠采访"这样，含有作为一种手段的意思。

● 容易和哪些词语相连接

在「にもとづいて・をもとにして・にそって」句子中，他动词、自动词都多以被动动词的形式出现。

（16）この映画は事実｛にもとづいて／をもとにして／にそって｝作成されている。／这个电影｛根据事实／以事实为基础／按照事实｝拍摄而成。

（17）株式総会は綿密な進行予定｛にもとづいて／をもとにして／にそって｝進められた。／股东大会｛根据周密的推进计划／以周密的推进计划为基础／按照周密的推进计划｝而进行。

那么，下面让我们看一下分别容易出现的名词和动词。

1. XにもとづいてY

〈X处的词〉

◆ 表示标准的名词：
ルール、規則、規定、事実、計画表、情報、構想、事件、経験、話、伝説等。

〈Y处的词〉
◆有关制定、开发的动词：
書く、作る、作成する、開発する等这些被动动词。
◆有关行为、行动的动词：
使用する、判断する、行う、行動する、決める、分配する等这些被动动词。

（18）配当金は当社の規定にもとづいて分配されます。／红利按照本公司规定分配。

2. XをもとにしてY
〈X处的词〉
◆具有信息的名词：
データ、情報、経験、事実、事件、先行事例、基本原理、報告、話、噂等。
〈Y处的词〉
◆有关制定、开发的动词：
書く、作る、作成する、設計する、構築する、生成する等这些被动动词。

（19）実験で得られたデータをもとにして新しい物質を生成する。／ 以实验取得的数据为基础，产生新的物质。

◆有关行为、行动的动词：
対処する、判断する、行う、行動する、決める、分配する等这些被动动词。

（20）人の噂をもとにして判断してはいけない。／不能以人的传言为依据，进行判断。

3. XにそってY
〈X处的词〉
◆表示长度的名词：
道路、カーブ、川、コース、壁、塀等。
◆包含过程的名词：
プログラム、マニュアル、手順、意向、要望、要求、戦略等。
〈Y处的词〉
◆动词：
並ぶ、行く、歩く、植える、伸びる、配置する、進む、進める、設計する、説明する、行う、報告する等。

（21）塀にそって進んでください。／请沿着围墙前行。
（22）説明はマニュアルにそって進められた。／说明按照指南进行。

●与近义表达方式的比较

与「にのっとって」「に即して」的比较

（23）祭礼は伝統｛にのっとって／に即して／にもとづいて｝行われている。／ 祭祀｛遵循／依据／根据｝传统进行。

（24）説明はマニュアル｛？にのっとって／に即して／にそって｝進められた。／ 说明｛依据／根据｝指南进行。

（25）経験｛×にのっとって／に即して／をもとにして｝判断する。／ ｛依据／根据｝经验，进行判断。

如例句（23）的「伝統にのっとって」那样，「にのっとって」一般与考虑到"能够成为标准、规范"的词语相连接的居多。"经验"是个人的，所以，例句（25）显得不恰当。例句（24）的"指南"也如下所示，当连接明白"能够成为标准、规范"这一情况说明的形式时，显得较为恰当。

（26）説明は自治体が作成したマニュアルにのっとって進められた。／ 依据自治团体编制的指南进行了说明。

另外，「に即して」与「にもとづいて・にそって」虽具有相同的意思，但说法略显生硬。

（27）時代の変化に即して雇用形態も変えていかなければならない。／ 根据时代的变化，必须要改变雇佣形态。

当「に即して」变为「に則して」时，作为"根据规则、法律"的意思来使用。

（28）不法滞在者は法律に則して強制送還される。／ 非法滞留者根据法律被强制遣返。

"学生习作中出现病句的例子"的解说

「にもとづいて」和「をもとにして」的辨析非常微妙。对于前者有"以其为基础，照原样遵循下去"，后者则有"只是以其为基础，进行处置"这点不同。第1句理应使经验好的部分充分运用，想拼命努力，并非照原样全部按照经验去做，所以，使用「をもとにして」更为贴切。第2句"练习空手道"与"开始对日本有了兴趣"存在因果关系，所以，使用「から／をきっかけにして」为宜。

第3句表达的不是"以樱花为基础"这一意思，而表达"因其缘故"。

第4句学生想说的，稍有不明确的地方，一般认为如果像"获得冠军"实现期望的话，使用「～にこたえて」更为贴切。

6 によって

> A：首相は話し合いで選んだほうがいい。／以协商的方式选出首相为好。
> B：いや、選挙によって選ぶべきだ。／不，应该以选举的方式选出。
> A：じゃ、どちらの方法にするか投票によって決めよう。／那么，选用哪种方法好由投票来决定吧。
> B：……。

 学生学习中的难点和常提出的问题

1. 「によって」有各种用法，所以难于记忆。
2. 在应该使用表示信息来源的「によると」的地方，使用了「によって」。

 学生习作中出现病句的例子

1. ニュースによって、朝は晴れだそうだ。
   →ニュースによると、朝は晴れだそうだ。／根据新闻报道，据说早晨是晴天。
2. 世界中が経済成長しか考えないことによって、環境問題は悪化しつつある。
   →世界中が経済成長のことしか考えないために、環境問題は悪化しつつある。／因为整个世界只考虑经济成长，所以，环境正在恶化。
3. 電気製品の普及によって、DVDはテレビより人気がある。
   →電気製品の普及につれて、DVDはテレビより人気が出てきている。／随着电器产品的普及，DVD比电视更受人们欢迎。
4. 動物は種類や習性によって研究される。
   →動物は種類や習性に応じて研究される。／動物は種類や習性によって研究の仕方が異なる。／动物根据种类、习性进行研究。／动物由于种类、习性不同，研究的方法不同。

说 明

● **基本的意义及用法**

「によって」一般用平假名表示。但是，原来的动词使用「依る・因る・拠る・由る」等。从这些汉字里也可以想象出，「によって」有"以……为原因""以……为基础"等各种意义及用法。

（1）人身事故によって鉄道が止まることが多い。（原因、理由）/ 由于人身事故，铁路停运的较多。

（2）インターネットによって世界中の人と交流することができる。（手段）/ 凭借着互联网，能够与整个世界的人们进行交流。

（3）彼の証言によってすべてが明らかになった。（根据、出处）/ 根据他的证言，全部都清楚了。

（4）この庭は小堀遠州によって造られたという。（被动句的动作主体）/ 据说这个庭院是由小堀远州（日本江户初期的武士、精通茶道的人——译者注）所创建的。

（5）どう考えるかは人によって違います。（某种情形）/ 如何考虑因人而异。

● 何时使用

1. 在会话中

例句（6）中的「によって」是表示原因、理由的。即使使用格助词「で」「から」，也表示同样的意思，「によって」更显得书面语一些。「によって」在明确表达原因、理由，或强调性地讲话时，经常使用。

（6）A：腰が痛くて。/ 我腰痛。
B：腰痛だね。/ 腰痛呀。
A：うん、医者に行ったほうがいいかな。/ 嗯，最好去大夫那儿。
B：腰痛ってストレスによって起こるんだよ。/ 腰痛，因精神紧张引起的呀。

表示"手段"的「によって」也可以用格助词「で」，此外，表示"根据、出处"的「によって」，也可以用格助词「で」「から」。在任何场合，与「で」「から」相比，使用哪一个都是书面语。

例句（7）的「によって」表示"手段"。

（7）音乐解说员：ラジオをお聞きの皆様、こんばんは。この音楽番組は、皆様からのリクエストによって行っています。お聞きになりたい曲がありましたら、どしどしはがきに書いて送ってください。/ 收听广播的各位听众，晚上好！这个音乐节目，仰仗大家的点播而举办。要是听众有想听的歌曲，请不要客气，尽管写在明信片上，寄给我们。

下面是表示"被动句的动作主体"的「によって」。它本来不大常用在口语上。

（8）A：また津波が起こったんだって。/ 听说又发生海啸了。
B：この間はハリケーンだったね。/ 最近又出现飓风呢。
A：次々に自然災害が起こるね。/ 不断地出现自然灾害呀。
B：温暖化によって引き起こされるんだろうか。/ 都是由温室效应而引发的吧。

下面是表示"某种情形"的「によって」。根据"国家、人物、地点、场所、事件与场合"等，使用「違う／異なる」这种说法居多。

(9) A：帰りは遅いんですか。/ 回来得晚吗？
　　B：日によって違うんですけど。/ 根据不同的日子而不同。
　　A：土曜日も遅くなりますか。/ 星期六（回来的）也晚吗？
　　B：ええ、土曜日はお客さんが多いですからね。/ 嗯，因为星期六客人多呀。

下面例句（10）和（11）是使用「によっては」的会话。是提示「によっては」前面所接续的事情的说法。例句（10）表示"某种情形"，例句（11）表示"某种情形"或者"根据、出处"。

(10) A：先生、いかがでしょうか。/ 大夫，怎么样了？
　　B：炎症がかなり進んでいますね。/ 炎症进一步地发展了呀。
　　A：治りますか。/ 治得了吗？
　　B：場合によっては、手術したほうがいいかもしれません。/ 根据情况，也许还是手术为好。

(11) A：この数字は変ですね。/ 这个数字有点不对头呢。
　　B：そうですね。値がちょっと小さ過ぎますね。/ 是呀，数值有点过于小了呀。
　　A：でも、データのとり方によっては、値が小さくなることもあるかもしれませんね。/ 不过，根据采集数据的方法（不同），也许有时数值会变小呢。

「によって」可以用「により」替换，只是那就变成了非常生硬的说法。

(12) 法官：刑法120条により懲役3年を言い渡す。/ 根据刑法第120条，宣判3年徒刑。

2. 在文章中（以句子连接为例）

例1　事态、状况的句子。　具体性的说明的句子［～によって～］。

（首先）说明整体性的事态、状况，在接下的句子中使用「によって」，可更加明确、强调地表示出原因、理由以及其他。

(13) 多くの銀行が資金難に陥っている。ほとんどの銀行は不良債権処理の失敗によって経営が悪化したのだ。（原因、理由）/ 很多银行陷入资金困难。大多数银行因处理不良债权不善，经营恶化。

(14) その事件はついに解決の兆しを見せ始めた。犯人の自白によって事件の真相が明らかになってきた。（根据、出处）/ 那个事件终于开始露出了解决的端倪。由于犯人的坦白交代，事件的真相变得明朗了。

(15) 1990年代には多くのマンションが建設された。その中のいくつかはA氏によって設計されている。（被动句的动作主体）/ 20世纪90年代建造了很多公寓。其中有一些是由A先生设计的。

例2　说明顺序的句子［～をし、～をし］、总结的句子［～によって～］。

说明顺序的时候，叙述为「～をし、～をし」，然后，有时以「その～によって～」的形式归纳

总结。

（16）沸騰したら火を止め、ふたをし、余熱によって中まで火を通します。（手段）／（水）沸腾了的话，就熄火、盖盖儿。靠余热将物体内部加热。

（17）コンピュータのメモリをいくつかの要素に分け、それぞれに番地（address）を付け、その番地によってデータにアクセスできるようにする。（手段）／把计算机的存储器分成若干存储区域，连接到各自的地址（address），可以通过地址存取数据。

例3　结果、结论的句子。　具体性说明的句子［～によっては～］。

这是用「によって」表示"某种情形"的形式，（句子中）首先提出结论性的事项，接下来，在说明具体的、个别的情况时，会出现「によっては」。

（18）コンビニは割高と言われるが、そうでもない。商品によってはスーパーより安いものもある。（某种情形）／都说便利店价钱贵，但也并非那样。有的商品，也比超市便宜。

（19）最近は老舗料理店もいろいろなサービスをしないとやっていけないようだ。店によっては忘年会など会社まで迎えに来てくれる。（某种情形）／最近，好像老字号菜馆不提供各种服务的话，生意就不好做了。有些店铺，在忘年会之类的日子，都到公司来接客人。

例4　事情、前提的句子。（相同的）意见、想法的句子［～によって～］。

它的形式是开始陈述一个情况、前提，在后面的句子中，使用「～によって」，重新加以说明意见、想法。

（20）恋愛結婚の長所は、「昔、愛し合った」という原点に立ち返れることだ。こういう気持ちが持てるかどうかによって結婚生活は違ったものになる。（某种情形）／恋爱结婚的优点是返回"曾经、彼此相爱过"这一初始点。是否具有这种心情，结婚生活会变得不同。

（21）「とんでもない」と言うとき、私たちは無意識のうちに手をあげ、左右に激しく振る。左右に振ることによって、何かを払いのけようとしているのかもしれない。（手段）／说"没关系"的时候，我们会无意识地抬起手，频繁地左右摇动。凭借着向左右摇动，也许表示一种要将什么甩开（的意思）。

● 容易和哪些词语相连接

1. "表示原因、理由"的XによってY

〈X处的词〉

池上素子（2005）分析了学术论文，就表示原因的「によって」之前所接续的名词，提出了如下的倾向。

1）表示变化的名词：変化、上昇、増減等。
2）表示动作的名词：行為、動作、働き、暴力等。
3）不表示动象的名词：低迷、停滞、静寂、沈黙等。

〈Y处的词〉

◆表示结果的动词：

自动词（生じる、生まれる、起こる、起きる）、被动动词（行われる、もたらされる、誘発される、促進される）等。

（22）政治の低迷によって国民の政治離れがもたらされる。／ 由于政治的低迷，带来民众不问政治。

2. "表示手段"的XによってY

〈X处的词〉

◆名词：

（インター）ネット、メール、方法、結婚、リサイクル、対話、教育、リクエスト、技術、システム等。

〈Y处的词〉

◆表示完成或变化的动词：

変わる、起きる、早くなる、決まる、可能になる、アクセスする、（情報を）得る、生き返る等。

（23）リサイクルによって廃品が生き返る。／ 通过再利用，废品（获得）重生。

3. "表示根据、出处"的XによってY

〈X处的词〉

◆其中包含信息的名词：

証言、告白、告発、報道、情報、調査等。

〈Y处的词〉

◆表示引起结果的动词等：

明らかになる、明白になる、わかる、〜てくる等。

（24）彼女の告白によって事件の全貌がわかってきた。／ 由于她的坦白，了解了事件的全貌。

4. "表示被动句的动作主体"的XによってY

〈X处的词〉

◆名词：

有名人や作者の名前、何者か、当局、契約、法律等。

〈Y处的词〉

◆表示创造物品的动词：

つくる（作る、造る、創る）、書く、建てる、発明する、発見する、設計する等。

（25）このマンションは有名な一級建築士によって建てられたものだ。／ 这个公寓是由有名的一级建筑师承建的。

◆ 其他动词：

得る、解明する、発信する、制定する、決める、拘束する、引き起こす、壊す等。

（26）いったん契約すると、契約書によって拘束されるので、注意が必要だ。／一旦签订了合同，就要受到合同的约束，所以必须注意。

5. 表示"某种情形"的XによってY

〈X处的词〉

◆ 名词：

場合、ところ、人、国、日、機種、種類、（見る）角度、会社、メーカー、店等。

〈Y处的词〉

◆ 表示不同意思的动词：

違う、異なる、変わる等。

（27）どう考えるかは人によって違います。／如何考虑因人而异。

● 「によって」的其他用法

「によって」修饰名词的形式

「によって」接续名词时，有「～によっての + 名词」和「～による + 名词」的两种形式。「～による + 名词」为书面语。根据「によって」的意思及用法，也有只能使用其中一种的形式。如下所述，表示"手段"和"场合"的「によって」，都可以使用「による・によっての」这两种形式，除此之外的「によって」，可以说只能使用「による」。

1. 表示原因、理由

鳥インフルエンザ｛による・？によっての｝死亡者が続出する。／因禽流感而死亡的人接连出现。

2. 表示手段

電話｛による・によっての｝相談も受け付けています。／通过电话的商谈也受理。

3. 表示根据、出处

証言｛による・？によっての｝真実の露呈／因证词暴露出事实真相。

4. 表示被动句的动作主体

東山魁夷｛による・？によっての｝「残照」という作品／东山魁夷所创作的《残照》这件作品。

5. 表示某种情形

メーカー｛による・によっての｝味の違い／因生产厂家而味道不同。

● 与近义表达方式的比较

「によって」与「を通じて・を通して」的比较
请参考本书的「7 を通じて・を通して」。

 "学生习作中出现病句的例子"的解说

　　「によって」具有广泛的意义及用法。一般认为第 1 句将信息来源解释为"根据、出处",学生使用了「によって」。但是,表示"根据、出处"的「によって」可与「明らかになった」「わかった」这样的表达方式相连接,不可与单纯的传闻助动词「そうだ」相连接。要想与「そうだ」相连接,需要变成「によると」。这一点学生常常出现错误,所以需要注意。

　　第 2 句使用了表示原因、理由的「によって」。一般认为为了明确地表达因果关系,使用「ので」「ために」等为宜。

　　第 3 句比起讲述原因、理由来,还是理解成使用「普及につれて」更为恰当。

　　第 4 句中表示"某种情形"的「によって」,相连接的动词限于「違う・異なる・変わる」等,是不能与「研究する」相连接的。

7 を通じて・を通して

A：私達、結婚することになりました。/ 我们决定结婚了。
B：おめでとう。お二人のなれそめは？/ 恭喜。你们二位是什么时候好上的？
A：私達はインターネットを通じて知り合ったんです。/ 我们是通过互联网认识的。
B：へえ、ネット結婚ですか。/ 是吗，是网络婚姻吗？

 学生学习中的难点和常提出的问题

1. 「を通じて」和「を通して」相同吗？
2. 「通じて」和「通して」在写法、发音上出现混淆。会变成「通（とお）して」，或者「通（とお）じて」。
3. 不明白「を通じて」和「によって」的差异。

 学生习作中出现病句的例子

1. 留学試験を通じて大学は学生を選ぶ。
   →留学試験によって大学は学生を選ぶ。/ 大学凭借留学考试选拔学生。
2. あの歌は全国を通じて、はやっている。
   →あの歌は国中ではやっている。/ 那首歌曲在全国流行。
3. インターネットを通して新聞記事を読む。
   →インターネットで新聞記事を読む。/ 使用互联网阅读报纸报道。
4. 父を通して、仕事につくことができた。
   →父の紹介で、仕事につくことができた。/ 靠父亲的介绍，才得以参加了工作。

说 明

● **基本的意义及用法**

「名词＋を通じて／を通して」都表示"经过……、以……为中介"的意思。

（1）仕事｛を通じて／を通して｝人脈が広がっていった。／ 通过工作，人际关系（逐渐）扩大。

（2）ラジオ、テレビ｛を通じて／を通して｝全国に呼びかけた。／ 通过收音机、电视向全国呼吁。

另外，还有"在（整个）……的期间，经常"这一意思。

（3）このスキー場は1年｛を通じて／を通して｝スキーができる。／ 这个滑雪场一年到头可以滑雪。

（4）父は生涯｛を通じて／を通して｝幸せだった。／ 父亲整个一生都是幸福的。

「を通じて・を通して」基本上可以互换（使用），但是，「を通じて」重点放在通过"信息、信息手段、人、人际关系"等扩展的结果。另外，「を通して」重点放在有意识地进行的行为。

●何时使用

1. 在会话中

例句（5）表示"在（整个）……的期间，经常"的意思。

（5）A：ポンさんの国は暖かいんでしょう？／阿蓬的国家温暖吗？
　　B：ええ。／嗯。
　　A：1年中暖かいんですか。／整个一年（全年）都温暖吗？
　　B：ええ、1年｛を通じて／を通して｝温度差は2、3度です。／ 嗯，是的。整个一年温差在二三度。

例句（6）中的「―を通じて・―を通して」表示"经过……、以……为中介"的意思。

（6）A：留学して何年ですか。／留学几年了？
　　B：2年たちました。／已经2年了。
　　A：日本語が上手になりましたね。／日语已经很好了吧。
　　B：日本語の勉強｛を通じて／を通して｝日本人の考え方が少しわかってきました。／ 通过日语的学习，了解了一些日本人的思维方式。

作为讨论等结束的用语，主持人如下地讲话居多。

（7）主持人：今日は話し合いに参加していただいてありがとうございました。
今日の話し合い｛を通じて／を通して｝いろいろ情報交換ができ、よかったと思います。
では、これで第2回目の討論会を終わらせていただきます。／ 今天大家能参加这个对话，（我们）表示感谢。我认为通过今天的对话，我们得以交流各种信息，十分有益。那么，在此，请允许我（宣布）结束第2次讨论会。

从动词「通ずる・通じる」派生出来的「を通じて」，多表示因"通过……"得到的结果。另一方面，一般认为从动词「通す」转化而来的「を通して」具有意志性的一面。请见下面的例句（8）：

（8）A：どうして子供を作りたくないんですか。／为什么不想要孩子？
　　B：子育ては大変ですから。／抚养孩子要费很大的事。
　　A：私の場合は、子育て｛を通じて／を通して｝世界が広がりました。／我通过抚养孩子，眼界变得开阔了。
　　B：そうですか。／是吗？
　　A：あなたも子育て｛を通じて／を通して｝どんどん世界を広げてください。／也请你通过抚养孩子，不断开阔眼界。

在开始的A中，就「世界が広がった」这一结果，在后面的A中，接续了「どんどん広げてください」这一意志表达方式。「を通じて・を通して」二者，什么时候都可以使用。但是，在表达意志或影响时，感到「を通して」比「を通じて」更适合。

2. 在文章中（以句子连接为例）

例1　事态、状况的句子。　一を通じて／を通して一。

（首先）有一个事态、状况，接下来叙述解决它的手段。一般认为在加入为解决这一意志性的思考时，大多使用「を通して」。

（9）どう支援してほしいかは人によって違う。我々の過去の体験｛を通じて／を通して｝生活の支援のあり方を考えてみよう。／希望对方怎样支援，因人而异。通过我们过去的体验，考虑一下生活支援应有的状态吧。

（10）問題が山積していた。前向きな話し合い｛を通じて／を通して｝解決していくより方法がない。／问题堆积成山，只有通过积极的对话，没有别的解决方法。

例2　事态、状况的句子。　一を通じて／を通して一。

此例是采取与例1极为相似的形式。这里首先有一种情况，接下来，就此附加说明时，使用「を通じて・を通して」。

（11）我々は環境保護活動を行ってきた。ホームページの作成、ポスターやマンガ｛を通じて／を通して｝活動を行った。／我们进行了环保活动。｛通过｝制作网页、招贴画或漫画开展活动。

（12）彼は死刑廃止論者である。日々の活動｛を通じて／を通して｝多くの人に訴えかけている。／他是死刑废止论者。通过每天的活动，向很多人进行呼吁。

例3　开场白的句子［一が］、具体性说明的句子［一を通じて／を通して一］。

例3开始提出开场白的句子，就此具体性的说明中，使用了「を通じて・を通して」。

（13）ある会合で松下幸之助の考え方を学んでいるが、その会｛を通じて／を通して｝経営者

として大切なことを教示してもらっている。／在某次聚会上，学习了松下幸之助的思考方式，通过那次聚会，作为经营者学到了很多重要的东西。

（14）インターネットには種々のホームページがあるが、それ{を通じて／を通して}いろいろな情報を得ることができる。／互联网有各种网页，通过它可以得到各种信息。

例4　—を通じて／を通して—　"名詞"が／は／を—。

包含「を通じて・を通して」的句子变成定语从句，也可以看到很多连接以下词语的形式：

（15）私達がネット{を通じて／を通して}見ているものは、非現実のものでしかない。／我们通过网络收看的，只是非现实的东西。

（16）視聴覚{を通じて／を通して}得た情報がどのように認識されるのかという問題は、まさに心理学の問題です。／通过视觉、听觉得到的信息，怎样被人们所认识？这个问题，的确是个心理学的问题。

●容易和哪些词语相连接

1. "表示在（整个）……期间中，经常"的Xを通じて／を通してY

〈X处的词〉

◆表示期间的名词：

生涯、一生、一年、年間、四季、季節等。

〈Y处的词〉

◆表示状态的动词、形容词等：

—ている、—できる、続く、続ける、ある、暖かい等。

（17）佐藤さんの庭は四季{を通じて／を通して}花が咲いている。／佐藤的庭院一年四季都开着花。

2. "表示经过……、以……为中介"的Xを通じて／を通してY

〈X处的词〉

◆名词：

経験、体験、言語、育児、教育、仕事、食、事業、スポーツ、（インター）ネット、秘書、受付等。

〈Y处的词〉

◆具有"传播、扩展"意思的动词：

広がる、広まる、感染する、伝える、伝わる、見えてくる等。

（18）その噂は報道関係者{を通じて／を通して}広がっていった。／那个流言通过相关报道人员，在不断扩大。

◆具有"认识、认知"意思的动词：

考える、見る、学ぶ、探る、感じる、出会う等。

（19）子供達は親の行動｛を通じて／を通して｝親を見ている。／ 孩子们通过父母的行动，来看父母。

● 与近义表达方式的比较

「を通じて・を通して」与表示手段的「によって」的比较（⇒6）

表示手段的「によって」是书面语，与「を通じて・を通して」可以替换使用。

（20）ネット｛を通じて／を通して／によって｝骨董品を販売する。／ ｛通过／通过／凭借｝网络，销售古董。

对于「を通じて・を通して」重视其过程、程序，「によって」则重视其结果如何。因此，手段与结果的连接，在明确的句子中，使用「によって」显得更加妥帖。

（21）選挙｛？を通じて／？を通して／によって｝委員長になることができた。／ 通过选举，能够成为委员长。

 "学生习作中出现病句的例子"的解说

如第1句所讲"凭考试选拔"这样，明确地表示手段的情况下，使用「を通じて」显得不够充分，应该改用「によって」。

第2句是学生经常出现的错误，「全国を通じて」与「はやっている」不能连接，应该使用「全国的に」「国中で」。

第3句也与第1句十分相似。因为是以"互联网"为手段"读报"，所以，使用「を通じて」显得不恰当。可以使用「によって」，但因变得有些像书面语，所以订正为「で」。假如想灵活运用「インターネットを通じて」的话，有必要做如下更改：

3′インターネットを通じて（新聞の）情報を得る。

第4句「父」与「仕事につくことができた」的关系，不是单纯"经过……"，使用「～の紹介で」关系会更加明确。

8

くらい（ぐらい）・ほど

A：Bさんはペットは飼ってますか。/ 小B（你）饲养宠物吗？
B：ええ、犬を飼ってます。/ 嗯，养狗。
A：そうですか。かわいいでしょうね。/ 是吗？很可爱吧。
B：かわいいし、犬ほどかしこい動物はいませんよ。/ 可爱，没有像狗那样伶俐的动物了。

 学生学习中的难点和常提出的问题

1. 「ぐらい」与「くらい」相同吗？
2. 不明白「ほど」和「くらい」的使用区别。
3. 很难理解「ほど」的使用方法。
4. 「ほど」在否定句中才使用吗？

 学生习作中出现病句的例子

1. きのうは洪水になったぐらい一日中大雨でした。
   →きのうは洪水になるぐらい一日中大雨が降った。/ 昨天大雨下了一整天，像发洪水一样。
2. この問題はあきらめるくらい難しくない。
   →この問題はあきらめてしまうほど難しくはない。/ 这个问题并没有难到要放弃它的程度。
3. 現代の人は単に生きるために食べるというほどのレベルでは満足できない。
   →現代人は単に生きるために食べるという（くらいの）レベルでは満足できない。/ 现代人不能满足单纯为活着而吃饭这个水准。
4. 私の国は日本ほど寒いです。
   →私の国は日本と同じくらい寒いです。/ 私の国は日本ほど寒くないです。/ 我的国家和日本一样寒冷。/ 我的国家没有日本那么寒冷。

说 明

● 基本的意义及用法

像「そんなことぐらい自分でしなさい」「こんどこそ頑張ろう」「いつも文句ばかり言っている」句子中的「ぐらい」「こそ」「ばかり」那样，附在名词等其他词后，将表达说话人心情的助

词，称为"提示助词"。在日语学校语法中称为"系助词""副助词"。

"提示助词"除此之外，还有「ほど」「さえ」「など」「なんか」「でも」「だけ」「しか」等。在本书项目8—14中，讲解提示助词。（⇒初级30）

「くらい・ぐらい」与「ほど」都表示程度。口语中经常使用「くらい・ぐらい」，「ほど」的说法有些正式。「くらい・ぐらい」无论使用哪一个，意思都不会改变。在本书中，主要使用「くらい」。

1.「くらい」与「ほど」两者都可以使用的情况：
1）附在表示数量的名词后，表示概数。

（1）100人｛くらい／ほど｝の人が集まっている。／ 大约100人左右聚集在一起。

2）表示程度上就是这些。

（2）宿題が多くて泣きたい｛くらい／ほど｝だ。／作业太多，想要哭了。
（3）泣きたい｛くらい／ほど｝宿題が多い。／作业多得想要哭了。

2. 只能使用「くらい」的情况：
1）表示相同的程度。

（4）北海道も同じ｛くらい／×ほど｝暑いですよ。／北海道也同样很热呀！

2）表示对说话人所讲的事情轻视的心情。

（5）そんなこと｛くらい／×ほど｝言われなくてもわかるよ。／那样的事即使不说也明白呀。

3）表示说话人"至少那件事（最起码）"这一限定的语气。

（6）日曜日｛くらい／×ほど｝子育てから解放されたい。／ 真想从养育孩子（的负担）中解放出来，哪怕星期日也好。

3. 只能使用「ほど」的情况
1）表示否定的比较。

（7）私の国は日本｛×くらい／ほど｝寒くないです。／ 我国不像日本那么寒冷。

2）使用「（－ば）―ほど」的形式，表示比例的表达方式。

（8）考えれば考える｛×くらい／ほど｝わからなくなる。／ 越考虑越不明白。

●构成法及接续方法

「くらい・ほど」接在名词、动词和形容词的普通形后，如下所示：

```
┌─────────────────┐
│ N               │  くらい
│ 普通形          │  ほど
│ [例外 ナadj.-だ→ナadj.-な] │
└─────────────────┘
```

格助词和提示助词相连接时，基本上采用"名词+格助词+提示助词"的顺序。

（9）私 ＋ に ＋ くらい ＋ は ＋ はなしてくれてもいいだろう。
　　　名词　格助词　提示助词　提示助词　／至少可以对我讲讲吧。

可是，由于格助词被省略，也有语序不同的时候，所以，需要注意。

「くらい・ほど」与格助词连接的时候，「が・を」常被省略，或接在「くらい・ほど」的后面。除「が・を」以外的格助词不得省略。接续方法如2.a.b.两种。（"N+"表示接续名词；"～+"表示接续名词、形容词和动词等。）

```
1. ～＋くらい／ほど（が／を）
2. a. N＋に／へ／で／と／から＋くらい
   b. ～＋くらい＋に／へ／で／と／から
      N＋ほど＋に／で／から
```

（10）まだ半分｛くらい／ほど｝（が）売れ残っている。／还有一半卖不出去。
（11）株式投資は5万円ほどから始められます。／股票投资从5万日元左右开始。

●何时使用

1. 在会话中

例句（12）是表示否定比较的。A和"老师"这一高水平的人相比较，说出"不能做得像老师那样好"。像「～ほど～ない」这一否定的比较中，不能使用「くらい」。

（12）老师：なかなか上手に描けてますね。／真是画得太好了呀。
　　　　A：いえ、先生｛×くらい／ほど｝にはうまく行きません。／不，比起老师来差远了。
　　　老师：いえ、ほかの皆さんよりは上手ですよ。／不，比起其他同学来，是好的呀。
　　　　A：ありがとうございます。／谢谢！

在例句（13）中，使用说话人的（或社会的）价值标准，表示其状态或事态处于何种程度。

（13）A：福徳というラーメン屋、知ってる？／德福面馆，你知道吗？
　　　B：うん、テレビに出ていたところだろう。／嗯，电视上出现的那家吧。
　　　A：そう。すごい人気で、開店前からお客さんが並ぶ｛くらい／ほど｝だよ。／是，是的。（它）非常受人欢迎。自打开门前，顾客就排着队（等候）呀。
　　　B：へえー。／唉！（表示吃惊）

在例句（13）中，将"非常受人欢迎"这一事态，以"客人排队（等候）"这一标准来表示。

下面是包含对说话人所讲的事情轻视时的说法，只能使用「くらい」。这个说法除了（对）家人等比较亲近的关系，对长辈不能使用。

(14) A：道夫、早く宿題しなさい。/ 道夫，快点做作业。
    B：うるさいなあ。こんなもの｛くらい／×ほど｝すぐできるから。/ 真烦人呀。这点作业，一会儿就做完。

虽然不含有轻视的意思，但含有表示限定的"至少（起码）"的语气时，「くらい」就会出现。

(15) A：帰らない？/ 不回去吗？
    B：いや、課長に誘われてるんだ。/ 不，因科长约了我。
    A：そうか……。/ 是吗……。
    B：アフターファイブ｛くらい／×ほど｝課長から解放されたいんだけど。/ 至少5点以后，希望从科长的管束中解脱出来……。

下面是可以使用「ほど」，不可使用「くらい」的例子。用「―ば―ほど―」的形式，表示「ほど」前面的状态、事态程度变高的话，与此伴随后项的状态、事态的程度也会相应变高。「―ば―ほど―」中的「―ば」有时也会被省略。例句（16）是接续动词的形式，例句（17）、（18）分别是接续イ形容词、ナ形容词的形式。

(16) A：この間の問題、解決した？/ 上次的问题，解决了吗？
    B：いや、まだ。/ 没有，还没呢。
       考えれば考える｛×くらい／ほど｝、わからなくなってくるんだ。/ 越想越不明白了。
    A：そうか……。でも、早く解決したほうがいいね。/ 是吗。但是，还是早点解决为好啊。
    B：うん。/ 嗯。

(17) A：この間の問題のこと、先生に相談した？/ 上次的问题，和老师谈了吗？
    B：いや、まだ。いつ相談しようか迷っているんだ。/ 没有，还没呢。什么时候和老师谈还在犹豫。
    A：（早ければ）早い｛×くらい／ほど｝いいよ。/ 越早越好呀。
    B：うん。/ 嗯。

(18) A：政治家は大変だね。/ 政治家好辛苦呀。
    B：変なことすると、すぐ告発されるし。/ 一旦出现可疑的事情，马上就要被告发。
    A：有名であればある｛×くらい／ほど｝、身辺をクリーンにしておく必要があるね。/ 越有名气越需要把周边弄"干净"呀。

2. 在文章中（以句子连接为例）

例1 事态、状况的句子。（强调性）说明的句子［～くらい／ほどだ］。

先有某种事态、状况，在下面的句子中，以比喻性的表达方式表达其状况或事态如何。它是一种使用「くらい・ほど」，将事态、状况作进一步强调说明的形式。

（19）孫はかわいい。目に入れても痛くない｛くらい／ほど｝だ。／ 孙子可爱。令人非常疼爱。

（20）落語を聞いて笑った。おなかが痛くなる｛くらい／ほど｝笑った。／ 听了相声就要发笑。笑得肚子都疼了。

例2 原因、理由的句子［～て］、结果的句子［～くらい／ほどだ］。

它的形式是由于某种原因、理由，（导出后项）说明变成了那种状态的程度。原因、理由比起「～ので／から」来，多用「～て」表示。

（21）私は寒いのが苦手で、冬は一日中ふとんをかぶっている｛くらい／ほど｝だ。／ 我怕冷，冬天一整天盖着被子。

（22）あの映画は人気があって、立ち見客が出る｛くらい／ほど｝だ。／ 那部电影受人欢迎，站着看的观众都有。

例3 开场白的句子［～くらいだが／けど］、正题的句子。

将「～くらい」用于"开场白的句子"，它的形式是提前说出"就是那个程度的……"的语气，接下来，对它进行申述。

（23）日本語はまだ聞いてようやくわかるくらいだが、とてもおもしろいことばだと思う。／ 日语还是在听了以后，才会逐渐地明白（的程度），但我认为它是一种非常有趣的语言。

（24）ビールぐらいしかありませんけど、よかったらどうぞお寄りください。／ 只有啤酒（招待）了，如果可以的话，请顺便到我家来。

例4 开场白的句子［～が／けれども］、～ほど～ない。

它的形式是由「～が／けれども」等引导提出"开场白的句子"，在接下来的句子中，使用「～ほど」，接续实际上并非前述那样意思的句子。

（25）加藤さんはこわい上司だと聞いていたが、接してみると、人が言うほどこわくなかった。／ 听说加藤是位可怕的上司。但是，试着接触一下，并非人们所说的那样可怕。

（26）日本は近代国家と言われているけれども、国民の意識はそれほど高くはない。／ 虽说日本是现代国家，但是，民众的觉悟也并不是那么高。

例5 事态、状况的句子。～ば～ほど～。归纳总结的句子。

要说明某件事情，首先说明状况，对此，常见使用「～ば～ほど」，加以强调地说明，最后出现归纳总结的形式。

（27）最近の政府の態度はいい加減である。政府のとる政策を知れば知るほど、怒りが高まっ

てくる。政府はもっと国民の声に耳を傾けるべきだ。／最近政府的态度敷衍搪塞。越了解政府采取的政策，愤怒（的情绪）越高。政府应该更多地倾听民众的声音。

(28) 家を売りたいが、なかなか買い手が見つからない。時間がたてばたつほど資産価値も下がってくる。そして、ますます売れなくなる。／（本来）想出售住房，但是，找不到买主。时间越拖，资产也越发贬值。并且，会变得愈发不好卖了。

● 容易和哪些词语相连接

1. XほどY

在「死ぬほど好きだ／喜欢得要死」这样的句子中，「Xほど（死ぬほど）」表示一种价值标准，它是说话人（或者社会普遍）能认可「Yである（好きだ）」的价值标准。为此，在「XほどY」中的X，经常接续强调是Y的表达方式或惯用的表达方式。（以上出自川端，2002）

〈X处的词〉

◆ 动词等：

驚く、びっくりする、死ぬ、呆れる、気が狂う、目が回る、目玉が飛び出る、〜たい等。

(29) うちの息子は呆れるほどよく食べる。／家里儿子能吃得（让人）吃惊。
(30) 食べてしまいたいほどかわいい。／可爱得想把它吃掉。

◆ 形容词：

おもしろい、痛い、こわい等。

(31) この占いはおもしろい／こわいほどよく当たる。／这次占卜奇妙地/可怕地应验了。
(32) 彼女の気持ちは痛いほどわかる。／我理解她为难的心情。

2. Xほど〜

「ほど」如下所示，多与指示词（こ・そ・あ・ど）连接使用。

◆ 指示词：

それ、これ、あれ、どれ等。

(33) このごろの子供はもらうことに慣れ過ぎているのか、ものをもらっても、それほど喜ばない。／（是否）近来的孩子已习惯于得到东西呢，即使得到了东西，也并不那么高兴。
(34) 政府の出した子育てに関する法案が物議をかもしている。あれほど働く女性を馬鹿にした法案はないのではないか。／政府出台的关于抚育孩子的法案已经引起议论。再也没有那样轻视劳动妇女的法案了，难道不是吗？
(35) 血液型がどれほどの意味を持つのかは疑わしい。／血型具有怎样的意义值得怀疑。

● 与近义表达方式的比较

「くらい」与「ほど」的比较：

「くらい」与「ほど」具有以下的特征（以下根据川端（2002）理论为基础，笔者整理）：

1. くらい

1）表示近似的值（大体的值）。
2）举出具体的程度，表达各种各样的程度。
3）口语的。

2. ほど

1）是非断定性的说法，但没有另外可能的数值（数量），并非不确定。
2）在「XほどY」中，「Xほど」表示它是说话人（或者社会普遍）认可「Yである」所要达到的目标或价值标准。
3）略显正规的说法。

在描写眼前并列排着3所房子时，可以如例句（36）使用「ほど」，但此处使用「くらい」则感到有些不恰当。

（36）その3軒{？くらい／ほど}の家は、すべて平屋作りだった。／那3所房子全是平房。

这里「ほど」说成「3軒ほど」，虽是一种非断定性的说法，但是，实际上可以表示"3所"这一确定的数量。一般认为「くらい」通常只能表示大体的数量。

（37）このあたりはおもしろい{くらい／ほど}魚がとれる。／这一带很奇妙地可以捕到鱼。

例句（37）使用「Xほど／くらいY」的形式，Y（可以捕到鱼）表示程度很大，达到「X（おもしろい）ほど／くらい」中所表示的程度。这个用法如同在"容易和哪些词语相连接"所涉及的那样，本来是「ほど」所具有的用法，但它是口语性的，虽然用法较广的「くらい」也可以表示（基本的意义及用法1中第2种用法）。可是，如下面例句（38）所示，根据前面接续的词语，有时也会感到「くらい」略有不当。

（38）このあたりは驚く{？くらい／ほど}静かだ。／这一带惊人地寂静。

还有，在「XほどYない」的情况下，「くらい」也显得不恰当。

（39）日本語はアラビア語{×くらい／ほど}難しくないです。／日语不像阿拉伯语那么难。

例句（39）中，说话人说的是与阿拉伯语相比，日语没有那么难。但不是单纯的两者间的比较"日语比阿拉伯语不难"，一般认为标准或目标在于阿拉伯语的高难度，可以说日语到不了那么难（的程度）。

"学生习作中出现病句的例子"的解说

　　第1句想将大雨激烈的程度用「洪水になった」来表达。一般不使用「なったぐらい」，而使用非过去形式的「なるぐらい」来表达。

　　第2句是「くらい」与「ほど」混淆的例子。它的意思是说这个问题较难，但由于还不到"放弃"的程度，所以，必须使用比较的表达方式「～は～ほど～ない」（名古屋は横浜ほど大きくない。/名古屋没有横滨那么大。）。在「～は～ほど～ない」句中，不能使用「くらい」。

　　第3句由于略带轻视"为生存而吃东西"这一标准，所以不能使用「ほど」。代替「ほど」，需要使用表示轻视的「くらい」。只是，因为有"水准"这一词语，所以，也可以省略表示程度的「くらい」。

　　第4句在表示比较的表达方式中，使用了「ほど」。这个句子很难明白学生想说什么。是将「ほど」以"相同程度"的意思使用呢？还是学生不会变「～ほど～ない」那样的否定的形式呢？这是判断的难点。在修改句子中，两者的情况都要考虑，加以订正。

9 こそ

川田：はじめまして、川田と申します。
どうぞよろしく。／ 初次见面，我叫川田，请多加关照。
野田：あ、野田です。
こちらこそ、よろしくお願いします。／ 你好，我是野田。我才请您多加关照呢。
川田：野田さんは学生さんですか。／
野田（您）是学生吗？

 学生学习中的难点和常提出的问题

1. 「こそ」与「が・を・に・で」等格助词的接续不很明白。格助词常漏掉。
2. 明白「こそ」表示强调，但不清楚放在什么地方好。
3. 只会使用「こちらこそ」「今度こそ」「今年こそ」这样的固定用语。

 学生习作中出现病句的例子

1. 今年こそ、日本語の重要性がわかるようになった。
   →今年になってはじめて、日本語の重要性がわかるようになった。／ 到了今年，才明白日语的重要性。
2. 今日は日曜日こそ、ゆっくり家でリラックスできるね。
   →今日は日曜日だから、ゆっくり家でリラックスできるね。／ 今天是星期日，所以，可以在家放松了。
3. 彼は自分が悪かったと言っているが、彼女こそ悪かったと思う。
   →彼は自分が悪かったと言っているが、悪かったのは彼女のほうだと思う。／ 他说自己不好，我认为不好的（还）是她。
4. 兄こその努力すれば、東大に行けるだろう。
   →兄ぐらい／ほどの努力をすれば、東大に行けるだろう。／ 像哥哥那样努力的话，就可以进东大吧。

说 明

● 基本的意义及用法

一般认为，在开头典型形式的会话中，川田先说了"请多关照"。对此，野田觉得以"请多关照

的（应该）是我"的心情，而使用了「こちらこそ」。像这样，「こそ」具有强烈提示其人、其物、其事，强调指出"没有其他可能性，只是这个"的意思。

「こそ」如下附在名词、表示时间的词语、动词等后，其基本的意思相同。

（1）企業家精神こそ経済再生の決め手だ。/ 企业家的精神才是决定经济重生的招数。
（2）今こそ始めよう。/ 现在就开始吧。
（3）子供を育ててこそ人生の何たるかがわかる。/ 只有养育孩子，才会明白何谓人生。
（4）喜びこそすれ、恨みなどしない。/ 只会高兴，不会怨恨什么的了。

在承接「こそ」的谓语中，多出现「―だ」「―（よ）う」「―べきだ」等断定性的表达方式。

提示助词「こそ」即便在口语中也使用，但无论怎么说它还是用在书面语中的助词。

● 构成法及接续方法

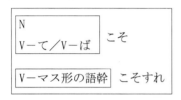

（5）君のためを思えばこそ、うるさく言うんですよ。/ 正由于为你着想，才讲一些招人讨厌的话呀。

「こそ」与格助词「が」连接的时候，使用「Nこそ」或者「Nこそが」的形式。与「を」连接的时候，会出现「Nこそ」或者「Nをこそ」。有时也使用「Nこそを」。不能省略「が・を」以外的格助词。

1. a. N+（/を）+こそ
   b. N+こそ（が/を）
2. N+に/へ/で/と/から+こそ

（6）a. 島田氏をこそ首相に推薦したい。
　　 b. 島田氏こそを首相に推薦したい。/ 就是想把岛田推荐为首相。
（7）地方にこそおいしい食べ物がある。/ 在外地才有好吃的食品。

● 何时使用

1. 在会话中

从几个人中遴选人员时，说成「田中さんが適任です」。「田中さんこそ適任です」中的「こそ」与具有这个选择用法的格助词「が」相似。

对于「が」具有单纯从复数中选择的作用而言，「こそ」则是一种说话人强烈提出"没有其他就是这个"的说法。

（8）A：この仕事は誰にやってもらいましょうか。／这个工作让谁做呢？
　　林：田中さんが適任です。／田中胜任。
　　田中：いえ、林さんこそ適任です。／不，只有林先生才适合。
　　A：……。

下面的例子是格助词上带有「こそ」的形式：

（9）A：ヨガって知ってる？／你知道瑜伽吗？
　　B：うん、体をくねくねする体操だろう？／嗯，是一种将身体体位姿势伸展弯曲的体操吧。
　　A：そう、友達とヨガ教室に通ってるの。／是的，我和朋友在上瑜伽班。
　　B：女性向きの体操だね。／是面向女性的体操吧。
　　A：ううん、違うのよ。運動量が激しくて、中年男性にこそやってほしい健康法よ。／不，不是的。运动量大，正是让中年男性锻炼的保健法呀。
　　B：ふうん。／是吗。

例句（10）、（11）中，采用「—こそ—が／けれども」的形式，这种说法是表示虽然大致认可对方说的，或社会上的一般看法，但是，还有与其匹敌的另外一个情况。

（10）A：どうぞ召し上がれ。／请用。
　　B：なんかおいしくなさそうだね。／感到有些不好吃呢。
　　A：ううん、見た目こそよくないけど、味は抜群だから。／不，看上去不好，可是味道出众。
　　B：ふうん、じゃ。／是吗，那么（我现在品尝一下）。
　　A：どう？／怎么样？
　　B：ほんとだ。いい味だね。／真的。好味道呀！

（11）A：今度の首相は支持率が低いですね。／这届的首相的支持率很低呀。
　　B：いやいや、支持率こそ伸び悩んでますが、何かやってくれそうですよ。／不、不，虽然支持率不怎么高，但看起来会（为民众）做点什么的呀。
　　A：そうですか。じゃ、期待しましょうか。／是吗，那么，我们盼望着吧。

「—からこそ」是将原因、理由强调为「まさに—だから—」的表达方式。（⇒36）

（12）A：彼女と別れたんですって。／听说和她分手了。
　　B：うん。／嗯。
　　A：どうして？嫌いになっちゃったの？／为什么？讨厌了吗？
　　B：ううん、今でも愛しているよ。／不，现在还爱着她呀。
　　A：じゃ、なぜ？／那么，为什么呢？
　　B：僕といると彼女は幸せになれない。彼女を愛しているからこそ、別れたんだ。／和我在一起，她不幸福。正因为爱着她，才分开的。

2. 在文章中（以句子连接为例）

例1 ーこそ（が）ーだ。原因、理由的句子。

它的形式是在句子的开头，出现「ーこそーだ」这一表示主张的句子，接下来说明原因、理由。

（13）この効果こそが、ポリフェノールによるものだ。ポリフェノールには抗酸化作用があり、血液をサラサラにしてくれる。／这个效果正是由于聚合酚（又称"多酚"，是一种化合物，具有抗动脉硬化或抗过敏作用。——译者注）的作用。它具有抗动脉硬化作用，可以使血液顺畅地流过。

（14）あなたこそ責任をとるべきだ。この計画に一番深く関わっていたのだから。／你才应该负责。因为你与这个计划有着最密切的关系。

例2 意见、思考的句子。（强调性）说明的句子［ーこそー］。

它的形式是在前面的句子中，提出意见、思考，在接下来的句子中，与其联系起来，进行强调地说明。

（15）学校は地域との関係を大切にするべきだ。両者の緊密な連携こそが子供達を育てていく。／学校应该重视和地区的关系。两者紧密的协作才可以将孩子们好好培养下去。

（16）ロボット開発については、大学と民間とが一体となって研究を進めることが重要である。特にわが国の場合、具体的な応用研究にこそ力を入れる必要がある。／关于机器人的开发，大学和民间成为一体，进行研究很重要。特别是，在我国的条件下，有必要致力于具体性的应用研究。

例3 开场白的句子［ーが／けれども］、正文的句子［ーこそー］。

它的形式是由「が／けれども」等引导提出"开场白的句子"，接下来出现正题的句子。

（17）有権者約200万人の審判はまもなく下るが、新市長には今度こそ市民と向き合った市政を行っていただきたい。／约200万选民的选举结果不久就下来了，希望新市长就在这次进行倾听市民意见的市政。

（18）何かと慌しい年末だが、今こそ各家庭のセキュリティ対策を見直すのに絶好の時期だ。／总觉得是年末慌慌张张的，但是，正是现在才是重新考虑每个家庭安全对策的最好时期。

例4 开场白的句子［ーと言うが／けれども］、正题的句子［ーこそ（が）ーだ］。

它的形式与例3相似，开场白的句子出现在前面，由「ーと言うが」等引导，其后，说明"实际上"其自身就是那样。

（19）「風邪は万病の元」とは言うが、「心の風邪」こそ万病の元である。／虽说"感冒是万病之源"，但是，"心的感冒"才是万病之源。

（20）新聞は進歩的だとか民主主義だとか言っているが、実は新聞自身こそが一番保守的である場合もある。／都说报纸是进步的、民主主义的，但是，实际上报纸本身也有最保守的一面。

例5 事情、前提的句子。 意见、思考的句子［だからこそ／それでこそ～］。

它的形式是在前面的句子中，就事情、前提进行叙述，在下面的句子中，有关对它如何？应该具有什么？叙述意见或思考。在表示理由的「だから」「それで」等接续词后，加「こそ」，主张意见、思考的妥善性。

（21）携帯電話は便利だが、使い方を間違えると危険である。だからこそ、子供には使い方やマナーをよく教えておく必要がある。／ 手机是方便，但是，将使用方法搞错的话就危险了。正因为这样，才有必要好好教给孩子使用方法和礼貌等。

（22）教師は日本の教育の将来についてもっと発言するべきだ。それでこそ、教育者と言えるのではないだろうか。／ 教师应该就日本教育的未来，进一步地谏言。正因如此，才可以称为教育者，不是这样吗？

●**容易和哪些词语相连接**

1. XこそY

〈X处的词〉

◆**表示人、组织等的名词：**

あなた、私、彼、われわれ、一自身等。

（23）マスコミ自身こそが反省すべきである。／大众宣传本身才是应该反省的。

◆**表示时间的名词：**

今度、今、来年、来期等。

（24）今度こそ負けるものか。／就是这次会输吗？

〈Y处的词〉

「こそ」具有的意义是"更加合适"，可以说承受它的谓语中，经常使用以下的形式：

◆**表示最高的评价的「名詞＋だ」等：**

決め手だ、最適だ、適任だ、最良の一だ等。

（25）彼こそ適任／最適だ。／他才是胜任的／最合适。

◆**表示意志的表达方式：**

一（よ）う、一（よ）うと思う、一てほしい等。

（26）今こそ立ち上がろう。／现在就着手吧。

（27）若い人たちにこそやってほしい。／就是要年轻人做的。

"学生习作中出现病句的例子"的解说

在第1句中使用「今年こそ」，在这里加入了"与其他年头相比较"的含义，在谓语处，常接续「～したい」「～しよう」等的意志表达方式。因为使用了「わかるようになった」这一变化的表达方式，所以使用「今年こそ」不恰当。

一般考虑第2句强调"今天是星期日"，而使用「こそ」。通常认为将应该经过"今天是星期日，所以，唯有今天才可在家中放松休整。"这一过程的时候，才可以像第2句一样说出。

「こそ」表示较强地指出"没有其他就是这个"的意思。第3句是他和她进行比较，哪个不好呢？成了问题，所以，不使用「彼女こそ」，而应该使用「彼女のほうが」。假如想使用「こそ」的话，需要使用较强地指出的说法，例如：「彼女こそ責められるべきだ」等。

第4句是由于没有正确掌握「こそ」的意思及用法，所出现的错误。除「ぐらい・ほど」以外，使用「兄のように」也是合适的。

4' 兄のように努力をすれば、東大に行けるだろう。

10 さえ・でさえ

> A：キューティクルって知ってる？ / 你知道角质层吗？
> B：わからない。何それ？ / 不知道，那是什么？
> A：髪の毛に関することばよ。 / 是关于头发的词汇呀。
> B：……。
> A：今どき、女の子だったら小学生でさえ知ってるよ。 / 现今，要是女孩子，连小学生都知道呀。

 学生学习中的难点和常提出的问题

1. 不太明白「さえ」与格助词「が・を・に・で、など」的接续，（往往）格助词漏掉了。
2. 不明白把「さえ」放在哪里好呢。
3. 在提出极端的事物，进行对比时，难于理解对比什么。
4. 不明白「さえ」与「でさえ」使用上的区别。
5. 难于理解「さえ」与「まで」的不同。

 学生习作中出现病句的例子

1. 私は1人だから、あなたさえ私の心の頼りだ。
   →私は1人だから、あなただけが私の心の頼りだ。 / 因为我是一个人，所以，只有你是我心灵的依靠。
2. 大学生なのに、この漢字さえ読めないと、恥ずかしいだろう。
   →大学生なんだから、この漢字が／も読めないと、恥ずかしいだろう。 / 因为是大学生，如果不会读这个汉字／如果这个汉字也不会读，不好意思吧。
3. この漢字は子供もさえ分かるはずだ。
   →この漢字は子供でさえ／でも分かるはずだ。 / 这个汉字连孩子／即使孩子都明白。
4. 彼さえいなかったら、どうなってしまったのだろう。
   →彼がいなかったら、どうなってしまったのだろう。 / 要是没有他的话，会怎么样呢？

说 明

● **基本的意义及用法**

（1）母は息子の名前さえ忘れてしまっていた。 / 母亲连儿子的名字都忘记了。

例句（1）是"母亲一般是不会忘记自己儿子名字的，但却偏偏发生了这样的事情"的意思。由于使用提示助词「さえ」，想要说"母亲的病情非常严重了""母亲什么都不清楚了"这层意思。

像这样，「XさえY」（息子の名前さえ忘れる）的意思，是X的事情（息子の名前）与"Y的动作、事情、状态（「母親が忘れる」こと）等，<u>一般几乎是不相关的事物</u>"，却偏偏将他们联系起来，所以强调<u>其事态的不寻常</u>。（下画线部分摘自寺村，1991。）

「さえ」如下接在名词、动词等后面，其基本意思相同。

（2）認知症の母親は子供の名前さえわからなくなっている。／ 患老年性痴呆症的母亲连孩子的名字都不清楚了。

（3）お金を貯めようと、彼女は毎日の食費さえ惜しんでいた。／ 想要存钱，她连每天的饭费都舍不得花。

（4）誰かがそばにいてさえあげれば、彼女は大丈夫だ。／ 只要有人在她身旁，她就不要紧。

「さえ」也用于口语中，但它本来是书面语性质的助词。

● **构成法及接续方法**

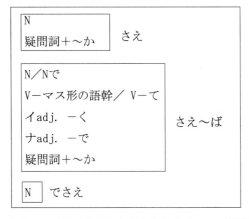

（5）いつ帰ってくるかさえわからない。／甚至什么时候回来都不清楚。

（6）ここにはんこを押しさえすれば、すべては解決するのです。／ 只要在这里盖印，所有问题都解决了。

还有「さえ～ば」主要是「さえあれば」的形式，有时也接在名词、形容词后。

（7）彼は、女性でさえあれば誰にでも声をかける。／ 只要是女性，他对谁都打招呼。

（8）元気でさえあればそれでいい。／ 只要是健康就好。

（9）駅から近くさえあれば、住まいはどこだっていい。／ 只要离车站近，住在哪里都可以。

「さえ」与格助词「が」连接时，使用「Nさえ」的形式。与「を」连接时，就变为「Nさえ」或者「Nをさえ」。除此以外的格助词原封不动地保留。

```
1. N+が（／を）+ さえ
2. N+に／へ／で／と／から + さえ
```

（10）突然の火事で、大切にしていた写真（を）さえ持ち出すことができなかった。／由于突然发生火灾，连很珍贵的照片都没能拿出来。

（11）彼女は母親にさえ何も言わない。／她连对母亲什么也不说。

●何时使用

1. 在会话中

例句（12）讲述按理来说，年轻人应该喜欢漫画，但却变得不看其喜欢的"漫画"了，表示有某种不寻常。在此，表达年轻人不读书已经相当普遍。

（12）A：このごろ若者の読書離れが進んでいますね。／现在年轻人不读书的现象在加剧呀。
B：そうですね。漫画ばかり読んでますね。／是啊，只看漫画呀。
A：いえ、若い人は漫画さえ読まなくなってきているようですよ。／不，年轻的人好像连漫画都开始不看了呀。
B：えっ、そうなんですか。／唉（表示吃惊），是吗？

将主语作为主题（话题）提示时，「さえ」多以「でさえ」（的形式）出现。

（13）そんなことは子供でさえ知っているよ。／那样的事连孩子都知道。

例句（14）是「大企業」成为主题（话题），就其进行谈论的情况。比起「さえ」，使用「でさえ」更加恰当。

（14）A：不況で企業が倒産し始めているらしい。／由于不景气，好像企业开始倒闭了。
B：君のところは大企業だから大丈夫だね。／你那里是大企业，不要紧的呀。
A：いや、今は大企業でさえ、危ないらしいよ。／不，现在甚至大企业都危险啦。

下面是在格助词「に」或「へ」处加「さえ」的形式。

（15）A：保険料の支払いが大変ですね。／支付保险费真够呛。
B：ええ、年寄りの私にさえ支払いの請求書が来るんですよ。／嗯，连给上年纪的我都寄来了支付的账单呀。
A：そうですか。／是吗？
B：一人で病院へさえ行けない老人に国は冷たいですね。／国家对于在无人陪伴情况下，连医院都不能去的老人太无情了。

前项（从句）使用「～さえ～ば／たら」的形式，表示"那件事情是为了实现后项（主句）事态的唯一条件"。

（16）A：鹿児島に転勤になったよ。／工作调到鹿儿岛了呀。
　　　B：おめでとうって言っていいのかな。／可以说恭喜啊。
　　　A：うーん、複雑だよ。都会から取り残されそうで。／嗯，复杂呀。好似被城市给甩了。
　　　B：大丈夫だよ。今はパソコンさえあればどこでだって仕事ができるし。／没关系的，现在只要有电脑，在哪里都能工作。
　　　A：うん、そうだね。／嗯，那倒是呀。

（17）A：お子さんも大きくなられて……。／您的孩子长大了。
　　　B：ええ、2人ともう家を出ています。／嗯，两个孩子都独立了。
　　　A：そうですか。じゃ、もうご安心ですね。／是吗。那您就放心了啊。
　　　B：ええ。……息子に相手が見つかりさえすればいいんですが。／嗯，儿子要是找到对象就好了。
　　　A：ああ、ご結婚がまだなんですね。／啊，还没结婚呢。

例句（17）「息子に相手が見つかりさえすればいい」中，把动词「見つかる」提示出来，如「息子に相手さえ見つかればいい」一样，也可以提示名词「相手」。二者意思上大致相同，但是，如提示句子后面的部分那样，会强烈感到说话人的心情（这里指"希望有那样"的语气）。

2. 在文章中（以句子连接为例）

例1　(一般的)事态、状况的句子。(强调性)说明的句子［—さえ—］。

它的形式是首先在前面的句子中，提出一般的事项，在后面的句子中，常见到和「さえ」一起，提出极端例子。「さえ」提出极端的例子，表示它就是那样，所以其他的场合、人、事情当然是那样（不是那样）这一意思。

（18）そんなことは誰でも知っている。子供でさえ知っている。／那样的事情谁都知道。连孩子都知道。
（19）その病院には十分なベッド数はなかった。最低限必要な設備さえなかった。／那个医院没有充足的床位。连最低限度必需的设备都没有。

例2　(一般的)事态、状况的句子［连用中止(形)］、(强调性)说明的句子［—さえ—(ない)］。

是将例1变成一句话的说法。多用于否定的情况。

（20）その病院には十分なベッド数はなく、最低限必要な設備さえなかった。
（21）彼女は何も知らされておらず、明日どこへ行くかさえ知らない。／什么都没人告诉她，连明天去哪里（她都）不知道。

例3　理由的句子［—て］、—どころか／はもちろん—さえ—

它是强调那件事是理所当然的，连最低限度的事情都不能做／不做的说法。前面接续理由的句子

居多。

（22）忙しくて、海外旅行どころか国内旅行さえしていない。／ 忙得别说国外旅游了，连国内旅游都未能成行。

（23）このごろの若者は、活字離れが続いていて、かたい本はもちろん、小説さえ読もうとしない。／ 现在年轻人越来越不喜欢文字（的东西），文字晦涩的书当然不用说了，就连小说也不想读。

例4 事态、状况的句子。（しかし、）ーさえーば、ー。
存在某种事态、状况，对它作为一种形式提出最低条件，有时使用「ーさえーば」。

（24）この車は旧式の車だ。しかし、エンジンさえ取り替えれば、時速100キロは出る。／ 这是辆老式的汽车。可是，只要更换发动机，时速就会提到100公里。

（25）売り上げが今ひとつ伸びない。しかし、景気さえ回復すれば、少しはよくなるにちがいない。／ 销售额现在一点没有增加。可是，只要景气恢复，一定会多少变好的。

例5 事态、状况的句子［ーが／けれども］、ーさえーば、ー。
将例4用「が／けれども」连接的话，句子如下所示：

（26）この車は旧式の車だが、エンジンさえ取り替えれば、時速100キロは出る。

（27）売り上げが今ひとつ伸びないが、景気さえ回復すれば、少しはよくなるにちがいない。

●容易和哪些词语相连接

「ーさえ」提出极端的事物，表示其事情、事态不一般。极端的事物中有最低（最小）的和最高（最大）的。

Xさえ／でさえY
〈X处的词〉

◆最低（最小）的：
子供、小学生、赤ちゃん、中小企業、動物、私等。

（28）動物でさえ母性愛を持っているのに、人間が幼児虐待をするとは情けない。／ 连动物都具有母爱，而人类却虐待儿童真是无情。

◆最高（最大）的：
大企業、一流企業、一流銀行、あのトヨタ、大国、有名人等。

（29）大企業さえリストラせざるをえない時代になった。／ 连大企业都进入不得不进行产业重组的时代。

●「さえ」其他的用法

提示助词「さえ」与「も」一起，有时作为「さえも」使用。是一种更为书面语性质的用法，并

且，增添了强调「さえ」的含义。

(33) 国民に３度の食事さえも保障できない事態が続いた。／ 连民众的一日三餐都不能保证的局势在持续。

(34) その盗難車はタイヤもライトも、そして、ハンドルさえも取り外されていた。／ 那台被盗车辆既没有轮胎也没有指示灯，甚至连方向盘都被拆除了。

● 与近义表达方式的比较

「さえ」与「まで」「も」的比较（⇒14）

(32) 骨まで愛してほしいのよ。／ 希望你爱我的一切呀！
(33) 彼は私にまでお金を借りに来る。／ 他居然向我来借钱。

　　提示助词「まで」涉及一般考虑不到的范围，具有"不管什么全都"的含义。在例句(32)中，表示"希望对方彻底地爱"；在例句(33)中，表示"他找人借钱的方式是见到谁就向谁借"。
　　下面的句子中，「まで」「さえ」「も」哪一个都可以使用，但是，含义略有不同。

(34) 最近は大人ばかりでなく、子供｛まで／（で）さえ／も｝株をやっているようだ。／ 最近，不仅是大人，好像｛甚至孩子都炒起股来了／连孩子都炒起股来了／孩子也都炒起股来了｝。

　　「まで」「さえ」「も」如何区别使用呢？在后面接续什么样的句子？通过思考，来判断一下吧。

(35) A：最近は大人ばかりでなく、子供まで株をやっているようだ。／ 最近，不仅是大人，好像甚至孩子都炒起股来了。
　　　B：すごい株ブームなんだね。／ 真是好厉害的股票热呀。
(36) A：最近は大人ばかりでなく、子供（で）さえ株をやっているようだ。／ 最近，不仅是大人，好像连孩子都炒起股来了。
　　　B：ええっ、子供が？子供に株がわかるのかな。／ 咦（表示惊讶），孩子？孩子懂股票呀。
(37) A：最近は大人ばかりでなく、子供も株をやっているようだ。／ 最近，不仅是大人，好像孩子也都炒起股来了。
　　　B：へえー、株が特別のものでなくなってきたんだね。／ 嘿（表示吃惊）！股票已经不是什么特别的东西啦。

　　例句(35)的「子供まで株をやっている」表示连一般理应不炒股票的孩子，都涉及股票热中，表示"无论谁"的含义。例句(36)「子供（で）さえ株をやっている」，没有"无论谁全都"或"不管什么全都"的含义，问题的重点集中在（与"炒股"距离较远）极端例子的"孩子"上，要使人感到意外。
　　「も」本来有要得到听话人同感的作用，如何使用「も」具有取决于听话人的部分。例句(37)

中的「も」可以单纯地解释成「大人も子供も」同样的「も」，与「さえ」相同，也可以解释为"一般几乎无关系的事物"。

 "学生习作中出现病句的例子"的解说

　　第1句是因「さえ」和「だけ」混淆的错误。「さえ」将重点集于其程度极端的事物，表示其状态是那样地意外、异常的。假如，将第1句的「あなたさえ頼りだ」解释为「あなたでさえ頼りだ」的话，就成为"经常是将绝对不可依靠的你，放到可以依靠那样的状态"的意思。但是，一般认为学生是不想说那样的意思，只是想讲"因为我是一个人，所以只有你……"。

　　第2句如果分成两句话，以「**大学生なのにこの（やさしい）漢字さえ読めない。何と恥ずかしいことだろう。**」这种顺序说的话，也可以使用「さえ」。但是，在此，因与表示条件的「〜と」一起，使用「さえ〜ない」，就显得不恰当。（如与条件句（多用「〜ば」）一起，使用「さえ」的话，意思就成为"那件事是为了实现事态的唯一条件"。）

　　第3句是使用意思相同的「も」和「さえ」的两个例子。如修改病句那样，应该使用「でも」或「でさえ」。

　　第4句与第2句相同，是在条件句中使用「さえ」的错误。条件句中「さえ」，像「彼さえいなかったら、うまく行っていた」那样，作为"顺利进行"的唯一条件，只能用于举出"没有他"的情况下。

11

だけ・(しか・だけしか)

店員：いらっしゃいませ。
　　　何をお探しですか。/ 欢迎光临，您需要什么？
客人：いえ、ちょっと見せて
　　　もらっているだけです。/ 没什么，只是（让我）看一看。
店員：あ、どうぞ、ごゆっくり。/ 好，请，请慢慢看。

 学生学习中的难点和常提出的问题

1. 难于理解动词后接续的「だけ」（「見ているだけ」）的使用方法。
2. 不明白「だけ」和「ばかり」的不同。
3. 「だけしか」与「だけ」相同吗？还是，与「しか」相同呢？

 学生习作中出现病句的例子

1. 日本語がよくわかりませんので、書棚には 7 冊の本がありますだけ。
    →日本語がよくわからないので、書棚には 7 冊の本があるだけです。/ 日语不很懂，所以，书架上只有七册（日语）书。
2. お金だけ持っている人が出世するとは言えない。
    →お金を持っている人だけが出世するとは言えない。/ 不能说只是有钱的人才算成功。
3. この大通りにはモダンな建物だけあります。
    →この大通りにはモダンな建物ばかりあります。/ 这条大街上净是现代化的建筑物。
4. ほとんどの人が帰ったが、彼だけしか教室に残っている。
    →ほとんどの人が帰って、彼だけしか教室に残っていない。/ 大部分的人都回去了，只有他留在教室里。

说 明

● **基本的意义及用法**

（1）田中さんだけ（が）来ました。/ 只有田中来了。

例句（1）的句子，有"田中来了"和"田中以外的（预想的、期待的）人没有来"这一意思。也

就是说,「～だけ」的基本意思是表达"有关……是那个样子／发生了,除此之外的(预想的、期待的)人、事物,不会是那样／没有发生"。

提示助词「だけ」如下所示,接续在名词、动词、形容词等各种词后,作为口语,常用于日常会话中。(⇒初级30)

(2)盆栽だけが私の楽しみです。／只有盆栽是我的乐趣。
(3)ここは景色がいいだけで、楽しめるところは特にありません。／这里只是景色好,可以欣赏的地方没有什么特别的。
(4)店員:いらっしゃい。どういったものをお探しで。／欢迎光临,您需要什么东西?
　　客人:いえ、ちょっと見せてもらっているだけです。／没什么,只是(让我)看一看。

● 构成方式及接续方法

「だけ」与格助词「が」接续时,变成「Nだけ」或者「Nだけが」的形式。与「を」接续时,变成「Nだけ」或者「Nだけを」。有时也使用「Nをだけ」。虽不省略「が・を」以外的格助词,但与格助词的接续方法有a、b两种:

```
1. a. N +  が̸ (／を) + だけ
   b. N + だけ + が／を
2. a. N + に／へ／で／と／から + だけ
   b. N + だけ + に／へ／で／と／から
```

(5)私だけが悪いのではない。／并不只是我不好。
(6)うちの子はフォークでだけ食べる。／うちの子はフォークだけで食べる。／我家的孩子只用叉子吃饭。

● 何时使用

1. 在会话中

在例句(7)中,「だけ」接续在动词的普通形后,表示"该动作(行为)以外,什么也不做。"的意思。

(7)A:いらっしゃい。どうぞ、上がってください。／欢迎欢迎,请进。
　　B:いえ、近くまで来たので、ちょっとお寄りしただけです。
　　お元気でいらっしゃいますか。／不了,到了您的附近,所以只是顺便来看一下。您好吗?

下面一般以「～だけで」的形式使用,可以与「～ばかりで」替换使用。(⇒13)

（8）A：彼にやってもらったらどう？／让他做如何？
　　B：彼はやってくれないよ。／他不会为我们做的。
　　A：だって、彼が言い出したんだから。／但是，因为他已经说出口了。
　　B：彼は言うだけで、自分では何もしないんだ。／他只是说说，自己什么也不做的。

在例句（9）中，「だけ」接在动词的可能形后，表示"可能的限度"。像「読めるだけ読んでみる／尽可能试着读一下」「荷物を鞄に詰められるだけ詰める／尽可能把行李往包里塞」等例子这样使用。

（9）A：小林さん、この仕事頼める？／小林，这件事能拜托你吗？
　　B：ええっ……。いつまででしょうか。／唉（表示犹豫、不满），到什么时候（完成）呢？
　　A：2、3日中に。／2、3天之内。
　　B：できるかどうかわかりませんが、やれるだけやってみます。／不知道行不行，尽可能地试一下。

如例句（10）这样，加上「～たい」，也有表示"想做的限度"这一意思的用法。

（10）A：洋子さん、試験残念だったね。／洋子，考试真遗憾呢。
　　 B：ええ。／嗯。
　　 A：もう大丈夫？／已经不要紧了吗？
　　 B：ええ、ありがとう。ゆうべ泣きたいだけ泣いたら、すっとしたわ。／嗯，谢谢。昨晚哭了个够，一下子都释放（出来）了。

下面是「～だけで」的会话。表示"该行动（行为）以外什么也不做，但偏偏一做该行动（行为），就马上必须……"的意思。

（11）A：インターネット通販利用してる？／（你）使用网络邮购吗？
　　 B：うん、ときどき。／嗯，有时。
　　 A：気をつけたほうがいいよ。
　　　 クリックしただけで、いきなり料金を請求する手口もあるらしいよ。／还是注意点儿为好呀。好像只要点击，就有马上让人支付费用的伎俩呀。
　　 B：へえ、危ないね。／唉，危险呢。

2. 在文章中（以句子连接为例）

例1　开场白的句子［～だけ／だけじゃ（では）ない～が／けれども］、具体性说明的句子。
使用「だけ」或「だけじゃ（では）ない」，做开场白，有时使用连接具体性说明的形式。

（12）私だけかもしれませんが、仲良くなった日本人にそのあとメールを送っても、なかなか返事が来ないということがよくあります。／也许只有我（有这种情况），其后即使给关系良好的日本人发了邮件，常有不回信的情况。

（13）男性だけではないと思いますが、自分一人の時間を大切にする人が増えてきたと思います。/ 我想不只是男性，以自己一个人的时间为重的人在增加。

例2 意见、思考的句子［－と思う］。 结果、结论的句子［（つまり）、－だけ／だけじゃ（では）ない］。

使用「－だけじゃ（では）ない」的形式，也有将首先提出的思考归纳总结，或下结论的使用方法。

（14）私は、「自分らしさ」は職場以外のところにも存在すると思います。つまり、自分の人生は仕事だけじゃないという考え方です。/ 我认为"真实的自己"还存在于工作岗位以外的地方。就是说，认为自己的人生不只是工作。

（15）子供の優劣を点数だけで判断してはいけないと思う。子供の能力は成績だけではないからだ。/ 我认为孩子的优劣不能只用分数判断。因为孩子的能力不只是成绩。

例3 条件的句子［－だけ－と／ば／たら／なら］、说明的句子。

它的形式是使用「－だけ－と／ば／たら／なら」的形式做附加条件，进行"如果在其范围，就会是这样"的说明。

（16）特定の人とだけ付き合っていると、考え方もそのようになってくるものだ。/ 如果只和特定的人进行交往，那么思想方法也会变为那样。

（17）お金の問題だけを考えるなら、子供は産まないでおこうと考えることもできるわけです。/ 如果只考虑金钱问题，也可以先考虑不生孩子。

例4 理由的句子［－ので／から］、条件的句子［－だけ－と／ば／たら／なら］、说明的句子。

例3在实际的会话中使用时，有时变成（例4这样）首先说明理由后，其后附加条件的形式。

（18）人間は人から影響を受けやすい生き物だから、特定の人とだけ付き合っていると、考え方もそのようになってくるものだ。/ 人类是容易受人影响的生物，所以，如果只和特定的人进行交往，那么思想方法也会变为那样。

（19）子供の教育費はだんだん増える傾向にあるので、お金の問題だけを考えるなら、産まないでおこうと考えることもできるわけです。/ 孩子的教育费用有不断增加的倾向，所以，如果只考虑金钱问题，也可以考虑先不生（孩子）。

例5 －だけを見て／読んで／聞いて、评价性判断的句子。

它的说法是先说出「－だけを見て／読んで／聞いて」，其后做出评价性判断。

（20）日本人は外見だけを見て、ああ、この人は白人だと思うと親切にするんだと思いました。/ 我认为日本人只看外表，这个人是白种人的话，就（得）友好相待。

（21）一方の意見だけを聞いて、どちらが悪いと決め付けることはできない。/ 不能只听一方的意见，指责哪方不好。

● **容易和哪些词语相连接**

「だけ」与各种名词、副词等接续,接续表示人、数量及时间的名词居多。

Xだけ
〈X处的词〉

◆ 表示人的名词:
私、僕、女性、あなた等。

(22) これは私だけの秘密です。/ 这只是我的秘密。

◆ 表示数量、时间的副词等:
ちょっと、少し、一つ、1度、1人、1日、1分等。

(23) すみません。もうちょっとだけ待ってくれませんか。/ 对不起,能再等一下吗?

● **「だけ」的其他用法**

下面是「だけ」作为从句所使用的更高级别的例子。举出供大家参考。

1) 一だけに

以「一だけに」的形式,表示"因为是这样的事实,理所当然会是(成为)这样"的意思。

(24) 苦労人だけに話がわかる。/ 到底是老江湖,懂得道理。
(25) 期待していただけに落胆も大きい。/ 正因为期待着,所以反倒更为灰心。
(26) 滑り出しが好調だっただけに、負けてしまうなんて残念です。/ 正因为开始很顺利,失败了才真的很遗憾。

2) 一だけあって

「一だけあって、一」与「一だけに、一」相似,后项接续正面评价的句子。表示"与这一事实相符,不愧为……"的意思。

(27) ブランド品は高いだけあって、やっぱり物がしっかりしているよね。/ 名牌商品不愧昂贵,真是物有所值。
(28) カナダは大自然の国だけあって樹木の種類が豊富だ。/ 加拿大毕竟是大自然的王国,树木种类繁多。

● **与近义表达方式的比较**

1.「だけ」与「しか」的比较

「だけ」和「しか」在表示"限度、范围"这一点上,意思用法十分相似。两者的区别是「だけ」就其事项做出肯定性的见解、叙述方法。相反,「しか」句尾伴随否定形「一ない」,提出否定性、消极的见解及叙述方法。所谓否定的、消极的是指说话人对于其事物含有"不充分、量上较少"的心情。(⇒初级30)

（29）a．田中さんだけ（が）来た。／只有田中来了。
　　　b．田中さんしか来なかった。／只有田中来了。
（30）a．日本語が少しだけわかる。／日语仅懂一点儿。
　　　b．日本語が少ししかわからない。／日语仅懂一点儿。

「しか」和名词、表示数量的词语、动词等相连接的几种用法，如下所示：

（31）もうこうなったらやるしかない。（动词＋しかない）／事已至此的话，只有干了。
（32）こういう事態では社長に頼むしか方法がない。（动词＋しか＋名词＋がない）／如果是这样的情况，只好拜托总经理了。
（33）私としてはそうですかとしか言えない。（一と＋しか＋言えない／思えない）／我只能说"そうですか"。
（34）彼にとって私は単なる遊び友達でしかない。（名词＋でしかない）／对他来说我只是个玩伴。

例句（31）、（32）表示除此之外因为没有别的方法、选项，所以没有办法的意思。例句（33）表示除此之外，没有其他可能的主张；例句（34）表示对在「でしかない」的前面接续的名词不做过多的评价，价值限于仅仅这些的意思。

将例句（31）—（34）使用「だけ」表示一下吧。

（31）'　もうこうなったらやるだけだ。／已经成了这样的话，只是做了。
（32）'　こういう事態では社長に頼む方法が残っているだけだ。／如果这样的情况下，只剩下拜托总经理的方法了。
（33）'　私としてはそうですかと言えるだけだ。／我只能说"そうですか"。
（34）'　彼にとって私は単なる遊び友達であるだけだ。／对他来说我只是个玩伴。

改变部分表达方式的话，有时也可以说「だけ」。但还是使用表示否定、消极心情的「しか」，更恰当。

2.「だけ」与「しか」「だけしか」的比较

「だけしか〜ない」是「しか〜ない」的强调说法。意思上与「しか〜ない」相同，表示"少"等否定的看法。

（35）a．町内には若者が数人だけいます。／街上只有几个年轻人。
　　　b．町内には若者が数人しかいません。／街上只有几个年轻人。
　　　c．町内には若者が数人だけしかいません。／街上只有几个年轻人。

如下所示，也有由「だけしか〜ない」接续动词的使用方法。意思上与「しか〜ない」相同，是一种强调的说法：

（36）a．あいつは人の足を引っ張るしか能がない。／那家伙只有拖人后腿的本事。
　　　b．あいつは人の足を引っ張るだけしか能がない。／那家伙只有拖人后腿的本事。

如下所示,「だけしか」接续「から」「まで」的话,显得有些不协调:

（37）あの店は11時から｛しか／？だけしか｝開きません。／ 那家店铺只从11点开始营业。

（38）オーストラリアのデパートは午後6時まで｛しか／？だけしか｝やっていない。／ 澳大利亚的百货店只营业到下午6点。

 "学生习作中出现病句的例子"的解说

「だけ」有时不仅接续名词,还接续动词。学生好像难于理解其接续方法。第1句是由于没有构成「普通形＋だけだ」的形式,所发生的错误。

第2句是「だけ」要提示（限定）什么的问题。成功不是"金钱",而是"有钱的人"。所以,需要改成修改后的句子那样。

「だけ」根据句子的意思,有几种意思。第3句的意思是"全部是现代建筑物",所以,一般认为使用「モダンな建物ばかり」更为恰当。

「だけしか」在句子结构上以及意思上,与「しか」大体上相同。第4句是因为没有理解「だけしか」与否定（形式）相连接才发生的错误。

12 など・なんか・なんて・(でも)

A：誰かすてきな人いないかな。/ 有没有帅哥呢。
B：木山君なんかどう？/ 木山那样的如何?
A：ええっ、……木山君なんてタイプじゃないよ。/ 唉（表示否定），不是木山（那样）类型的呀。

 学生学习中的难点和常提出的问题

1. 不明白「なんて」与「なんか」在使用上的区别。
2. 不太清楚「なんか」与格助词（が・を・に・で等）的接续。漏掉了格助词。
3. 知道表示"其他"的「など」，但是，不太清楚提示助词的「など」。

 学生习作中出现病句的例子

1. 授業をサボるなどをするわけがないだろう。
   →授業などサボるわけがないだろう。/ 没有理由逃学吧。
2. もう疲れたので、あなたと喧嘩するなんか力がない。
   →もう疲れたので、あなたと喧嘩する力なんか／なんてない。/ 已经累了，没有和你吵架的力气。
3. コーヒーなんか飲まないか？
   →コーヒーでも飲まないか？/ 不喝点咖啡什么的吗？
4. 謝る言葉なんて言わないので、その人とは二度とも会いたくない。
   →謝る言葉も／さえ言わないんだから、その人とは二度と会いたくない。/ 连道歉的话也不说，所以，不想和那个人再见面。

说明

● **基本的意义及用法**

「など・なんか・なんて」表示"作为例子举出"的同时，还表示一种说话人（怀有）的轻蔑、轻视、谦虚等心情。有关三者的意思及用法有微妙的差异。

1. など

（1）あの店にはランブータンやドリアンなどの珍しい果物がある。（例示、挙例）/ 那个商店里有红毛丹、榴莲等稀有的水果。

（2）これなどいかがですか。お似合いですよ。（建议、劝导）/ 这件如何？很适合您。

（3）インターネットなど簡単だ。（轻蔑、轻视的心情）/ 因特网什么的太简单了。

（4）私などとてもとても……。（谦虚的心情）/ 我这样的太、太……

2. なんか

「なんか」是「など」的通俗的、口语式的说法。

（5）あの店にはランブータンやドリアンなんかの珍しい果物があるよ。（例示、挙例）

（6）これなんかどう？似合うと思うよ。（建议、劝导）

（7）インターネットなんか簡単だ。（轻蔑、轻视的心情）

（8）私なんかとてもとても……。（谦虚的心情）

3. なんて

「なんて」是比「なんか」更显得通俗的说法。对上级、长者使用时，有时听上去感到不礼貌。所以，需要注意。「なんて」没有"例示、举例"的用法。

（9）これなんてどう？似合うと思うよ。（建议、劝导）

（10）インターネットなんて簡単だ。（轻蔑、轻视的心情）

（11）私なんてとてもとても……。（谦虚的心情）

● **构成法及接续方法**

「など・なんて」与「なんか」的接续方法有如下不同：

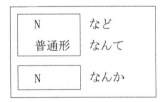

「など・なんか」与格助词接续时，或省略「が・を」，或接续在「など・なんか」的后面。（不接续在「なんて」的后面。）一般不省略「が・を」以外的格助词，与格助词的接续方法有a、b两种：

```
1. N+など／なんか ＋（が／を）
2. a. N ＋ に／へ／で／と／から ＋ など／なんか／なんて
   b. N ＋ など／なんか ＋ に／へ／で／と／から
```

（12）生みの母<u>となど／となんか／となんて</u>会いたくない。/ 不想和生母见面。

（13）生みの母などと／なんかと／×なんてと会いたくない。

●何时使用

1. 在会话中

在表示（怀有）"轻蔑、轻视、谦虚"的心情这点上，「など・なんか・なんて」可以通用。（「なんて」也可以说成「などと」变化而来。）

表示"轻蔑、轻视、谦虚"的时候，使用否定形，或者，即使不采用否定形，一般也要和否定的表达方式一同使用。

（14）A：日本語、おもしろいですか。／日语，有意思吗？
B：文法が難しいです。／语法挺难的。
A：そうですか。／是吗？
B：文法｛など／なんか／なんて｝好きじゃない／大嫌いです。／不喜欢／很讨厌语法什么的。

可是，在从句中，「なんて」显得有些不协调。一般认为这是由于「なんて」直接接续在主句句尾，容易直接表露出说话人的心情、感情。

（15）A：日本語、おもしろいですか。
B：文法が難しいです。
A：そうですか。
B：文法｛など／なんか／？なんて｝勉強しなくても、日本語は話せるんじゃないですか。／语法什么的即使不学习，不是也能说日语吗？

「など・なんか・なんて」也有如下所示"建议、劝导"的功能。此时已不表示"轻蔑、轻视、谦虚"的心情。这时开始具有一种情况、目的，为了达到其目的，使用举例的形式。

（16）A：どこ行こうか。／我们去哪里？
B：うん、ちょっとしゃれてネイルサロン｛など／なんか／なんて｝どう？／嗯，稍微打扮漂亮点，美甲店什么的如何？
A：えっ、ネイルサロン？／咦，美甲店？

2. 在文章中（以句子连接为例）

例1　对方的话语、询问。（否定性）回答的句子［―など／なんか／なんて―］。

对于对方所说的、询问的，进行否定性的回答时，会出现「など・なんか・なんて」。（这种）否定的回答带有轻蔑的意味，也有不好意思说出口的意味。

可以理解为例句（17）是轻蔑的说法，例句（18）是不好意思的说法。

（17）A：ふられたんだって？／听说被（异性）甩了？
B：あんな男｛など／なんか／なんて｝こちらからお断りよ。／那种男的被我拒绝了呀。

（18）A：カメラマンになったんだって？よかったね。／听说当了摄影师了？真不错呀。
　　　B：うれしく｛など／なんか／なんて｝ないよ。／没有什么可高兴的。

例2　事态、状况的句子。　结果、―なんて―だ。

它是一种对于某种事态、状况，陈述批评性意见的例子。使用「なんて」，以「―だ」或其否定的形式，断定的居多。

（19）信頼していた政治家が収賄容疑でつかまった。政治家なんて、結局、私利私欲で動いているのだ。／（一直）信任的政治家因受贿嫌疑被捕。政治家什么的，最后还是因私利私欲而驱动。

（20）1、2月はすごい勢いで高級チョコが売れているそうだ。結局、バレンタインデーなんて製菓会社の商法でしかない。／据说1、2月以强劲的势头销售高级巧克力。结果，情人节只是糖果公司的经商方法。

例3　事态、状况的句子。　例示、建议的句子［―など／なんか／なんて―］。

有某些事态、情况，在举例说明为达到前述目的方法时，一般使用「など・なんか・なんて」。

（22）A：ご飯でも食べようか。／一起吃点儿饭好吗？
　　　B：この間の店｛など／なんか／なんて｝いいね。／上次那家店还可以呀。
（23）A：吉田先生のお見舞い、何がいいだろうか。／探望一下吉田老师，（拿）什么好呢？
　　　B：果物か本｛など／なんか／なんて｝いいんじゃないだろうか。／水果呀、书什么的不是挺好吗？

● **容易和哪些词语相连接**

一通过互联网，检索「なんか・なんて」的词语，就会压倒多数地出现下面的动词、形容词。也许靠网络检索的词语可信度并不是很高，但是它表示了一定程度的趋向，所以，介绍给大家。

1. XなんかY

〈Y处的词〉

◆ **动词、形容词等的否定形：**

要らない、見たくない、負けない、こわくない等。

（23）増税なんかこわくない。／不怕增加税收之类的。
（24）コミック雑誌なんか要らない。／不需要漫画故事杂志之类的。
（25）脱毛症なんかに負けない。／不屈服脱发症之类的。

2. XなんてY

〈Y处的词〉

◆ **断定的表达方式：**

知らない、言わせない、認めない、要らない、やらない、こわくない、簡単だ、大嫌い、絶対

ダメだ、嘘だ等。

（26）愛なんて要らねぇよ。／不需要爱什么的呀。
（27）クリスマスなんて大嫌い。／很讨厌圣诞节什么的。
（28）献身なんて嘘だ。／舍身之类的（说法）是欺骗人。

●「など・なんか・なんて」的其他用法：

「など」

1）动词词典形＋などする
它是从已有的各种事物中，举出主要的，作为例子来表示的用法。

（29）防犯ベルを付けるなどして、泥棒対策をしたほうがいい。／ 安装防盗铃什么的，对付小偷为好。

2）ーなどと＋言う
它是一种表示发言大致内容的用法。

（30）うちの息子は何も不自由はないなどと言って、結婚しようとしない。／我家的儿子说什么残疾也没有，（就是）不想结婚。

「なんか」

1）名词＋やなんか
是表示那件物品或类似于它的物品的用法。

（31）入場するのに荷物チェックやなんか面倒くさいことがあるのよ。／入场时，有时检查行李什么的太烦人啦。

2）动词たり＋なんかして
它是从已有的各种事情中，举出其中主要事物的用法。即使只有一个，多加上「たりなんかして」，使它含有暧昧的语感。

（32）今日はどうしたの。口紅つけたりなんかして。／今天怎么了？涂口红什么的。

「なんて」

1）ーなんて言う／思う／考える
表示发言的大致内容的同时，含有说话人的意外的心情。

（33）仕事をやめるなんて言ってたけどどうしたのかしら。／（他）说要辞掉工作什么的，究竟发生了什么事呢？

2）ーなんてうらやましい／ひどい
表示感到吃惊、意外的心情或强烈的感情。

（34）そんなことを言うなんてひどい。／说那种话什么的太过分了。

●与近义表达方式的比较

1.「など・なんか」与「でも」的比较

表示"作为例子举出"的表达方式中，有如下「でも」的使用方法。

（35）お茶でもいかがですか。／ 喝点茶如何？

（36）和菓子でも買っていきましょう。／ 去买些日式点心吧。

（37）じゃ、あとで田中さんにでも聞いてみます。／ 那么，回头问一下田中吧。

考虑一下这里的「でも」与「など・なんか」的不同吧。

（38）A：田中さん、久しぶりですね。／ 田中，好久不见了。
　　　B：ほんとですね。／ 真是的。
　　　A：時間ありますか。お茶｛でも／など／なんか｝いかがですか。／ 有时间吗？喝点儿茶怎么样？

「お茶でも」不只是举出"茶"本身，而是在这种场合下，"一起谈谈"的一种委婉地劝诱的说法。也可以使用「など・なんか」，但是，与其说"一起谈谈"，还不如说，给人一种具体地劝诱饮用饮料其中的一种"茶"的感觉。

（39）A：私はわからないんですよ。
　　　　　誰か、事務所の人は知っていると思いますよ。／ 我不知道呀。我想办公室的人会了解的。
　　　B：そうですね。
　　　　　じゃ、あとで田中さんに｛でも／？など／？なんか｝聞いてみます。／ 是呀。那么，回头（我）问一下田中。

「田中さんにでも」并非专指田中，别的人也可以，它表示说话人"想办法做些什么"的心情。为此，作为询问的对象，一般认为具体地举出「田中さん」的「など・なんか」显得有些不妥当。

2.「なんか」与「なんて」的比较

请看下面的句子：

（40）ウィルスなんか怖くない、ウィルスなんて怖くない。／ 不怕病毒，不怕病毒。

开始接续「なんか」，后来接续「なんて」。这句开始接续「なんて」，回头接续「なんか」的话，会有怎样的感觉呢?

（41）ウィルスなんて怖くない、ウィルスなんか怖くない。

例句（41）多少给人一种不协调的感觉。大家觉得如何呢？仍然是更加直接地表达说话人的感情，这一感情强有力地关联到句尾。因此，在表示句子完整性这一点上，比起「なんか」来，好像「なんて」的语气更强一些。

"学生习作中出现病句的例子"的解说

第1句是与放置「など」的位置有关的错误，误用了「授業をサボるなどする」的形式。「动词词典形＋などする」表示例示的含义，所以，为了表示"轻蔑、谦虚"，像「授業などサボる（わけがない）」这样，需要加在名词后面。（⇒「など・なんか・なんて」的其他用法）

第2、3句是有关「なんか」的错误。第2句的错误是「なんか」的位置，「なんか」只能接续在名词后面，所以，需要改为「喧嘩する力なんか」。第3句是劝对方喝"咖啡"的说法。一般考虑到在这里学生的意图是邀请"（对方）一起谈谈"，所以，使用「でも」就显得合适。（⇒与近义表达方式的比较）

第4句不是「なんて」，必须换成「も」或「さえ」。在修改后的句子中，解释为误解「なんて」和「も／さえ」，作为另一种解释，不能不认为是「なんて」的位置弄错了。如果想要强烈地表达"不想和那个人再见面"的心情的话，句子必须做如下变化。并且，在此情况下，比起「その人」，使用「あの人」显得更加合适。（⇒初级11）

4′謝る言葉も／さえ言わないんだから、あの人となんて二度と会いたくない。

13 ばかり

A：おはようございます。/ 早上好!
B：おはようございます。/ 早上好!
また、いやな事件がありましたね。/ 又有讨厌的事了呀。
A：本当ですね。/ 真的啊。
B：このごろはこわい事件ばかりですね。/ 最近净是可怕的事呀。

 学生学习中的难点和常提出的问题

1. 「ばかり」的用法很多，难于理解。
2. 不清楚「ばかり」接在何处。
3. 不清楚「ばかり」与「だけ」有何不同。
4. 不清楚「ばかり」与格助词（と・を・が等）的接续方法。（使用中）漏掉了格助词。

 学生习作中出现病句的例子

1. このごろの若い娘ときたら、寒いのに短いスカートをはいてばかりいる。
   →このごろの若い娘ときたら、寒いのに短いスカートばかりはいている。/ 说到现在的年轻姑娘，虽然天气很冷，却总穿着短裙。
2. あのラーメン屋は込んでばかりいる。
   →あのラーメン屋はいつも込んでいる。/ 那家面馆总是顾客盈门。
3. 彼女は何もかも知っていながら、「私は知らない」ばかり言っている。
   →彼女は何もかも知っていながら、「私は知らない」とばかり言っている。/ 她虽然什么都知道，但是总说"我不知道"。
4. 最初ショックを受けたばかりだ。なぜかというと、クラスの皆の日本語が上手だから。
   →最初はショックばかり受けていた。／最初はショックを受けてばかりいた。なぜかというと、クラスの皆の日本語が上手だったから。/ 开始光受打击了。/ 开始总是受打击了。要说为什么，就是因为全班同学的日语都很好。

说 明

● 基本的意义及用法

（1）水泳教室で元気なのはおばさん連中ばかりである。（＝全部）/ 在游泳学习班里，精神头十足的全是阿姨们。

（2）食べてばかりいると、太りますよ。（＝总是）/ 总是吃的话，会发胖呀。

在例句（1）中，举出「おばさん連中」，表示健康的 "全是阿姨们"的意思，例句（2）举出「食べること」，表示"总是那样做"的意思。

「ばかり」接在名词、动词、形容词等各种词语后，作为口语，经常用于日常性的会话中。「ばかり」的基本用法是"只是那个"这一意思的"限定"。但除了例句（1）、（2），还有例句（3）—（5）这样的意思及用法。

（3）疲れたので1時間ばかり昼寝をした。（＝概数）/ 累了，所以睡了大约1个小时的午觉。

（4）彼は言うばかりで、自分では何もしない。（＝只、仅）/ 他只是说，自己什么也不做。

（5）日本へ来て、日本が嫌いになっていくばかりだ。（＝越来越）/ 来到日本以后，越发讨厌日本了。

（在这里，像「さっきご飯を食べたばかりだ。」那样，表示"其动作终结，没有经过太长时间"的「―（た）ばかりだ」就不再举例了。（⇒初级38）

● 构成法及接续方法：

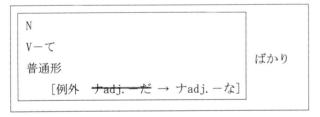

「ばかり」与格助词「が」接续时，使用「Nばかり」或者「Nばかりが」的形式。与「を」接续时，有时变成「Nばかり」「Nばかりを」或者「Nをばかり」。「が・を」以外的格助词不能省略。与格助词的接续方法有a、b两种。

```
1. N + が (/を) + ばかり + (が/を)
2. a. N + に／へ／で／と／から + ばかり
   b. N + ばかり + に／へ／で／と／から
```

（6）外でばかり食べないで、たまにはうちで食べよう。/ 不要净在外面吃饭，偶尔在家吃吃吧。

（7）部屋ばかりに閉じこもってないで、外で遊びなさい。/ 不要光（把自己）关在屋里，在外边玩一玩。

● 何时使用

1. 在会话中

在「ばかり」中有接在数量、时间等词语后表示概数的用法。此时可以与「くらい・ほど」替换。（⇒8）

（8）A：1か月｛ばかり／くらい／ほど｝留守をしますので、よろしくお願いします。／一个月左右不在，拜托您了。
　　B：はい、わかりました。どちらまで。／好，明白了。到哪里去？
　　A：ちょっと実家に帰ってこようと思います。／我想回父母家。

「ばかり」多包涵否定性的、消极的含义。「ばかり」如下面的例句（9）一样，提示名词的话，存在某个范围内就成了"那个就是全部"的意思。这种情况下，也多变为负面的含义。

（9）A：手紙来る？／来信了？
　　B：来るけど、ダイレクトメールばかりだ。／来了，可是净是信件广告。
　　A：私もよ。きのう10通来たけど、全部ダイレクトメールだったわ。／我也是。昨天来了10封，可是，全是信件广告。

"经常（进行）的"这一动作、行为，用「名詞＋ばかり」或者「ーて＋ばかり」的形式表示。

（10）A：どんなスポーツをしているんですか。／在做什么体育活动呢？
　　B：キックボクシングです。／是泰国式拳击。
　　A：へえー。危なくないですか。／哎呀，不危险吗？
　　B：ええ、けがばかり／ばっかりしてます。（＝けがをしてばかりです。）／是呀，总是受伤。
　　A：ええっ、大丈夫ですか。／啊，不要紧吗？

「ばかり」变为通俗口语的话，就像例句（10）一样，有时使用「ばっかり」。

在下面的场合，「ばかり」表示「だけ」「のみ」的意思。它接在动词、形容词的词典形后，表示"只有那个，只做那个"的意思。例句（11）是动词的例子；例句（12）是形容词的例子。

（11）A：彼にやってもらったらどう？／让他做如何？
　　B：彼はやってくれないよ。／他不（会）为我们做的呀。
　　A：だって、彼が言い出したんだから。／可是，因为他已经说了。
　　B：彼は言うばかりで、自分では何もしないんだ。／他只会说，自己什么也不做的。

（12）A：歯医者に行った？／去看牙医了吗？
　　B：行ったよ。／去了呀。
　　A：西巻歯科？／西巻牙科？
　　B：そう、でも痛いばかりで、ぜんぜん治ってないの。／是的，可是光是疼，完全没治好。

「ばかり」的前面，一接续表示变化的动词，就具有"只向某倾向发展下去"的含义。与具有同样意思的「—する一方だ／越发……，一直……」一样，带有负面的含义。（⇒31）

> （13）A：リーさん、どうしたの。元気がないね。／小李，怎么了？没有精神呢。
> B：……。
> A：日本へ来てもうどのくらい？／来日本有多长时间了？
> B：半年です。／半年了。
> でも、日本へ来て、日本が嫌いになっていくばかりなんです。／可是，来到日本后，越发讨厌日本了。
> A：ええっ、どうして？／欸，为什么？
> B：日本人の考え方がどうしても理解できないんです。／怎么也不能理解日本人的思维方式。

2. 在文章中（以句子连接为例）

例1 条件的句子［—ばかり—と］、结果的句子。

"经常进行"的动作、行为，与表示条件的「—と」相连接，有时会使用只做那个（动作、行为）的话，会形成不好的结果这一形式。

（14）毎日ハンバーガーばかり食べていると、栄養が偏ってしまうよ。／每天只吃汉堡包的话，营养会不平衡的。

（15）テレビばかり見ていると、思考力が低下してしまう。／只看电视的话，思考能力会降低。

例2 事态、状况的句子。 —が／けれども、条件的句子［—ばかり—と］、结果的句子。

例1在论述句中出现的时候，首先，出现说明事态、状况的句子，暂时认可它，多采用出现不好的结果这一形式。

（16）インスタント食品が中心という人が増えています。確かに便利ですが、インスタント食品ばかりだと、植物繊維やビタミンが不足してしまいます。／以方便食品为主的人在增加。它确实方便，但如果只吃方便食品的话，植物纤维、维生素等会不够。

（17）テレビの視聴時間が増えている。テレビは面白いかもしれないが、テレビばかり見ていると、思考力が低下してしまう。／电视的收看时间在增加。也许电视节目有意思，但是，只看电视的话，思考能力会降低。

例3 —ばかり—ないで、命令、建议的句子。

（它是）"如果只做某事，会出现不好的结果"这一警告，与「—ないで」相连接，有时也采用命令、建议的形式。

（18）議論、分析ばかりしていないで、実際に行動に移してみろ。／不要光是讨论、分析，要付诸实施！

（19）家の中にばかりいないで、散歩でもしたらどう？／不要只待在家中，去散散步什么的如何？

例4　事态、状况的句子［一ばかりー］。具体性说明的句子。

使用「ばかり」，导入某个事态、状况，在下面的句子中，也有加上更详细说明的形式。

（20）町はコンクリートやガラスの建物ばかりだ。このような無機質なものに囲まれ、人は心を通わすことがなくなっていく。／ 城市里到处是混凝土和玻璃的建筑物。被这样矿物质的东西包围着，人的心理沟通将渐渐消失。

（21）市場に出回っているのはコピー商品ばかりだ。本物そっくりに作られているが、どこか雑なところがある。／ 充斥市场的都是仿制商品。制作的与真品一模一样，但是，还是有些地方粗糙。

● 容易和哪些词语相连接

Xばかり
〈X处的词〉

◆动词词典形〈表示"只做那个"〉：
繰り返す、言う、（謎が）深まる、（関心が）高まる等。

（22）彼女にいくら尋ねても、同じことを繰り返すばかりだ。／ 无论怎样问她，只会反复说同样的内容。

◆动词テ形〈表示"经常做"〉：
食べる、泣く、寝る、サボる、失敗する、遊ぶ等。

（23）彼は授業をサボってばかりいる。／ 他总是逃学。

这种场合，不能用于表示结果的动词「（店が）込む、（おなかが）すく」等。

（24）？うちの子はいつもおなかがすいてばかりいる。

◆名词〈表示"那个是全部"〉：
効率、外食、変な事件、男性、女性、おばさん、子供、文句、失敗、雨等。

（25）効率ばかり追っていると、肝心なものが失われる。／ 一味追求效率的话，就会丧失重要的东西。

◆形容词〈表示"只是那个"的心情。〉：
痛い、悲しい、つらい、みじめだ等。

（26）スキーは滑れない人にとってはつらいばかりである。／ 对于不会滑雪的人来说，滑雪只是痛苦。

● 「ばかり」的其他用法

「ばかり」的其他用法如下所示：

1）～ばかりか／ばかりではなく、～も

「～ばかりか／ばかりではなく」可以与「～だけではなく」互换。

（27）そのニュースが報道されると、国内ばかりか／ばかりではなく、遠く海外にも大きな反響が起こった。／ 如果那条消息被报道的话，不仅是国内，远至国外也会引起强烈反响。

2）～た＋ばかりに

「～たばかりに」与「～た＋ために」相同，表示原因、理由。

（28）彼のことばを信じたばかりにひどい目にあった。／ 就是因为相信了他的话，才倒了大霉。

「ばかり」如以下3）—5）所示，有时用于比喻和举例等。

3）イ形容詞＋ばかり

（29）波はまばゆいばかりの日の光に輝いていた。／波浪在金辉耀眼的太阳光下闪闪发光。

4）动词ナイ形的词干＋ん＋ばかり

（30）デパートは溢れんばかりの買物客でごった返していた。／ 百货商场由于顾客太多了，拥挤不堪。

5）～と＋ばかり（に）

「～と＋ばかり（に）」是「まるで～と言うように」的意思，后项接续势头或程度很强这样意思的表达方式。

（31）今がチャンスとばかり（に）、挑戦者は猛烈な攻撃を開始した。／ 看准（几乎就要说）现在就是机会，挑战者开始了猛烈的攻击。

● 与近义表达方式的比较

「ばかり」与「だけ」的比较（⇒11）

下面的句子虽然表示相同的意思，但是，在 a 句，叙述的重点集中在"汉堡包"这一"食物"上；而在b句，叙述的重点集中在"吃"这一"行为"方面。

（32）a．ハンバーガーだけ食べている。／只是吃汉堡包。
　　　b．ハンバーガーばかり食べている。／光吃汉堡包。

据此，对于「だけ」限定其物，而「ばかり」则变成"经常进行其行为"这一意思。

所以，将「食べている」变为可能形「食べられる」的话，仅能使用重点集中在物体上的「だけ」。

（33）a．うちの子はハンバーガーだけ（が）食べられる。／ 我家的孩子只能吃汉堡包。
　　　b．？うちの子はハンバーガーばかり食べられる。

在例句（34）中，「だけ」只是单纯地说明区域；「ばかり」则强调广泛地引起反应。

（34）a．ニュースが報道されると、国内だけではなく海外にも大きな反響が起こった。／ 消息一经报道，不只是在国内，在国外也引起了强烈的反响。
　　　b．ニュースが報道されると、国内ばかりではなく海外にも大きな反響が起こった。／ 消息一经报道，不仅在国内，在国外也引起了强烈的反响。

在「だけ」与「ばかり」都可以使用的情况下，可以说「だけ」更加口语化。

 "学生习作中出现病句的例子" 的解说

　　在第 1 句中，学生想说的不是长裙子，而是经常穿短裙子。所以，对比的就成了"长裙子"和"短裙子"。如"长的、短的"这样，对比清楚的情况下，对比的词语之后，常接续「ばかり」。所以，不是「(短いスカートを)はいてばかりいる」，而是使用「短いスカートばかり(はいている)」显得贴切。

　　第 2 句因为学生会说「あの子は食べてばかりいる」，所以，就认为可以说「あの店は込んでばかりいる」了吧。「込む」这个动词表示由于某种现象（客人来），所引起的结果。「～てばかりいる」叙述的重点放在其行为、事态不断地重复上，所以，一用在表达结果的「込む、すく、なる」等动词上，就显得不恰当了。

　　第 3 句是与格助词「と」接续的问题。「ばかり」可以取代「が・を」，但是，不能够省略除此以外的格助词。

　　第 4 句采用「动词夕形 + ばかり」的形式，「动词夕形 + ばかり」表达"做某事之后，未经过（较长）时间"。所以，（此句本意是）为了表示"经常是那样"，需要改成「ショックばかり受けていた」或者「ショックを受けてばかりいた」。

14 まで・(までに)

A：ごちそうさま。／我吃好了。
B：おいしかった？／好吃吗？
A：おいしかったよ。ほら全部食べちゃった。／好吃呀。看，全吃光了。
B：えっ、魚の骨は？ 骨まで食べちゃったの？／啊！鱼刺呢？连刺都吃了吗？

 学生学习中的难点和常提出的问题

1. 把格助词「まで」和「までに」弄混了。
2. 难于理解格助词「まで」和提示助词「まで」的不同。
3. 「（医者）まで（来た）。」与「（医者）も（来た）。」有何不同？

 学生习作中出现病句的例子

1. 失恋したからといって、自殺するまでの人がいないでしょう。
   →失恋したからといって、自殺までする／自殺するほどの人はいないでしょう。／不能因为失恋了，就会有人要自杀吧。
2. 寒くなってきたとはいえ、まだその服までは着なくてもいいと思うよ。
   →寒くなってきたとはいえ、まだその服を着るほどではないと思うよ。／虽说冷起来了，我想还不至于穿那件衣服呀。
3. 午後3時までレポートを提出してください。
   →午後3時までにレポートを提出してください。／请在下午3点前，提交报告。
4. 何時までにこのテストは続くのかな。
   →何時までこのテストは続くのかな。／这次考试要考到几点呢？

说明

● **基本的意义及用法**

（1）きのうは8時まで待った。／昨天等到了8点。

可以说这句话单纯地表示时间的界限。下面的句子如何呢？

（2）約束の時間は午後3時だった。彼は延々夜の8時まで待ったけれども、約束の相手は現れなかった。／约定的时间已是下午3点了。他一直等到了晚上8点，约的人还没有出现。

例句（2）的「8時まで」不仅是单纯的时间界限，还让人感到"等了很长时间啊！"。像这样带有"甚至涉及一般不能考虑的范围"这一令人吃惊含义的「まで」，一般称为提示助词「まで」。

（3）空巣に入られて、現金はもちろんパソコンまでとられてしまった。／进了小偷，别说现金了，连电脑都被偷了。

（4）仕事が忙しくて、日曜日まで会社に行くことがある。／工作很忙，有时连星期日都要去公司。

在例句（3）、（4）中，使用了「まで」，表示某件事情、行为发生，涉及所有事物的含义。

在这里，说明一下提示助词「まで」，格助词「まで」与提示助词「まで」连接在一起，到哪里是格助词？从哪里是接续助词？因文章的前后关系差异很大。（⇒初级4、30）

● 构成法与接续方法

「まで」与格助词相连接时，可以省略「が・を」，也可以不省略。不省略时，为「Nまでが」「Nまでを」。「が・を」以外的格助词，使用「格助词＋まで」的形式。

```
1、N＋まで＋（が／を）
2、N＋に／へ／で／と／から＋まで
```

（5）あなたまで（が）そんなことを言うんですか。／连你都说那样的话吗？

（6）君は部下にまでお金をせびっていたのか。／你连部下都索要金钱吗？

● 何时使用

1. 在会话中

在下面的例句（7）中，使用了「场所＋まで」。A单纯地理解作为场所的界限（格助词），B作为吃惊（提示助词）来理解。

（7）A：先週バイクで北海道に行きました。／上周骑摩托车去了北海道。
　　　B：札幌へは行った？／去札幌了吗？
　　　A：もちろんです。世界遺産の知床まで行ってきました。／当然，到世界遗产知床去了一趟回来了。
　　　B：えっ、バイクで知床まで行ったの。／啊！骑摩托车到知床去了啊。

接下来的例句（8）中，A听到百货商店营业到12点（后接续作为格助词的まで），感到吃惊。使

用了「12時まで」（提示助词）。

> （8）A：コンビニは24時間営業のところが多いね。／便利店24小时营业的很多呀。
> B：そうだね。／是呀。
> A：でも、デパートは早く閉まるよね。／可是，商场很早地就关门了呀。
> B：遅くまで開いているデパートもあるよ。
> 鳥屋デパートは夜12時まで開いているよ。／也有营业到很晚的商场呀。鸟屋商场营业到夜里12点呢。
> A：えっ、12時まで開いているの。／啊！营业到12点吗？

下面的例句（9）中，使用了「まで」和「さえ」。「まで」具有"甚至涉及一般不可能考虑的范围""什么都"的意思；「さえ」接续"一般无关联的事物"，由此强调"其事态不寻常"。B叙述（的是）对A能够掌握蝶泳这一很难的游泳方法感到吃惊，而自己连基本的游法"自由泳都不会"这件事。

> （9）A：今スイミングスクールに行ってるんですよ。／（我）现在上游泳训练班。
> B：そうですか。泳げるようになりましたか。／是吗？会游了吗？
> A：クロール、平泳ぎ、それから、バタフライ……。／自由泳、蛙泳，还有蝶泳……
> B：バタフライまで覚えたんですか。／连蝶泳都会了吗？
> A：ええ。／是的。
> B：私はクロールさえ満足に泳げません。／我连自由泳都不能游好。

2. 在文章中（以句子连接为例）

例1 原因、理由的句子［～て/ために］、～まで～。

表示由于某种原因、理由，甚至会达到那种程度的说法。当因果关系明确的时候，使用「～ために」。

（10）仕事が忙しくて、深夜まで仕事をすることがある。／工作忙，有时工作到深夜。

（11）部下にすべてを任せてしまったために、彼は課長の地位まで脅かされるに至った。／由于全部交给部下，以至于他科长的地位都受到了威胁。

例2 事態、状況的句子。（同类的）事態、状況的句子［（そのうえ、）～まで～］。

「まで」表示某个事情、行为发生，涉及所有事物的含义。所以，先有某一事态、状态，进而发生同类的情况时，会容易出现「まで」。

（12）今年は自然が猛威を振った。インド洋を津波が襲い、北米はハリケーンが襲った。そのうえ、パキスタンでは大地震まで起こった。／今年自然逞威。海啸侵袭印度洋，飓风侵袭北美。加之，巴基斯坦发生了大地震。

（13）祖母は礼儀作法に厳しく、朝夕の挨拶を徹底させた。そのうえ、箸の上げ下ろしにまで目を光らせていた。／祖母对礼法（要求）严格，坚持早晚的寒暄。而且，连筷子的拿放都严加监视。

例3 事态、状况的句子。 －ばかりか／ばかりでなく、－まで－。

与例2相似，也可以使用强调"不仅是那个"意思的「－ばかりか／ばかりでなく」的形式。

（14）戦況が厳しくなった。成人男子ばかりか、15歳の子供まで兵隊にとられた。／战况变得严峻了。不仅成年男子，连15岁的孩子都被军队抓去了。

（15）テレビに5秒ほど出た。近所の人ばかりでなく、知らない人にまで「テレビに出てましたね」と言われた。／在电视里出现了5秒左右。不仅是附近的人，就连不认识的人都说"您上电视了呀！"。

例4 事态、状况的句子。 补充说明、意思相反的句子〔（しかし）－まで（は）－ない〕。

已经到达了某种事态、状况。但是，尚未到达更高的程度，而且也没有必要达到那种程度。这样的句子里，也一般使用「まで」。

（16）クローンの開発は認められる。しかし、人間の倫理観を犯すところまで行くべきではない。／克隆技术的开发得到认可。但是，不应冒犯人类伦理观（的地步）。

（17）この小説は若者の考え方や行動がよく描かれている。しかし、彼らの内面の深層心理までは描かれていない。／这部小说很好地描写了年轻人的思维方式和举止。可是，没有写到他们的深层心理。

例5 条件的句子〔－と／ば／たら〕、－まで－。

它是如果某个条件具备的话，也许可以达到那种程度的含义，有时使用「まで」。

（18）一部の人の暴力を許してしまうと、それは全体にまで広がる危険性がある。／如果允许一部分人暴力的话，那就会有波及全体人员的危险。

（19）このまま開発が進めば、人間の感情を表すロボットまで出現するにちがいない。／这样开发推进的话，一定会出现表达人类感情的机器人。

● **容易和哪些词语相连接**

XまでY（提示助词）

〈X处的词〉

◆时间、场所、数量以外的名词：

提示助词「まで」也附在时间、场所或数量词后，但是，接在除此以外的名词时，往往表露出提示的心情。

（20）雨まで降り出した。／甚至开始下起雨来了。

（21）私までとばっちりを受けた。／连我都受到了连累。

如"在文章中"的例2那样，在表示"先有某一事态，进而发生同类的事态"的「まで」句子中，可以说往往出现「そのうえ・このうえ」等接续词。

◆接续词：そのうえ、このうえ等：

（22）夫は私の失敗をなじった。そのうえ、過去のことまで持ち出して嫌味を言った。／丈夫责备了我的失策。进而，连过去的事情都端了出来，还说了挖苦的话。

（23）祖父は運動らしきものは何もしない。このうえ散歩にまで行かないとなったら、体が硬直していくばかりだ。／祖父像样的运动什么也不做。加之，连散步都不去的话，身体就会越发僵硬下去。

● 「まで」的其他用法：

以下举出「まで」的其他的用法，不进行格助词、提示助词区别。

1）ーまで、ー

（24）私が帰るまで、待っていてください。／请等到我回来。

2）ーまでもない

表示没有必要的意思。

（25）言うまでもありませんが、A大学は私学として有数の大学です。／不用说了，A学校作为私立大学，是屈指可数的大学。

3）ーまでして

表示为了达到目的，"竟然做那样的事"的意思。含有责备的语气。

（26）ラーメンの屋台を始めるなんて、脱サラまでしてやることだろうか。／开始做面摊子小贩什么的，辞掉了工作做"个体户"是吧。

4）ーば、これ／それまでだ

表示"如果到了那个地步的话，就此为止"的意思。

（27）お金がなくなれば、あなたとの関係もそれまでよ。／ 如果没钱了，和你的关系也就到此结束了。

● 与近义表达方式的比较

1. 「まで」和「までに」的比较

「までに」是格助词，但是，「まで」和「までに」容易引起学生混淆。所以，在这里说明一下。

（28）5時まで勉強します。／学习到5点。

（29）5時までに勉強を終わります。／5点前完成学习。

（30）私の仕事が終わるまで、ここで待っていてください。／请在这里等到我工作结束。

（31）私の仕事が終わるまでに、これをやっておいてください。／ 在我的工作结束前，请提前做一下这个。

「5時まで」「仕事が終わるまで」中的「まで」具有到此时间的范围（的含义），表示在此范围内，继续行为、动作，或事态持续。在后项中，往往出现表示持续的「〜ている」。

另外，「5時までに」「仕事が終わるまでに」表示在那个时间前，行为、动作或事态终结。后项的动词，往往带有"做完……"的含义。

2.「まで」和「さえ」的比较

请参照本书的「10 さえ・でさえ」。

 "学生习作中出现病句的例子"的解说

第1句是「まで」提示什么范围的问题。学生将"自杀"理解为"甚至涉及一般不能考虑的范围"，说成「自殺するまで」。再举一例，如「彼を自殺するまで追い込んだ」这样，"陷入窘境的程度"如果是"像自杀那么地极端"的话，就可以使用「自殺するまで」。但是，要说第1句的主体是"什么程度的人呢？"的话，在各种行为层次中，是"甚至自杀都做的人"的意思，所以，使用了「自殺までする人」。

第2句也许不能算错，但是，句子在于寒冷会变到什么程度呢。所以，如修改后的句子那样，使用「ほど」更加贴切。

第3、4句是格助词「まで」和「までに」的混淆。在很多学生中都能见到这种情况。所以，这里加以说明。「3時まで」表示持续到3点的状态；「3時までに」表示到3点前，要使动作结束。关于第4句也可以讲是相同的，「続く」表示持续。所以，不是「までに」，而使用「まで」更为贴切。

教学指导〈1〉

3.「に対して」的练习

　　下面我们列出学生所做的部分讨论内容，本练习是希望大家思考一下他们在练习中所使用的「に対して」。

（1）给学生分组

（2）让学生阅读练习A，让他们讨论句中的「に対して」使用的是否恰当。
［练习A］
〈关于对自己称呼的讨论（主持人也是学生）〉
司会：日本語には、「わたし、わたくし、あたし、ぼく、おれ」などの言い方がありますが、皆さんは自分に対してどのように呼びますか。
　A：自分に対して、最初「ぼく」って呼んでたんですけど、少しずつ「おれ」を使うようになりました。
司会：ほかの皆さんはどうですか。
　B：私は初「わたくし」と言っていたんですが、「わたくし」は丁寧すぎると言われたことがあります。それで、それからはずっと「わたし」を使っています。
　C：「あたし」に対してお聞きしたいんですが、日本人の女子学生はよく「あたし、あたし」と言いますが、留学生も「あたし」を使っていいんですか。
　D：「あたし」に対して私の経験をお話しします。私が友達に「あたし」を使ったとき、その人は、友達にはいいけれど先生には使わないほうがいいと言っていました。
司会：「わたし、わたくし、あたし」などの使い分けは外国人に対してとても難しいですね。

（3）下面，让学生练习做B，让他们选择认为合适的选项，可以多选。
［练习B］
1）日本語には、「わたし、わたくし、あたし、ぼく、おれ」などの言い方がありますが、皆さんは自分{について／のことを／を}どのように呼びますか。
2）自分{について／のことを／を}、最初「ぼく」って呼んでたんですけど、少しずつ「おれ」を使うようになりました。
3）「あたし」{について／のことを／を}お聞きしたいんですが、……。
4）「あたし」{について／のことを／を}私の経験をお話しします。
5）「わたし、わたくし、あたし」などの使い分けは外国人{について／にとって／に}とても難しいですね。

4.「について」的练习

　　这项练习是让学生使用「について」做简短的演讲。
　　演讲的开头使用「今日は○○についてお話します」，结束时使用「これで○○についての話を終わります」。

首先，给学生一个题目，然后让他们就该题目准备一个3分钟左右的演讲。演讲练习的顺序如下：
（1）把学生分成4人一组。
（2）学生A首先就老师所给的题目，对学生B说3分钟。
（3）然后改变对象，学生A再用同样题目对学生C说2分钟。
（4）接下来再换对象，用同样的题目再对学生D说1分半钟。
（5）听话的学生始终扮演听话人的角色，听的时候不发表意见，也不要提问。
（6）让他们在反复说的过程中逐渐使自己改善说话方式（间歇词（えーと、あのう等）、中途停顿、吞吐、犹豫及重复）和内容。减少说话时间，是为了让学生主观去减少不必要的部分和重复的词语，达到演讲简洁的目的。

7.「を通じて・を通して」的练习
　　本练习旨在让学生发现意思非常相近的「を通じて・を通して」的区别。
（1）首先让学生用字典查出「を通じて・を通して」的原型动词「通じる（通ずる）」和「通す」的意思和例句。
（2）让学生在班上发表从字典中查到的内容。

例：通じる（通ずる）：ローマに通じる、電話が通じる、話が通じない
　　通す：A市からB市に国道を通す、針に糸を通す、筋を通して話させる

（3）由教师来总结「通じる（通ずる）」与「通す」在意思上的区别。

例：「通す」大多使用「を」，而「通じる（通ずる）」多用「が」。
　　也就是说，「通す」是他动词，「通じる」是自动词。
　　所以，「通す」似乎影响显得强等。

（4）接下来，让学生使用「を通じて」与「を通して」各造3个句子，写在本子上。
（5）让他们在课上发表。

8.「ほど」的练习
本练习使用「ほど」，思考"程度的表达方式"。
（1）教师先为学生做如下解释，然后提问。
　　　"日语中把吃很多东西、吃得过饱的状态叫作「死ぬほど食べた」。你们的国家都怎么说呢？"
（2）对于1的问题，让学生进行自由回答。
　　　班里如果有多位同一国家的学生，让他们互相商量一下。
（3）让学生思考以下场景在自己的国家里怎么说。
　　　指导他们作为一种句子形式，使用「〜ほど〜」进行表达。
　　　（括号中用日语举出一例，仅供参考。）
　1）とても疲れた。→（立ち上がれないほど疲れた。/ 累得都站不起来了。）
　2）とても嫌いだ。→（胸がむかつくほど嫌いだ。鳥肌が立つほど嫌いだ。/ 讨厌得让人恶心。讨厌得让人起鸡皮疙瘩。）

3）とても好きだ。→（胸が苦しくなるほど好きだ。/ 喜欢得要死。）
4）とてもかわいい。→（目に入れても痛くないほどかわいい。/ 太可爱了，一点也不碍眼。）
5）とても憎い。→（殺してやりたいほど憎い。/ 恨不得杀了他。）
6）とても恋しい。→（死ぬほど恋しい。/ 快想死人了。）
7）とても暑い。→（水に飛び込みたいほど暑い。/ 热得想跳进水里去。）
8）とても寒い。→（身が縮むほど寒い。泣きたいほど寒い。/ 冷的全身紧缩。冷得想哭。）
9）とてもびっくりする。→（飛び上がるほどびっくりした。/ 吓得差点跳起来。）
10）？？？？（让学生去想）→

10.「さえ」的练习

本练习有A、B两种。

［练习A］
（1）让学生想出自己现在想做，但却做不了的事。
（2）让他们把那件事使用「～さえ～ば／たら」，造句并写在本子上。
提醒学生注意句尾的表达方法。

例1：漢字さえできれば、博士の試験を受けられるのに。/ 如果会写汉字，就能考博士了（可惜）。
例2：博士号さえあれば、就職できるのだが。/ 如果拿到博士学位就能工作了（但是）。
例3：謝りさえすれば、許してもらえるんです。/ 如果道了歉，就能让（对方）原谅我了。

（3）让学生在班上发表。

［练习B］
（1）让学生回忆至今发生过的事件、事故，就此让大家说说。
（2）使用「～さえ～ば／たら、～（た）のに」，让学生造句并写在本子上。

例1：あの飛行機にさえ乗らなければ、助かったのに。/ 要是没坐那架飞机就好了（偏偏……）。
例2：あのとき山にさえ行かなかったら、事故は起こらなかったのに。/ 那时要是没去山里，就不会发生事故了（偏偏……）。

（3）让学生在班上发表。

11.「だけ」的练习

本练习是（学生）要从教师准备的故事中听出「だけ」的部分。
（1）教师准备包含若干使用「だけ」句子的故事或对话。
（2）让学生一起听一遍整体故事。
（3）让他们再听一遍。
然后让他们注意听「だけ」到底有没有出现。
让学生写下「○○だけ」的部分。
（4）在第三次听时，让学生写下有「だけ」句子的全部内容。

（5）第四次听时，让他们核对刚才写的句子，并最后完成。
（6）让学生讲一下自己写的「だけ」全句。
其他同学帮他确认写得正确与否。
这个练习也可以分小组来做。

14.「まで」的练习

与「だけ」时一样，老师先准备故事，让学生自己看，然后找出「まで」的部分。

（1）由教师先准备包含若干使用「まで」的句子的故事或专题，发给学生们。
（2）让他们各自阅读。
（3）让学生找出故事或专题中有「まで」的部分。
（4）让大家思考各句中「まで」的意思。
（5）全班或者让学生2人一组，讨论这些用法是单纯格助词的「まで」，还是表示强调说话人心情的提示助词「まで」。

15

～つつある

A：このゲームおもしろい？／这个游戏有意思吗？
B：うん、最初はそうでもなかったんだけど。／嗯，刚开始的时候，并没什么意思。
A：ふーん。今は。／是吗？那现在呢？
B：今は、はまりつつあるね。／现在嘛，我已经上瘾了。

 学生学习中的难点和常提出的问题

1. 不明白「～つつある」的用法。
2. 「～つつある」与「～ている」一样吗？不明白二者有什么不同。
3. 「～つつある」是书面语吗？

 学生习作中出现病句的例子

1. あの問題をほっておくと悪化しつつあると思う。
   →あの問題をほっておくと悪化していくと思う。／如果放任不管的话，我想那个问题会越发恶化。
2. 夏の末に至るまで雨が降りつつある。
   →夏の終わりまで雨が降っている。／雨一直下到夏天结束为止。
3. 長い間に日本語を勉強しているので、日本語の新聞を読めつつある。
   →長い間日本語を勉強しているので、日本語の新聞が読めるようになってきた。／因为学了很长时间的日语，所以能读懂日文报纸了。
4. 温暖化の問題が深刻化しつつあろう。
   →温暖化の問題が深刻化しつつあるようだ。／（地球）变暖的问题似乎日益严重了。

说 明

● **基本的意义及用法**

「～つつある」往往被看作像「読みつつある」「書きつつある」等，表示动作的进行，但实际上并非如此。它表示"发生变化，这种变化正朝着完成（结束）的方向发展"的意思。

（1）日本でも海外投資に対する関心が高まりつつある。／ 在日本，对海外投资的关心程度正在逐步提高。

（2）大阪に70階の高層ビルが完成しつつある。／ 建在大阪的70层摩天大楼即将竣工。

这两个句子表示发生了例句（1）的"对海外投资的关心程度开始提高"，例句（2）的"70层摩天大楼开始建设"这样的变化，而这种变化正朝着完成（结束）的方向发展。

「～つつある」主要用于书面语。

● 构成法及接续方法

| V－マス形の語幹 | つつある |

● 何时使用

1. 在会话中

「～つつある」是书面语，所以，在会话中几乎不使用。不过，当动作或作用朝着某个方向持续的状态（在此指成长过程）非常显著的时候，有时也强调使用。

（3）A：ウエット社なんて聞いたことがないよ。／我没听说过维特公司。

B：知らないんですか。／你不知道吗？

A：うん。／嗯。

B：人材派遣会社として、今まさに成長しつつある会社ですよ。／ 作为人才派遣公司，现在是一家正发展壮大的公司啊。

这里的「（成長し）つつある」可以替换成「（成長し）ている」。例如：

B'：人材派遣会社として、今まさに成長している会社ですよ。

但是，还是「～つつある」更能表达出"现在正处于发展壮大的过程，正在发展变化"的语感。

（4）A：早く帰ったほうがいいよ。台風が来つつあるよ。／ 最好早点儿回去吧。台风要来啦。

B：えー、本当？／啊？真的吗？

A：テレビで言ってたよ。／电视上说的呀。

把这里的「（来）つつある」换成「（来）ている」，会怎样呢？

A'：早く帰ったほうがいいよ。台風が来ているよ。

这种情况，既可以理解成"台风正在到来"的意思，也可以理解成"台风已经到来，现正狂风大作"的意思。

(5) A：テレビおもしろい？／电视（节目）有意思吗？
　　B：どのドラマも今風のものばかりだね。／每个电视剧都是当今流行的内容啊。
　　A：そうね。大人が楽しめる番組がなくなりつつあるわね。／是啊，（我们）成人能够欣赏的节目现在都快没有了吧。
　　B：残念だね。／真遗憾啊！

在这里，如果像下面的A'那样，使用「〜ている」的话，就表示早就已经没有了的意思，而没有"现在正在发生变化"的意思。

　　A'：そうね。大人が楽しめる番組がなくなっているわね。

2. 在文章中（以句子连接为例）

例1　原因、理由的句子［〜ので／ために］、结果的句子［〜つつある］。

「〜つつある」表示事物发生了变化，并且趋于完成（结束）。例1的示例为前项出现一个表示原因、理由的句子，在后项（主句）结果句中，使用了「〜つつある」。

(6) 新しい駅ができたので、周辺の地価が上昇しつつある。／ 新车站建成了，因此，周边地区的地价在上涨。

(7) 個人投資家が買い控えているために、株価が下がりつつある。／ 因个人投资者控制购买，所以，股价在下跌。

例2　事态变化的句子［〜つつある］。　具体性说明的句子。

以「〜つつある」导入事物、事态的变化，用下面的句子对其加以具体性的说明。

(8) 少年犯罪が低年齢化しつつある。これは家族制度の崩壊と軌を一にしている。／ 青少年犯罪正在趋于低龄化。这与家族制度的崩溃如出一辙。

(9) コンピュータと会話できるシステムが実現しつつある。エキスパート・システムと呼ばれるもので、それらは問題解決能力を持つものである。／ 人机对话系统正在变成现实。该系统被称为专家系统，具有解决问题的能力。

例3　事态变化的句子。　（进而）事态变化的句子［〜つつある］。

它的形式是首先叙述某一事态或情况的变化，在接下来的句子，以「〜つつある」强调说明与此相关联的变化。

(10) 世界的に地域連合が進んできている。更には、国際的に活動するNPOなども現れつつある。／世界性的区域联合正在向前迈进。更进一步开展国际性活动的民间非营利团体等也不断涌现。

(11) ソフトウェア工学はさまざまな成果を生み出している。人工知能の研究についても、実用化が現実のものとなりつつある。／ 软件工程结出多项硕果。在人工智能的研究方面，其实用化已经逐步变成了现实。

例4　事态变化的句子。（进而）事态变化的句子［～つつある］。
　　　总结归纳的句子［（つまり）～］。

有时在例3的后面，出现下面这样归纳总结的句子：

（12）世界的に地域連合が進んできている。更には、国際的に活動するNPOなども現れつつある。つまり、世界的な人的ネットワークができてきているのである。／世界性的区域联合正在向前迈进。更进一步开展国际性活动的民间非营利团体等也不断涌现。也就是说，已经形成了世界性的人员网络。

（13）ソフトウェア工学はさまざまな成果を生み出している。人工知能の研究についても、実用化が現実のものとなりつつある。つまり、ロボット化の時代に突入したと言えよう。／软件工程结出多项硕果。在人工智能的研究方面，其实用化已经逐步变成了现实。也就是说，现在可以说人类已进入机器人化的时代了。

例5　事态、情况的句子。しかし、事态变化的句子［～つつある］。
　　　具体性说明的句子［たとえば、～］。

它的形式是首先有一个事态、情况的说明，但是，用「～つつある」表示另一方面发生了其他的变化。在通过下面的句子进行具体性的说明。

（14）お笑い番組が増えている。しかし、番組そのもののおもしろさが失われつつあるようだ。たとえば、視聴率の低下にそれが現れている。／搞笑的节目多了。但是，节目本身的趣味性似乎正在失去。例如，这个现象反映在收视率的降低上。

（15）新政権が誕生した。しかし、国民の間の政治への不満は高まりつつある。たとえば、先週のタクシードライバーのストライキがそれだ。／新政权诞生了。但是，国民中对政治的不满情绪正在高涨。例如，上星期的出租车司机罢工就是对政治的不满。

● 容易和哪些词语相连接

Xつつある
〈X处的词〉

「～つつある」接续趋于完成（也可以解释为结束）的动词，表示正在朝着完成（结束）的方向发生变化的意思。"趋于完成（结束）的动词"的例子如下所示：

◆ 完成（结束）动词：
完成する、変化する、変わる、消える、調査する、終わる、増える、決まる等。

（16）足入れ婚のような風習は消えつつある。／像试婚这样的习俗正在消失。

还有，不趋于完成（结束）的"非完成（非结束）动词"不常用「～つつある」。"非完成（非结束）动词"的例子如下所示：

◇ 非完成（非结束）动词：
食べる、見る、話す、思う、歩く、驚く、寝る等。

（17）？子供がアイスクリームを食べつつある。
（18）？今歩きつつあるんだよ。

「〜つつある」表示趋于完成（结束）过程的意思，因此，有时会使用下面的副词：
◆副词：徐々に、少しずつ、次々と、今、まさに、今まさに等。

（19）町全体がオリンピックに向けて徐々に変わりつつある。／ 整个城市以奥运为目标，正逐步地发生变化。
（20）IT分野ではユニークな研究者が次々と生まれつつある。／ IT领域正接连不断地涌现出独特的研究人员。
（21）世界のどこかで新しいヒーローが今まさに誕生しつつあるのかもしれない。／ 也许在世界的某个地方即将诞生新的英雄（人物）。

● 「〜つつ」的其他用法

像「悪いと知りつつ、悪事に手を出す。／ 明知道不对，可却干坏事。」这样，「〜つつ」有连接两个句子的用法。

1）表示同时的动作。

（22）去年を振り返りつつ、写真の整理をした。／ 一边回顾过去的一年，一边整理了照片。
「〜つつ」可以和「〜ながら」替换，说成「去年を振り返りながら、写真の整理をした」。

2）表示逆接。

（23）返事を書かなければと思いつつ、今日に至ってしまった。／ 总想着得写封回信，但还是拖到了今天。

表示前项和后项（主句）相反的情况，与「〜が／けれども」「〜のに」具有相同的含义。作为强调的形式，有时也用「〜つつも」。

（24）悪いと知りつつも、また母の財布からお金を失敬した。／ 明明知道不对，却又从妈妈的钱包里偷了钱。

从句「〜つつ」不论是1）的用法，还是2）的用法，都主要用于书面语。

● 与近义表达方式的比较

「〜つつある」与「〜ている」的比较

在完成（结束）动词中，表示瞬间发生变化的瞬间动词（⇒初级33），（如：変わる、決まる、開く、閉まる、死ぬ、つく、消える等），当它们接「〜つつある」「〜ている」时，具有如下含义：
「〜つつある」→ 发生了变化，而且变化正趋于完成（结束）的意思。
「〜ている」 → 发生了某种变化，其结果还残留着的状态。

（25）町全体が少し変わりつつある。（変化之中）／整个城市正发生着细微的变化。

（26）町全体が少し変わっている。（已经产生了一些变化）/ 整个城市发生了一些变化。

完成（结束）动词中的持续动词（書く、作る、調査する等），它们的（语法）意思几乎相同。

「～つつある」→ 正朝着完成（结束）的目标行动。
「～ている」 → 动作正在进行。

（27）展示会に向けて、新作を作りつつある。/ 面向展览会，在制作新展品。
（28）展示会に向けて、新作を作っている。/ 面向展览会，正在制作新展品。

在「来る、行く」等具有瞬间动词和持续动词双重性质的动词中，它们的区别如下：
「～つつある」→ 正朝着完成（结束）的目标行动。
「～ている」 → 动作正在进行，或结果还残留着的状态。

（29）台風が来つつある。/ 台风就要到来。
（30）台風が来ている。/ 台风已经到来了。

 "学生习作中出现病句的例子"的解说

第1句不是说现在的状态，而是在讲述将来的预测。所以，不能使用「悪化しつつある」，而需要使用表示将来的变化（状态变化的进展）的「～ていく」。（⇒初级35）

「～つつある」与「完成する、変化する、消える」等"趋于完成（结束）的动词"相结合。第2句所使用的「（雨が）降る」不是完成（结束）的动词，所以，它很难与「つつある」相结合。第3句使用了「読める」这个可能动词，可能动词也不和「つつある」相结合使用。

第4句是把「深刻化しつつある」中的「ある」变成了推量的形式，但实际上，不存在「～つつあろう」的说法。说成「～つつあるだろう」也有些勉强，所以，需要使用表示客观性推测的表达方式「ようだ・らしい」等。

〜（よ）うとする

A：遅いじゃないの。／你来得是不是太晚了？
B：ごめんごめん。家を出ようとしたとき、電話がかかってきて。／实在对不起！正要出家门的时候，来了个电话。
A：……
B：仕事関係の電話だったから、長引いちゃって。／电话内容跟工作有关，所以，时间拖长了。

 学生学习中的难点和常提出的问题

1. 什么时候使用「〜（よ）うとする」？它和「〜（よ）うと思う」有什么不同？
2. 「〜（よ）うとする」大多以「〜（よ）うとすると」「〜（よ）うとしたとき」等形式用在从句中，但在从句中不会恰当地使用。

 学生习作中出现病句的例子

1. これからもっとがんばろうとする。
  →これからもっとがんばろうと思う。／今后我要更加努力。
2. 韓国に帰っても日本語を忘れないように、続けて勉強しようとしている。
  →韓国に帰っても日本語を忘れないように、続けて勉強しようと思っている。／为了即使回到韩国后也不忘记日语，我要继续学习。
3. 明日のピクニックにはぜひ参加しようとしたが、明日まで終わらなければならない仕事があって本当にすみません。→明日のピクニックにはぜひ参加しようと思っていましたが、明日までに終わらせなければならない仕事があって。本当にすみません。／我原来想着一定要参加明天的郊游，但有个工作，必须在明天以前完成。所以，实在不好意思。
4. 寝ようとすると、友人から電話がかかってきた。
  →寝ようとしたとき、友人から電話がかかってきた。／就要睡觉的时候，朋友打来了电话。

说 明

● **基本的意义及用法**

「〜（よ）うとする」接续意志动词，表示为实现其动作、行为而努力或尝试。此外，有时也表示某个行为即将进行之前的意思。（⇒初级41）

（1）節約のために少しでも電気代を減らそうとしている。（尝试、努力）/ 为了节约要削减电费，哪怕只是一点儿。

（2）出かけようとしたとき、携帯が鳴った。（就在……之前）/ 就要出门的时候，手机响了。

「―（よ）うとする」有时还接续非意志动词，表示自然现象等非意志性的事情。此时，带有"就在……之前"的意思。

（3）今まさに夕日が沈もうとしている。/ 夕阳马上就要落下去了。

「―（よ）うとする」很少使用结句的形式，一般像例句（2）那样，与「とき・ところ・のに・が／けれども」等词语结合使用居多。

● 构成法及接续方法

● 何时使用

1. 在会话中

「―（よ）うとする」在什么情况、场合下使用呢？我们考虑一下吧。

例句（4）表示开始要把画像放入(电脑数据内)，但实际上并没有做到。

（4）A：パソコンがフリーズしてしまいました。/ 电脑死机了。
　　 B：何をしたのかね。/ 你做什么了？
　　 A：データに画像を取り込もうとしたんですが。/ 我想把画像放入数据中的。
　　 B：……じゃ、私がやってみよう。/ 那么，我来试一下吧。

像下面这样，「―（よ）うとしている」用于说明现在正在尝试着的情况。

（5）A：会社、首になるかもしれない。/ 我也许会被公司解雇。
　　 B：どうして？/ 为什么？
　　 A：会社は規模縮小で人を減らそうとしているんだ。/ 因为公司规模缩小，正要裁员呢。
　　 B：……そうか。大変だね。/ 是吗，那可了不得。

下面的「―（よ）うとしたとき」也是常用的说法。

（6）A：どうしたの。包帯なんかして。/ 怎么搞的？还缠着绷带。
　　 B：足を捻挫してしまったんです。/ 把脚扭伤了。
　　 A：どこで？/ 在哪儿（扭伤的）？
　　 B：階段から下りようとしたとき、踏み外してしまって。/ 就要下楼梯时，脚踩空了。
　　 A：……まあ、大変。/ 哎呀，真够受的。

（6）讲的是过去的事情，所以用了「～（よ）うとしたとき」「～（よ）うとしていたとき」。如果不是过去的事情时，就要用「～（よ）うとするとき」「～（よ）うとしているとき」或者「～（よ）うとすると」。

> （7）A：どうしたの。／怎么搞的？
> B：階段から落ちて。／从楼梯上摔下来了。
> A：また？／又摔了？
> B：そうなんだ。階段から下りようとするとき、いつも踏み外してしまうんだ。／是的。（我）总是在就要下楼梯的时候，脚踩空。
> A：しょうがないわね。／真没办法呀。

2. 在文章中（以句子连接为例）

例1　主題、話題的句子［～（よ）うとしている］。
　　　具体性说明的句子。

「～（よ）うとしている」的结句的形式，一般用于导入谈话的主题或题目时居多。其后，出现一个有关主题的具体性的说明。

（8）今大学はどう地域に結び付いていくかという取り組みを始めようとしている。大学が自治体や産業界との連携を図るパートナーシップはどんどん具体化されていくだろう。／现在大学正开始积极探索如何与地区结合。大学与自治体、产业界联合的合作伙伴关系，今后将不断地建立起来并具体化。

（9）欧米の巨大資本がアジア地域を取り込もうとしている。日本での企業の統合はその現れの一つである。／欧美的巨大资本正要吞噬亚洲地区。在日本出现的企业合并是其表现之一。

例2　事態、情況的句子［～（よ）うとする／したが／けれども］、結果的句子。

在说明事情或事态、情况的过程时，「～（よ）うとする」的后面接续「が／けれども」，然后接续下面的句子。

（10）新宿で『ALWAYS　三丁目の夕日』の最終回を見ようとしたが、満席で入場できず、帰ってきた。／本来要在新宿看电影《永远的三丁目的夕阳》的最后一部，但是全满没能入场，就回来了。

（11）クマに襲われた50歳女性、鼻を殴って逃げようとしたが、クマは動じず、腕をかまれて1か月の怪我。／被熊袭击的50岁女性，要拳击熊的鼻子后逃生，但熊纹丝不动。结果被熊咬伤胳膊，治了一个月。

例3　事態、情況的句子［～（よ）うとする／した］"人、物"結果的句子。

在说明例2那样的事情或事态的过程时，大多采用定语的形式。

（12）喧嘩を止めようとした人が逆に殺されてしまった。／原本要劝架的人反而被杀了。

（13）29日未明、一時停止違反を怠ったクルマを制止しようとした巡査部長が、このクルマにはねられて軽傷を負うという事故が起きた。／29日拂晓，发生了一起事故。一名交警负责

人要拦截一辆不听劝阻、违规停靠的汽车，结果被这辆汽车撞倒，受了轻伤。

例4 表示（逆接）条件的句子［〜ても／のに］、〜（よ）うとしない。

否定的形式「〜（よ）うとしない」表示根本没有采取那个行为的想法或迹象。否定的时候，前项往往使用表示逆接条件的「〜ても／のに」。

（14）うちの子供は親がいくら言っても、言うことを聞こうとしない。／我家的孩子无论父母怎么说，就是不听话。

（15）父はタバコは体に悪いとわかっているのに、一向にやめようとしない。／我爸爸明知道吸烟对身体不好，就是不想戒。

例5 原因、理由的句子［〜（よ）うとしないので／から］、结果的句子。

除了例4以外，否定的形式「〜（よ）うとしない」有时还和「ので／から」一起使用，表示理由，后句接表示结果的句子。

（16）子供が言うことを聞こうとしないので、厳しく説教をした。／孩子就是不听话，所以就严厉地教训了一顿。

（17）なかなかおもちゃを片付けようとしないから、おもちゃを取り上げてしまった。／（孩子）怎么也不收拾玩具，所以（大人）就把玩具没收了。

●容易和哪些词语相连接

1. X(よ)うとする

〈X处的词〉

◆意志动词：

食べる、待つ、入る、帰る、寝る、思い出す等。

（18）ちょっと待って、今思い出そうとしているんだから。／等一下，（因为）我马上就要想起来了。

（19）お風呂に入ろうとしたとき、地震が起こった。／就要洗澡的时候，发生了地震。

◆非意志动词：

溢れる、暮れる、なくなる、消える、沈む、昇る等。

（20）大雨で川の水が溢れようとしている。／由于下大雨，河水快要溢出来了。

（21）日が暮れようとしたとき、突然爆発が起こった。／快要天黑的时候，突然发生了爆炸。

2. X(よ)うとしない

〈X处的词〉

◆意志动词：

やめる、行く、帰る、寝る、話す、食べる、見る、読む等。

（22）いくら言っても彼はタバコをやめようとしない。/ 无论怎么说，他就是不戒烟。

◆非意志动词：

降る、やむ等。

（23）日照りが続いているのに、一向に雨は降ろうとしない。/ 持续干旱，却没有一点儿要下雨（的迹象）。

当出现「―（よ）うとしたとき」「―（よ）うとしたところ」等时，后句往往出现表示事态变化的句子。在表示事态变化的句子中，大多是下面这样的表达形式：

―（よ）うとしたとき／ところ、 { ―てきた（例如：電話がかかってきた。/ 打来了电话。）
―てしまった（例如：電話を切ってしまった。/ 把电话挂了。）
―が起こった（例如：地震が起こった。）

● 与近义表达方式的比较

1.「～(よ)うとする」和「～(よ)うと思う」的比较

「―（よ）うと思う」表示有某种意愿，但还没有付诸行动；而「―ようとする／ようとした」表示虽然没有实际做，但大致上已经着手了。下面的会话，就是B1必须要给A拨电话，而A打过来电话时，B1说的客套话：

（24）A：もしもし、森ですが。/ 你好，我姓森。

B1：ああ、森さん。今お電話しようと思っていたところでした。/ 啊！森先生，我正想着要给您打电话呢。

这句话如果换成B2的话，就表示已经拿起了电话听筒，开始做拨号码的动作。

B2：ああ、森さん。今お電話しようとしていたところでした。/ 啊！森先生，我正要给您拨电话呢。

2.「～(よ)うとする」和「～てみる」的比较

与「―（よ）うとする」一样，「―てみる」有时也译成英语的"try（尝试）"，所以，也许可以说和「―（よ）うとする」相似。但是，「―てみる」的基本意思是"做某个动作，然后看其结果"。所以，它和不做动作的「―（よ）うとする」不一样。

（25）a．私は息子の持ち物を調べようとしました。（还没看）/ 我就要查看儿子的东西。

b．私は息子の持ち物を調べてみました。（看了）/ 我查看了一下儿子的东西。

"学生习作中出现病句的例子"的解说

　　「～（よ）うとする」和「～（よ）うと思う」的混淆很明显。第1句～第3句都是该用「～（よ）うと思う」而没用的错误。「～（よ）うとする／（よ）うとした」表示实际上没有做，但基本已开始着手做动作的意思。请大家在学习中，一边将「～（よ）うとする」和「～（よ）うと思う」做比较，一边准确地把握二者的区别。第1句和第3句讲的是"今后"和"明天"的事情，第2句讲的是还没有回国。因此，它们都不能用表示已开始着手做动作的「～（よ）うとする」来表达。

　　第4句是区别使用「～と」与「～とき」的问题。因为说话的着眼点是"睡觉"这个时间点，所以，不能用「～と」，还是使用「～とき」更恰当。「～（よ）うとする」很少用来结句，它一般与「～と・～とき・～ので・～て」等从句结合居多。因此，把它们结合在一起，做一些连接句子的练习是非常重要的。

17

〜はじめる・〜出す・(〜かける)

A：雪が降り出したわ。/ 下起雪来啦！
B：でも、大したことないね。/ 不过，下不了多大的。
A：降り始めは小降りでも、だんだんひどくなってくるのよ。/ 刚开始下的即使是小雪，渐渐地就会越下越大的呀。
B：そうだね。きのうもそうだったね。/ 说的是呀，昨天也是那样的啊。

 学生学习中的难点和常提出的问题

1. 「〜始める」与「〜出す」一样吗？有什么区别呢？
2. 使用「〜始まる」也可以吗？
3. 什么时间是「雨が降り始める / 雨开始下」的时间点呢？
4. 不能把动词正确地和「始める・出す」接续在一起。

 学生习作中出现病句的例子

1. あの人は数学の問題を考えたら、解決するまでやめない。
   →あの人は数学の問題を考え始めたら、解けるまでやめない。/ 他一思考起数学问题来，就会不解完问题不罢休。
2. 関東地方では朝から雪が降り始まった。
   →関東地方では朝から雪が降り出した／降り始めた。/ 关东地区从早上开始下起了雪。
3. では、本を読み出してください。
   →では、本を読み始めてください。/ 那么，请开始读书。
4. （看着天空）あ、雨が降り出している。
   →あ、雨が降り出した。/ 啊，雨下起来了。

说明

● **基本的意义及用法**

「〜始める・〜出す」都接动词マス形的词干，表示动作、行为或事态、变化的开始。但是，二者的含义及用法有些不同。

1. ～始める

1）动作、行为有意识的开始

「～始める」可以全都用于表示事物的开始，但一般会像例句（1）那样，接意志动词，多表示"动作、行为有意识地开始"。

（1）彼は遅れるようだから、先に食べ始めましょう。／看样子他要迟到了，所以，我们先开始吃吧。

2）事态、变化的开始

「～始める」接非意志动词的话，表示"事态、变化的开始"。

（2）先週からの大雨で土砂が流れ始めた。／由于上周以来持续的大雨，泥土开始流失了。

2. ～出す

「～出す」接意志动词和非意志动词，表示动作、行为突然开始或那种事态突然发生。

（3）話の途中で、父は急に怒り出した。／话说到一半儿，父亲突然生起气来了。

（4）今まで這い這いをしていた子供がきのうから歩き出した。／迄今为止一直爬行的孩子，从昨天开始走起路来了。

● 构成法及接续方法

V―マス形の語幹	始める
	出す

● 何时使用

1. 在会话中

「～出す」的着眼点放在开始的时间点上，因此，对于突发性的事态，使用「～出す」比用「～始める」更贴切。下面的「泣き始める／开始哭泣」虽然不算错，但是，因为是突然的事态，所以，还是用「泣き出す」表达更贴切。

（5）A：翔君、どうしたの。／阿翔怎么了？
B：さっき急に泣き{？始めて／出して}……。／（他）刚才突然{哭起来了}……
A：おなかがすいているんじゃない？／是不是因为饿了？
B：ミルクをやっても飲まないし。／（我）即使喂他牛奶，（他）也不喝。

「～始める」可以在句尾使用命令、请求、意向等意志的表达方式，但不能用「～出す」。

（6）A：西村さんがまだ来ないんですが。／西村还没来。
B：ああ、そうですか。／啊，是嘛。
A：先に食べ{始めて／？出して}もいいですか。／可以先{开始吃}吗？
B：ええ、食べ{始めて／×出して}ください。／可以。请{开始吃}吧。

征询对方同意的句子「食べ出してもいいですか」，比起「食べ出してください」似乎还算可以说。但是，「～出す」好像还是不适合用于意志性的表达上。

「～始める」接续非意志动词的话，表示"事态、变化的开始"。「～出す」将说话的着眼点放在开始的时间点上，而「～始める」则关注其后的事态、变化的进展，有时甚至到最后都有所暗示。

（7）A：まだ5時なのに暗くなり始めましたね。／才5点钟，天就开始黑了呀。
　　 B：そうですね。／是啊！
　　 A：10月半ばですからね。／是不是因为现在是十月中旬的缘故？
　　 B：これから寒くなり始めますね。／今后天气开始变冷啦。

2. 在文章中（以句子连接为例）

例1　契机、理由的句子［～て］、～始める/出す。

此类例句一般在事物的开始出现一个表示契机、理由的句子居多。契机、理由用「～て」来引导，然后接续「～始める・～出す」。

（8）ネット経由で仕事が来たりして、収入が安定し{始めた／出した}。／通过网络获得了一份工作，于是，收入开始稳定了。
（9）いろんな国の留学生の考え方を聞いて、日本人学生も自分の国を意識し{始めた／出した}ようだ。／听了各国留学生的想法之后，日本学生似乎也开始意识到自己的国家。

例2　～始めた／出したが／けれども、补充说明或意思相反的句子。

它的形式是事物已经开始了，然而对其或加以修正，或叙述一个意思相反或相悖的情况。

（10）各社とも採用枠を広げ{始めた／出した}が、高卒者は採用しない方針だ。／各公司都开始扩大了录用范围，但是，方针是不聘用高中毕业生。
（11）何だか知っているような気がし{始めた／出した}けれども、はっきりとはわからない。／总觉得好像开始有所了解，但具体情况还不清楚。

例3　事态、状况的句子［～始めた／出した］。具体性说明的句子。

也有这种形式，在讲故事似地说明事态、状况时，首先讲明事情已经开始，接着再进行具体性的说明。

（12）人々はうごめき{始めた／出した}。「どこだ、何だ、だれだ。」彼らは口々にそう叫んだ。／人们开始蠕动了。他们异口同声地喊道："在哪儿？什么事？是谁？"
（13）渋滞が緩和し{始めた／出した}。全く動かなかった車が少しずつ進むようになった。／塞车开始有所缓解，原先根本不动的汽车现在开始一点点地前行了。

例4　～始めた／出したのは～。

它是在以「～始めた／出したのは」开头的强调句子结构中，所使用的例子。

（14）インターネットが普及し｛始めた／出した｝のは、1995年以降のことです。／ 互联网开始普及是1995年以后的事。

（15）彼女と付き合い｛始めた／出した｝のは２年前からだ。／ 和她开始交往是2年前。

● 容易和哪些词语相连接

1．"表示动作、行为有意识的开始" X始める

〈X处的词〉

◆意志动词：

食べる、飲む、買う等。

（16）先週この長編小説を読み始めた。／ 上周开始读这部长篇小说。

2．"表示事态、变化的开始" X始める

◆非意志动词：

崩れる、流れる、なる、変わる等。

（17）10月になると、一雨ごとに寒くなり始める。／ 一进入10月，每下一场雨天就开始变冷。

3．X出す

〈X处的词〉

◆非意志动词：

（雨が）降る、（風が）吹く、流れる、崩れる、こわれる、泣く、怒る等。

（18）地震で壁が崩れ出した。／ 由于地震，墙壁开始倒塌了。

◆副词：急に、突然、とうとう、ついに等。

（19）急におなかが痛くなり出した。／ 突然肚子疼了起来。

● 与近义表达方式的比较

「〜始める・〜出す」与「〜かける」的比较

「〜かける」与「〜始める・〜出す」相同，表示动作、事态的开始。

（20）ご飯を食べ｛かけた／始めた／出した｝とき、急に雷が鳴って停電になった。／ 开始吃饭的时候，突然打雷，停电了。

但是，「〜かける」表示那个动作做到一半，或要做那个动作，结果中途停了下来。

（21）12時に食べ｛×かけて／始めて／出して｝、3時に食べ終わった。／ 12点开始吃饭，3点钟吃完了。

「〜かける」的マス形的词干「〜かけ」可以当作名词使用。

例如：食べかけのお菓子、読みかけの本、やりかけの仕事等。

（22）この肉は腐りかけだ。／ 这块肉就要变质了。

作为名词使用的「～かけ」，一般表示动作进行到中途，外表可以看见进行到中途的状态。

 "学生习作中出现病句的例子"的解说

　　第1句是漏掉了「始める」的病句。因为是"开始思考→思考结束（＝解决）"这样一个构图，所以，就需要有「始める」。

　　第2句是把「～始める」与「～始まる」弄混了。日语里没有「～（し）始まる」的说法。学生好像觉得「降る」是自动词，所以就想使用自动词「始まる」。不过，作为复合动词，必须使用「～（し）始める」。

　　第3句是把「読み出す」变成了请求的形式。「～出す」是表示突发事态的表达形式，所以，不能变成请求的形式。

　　第4句是个相当难的题。学生好像想表达下起雨来了，雨点正开始落下这一状态。但是，日语中将"下起雨来"的现象解释为瞬间性的，并没有表达其状态一直持续的「雨が降り出している」这一说法。

18

～きれない・～えない・～かねる・（～きれる・～える/うる・～かねない）

A：学校帰りの子供の誘拐が増えているね。／放学回家的孩子遭拐骗的（事件）增多了。
B：そうなんだよ。／是啊！
A：子供は誰にでもついて行ってしまいかねないからね。／是不是因为孩子容易跟谁都走呀。
B：そうなんだよ。学校でいくら注意しても、子供を守りきれないんだよ。／是啊！在学校无论怎么提醒，就是没法保护孩子呀。

 学生学习中的难点和常提出的问题

1.「理解しきれない」「理解しえない」「理解しかねる」一样吗？它们有什么不同？
2.「～きれない・～えない・～かねる」与「できない」有什么不同？
3.「～かねる」表示可能，「～かねない」也表示可能吗？总把「～かねる」和「～かねない」弄混。

 学生习作中出现病句的例子

1. ゴールデンウィークなのに、山のような宿題に対して、書きれない。
   →ゴールデンウィークなのに、山のような宿題があって終わらない。／黄金周，却留了一大堆作业，写不完。
2. これは今晩まではやりきれない分量ですね。
   →これは今晩までには終わらない分量ですね。／这是今晚之前干不完的工作量啊！
3. 5才の子供は車があっても、運転しえない。
   →5才の子供は車があっても、運転できない。／5岁的孩子，即使有车也不能驾驶。
4. 急に天気が変わって、大雨が降ったのは予想しえない。
   →急に天気が変わって、大雨が降るなんて予想しえないことだ／予想しえなかった。／无法预料天气竟然突变，下起大雨。
5. どちらでもすごくいい条件なので、すぐには決めかねません。
   →どちらもすごくいい条件なので、すぐには決めかねます。／两边条件都很好，很难马上决定。
6. 君を駅まで連れて行きかねてすみません。
   →君を駅まで連れて行けなくて、すみません。／不能带你去车站，不好意思。

说 明

● 基本的意义及用法

「～きれない・～えない・～かねる」三者有语感的不同，但都具有"できない"这种不可能的意思。

（1）彼の言うことは理解し｛きれない／えない／かねる｝。／｛不能/无法/难以｝理解他说的话。

「～きれない」用于口语上，「～えない」「～かねる」是稍显生硬的表达方式，因此主要用于书面语。它们各自的基本意义及用法如下：

1. ～きれない

表示"量很大，不能做完，无法充分完成"等意思，因此，例句（1）的「理解しきれない」表示"基本上理解了，但不能完全理解"的意思。它大多和表示数量、程度的事项及动词一起使用。用汉字的话，则使用「切れない」。

（2）あまり多くて数えきれない。／太多了，数不过来。

2. ～えない

表示"因为事情与状况不符，所以，可能性很小或没有可能性"的意思。例句（3）的意志性行为表示"不可能"的意思；而例句（4）的非意志性事情，则表示"按理说不会有"的意思。用汉字的话，则使用「得ない」。

（3）彼女が職場に復帰することは期待しえないことだ。／无法期待她再回到工作单位。
（4）仕事に雑用など存在しえない。／工作中不可能存在杂事。

3. ～かねる

它所表示的意思是"心情上想那么做，但是，各方面的条件都不完备（情况不允许）。所以，做不了"。

（5）私の口からは説明しかねるから、田村さんから聞いてください。／很难由我来说明，所以，请你从田中（那儿）问一问。

● 构成法及接续方法

● 何时使用

1. 在会话中

「―きれない・―えない・―かねる」都表示不可能，不过，能否用于能力方面的情况呢？我们一起看一看吧。

> （6）A：日本に来てどのくらいですか。／（你）来日本多长时间了？
> B：半年です。／半年了。
> A：日本語はどの程度話せますか。／日语会说多少？
> B：まだ十分話し｛？きれません／×えません／×かねます｝。

单纯叙述力不能及的时候，不能使用「―きれない・―えない・―かねる」来表达。不过，「―きれない」的意思是："量很大，而且很困难。所以做不完，无法充分完成"。因此，说到数量、程度的问题时，就可使用它。

> （7）A：これ日本語に訳せますか。／这个，能翻译成日语吗？
> B：完全には訳しきれませんが、ある程度ならできます／不能完全翻译，不过，某种程度上还是可以翻译的。

「―きれない・―えない・―かねる」都分别受到各自可以使用的动词的限制，因此，很难将三者放在一起进行比较。请大家通过下面的会话，看一看它们意思上的不同。

> （8）A：彼が犯人だと断定できましたか。／能断定他就是犯人了吗？
> B1：いえ、彼が犯人だとは断定できません。／不，不能断定他就是犯人。
> B2：いえ、彼が犯人だとは断定しきれません。／不，不能完全断定他就是犯人。
> B3：いえ、彼が犯人だとは断定しえません。／不，无法断定他就是犯人。
> B4：いえ、彼が犯人だとは断定しかねます。／不，很难断定他就是犯人。

B1是客观上断言："断定是不可能的"。B2的"不能完全断定"表示觉得有点儿可疑，但不能说百分之百就是嫌疑犯。

B3的「―えない」是「―得る（うる・える）」的否定形，不过，「―得る」不表示单纯的客观性的可能，而是在其深层含有一种<u>自然产生的想法，即：事情与情况相符</u>。（"那有可能发生""如果是他的话，大概能够做吧""那是可以预料的"）（下画线部分摘自森田，1989所述）

「―えない」是否定形，一般认为它含有"事情因自然的形态，与情况不符"的意思。因此，B3表示从周围的各种各样的情况来推测，以自然的形态，"无法断定（某某）就是犯人"的意思。

B4作为说话人的感受，表示顾忌在目前这个阶段明确直言的心情。

「―かねる」含有"心情上想那样做，但是……"的意思，所以，它是很礼貌的说法，有时用于拒绝对方所说的事。

(9) A：この物件をお引き受け願いたいんですが。/ 我希望您能接受这件物品。
　　B1：いろいろ考慮しましたが、お引き受けしかねます。/ 我想来想去，觉得难以接受。

这句话不能用「～きれない・～えない」来表达。

　　B2：？いろいろ考慮しましたが、お引き受けしきれません。
　　B3：×いろいろ考慮しましたが、お引き受けしえません。

2. 在文章中（以句子连接为例）

例1　(～のか) ～のか～きれない／えない／かねる。

当无法判断哪一方究竟该如何的时候，一般使用如下形式。还有，在「～きれない・～えない・～かねる」的后面，往往接续像「ところがある」这样的表达形式。

(10) この学校の校則は厳しいのか厳しくないのか理解し｛きれない／えない／かねる｝ところがある。/ 这所学校的校规严还是不严，有｛不能完全／无法／难以｝理解的地方。

(11) 生徒が本当にわかっているのかどうか判断し｛きれない／えない／かねる｝。/ ｛不能完全／无法／难以｝判断学生究竟真明白还是不明白。

例2　原因、理由的句子 [～て／ので／ために]、～きれない／えない／かねる。

它的顺序形式是，因为有某种原因、理由，所以，做不了或很难做。

(12) 問題があまりに大きすぎて、把握し｛きれない／えない／かねる｝ところがある。/ 因问题太大，有｛不能完全／无法／难以｝把握的地方。

(13) 複雑すぎるために、ことばで表現し｛きれない／えない／かねる｝。/ 因为太复杂了，所以，｛不能完全／无法／难以｝用语言表达。

例3　开场白的句子 [～が／けれども]、～きれない／えない／かねる。

它的形式是在开场白的句子「～が／けれども」的后面，叙述一个与此相反的情况。

(14) 対策をとらなければならないが、すぐには対処し｛きれない／えない／かねる｝。/ 必须采取对策，不过，｛不能完全／无法／难以｝马上应对。

(15) 彼の言っていることは信じたいけれど、信じ｛きれない／えない／かねる｝ところがある。/ 我很愿意相信他说的话，可是，有｛不能完全／无法／难以｝相信的地方。

例4　～きれない／～えない／～かねるが／けれども、补充说明、意思相反的句子。

它的形式是先用「～きれない・～えない・～かねる」讲述是不可能的，接下来再加以订正或叙述一个（与之）意思相反的情况。

(16) 彼の本心ははかり｛きれない／えない／かねる｝が、言っていることは筋が通っている。/ 他的真实意图｛不能完全／无法／难以｝揣测，不过他说的合情合理。

（17）全面的な支援はし｛きれない／えない／かねる｝けれども、できる範囲の協力はするつもりだ。／｛不能完全/无法/难以｝给予全面的支持，可是，我打算尽力提供帮助。

● 容易和哪些词语相连接

1. Xきれない

〈X处的词〉

◆ 与数量、程度相关的动词：

数える、覚える、押さえる、把握する、対応する、対処する、抱える、カバーする、我慢する、伝える、返す等。

（18）彼は彼女への押さえきれない思いを酒で紛らわせようとした。／ 他想借酒消除对她无法抑制的思念。

◆ 与认识、决断等相关的意志动词：

納得する、理解する、あきらめる、断る等。

（19）彼女のアリバイ説明で納得しきれないところがある。／ 她所说的案发时不在现场的证明，有不能令人信服的地方。

2. Xえない

〈X处的词〉

「ーえない」所接续的动词是有限的，它往往和下述的动词结合。如果和表示单纯动作的「食べる、飲む、見る、勉強する、運転する」等词一起使用，就显得不贴切。

◆ 与认识或发言、完成相关的意志动词：

予測する、予期する、期待する、理解する、断定する、表現する、証明する、成す、達成する、到達する等。

（20）今の状況では1か月先の経済情況は予測しえない。／ 以现在的情况无法预测一个月后的经济情况。

◆ 非意志动词：

ある、存在する、起こる等。（表示"不可能有"的意思）

（21）そんなことありえないでしょう。／那种事不可能有吧。

◆ 副词〈ーきれない、ーえない〉：とうてい、完全に、十分に、もう、とても等。

（22）彼の偉大さはありきたりのことばではとうてい説明しきれない。／ 他的伟大用一般的语言无论如何也无法完全说明。

3. Xかねる

〈X处的词〉

所使用的动词的范围很窄，较多使用「理解する、判断する」。此外，常见到一些惯用性说法。

◆与判断或同意相关的意志动词：

理解する、判断する、賛成する、お答えする、同意する、保障する等。

（23）その問題についてはこの場ではお答えいたしかねます。／ 关于那个问题，当场难以回答。

◆惯用性的表达方式：

ご希望に沿いかねます、腹にすえかねる、（いじめ・苦しさ）に耐えかねて、見かねて、決めかねて等。

（24）子供の動作がのろいので、見かねてつい手を出してしまう。／ 孩子的动作很慢，所以，看不下去，不由得（亲自）动手了。

◆副詞：簡単には、すぐには等。

（24）一通りわかったが、すぐには決めかねる。／ 基本上明白了，但难以马上决定。

●与近义表达方式的比较

「～きれない・～えない・～かねる」和「～きれる・～える／うる・～かねない」的比较

我们看过了具有"不可能"意思的「～きれない・～えない・～かねる」，在此我想谈一谈「～きれない」「～えない」的肯定形，以及「～かねる」的否定形。

1）～きれる

像例句（26）—（28）这样，「～きれる」表示"可以完全使之结束"的意思。

（26）人間が理解しきれる範囲はそこまでだ。／ 人全部能够理解的范围仅此而已。
（27）A：彼が犯人じゃないと言いきれますか。／能够断定他不是犯人吗？
　　　B：はい、言いきれます。／是的，可以断言。
（28）A：こんなにたくさん食べきれるんですか。／吃得了这么多吗？
　　　B：この分量なら、5分で食べきれると思います。／ 如果是这个量的话，我想5分钟就能吃完。

2）～える／うる

「～える／うる」的意思是"能够"，汉字使用「～得る」。

（29）私には彼の気持ちは理解し得ます。／我能够理解他的心情。

3）～かねない

（30）A：私には彼の気持ちは理解しかねる。／我很难理解他的心情。

　　　B：×そうですか。私は理解しかねません。

肯定的「～かねる」，意思是"不能"的意思，否定形的「～かねない」与能、不能无关，意思是"会那样做完""也许会那样做完""有那种危险"。

（31）彼の説明はほかの人に誤解を与えかねない。／他的解释有可能让别人误解。

（32）放っておくと、このビルは崩壊しかねません。／放任不管的话，这座大厦也许会坍塌。

像例句（31）和（32）这样，「～かねない」只能用于负面的事情。

 "学生习作中出现病句的例子"的解说

　　关于第1句，首先"写作业"这种说法在此就不恰当。想说的是不能"完成作业"，所以，表达成「終わらない」即可。

　　第2句是把「まで」与「までに」弄混而导致的错误。本想表达"做不完"的意思，而使用的「やりきれない」还具有另外一层意思（"是忍受不了的感觉"等），所以，一般认为还是只使用「終わらない」为好。

　　「～えない」含有"事情由于自然形态与情况不符"这种自发性想法的意思。第3句讲的是"不会驾车"这种客观的、技术上的能与不能的问题，所以，使用「～えない」不恰当。

　　第4句，「予想しえない」用得贴切。但是，「～えない」的前面不接「～のは」，而接「～なんて」，就会显得恰当。学生在把一个句子和下面的内容相连接时，马上就会想使用名词化的「ことは」「のは」。希望教师今后多指导学生使用「～なんて」「～とは」，练习连接句子的方法。

　　「～かねる」采用的是肯定的形式，却表达"～不能"的意思。学生往往认为因为是"不能"，所以是不是就该用「かねない」。于是，就容易造出第5句那样的病句。「～かねない」是"那样做完、变成了那样"的意思，表达的是和"能、不能"无关的意思。

　　「～かねる」表达"心情上想那么做，但诸多的条件不具备"的意思。与对方讲话使用「～かねる」时，表示拒绝。所以，第6句为了表示歉意，需要说成「連れて行けなくて、すみません」。

19 〜にくい・〜づらい・〜がたい

A：西村先生のゼミ、やめようと思ってるの。/ 西村老师的课堂讨论课，我不想上了。
B：先生に話した？/（你）跟老师说了吗？
A：まだ。ちょっと話しづらくて……。/ 还没有。有点儿难于启齿。

 学生学习中的难点和常提出的问题

1. 「〜にくい」与「〜づらい」「〜がたい」一样吗？不知道三者有什么区别。
2. 把「にくい」理解成等同于「難しい」，就会说成「日本語の勉強はしにくい」。
3. 「がたい」的前面会出现什么样的动词呢？

 学生习作中出现病句的例子

1. この料理は味が悪くて、食べにくい。
   →この料理は味が悪くて、おいしくない。/ 这个菜味道很差，不好吃。
2. 日本語の勉強はしにくい。
   →日本語の勉強は難しい。/ 日语学习挺难的。
3. 田中さんのことばは信じづらい。
   →田中さんのことばは信じられない。/ 不能相信田中说的话。
4. 彼女はどんな好きでも、シャイで自分の気持ちは表しづらい。
   →彼女はシャイな人なので、どんなに好きでも、自分の気持ちは表しづらいようだ。/ 她是一个害羞的人，好像无论多么喜欢，也很难表达出自己的心情。
5. 彼はそんなひどいことをしたのは信じがたい。
   →彼がそんなひどいことをしたとは／なんて信じがたい。/ 他竟然做出了那么过分的事，真是难以置信。
6. 彼は忙しくて、連絡しがたい。
   →彼は忙しそうで、連絡を／がとりにくい。/ 他看上去很忙，很难和他联系。

说 明

● **基本的意义及用法**

「－にくい」「－づらい」「－がたい」都是接在动词マス形的词干后，表示"做……，很困难"的意思。它们各自的主要特征如下：

1.「～にくい」

无论口语还是书面语都可以使用。像例句（1）这样，主要表达物理性的、生理上感到困难的事情。

（1）この靴は形が悪くて、はきにくい。／这双鞋的式样不好，很难穿。

2.「～づらい」

「－づらい」是稍带书面语性质的说法，不过，它也用于口语。它来自表达情感的感情形容词「つらい」，一般含有说话人心情上"很难那么做、很困难、实在对不起"的心情居多。

（2）ちょっと言いづらいことなんですが。／我有件难于启齿的事想跟你说……

3.「～がたい」

「－がたい」用于书面语。它和「－にくい」「－づらい」不同，表达"实现起来很困难，几乎没有"的意思。由此，大多表达"不能够、不可能"的意思。它所使用的动词有限制，而且，一般当作惯用短语使用。

（3）あの人は偉すぎて、近寄りがたい。／那个人太了不起，所以，很难接近。

● **构成法及接续方法**

● **何时使用**

1. 在会话中

例句（4）说的是「割れる」这类物理性的事情。物理性的事情用「－づらい」「－がたい」不恰当，只有用「－にくい」才恰当。

> （4）A：このコップ、ガラス？／这个杯子是玻璃的吗？
> B：いや、プラスティックだよ。／不是，是塑料的。
> A：ふーん、プラスティックは割れ{にくくて／×づらくて／×がたくて}いいね。／
> 是吗，塑料的{不易}碎，不错呀。

例句（5）中的A感觉向西村老师讲（自己的想法有）困难。「－にくい」与「－づらい」都可以

用，不过，「～づらい」含有精神上感到痛苦的含义。「～がたい」在表示像「話す」「食べる」「使う」等这类能马上实现的情况时就不恰当了。

（5）A：西村先生のゼミ、やめようと思ってるの。／ 西村老师的课堂讨论课，我不想上了。
　　　B：先生に話した？／（你）跟老师说了吗？
　　　A：まだ。ちょっと話し{にくくて／づらくて／×がたくて}……。／ 还没有。有点儿{不好说／难于启齿}。

例句（6）不是物理性的、生理上的困难，所以，用「～にくい」就不恰当。此外，由于不伴有精神上的痛苦，所以，用「～づらい」也不恰当。「信じがたい」与「信じられない」都通，表示不可能有那种事的意思，因此，用「～がたい」才恰当。还有，「～がたい」往往接续像「信じる」这样表示认识的动词。

（6）A：富田さん、万引きしたんですって。／ 听说富田偷东西了。
　　　B：えっ、うそだろ。／ 啊？假的吧？
　　　A：警察に連れて行かれたみたい。／ 好像被警察带走了。
　　　B：それは信じ{？にくい／？づらい／がたい}話だ。／ 这件事真是{难以置信}。

2. 在文章中（以句子连接为例）

例1 原因、理由的句子［～ので／から／て］、～にくい／づらい／がたい。

叙述做某件事情感觉很困难的时候，多数情况下有一个表示原因、理由的句子。此时，前面的句子就会出现「～ので／から／て」等。例如：

（7）声が小さいので、聞き取りにくい。／ 声音太小，所以很难听清楚。
（8）突然のことで、急には信じがたい。／ 事情太突然了，所以一时难以相信。

例2 开场白的句子［～が／けれども］、～にくい／づらい／がたい。

它的形式（表示的）是随「～が／けれども」先出现一个开场白的句子，然后叙述虽然是那种状况，但是"做起来很困难"。

（9）わかってはいるが、どう考えても納得しがたい。／ 我很理解，不过，无论怎么想也很难想通。
（10）私が言わなければならないのだけれども、どうも本当のことは言いづらい。／ 我必须要讲，不过，我很难讲出事情的真相。

例3 ～にくい／づらい／がたいが／けれども、补充说明、意思相反的句子。

它的形式是先叙述"做……很难"，「～が／けれども」，然后，或加以修正，叙述一个不同或相反意思的句子。

（11）すぐには信じがたいかもしれないけど、本当の話なんです。／ 也许很难马上相信，不过，这是一件真事。

（12）望月の作品も捨てがたいが、今回は後藤の作品を採用することにする。／望月的作品也很难舍弃，不过，这次决定采用后藤的作品。

例4 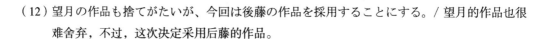〜にくい／づらい／がたいが／けれども、〜うちに／ば〜。

为了让例3的后面的句子具有"加入某个条件的话，再难的事情也能做"的意思，有时会加入「〜うちに／ば」的成分。

（13）最初は近寄りがたかったが、付き合っているうちに彼の人柄がわかってきた。／起初觉得很难接近，不过，在交往过程中，就了解了他的人品。

（14）文字が小さくて読みづらいけれども、慣れればそれほど難しくはない。／文字很小，很难看清楚，不过，习惯了的话，并不觉得那么难。

例5 〜にくい／づらい／がたい"名词"が／は／も〜。

大多情况下，可以看到「〜にくい／づらい／がたい」修饰名词的用法。

（15）5月10日ごろより、電話回線に接続しにくい状況が発生しております。／自5月10日左右，发生了电话线路难以接通的情况。

（16）足の向くままの旅というのも捨てがたい魅力があります。／信马由缰的旅游也有它难以割舍的魅力。

●容易和哪些词语相连接

1. Xにくい

〈X处的词〉

◆**意志动词：**

歩く、食べる、使う、読む、覚える、見分ける、育てる、生きる、連絡をとる等。

（17）砂利道で足がとられて歩きにくい。／在碎石路上脚被绊住，很难行走。

◆**非意志动词：**

治る、つく、（電話が）かかる、つながる、太る、わかる、手に入る、こわれる等。

（18）癌は治りにくい病気だ。／癌症是难以治愈的疾病。

2. Xづらい

〈X处的词〉

◆**意志动词：**

話す、言う、断る、聞く、頼む、答える、説明する、理解する等。

（19）以前一度断られたので、頼みづらい。／以前被拒绝过一次，所以很难再求（他）。

3. Xがたい
〈X处的词〉

◆ 与认识、发言相关的动词：

理解する、認める、受け入れる、信じる、許す、説明する、表現する等。

（20）彼女の行動は常人では理解しがたい。／ 她的行为，常人难以理解。

◆ 习惯性的说法：

筆舌に尽くしがたい、動かしがたい事実、近寄りがたい人物、得がたい人材、許しがたい行為、耐えがたい屈辱等。

（21）森山博士は威厳のある、我々にとっては近寄りがたい人物である。／ 森山博士是一位很有威严的、我们很难接近的人物。

「～にくい・～づらい・～がたい」这三个词都表示"做……很难"的意思，所以，一般多使用表示困难程度的副词。

◆ 副词：ちょっと、少し、なかなか、とうてい、全く、非常に等。

（22）ちょっとここでは話しにくいので、あちらでよろしいですか。／ 在这儿说话有点儿不便，所以，在那边可以吗？

（23）そういう質問はなかなか答えづらいですね。／ 那样的问题实在不好回答呀。

（24）彼の言動はとうてい許しがたいものだ。／ 他的言行无论如何都难以原谅。

"学生习作中出现病句的例子"的解说

「～にくい」用于物理性地感到困难的时候。第1句如果是"肉（很）硬"的话，就可以用「食べにくい」。而「味が悪い」与「食べにくい」就很难结合在一起使用。

第2句是把「難しい」与「しにくい」弄混了的病句。「しにくい」是方法上很困难的意思，而此句讲的是内容方面的困难，所以应该说成「難しい」。

第3句的「～づらい」表示说话人心里上"很难那么做、不好意思"的心情。「づらい」似乎很难和像「信じる」这样表示认识的动词结合使用。

第4句叙述的是第三者「彼女」的心情。「～づらい」以结句的形式使用时，只表示说话人的心情。所以，要表达第三者的心情时，后面就需要用「ようだ・らしい」等词。

第5句「信じがたい」的前面出现了「のは」，而要使用「とは」「なんて」。学生在把一个句子和后面的内容相连接时，容易想到要名词化，而使用「ことは」和「のは」。不过，还是使用「とは」和「なんて」表达更恰当。

「～がたい」所接续的动词（与认识、发言相关的动词等）是有限定的。第6句的「連絡する」不与「～がたい」，而是与「～にくい」结合更贴切。但是，「連絡する」像"有事想和他联系"这样，具有传达内容的意思。所以，在讲物理性的行为时，说成「連絡をとる」更加贴切。

20 〜ことだ

> A：若い人に注意したら、殴られたんです。/ 我提醒年轻人，遭到了殴打。
> B：えっ、どこで。/ 啊？在哪儿？
> A：電車の中で。/ 在电车里。
> B：若い人には関わらないことですね。今どきの人はすぐキレるから。/ 不要去管年轻人的事啦，因为现在的人容易动怒。

 学生学习中的难点和常提出的问题

1. 「〜ことだ」与「〜ものだ」的使用很难区别。
2. 表示心情的「〜ことだ」的用法很难。
3. 年轻人也使用「〜ことだ」吗？
4. 「〜ことだ」的否定形式是「〜ことではない」「〜ことはない」吗？

 学生习作中出现病句的例子

1. 時間がたつのは早い<u>こと</u>ですね。
   →時間がたつのは早いものですね。/ 时间过得真快啊！
2. 子供がいつもいたずらをする<u>ことだ</u>。
   →子供はいたずらをするものだ。/ 小孩子就是淘气。
3. 学生時代にはよく友達と議論した<u>ことだ</u>。
   →学生時代にはよく友達と議論したものだ。/ 在学生时代，经常和朋友讨论问题。
4. あの人は頭がいいから、医者になれない<u>ことではない</u>でしょう。
   →あの人は頭がいいから、医者になれないことはないでしょう。/ 那个人很聪明，所以，不会当不了医生吧。

说 明

● 基本的意义及用法

关于下面这样将句子名词化的「こと」，大家已经在初级阶段学过了。（⇒初级53）

（1）学生がしなければならないことは勉強することだ。/ 学生必须做的就是学习。

句中第一个出现的「こと」是将「学生がしなければならない」这个句子名词化，后面出现的「こと」是将动词「勉強する」名词化。它们是「学生がしなければならないこと」=「勉強すること」这样一种逻辑关系，不包含说话人的心情。

这里讲的「～ことだ」是表达说话人心情（语气（情态））的「ことだ」。(⇒初级32)

表达说话人心情的「ことだ」的意义用法大致分为以下两种：

（2）テニスが上達したかったら、一にも二にも練習することだ。（间接的忠告、命令）／ 如果想提高网球水平，就要专心致志地练习。

（3）A：あの選手、年に1回少年達にただで野球を教えてるそうよ。／ 听说那位选手每年一次免费教孩子们打棒球呀。

B：へえ、それは感心なことだ。（吃惊、感动、讽刺、感慨、惊愕的心情）／ 嗨，那真叫人肃然起敬。

像「練習しろ」这样，与直接向对方发布的命令不同，「～ことだ」变为间接的忠告、命令。

● **构成法及接续方法**

「ことだ」的接续，因其意义用法的不同而异。表示"忠告、命令"，接动词肯定形、否定形的非过去时；表示"感慨、佩服"，接形容词肯定形的非过去时。

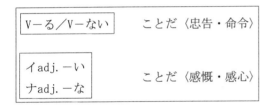

● **何时使用**

1. 在会话中

「～ことだ」一般在口语中使用，它和「～ものだ」一样，一般来说年长者多使用这种表达方式。

在例句（4）中，B向对方提出忠告。一般认为B比A年龄大、地位高。

（4）A：成績が上がらないんです。／ 我的成绩提高不了。

B：毎日どのくらい勉強しているの。／ 你每天学习多长时间？

A：1時間ぐらい。／ 一个小时左右。

B：それは少な過ぎる。ゲームばかりやっていないで、もっと勉強することだ。／ 那太少了。不要光玩游戏，要多学习。

下面的句子也是，B提出忠告、建议。虽然使用了礼貌形，但仍可以感到B比A年龄大、地位高。

（5）A：若い人に注意したら、殴られたんです。／我提醒年轻人，遭到了殴打。
　　　B：ええっ、どこで。／唉呀？在哪儿？
　　　A：電車の中で。／在电车里。
　　　B：そんなときは黙っていることですね。変な正義感を出さないで……。／那种时候，你要默不作声。不要表现出异乎寻常的正义感。

下面的对话，使用了表达说话人吃惊、感动、讽刺、感慨的「～ことだ」。「～ことだ」主要表达说话人对他人的行为以及对事态的心情。另外，所使用的形容词也像例句（6）和（7）一样，是有限制的。

例句（6）中，B带有感慨的心情，将现代老年人的状况说成"真让人觉得凄凉呀"。

（6）A：老人ホームに入るお年寄りが増えているそうね。／听说进养老院的老年人增多了啊。
　　　B：昔は家庭で世話していたんだが。／以前都是在家里照顾的。
　　　A：老人のお世話も大変だし。／照顾老人也是很不容易的。
　　　B：それはそうだけど、さびしいことだね。／那倒是。不过，还是让人感到凄凉呀。

假设B不接「ことだ」，而只是说「さびしい（です）ね」的话，说话人本身感慨的心情就会减弱。

例句（7）中，B羡慕对方搬到高级住宅区，说道：「けっこうなことだ」。

（7）A：来月引っ越すことになりました。／下个月我要搬家了。
　　　B：どちらへ。／往哪儿搬？
　　　A：田園調布のほうへ。／搬到田园调布那边。
　　　B：まあ、それはけっこうなことですね。／啊，那真是不错呀！

2. 在文章中（以句子连接为例）

例1 条件的句子［～たかったら／たければ／たいなら］、～ことだ。

表示愿望的「～たい」后面，接续「たら／ば／なら」，如果希望达到那种条件或状况的话，就表示"最好还是这样做""就这么做"等这类忠告、建议的意思。

（8）小遣いがほしかったら、自分で稼ぐことだ。／要是想要零花钱，就要自己去挣。
（9）成功したかったら、人の3倍働くことだ。／要是想成功，就要比别人加倍地工作。

这个「～たかったら／たければ／たいなら」使用了条件的形式，也可以认为是表达目的。

（8）′小遣いを得る（ため）には自分で働くことだ。／为了得到零花钱，就要自己去挣。

（9）′成功する（ため）には、人の3倍働くことだ。／要成功，就要比别人加倍地工作。

例2 忠告、建议的句子［―ことだ］。 理由的句子［―から］。

也有这样的形式，首先使用「ことだ」进行忠告、建议，然后再叙述理由。

（10）何も言わないことだ。悪いようにはしないから。／ 你什么也不要讲。因为不会怪罪你的。

（11）まじめに働くことだ。必ず誰かが見ているから。／ 你要认真工作。因为肯定有人在看着呢。

例3 ―て／连用中止形、―ことだ。

「ことだ」表示说话人吃惊、感动、讽刺、感慨、惊愕的心情。有时以テ形或连用中止形说出产生这种心情的原因、理由，然后，在后项中使用「ことだ」。

（12）先生がいらっしゃらなく、残念なことです。／ 因为老师不来，所以感到很遗憾。

（13）救援物資が無駄になり、もったいないことだ。／ 救援物资糟蹋了，真是可惜。

例4 ―なんて、―ことだ。

在例3的情况下或对话中，有时使用提示助词「なんて」，代替テ形或连用中止形。

（14）僕がやるなんて、いやなことだ。／ 我来做？我可不愿意。

（15）2度も空巣に入られるなんて、あきれたことだ。／ 竟然两次被小偷入室行窃，真让人吃惊呀。

● **容易和哪些词语相连接**

表示说话人吃惊、感动、讽刺、感慨、惊愕心情的「ことだ」，会接下面这样的形容词：

Xことだ

〈X处的词〉

◆ **表示感情的形容词：**

つらい、羨ましい、悲しい、痛ましい、情けない、恥ずかしい等。

（16）親が子供を虐待するのは本当に痛ましいことだ。／ 父母虐待孩子，真是惨不忍睹。

◆ **表示评价的形容词：**

いい、結構だ、大変だ、ご苦労だ、情けない等。

（17）言われっぱなしで言い返せないなんて、情けないことだ。／ 被人一个劲儿地数落，却不能还嘴，真是太可怜了。

还有，「ことだ」很难接续"表示程度的形容词"和"表示感觉的形容词"。

"表示程度的形容词"？大きいことだ。 ？高いことだ。

"表示感觉的形容词"？痛いことだ。 ？かゆいことだ。

● 「こと」的其他用法

「～ことだ」的否定形式

「一ことだ」的否定形式有两种，一种是像「一ないことだ」这样，将「ことだ」的前面变成否定形，还有一种是「一ことはない」。在表示语气（情态）的意思中，没有「ことではない」的形式。

（18）そんなことで腹を立てないことだ。／不要为那样的事生气。

（19）そんなことで腹を立てることはない。／不必为那样的事生气。

「一ないことだ」表示否定性的忠告、命令；「一ことはない」表示没有必要那么做。

（20）A：間違ったけど、どうしよう。／我弄错了，怎么办好呢？
　　　B：もう終わったんだから、気にしないことだ。それより、次の作業をやりなさい。／已经结束了，所以你不要介意。与其这样，不如干下面的工作吧。

（21）A：間違ったけど、どうしよう。／我弄错了，怎么办好呢？
　　　B：気にすることはないよ。これは難しい作業で誰でも間違えやすいんだ。／不必介意呀。这项工作很难，谁都容易犯错的。

像下面这样的「一ことはない」，以「一ほど一ことはない」的形式，表达"非常……、最……"的意思。（⇒8）

（22）親友に裏切られるほど悲しいことはない。／没有比被好友背叛更让人伤心的了。

其他的用法

下面再举几个使用「こと」的例子：

1）表示命令的「一こと。」

下面的例子是告示板等书面形式，这种形式使用在规则或应该遵守的指示上。

（23）3月3日までにレポートを提出すること。／要在3月3日之前提交读书报告。

（24）飲料水ではないので、この水は飲まないこと。／此水非饮用水，不要饮用。

2）一ことに

接在表示"吃惊、惊愕"等意思的动词，或表达感情的形容词后面，用于提前表达出说话人的心情。

（25）驚いたことに、彼は獲得賞金を全部寄附した。／令人吃惊的是，他把所获得的奖金全都捐献了。

（26）悲しいことに、我が家の老犬はあの世に行ってしまった。／令人伤心的是，我家的老狗死了。

3）（どんなに）一ことか／ことだろう

接在动词或表示感情、感觉、评价的形容词后，表示说话人情绪非常高涨。

（27）無事に帰ってきてくれればどんなにうれしいことだろう。／ 平安归来的话，该多高兴啊。

（28）息子に知らせればどんなに喜ぶことか。／ 让儿子知道的话，他该多高兴啊。

●与近义表达方式的比较

「～ことだ」与「～ものだ」的比较（⇒27）

「ことだ」表达说话人的个别的判断，在这一点上，它与「ものだ」不同。「ものだ」表示依照一般性的、社会性的常识。

（29）A：成績が上がらないんです。／我的成绩提高不了。

　　　B：毎日どのくらい勉強しているの。／你每天学习多长时间？

　　　A：1時間ぐらい。／一个小时左右。

　　　B1：それは少な過ぎる。高3になれば、もっと勉強するものだ。／ 那太少了。到了高三的话，就要更努力地学习。

　　　B2：それは少な過ぎる。ゲームばかりやっていないで、もっと勉強することだ。／ 那太少了。不要光玩游戏，要更加努力地学习。

B1举出"高中三年级学生"这个（普遍面临的）高考学习时期，从一般性的方向提出忠告。B2则举出A的个人性的行为，从某一方面提醒他（注意）。

> **"学生习作中出现病句的例子"的解说**
>
> 　　第1句至第3句是混淆了「ことだ」和「ものだ」的病句。「ことだ」和「ものだ」最大的区别是：「ことだ」表示个别性的判断或心情；「ものだ」则表示依照一般性的、社会性的判断或心情。
>
> 　　第1句讲的是"时间流逝之快"这种一般性的事情，所以「ものだ」较贴切。不过，要把第1句解释为个性较强的心情的话，就会变成「何と時間のたつのは早いことか。」这样的感叹句。
>
> 　　第2句叙述的是孩子的"本性、应有的状态"，所以，不用「ことだ」，而变为「ものだ」。表示"本性、应有的状态"的「ものだ」，因含有"经常"的意思，所以，最好不用「いつも」这个副词。再看第3句，回忆过去，不用「ことだ」，而需要用「ものだ」来表达。
>
> 　　第4句是「～ないことはない」的用法上的错误。学生为了表述"因为聪明，所以，说不定能当医生"这种情况，于是就将「～ないことはない」，错说成了「～ないことではない」。

21

～(せ)ざるをえない・(～ほかはない・～しかない)

A：うちの主人、北海道へ転勤になりそうなの。／看样子我丈夫要调到北海道工作了。
B：まあ。／是吗。
A：困ったわ。／真不好办呀！
B：でも、会社の命令だから、ご主人も行かざるをえないんじゃない？／不过，因为是公司的命令，您先生不得不去吧。

 学生学习中的难点和常提出的问题

1. 不知道如何区别使用「～(せ)ざるをえない」「～(し)なくてはならない」与「～(し)なければならない」。
2. 在表达怎样的心情时，使用「～(せ)ざるをえない」呢？
3. 表示第三者的想法时，也能使用「～(せ)ざるをえない」吗？
   「～(せ)ざるをえない」的主语是谁？

 学生习作中出现病句的例子

1. この問題はもう一度検討しざるをえない。
   →この問題はもう一度検討せざるをえない。／这个问题不得不再研究一次。
2. 今度はどんなにすばらしい彼と言っても、全部終わらずにはえない。
   →どんなにすばらしい彼でも、今度はもうおしまいだろう。／无论他多么了不起，这回也要完了吧。
3. 地球のため、もっとやさしい生き方をせざるを得ない。
   →地球のためには、もっとやさしい生き方をしなければならない。／为了（保护）地球，我们必须采取更关爱它的生存方式。
4. 先生に感謝せざるを得ない。
   →先生に感謝しなければならない。／必须感谢老师。

说明

● **基本的意义及用法**

「―（せ）ざるをえない」表示"不这样做就别无选择"这样的消极意义。做出"只得那样做"这种判断，有时像例句（1）那样，有来自上面的命令或压力的含义，有时像例句（2）那样，具有在说话人自己进行综合判断后，认为"还是那样做好"的含义。无论哪一种情况，都有"违背本意"的含义。

（1）A：転勤いやだなあ。／ 我讨厌调换工作。
　　 B：でも、会社の命令だから行かざるをえないんじゃない？／ 不过，因那是公司的命令，不去不行吧。
（2）こういう状況では俺がやらざるをえないだろう。／ 在这种情况下，我不得不做吧。

「―（せ）ざるをえない ／ 不得不……」与「―（する）よりしかたがない ／ 只得……做」「―（し）なければならない ／ 必须做……」「―（し）ないわけにはいかない ／ 不能不……做」「―（する）ほかはない ／ 只好……做」等有意思重合的地方。一般在感到外来的压力，站在社会性的、客观性的立场，进行判断时使用。

主要用于书面语，不过，作为生硬的说法，有时也在口语中使用。书写时，大多用汉字写成「―（せ）ざるを得ない」。

● **构成法及接续方法**

「来る」的ない形的词干是「来」，所以，变成「来ざるをえない」。

● **何时使用**

1. 在会话中

如在例句（3）—（5）中所见到的那样，「―（せ）ざるをえない」在会话中使用的时候，后面大多接续「だろう」「んだ」「（ん）じゃないか」「と思う」等词语。

例句（3）中，从作为父亲的社会角度来看，使用了「―（せ）ざるをえない」。

> （3）妻子：翔太、お隣の子をけがさせちゃったのよ。／（我们家）翔太，弄伤了邻居家的孩子。
> 丈夫：ええっ。／ 唉！
> 妻子：奥さんカンカンなの。あなた、謝ってきてくれる？／ 那家的太太很生气。你能不能去道个歉？
> 丈夫：うーん、わかった。
> 　　　俺が行かざるをえないだろう。／ 嗯，知道了。看来我不得不去了。

在例句（4）中，表示从情况上来判断，只好那样认为的意思。

> （4）A：僕が盗んだんじゃありません。／不是我偷的。
> 　　B：そんなことを言っても、ポケットから財布が出てきたんだから、君がやったと思わざるをえないんだ。／即使说也没用，钱包是从你口袋里翻出来的，所以，不得不认为就是你干的。
> 　　A：……。

例句（5）的意思是别无选择，使用了「—（せ）ざるをえない」。

> （5）A：どうしてその仕事を引き受けてきたの。／为什么接受了那项工作？
> 　　B：だって、やる人がいないんだから、僕が引き受けざるをえないじゃないか。／就是因为没人干，所以，我不得不接受了。

2. 在文章中（以句子连接为例）

例1　条件的句子［—と／ば／たら］、—（せ）ざるをえない。

具有某种事态、情况，作为说话人的判断，一般多用"若是那种事态、情况的话"，就"不得不那样做"的说法。

（6）海外旅行に行くと、自分が日本人であることを意識せざるをえない。／如果出国旅游的话，不得不意识到自己是个日本人。

（7）部下が失敗をすれば、上司は責任をとらざるをえない。／如果部下失误的话，上司不得不承担责任。

例2　条件的句子［—と／ば／たら］、—（せ）ざるをえない。补充说明、意思相反的句子［しかし、—］。

例1以「—（せ）ざるをえない」来结句，而例2也有时在其后接续「しかし」，补充说明或表达意思相反的句子。

（8）海外旅行に行くと、自分が日本人であることを意識せざるをえない。しかし、どれだけの人が日本人として責任ある行動をとっているだろうか。／如果出国旅游的话，不得不意识到自己是个日本人。但是，有多少人会作为日本人采取负责的行动呢？

（9）部下が失敗をすれば、上司は責任をとらざるをえない。しかし、最終的にはトップの責任問題へと発展していくケースが多い。／如果部下失误的话，上司不得不承担责任。可是，最终发展到追究一把手责任的情况居多。

例3　原因、理由的句子［ので／から］、—（せ）ざるをえない。

因为某种原因、理由，而常使用"不得不那样做"的说法。

（10）上司からの命令なので、やらざるをえない。／因为是上司下达的命令，所以不得不做。

（11）幹部が不祥事を起こしたのだから、社長が責任をとらざるをえない。／因为公司骨干做了

有损名誉的事，所以，总经理不得不承担责任。

例4 表示情况、前提的句子［—が／けれども］、原因、理由的句子［ので／から］、—（せ）ざるをえない。

它的形式是事先有一种情况、前提，但由于某种原因、理由，表示只得那么做。还要在例3的句首，出现一个「—が／けれども」的句子。

（12）やりたくなかったのだが、上司からの命令なので、やらざるをえない。／本来不想干的。不过，因为是上司下达的命令，所以不得不做。

（13）社長は知らなかったかもしれないが、幹部が不祥事を起こしたのだから、社長が責任をとらざるをえない。／总经理也许不知道。可是，因为公司骨干做了有损名誉的事，所以，总经理不得不承担责任。

● **容易和哪些词语相连接**

X（せ）ざるをえない
〈X处的词〉

「—（せ）ざるをえない」大多接续意志动词，在意志动词中，接续"表示判断的动词"和"表示行为的动词"等。在"表示变化的表达方式"中，有时也接续非意志动词。

◆**表示判断的动词：**
みなす、思う、断定する、決断する、判断する、納得する、解釈する、意識する等。

（14）この契約書の内容からは、著作権を放棄していると解釈せざるをえない。／从这份合同的内容来看，不得不解释为放弃了著作权。

◆**表示行为的动词：**
やる、する、行う、断行する、（責任を）とる等。

（15）業績が悪くなった今となっては、大幅なリストラも断行せざるをえない。／时至今日，公司的业绩日趋恶化，不得不断然进行大幅度的结构调整。

◆**表示变化的动词：**
変わる、なる、—てくる、—ていく等。

（16）指導方法については、学年によってかなり変わってこざるをえないのではないか。／指导方法要根据年级的不同而不得不做相当大的改变。

◆**副词：結局は、いや応なく、最終的には**等。

（17）やる人がいないのだから、結局は旧役員が引き受けざるをえないだろう。／因为没有人干，最后原来的高管不得不承担了下来。

（18）この仕事をしていると、いや応なく生徒の人生に関わらざるをえない。／做这项工作的话，不管是否愿意，都不得不关系到学生的人生。

● 与近义表达方式的比较

1.「～(せ)ざるをえない」与「～(し)なければならない」的比较

(19) A：来年卒業ですね。/（你）明年毕业，是吧。
B：ええ、でもその前に論文を書かなければならないんです。/ 嗯，不过，必须在毕业前撰写论文。
A：ああ、大変ね。/ 啊！太辛苦了。
B：ええ、院生は全員論文を提出しなければならないんです。/ 嗯，所有研究生都必须提交论文的。

这里只是使用「―（し）なければならない」来说明撰写论文、提交论文是一种义务。

(20) A：来年は卒業、大丈夫ですか。/ 明年毕业，（你）没问题吧。
B：そうだね。もう３年も遅らせてるからなあ。/ 是啊，因为我已经拖延3年了。
A：論文は？/ 论文呢？
B：いやだけど、今度は書かざるをえないよ。でないと、退学させられちゃうから。/ 我很讨厌写，但这回不得不写呀。否则，就会被迫退学的。

B已经留级3年了，如果明年不能毕业的话，就得退学。为了毕业，只有撰写论文，除此之外别无选择。像这种没有别的办法的时候，一般使用「―（せ）ざるをえない」。

2.「～(せ)ざるをえない」「～(する)ほかはない」和「～(する)しかない」的比较

「―（せ）ざるをえない」与「―（する）ほかはない」在表示"只能这么做"这点上，是相似的。不过，「―（せ）ざるをえない」含有从来自外部的压力或情况来判断这种观点；「―（する）ほかはない」是凭说话人自己的判断。

(21) A：どうしよう。失敗するかもしれないね。/ 怎么做好呢？也许会失败的。
B：うん、でも、ここまできたんだから。/ 嗯，不过，事已至此。所以……
A：そうだね。やるほかはないね。/ 是啊。只有做了啊。

「―（する）ほかはない」常用于书面语。如果是较为口话化的说法，就用「―（する）しかない」。

(22) A：どうしよう。失敗するかもしれないね。/ 怎么做好呢？也许会失败的。
B：うん、でも、ここまできたんだから。/ 嗯，不过，事已至此。所以……
A：そうだね。やるしかないね。/ 是啊。只有做了啊。

3.「～(せ)ざるをえない」与「～ないわけにはいかない」「～ないではいられない・～ずにはいられない」的比较

请参见本书的"23 ―ないではいられない・―ずにはいられない"中的"与近义表达方式的比较"。

"学生习作中出现病句的例子"的解说

第1句是动词的活用形的问题。「ざるをえない」要接动词的ナイ形的词干，「する」要变成「せざるをえない」。第2句，也是活用形的错误。看来学生是想代替「～ざる」，使用同样表示否定的「～ず」。但是，只说成"不得不结束"的话，意思是不通的。因此，订正句就修改成了「今度はもうおしまいだろう」。

第3句是混淆了「～（せ）ざるをえない」与「～（し）なければならない」。「～（せ）ざるをえない」表示从各项条件来看，"除了那样做以外别无选择"这种消极的选择。可是，第3句的意思是"为了地球"，要积极地推行关爱它的生活方式。所以，需要改成表示义务、必然的「～（し）なければならない」。第4句也是与第3句相同的理由所导致的错误。因为"除此做法之外，没有其他选择"而表示感谢，一般来讲，可以说是不恰当的吧。

22

～てならない・～てたまらない・～してかたがない・(～てしようがない)

A：きのう洋子さんと話したんだけど。/ 昨天我和洋子谈话了。
B：洋子さんと？/ 和洋子？
A：彼女はパリへ行きたくてたまらないようね。パリの話ばかりしていたから。/ 她好像特别想去巴黎呀，因为光说巴黎的情况。
B：パリが好きでしかたがないんだろう。/ 她喜欢巴黎，喜欢得不得了吧。

 学生学习中的难点和常提出的问题

1. 「～てならない・～てたまらない・～てしかたがない」意思全都一样吗？不知道三者有什么不同。
2. 不太明白「てならない・てたまらない・てしかたがない」的前面可以放动词呢？还是应该放形容词呢？
3. 表示第三者的想法、心情时，也能使用「～てならない・～てたまらない・～てしかたがない」吗？

 学生习作中出现病句的例子

1. つまらない本を読むと眠くなってならない。
   →つまらない本を読むと眠くてならない／眠くなってしかたがない／眠くなってしまう。/ 一读无聊的书，就困得不得了。
2. 今回の文法の試験は難しくてならない。
   →今回の文法の試験はとても難しい。/ 这次的语法考试很难。
3. 彼は日曜日寝なかったので、今日は寝てたまらない。
   →彼は日曜日寝なかったので、今日は眠くてたまらないようだ。/ 他星期天没睡觉，所以今天好像困得不得了。
4. 彼は3日間何も食べなかったので、今日は食べずにはたまらないだろう。
   →彼は3日間何も食べなかったので、今日は食べずにはいられないだろう。/ 他已经三天没吃任何东西了，所以，今天不能不吃了吧。
5. 親友が日本に来るので、成田まで迎えに行ってしかたがない。
   →親友が日本に来るので、成田まで迎えに行きたくてしかたがない。/ 好友要来日本，所以，（我）特别想到成田（机场）接（他）。

说 明

● **基本的意义及用法**

「～てならない・～てたまらない・～てしかたがない」都表示说话人的感情或感觉、欲望非常高涨，达到自己无法控制的状态。

1. ～てならない

它表达的意思是："无法抑制那种心情，或者无法控制那样思考、那样感觉"。「～てならない」是稍微陈旧一点的说法，多用于书面语。

（1）不思議に思えてならない。／总觉得特别不可思议。
（2）毎日さびしくてならない。／每天寂寞得不得了。

2. ～てたまらない

它是一种强烈的"无法抑制某种感情、感觉、欲望"情绪高涨的说法。「～てたまらない」主要作为口语使用。

（3）国へ帰りたくてたまらない。／特别想回国。
（4）寒くてたまらない。／冷极了。

3. ～てしかたがない

「しかたがない」本身具有"没办法（克服）、没办法（忍受）"的意思。「～てしかたがない」的意思是，虽然认为没有别的办法，但要表达一种无法忍耐的心情。它作为口语使用。

（5）腹が減ってしかたがない。／肚子饿得受不了。
（6）いやでいやでしかたがない。／讨厌死了。

「～てしかたがない」中的「が」会省略，多说成「～てしかたない」。

（7）抽選にもれたなんて、残念でしかたない。／没有抽中，太遗憾了。

● **构成法及接续方法**

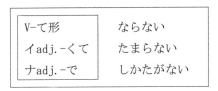

「てならない・てたまらない・てしかたがない」与动词、形容词的肯定形结合，（但）很难和否定形结合。

（8）夜になっても眠くなく｛？てならない／？てたまらない／？てしかたがない｝。

●何时使用

1. 在会话中

下面的例句（9）中，「心配だ」和「痛い」表示感情或感觉。

(9) A：お互いにいよいよ受験ですね。/ 我们两家的孩子终于要考试啦。
B：ええ、子供のことを考えると、心配｛でならない／でたまらない／でしかたがない｝のよ。/ 嗯，一想到孩子的事，我就担心｛得不得了／死了／得受不了｝呀。
A：私も先週からずっと頭が痛く｛てならない／てたまらない／てしかたがない｝んです。/ 我也是从上星期开始，一直头疼｛得不得了／死了／得受不了｝。

「一てならない・一てたまらない・一てしかたがない」表示说话人的心情。在表示第三者的心情时，后面需要加「ようだ・そうだ・らしい」等词语。下面的对话使用了表示欲望的「ほしい」。

(10) A：きのう洋二と話したんだけど。/ 昨天我和洋二谈了谈。
B：洋二と？/ 和洋二？
A：うん、あいつバイクがほしく｛てならない／てたまらない／てしかたがない｝みたいだよ。バイクの話ばかりしていたよ。/ 嗯。那家伙好像｛想要辆摩托车想要得不得了／特别想要辆摩托车／太想要辆摩托车了｝。他光讲摩托车这个话题啦。

例句（11）的「思える」是表示自发的动词。

(11) A：あの人は嘘をついていますよ。/ 那个人在说谎啦。
B：そうでしょうか。/ 是吗？
A：私にはそう思え｛てならない／×てたまらない／てしかたがない｝んですよ。/ 我不由得｛就那么想／×总那么想｝。

「一てたまらない」不能用来表达「思える・思われる・思い出される・見える・聞こえる」等自然产生的、自发的心情。

另外，在表示客观程度的形容词中，接「一てならない」是不恰当的，接「一てしかたがない」显得有些欠妥。

(12) A：東京はどうですか。/ 东京怎么样？
B：便利ですけど、物価が高く｛×てならない／てたまらない／？てしかたがない｝ですね。/ 很方便，可物价贵得不得了。
A：そうですか、大変ですね。/ 是嘛，那很不易啊！

下面我们看一看不表示自发或感情的动词吧。它们接「一てならない・一てたまらない」似乎就变得不恰当了。

（13）A：ゆうべはほとんど寝られなかったんです。/ 昨天夜里几乎没睡觉。
　　　B：どうしたんですか。/ 怎么回事？
　　　A：子供が泣く｛×てならなかった／?てたまらなかった／てしかたがなかった｝んです。/ 孩子哭吵得受不了。
　　　B：そうですか。大変でしたね。/ 是吗，那可是够受的。

2. 在文章中（以句子连接为例）

例1 原因、理由的句子［ーて／から／ので］、ーてならない／てたまらない／てしかたがない。

它表示由于有某种原因、理由，变得无法控制情绪。作为原因、理由的表达方式，大多出现「ーて／から／ので」等。

（14）朝早くからカラスが鳴くので、うるさく｛てならない／てたまらない／てしかたがない｝。/ 乌鸦从一大早就叫唤，所以，令人心烦｛得不得了／死了／得受不了｝。

（15）彼は予習をしてこなかったので、先生に当てられないかと授業中不安｛でならなかった／でたまらなかった／でしかたがなかった｝そうだ。/ 听说他没预习，所以课上害怕被老师点名，心里不安｛得不得了／死了／得受不了｝。

例2 原因、理由的句子［ーてならない／てたまらない／てしかたがないから／ので］、ー。

也有时表示这样的情况，某种情绪变得无法控制，遂成为原因、理由，然后进行下面的事态或行为。

（16）病気の妻のことが気になっ｛てならなかった／てたまらなかった／てしかたがなかった｝から、会社を早退して病院に駆けつけた。/（对）生病的妻子，惦念｛得不得了／死了／得受不了｝。所以，提前下班，赶到了医院。

（17）書類が無事着いたかどうか心配｛でならない／でたまらない／でしかたがない｝ので、確認の電話を入れた。/ 文件是否平安送到了，我担心｛得不得了／死了／得受不了｝。所以，打了个电话确认。

例3 原因、理由的句子［ーて／から／ので］、ーてならない／てたまらない／てしかたがない。それで／そこでー。

例3可以说是把例1和例2结合起来的形式吧。

（18）2階の住人が夜遅くまで騒ぐので、うるさく｛てならない／てたまらない／てしかたがない｝。それで、大家さんに注意してもらうように頼んでみた。/ 由于2楼的住户吵吵嚷嚷到夜里很晚，我觉得烦｛得不得了／死了／得受不了｝。于是，委托房东提醒他们。

（19）朝ご飯を食べてこなかったので、授業中お腹がすい｛てならなかった／てたまらなかった／てしかたがなかった｝。そこで早弁をすることにした。/ 由于没吃早饭，上课时肚子饿｛得不得了／死了／得受不了｝。于是，决定提前吃中午的盒饭。

例4 表示契机的句子［〜と］、〜てならない／てしかたがない。

为了表达一出现某种契机，情绪一定会变得高涨的意思，有时会用「〜と」。可以说，因（表示）自然而然地变成那样的意思，往往出现「〜てならない」，接下来会出现「〜てしかたがない」。

（20）あいつの顔を見ると、胸がむかつい｛てならない／てしかたがない｝。／ 一看见那家伙的脸，就恶心｛得不得了／得受不了｝。

（21）アナウンサーが敬語を間違っていると、気になっ｛てならない／てしかたがない｝。／ 播音员一说错敬语，我就担心｛得不得了／得受不了｝。

● 容易和哪些词语相连接

1．Xてならない／てしかたがない
〈X处的词〉

◆ 表示感情的形容词、动词：
さびしい、楽しい、かわいい、いやだ、腹が立つ等。

（22）夕方になると国の家族のことを思って、さびしく｛てならない／てしかたがない｝。／ 一到傍晚，就想念家乡的亲人，寂寞｛得不得了／得受不了｝。

◆ 表示感觉的形容词：
痛い、かゆい、暑い、寒い、眠い等。

（23）蚊にさされた。かゆく｛てならない／てしかたがない｝。／ 被蚊子叮了，刺痒｛得不得了／得受不了｝。

◆ 表示欲望的表达方式：
〜たい、ほしい、〜てほしい等。

（24）明子さんが持っているハンドバッグがほしく｛てならない／てしかたがない｝。／ 我特别想要｛得不得了／得受不了｝一个明子拿的那种皮包。

◆ 表示自发的动词：
気がする、気になる、思える、思われる、思い出される、見える、聞こえる等。

（25）彼が言うと、私を非難しているように聞こえ｛てならない／てしかたがない｝。／ 他一说话，就｛特别／非常｝（让人）听起来像是在谴责我。

2．Xてたまらない
〈X处的词〉

与「〜てならない・〜てしかたがない」一样，一般接续"表示感情的形容词、动词""表示感觉的形容词""表示欲望的词语"，很难接续"表示自发的动词"。

(25)'?彼が言うと、私を非難しているように聞こえてたまらない。

在「〜てならない・〜てたまらない・〜てしかたがない」中，在表示感情、感觉、欲望的形容词或动词的前面，接续副词「もう」，有时还重复使用形容词或动词。由此表达说话人的感情、感觉达到了高涨的状态。

(26) もう残念でしかたがない。／感到非常遗憾。
(27) 腹が立って、腹が立ってたまらない。／很生气，气得忍无可忍。
(28) もうほしくてほしくてならない気持ちだ。／心里特别想要得不得了。

● 与近义表达方式的比较

1. 与「とても／すごく〜だ」等词语的比较

「〜てならない・〜てたまらない・〜てしかたがない」可以像下面这样，使用「とても、すごく」来表达要表达的意思。

(29) a．腹が立って、腹が立ってたまらない。／很生气，气得忍无可忍。
　　　b．とても腹が立つ。／非常生气。
(30) a．もう残念でしかたがない。／感到非常遗憾。
　　　b．すごく残念だ。／特别遗憾。
(31) a．もうほしくてほしくてならない気持ちだ。／心里特别想要得不得了。
　　　b．すっごくほしい。ものすごくほしい。／心里非常想要。特别想要。

一般认为 b 的表达方式是 a 的简略说法。

2.「〜てしかたがない」与「〜てしようがない〜・〜てしょうがない」的比较

「〜てしようがない」「〜てしょうがない」是比「〜てしかたがない」更随便的说法。

(32) 子供が夜泣きをしてしようがない。／孩子夜里哭闹，真没办法。
(33) いくら着込んでも寒くてしょうがない。／无论穿上多少，都冷得受不了。

「〜てしょうがない」的说法比「〜てしようがない」更随便。

"学生习作中出现病句的例子"的解说

　　第1句和第2句是与「〜てならない」有关的病句。第1句要看「眠くなる」这个动词后面，能不能接「てならない」。「てならない」一般和表达感情、感觉、欲望的形容词结合使用，表达感觉的形容词「眠い」可以和它接续。但是，「眠くなる」是自然产生的现象、事态，所以，就很难接「てならない」了。同样，第2句的「難しい」是表示状态、程度的形容词，所以就不恰当了。

　　第3句和第4句是「〜てたまらない」的病句。第3句在「てたまらない」前面，使用了「寝る」这个动词。「〜てたまらない」的前面，可以接「腹が立つ」等表达感情的动词，不可以接「寝る」这样的动词。

　　第4句是混淆了「〜てたまらない」与「〜（せ）ずにはいられない」的病句。「〜てたまらない」表达无法用自己的意志控制的感情、感觉的状态；「〜（せ）ずにはいられない」在无法控制这一点上，与「〜てたまらない」一样。但它与「〜てたまらない」的区别是，它会付诸到"自然而然地那么做"的行为上。为了表达自然而然地付诸自己的意志所能控制的「食べる」这个行为上，使用「〜（せ）ずにはいられない」就恰如其分了。

　　第5句是「〜てしかたがない」的病句。它不应使用「行って」，而是应该变成表示愿望的「行きたくて」。

23

〜ないではいられない・〜ずにはいられない

A: 暖かくなってきましたね。/ 天气暖和起来啦!
B: そうですね。春ですね。/ 是啊! 到春天啦!
A: 何かやらないではいられないですね。/ 不能不干点什么呀。
B: そうですね。うずうずしてきましたね。/ 是啊! 心里开始发痒啦!

 学生学习中的难点和常提出的问题

1. 「〜ないではいられない」是双重否定,意思很难掌握。
2. 总混淆「〜ないではいられない」和「〜なければならない」。
3. 应该使用「〜てしまう」的时候,(结果)说成了「〜ないではいられない」。

 学生习作中出现病句的例子

1. 明日試験があるので、今晩勉強しないではいられない。
   →明日試験があるので、今晩勉強しなければならない。/ 明天有考试,所以,今晚必须用功。
2. 3歳の弟の笑顔を見ると、自分が笑わないではいられなくなる。
   →3歳の弟の笑顔を見ると、自然と笑ってしまう。/ 一看3岁弟弟的笑脸,就自然而然地笑出来了。
3. 成績をもらいたかったら、学校に行かずにはいられない。
   →単位をもらいたかったら、学校に行かなければならない。/ 要是想得到学分的话,就必须到校(上课)。
4. この授業は難しいので、勉強しないと、変な成績をとらずにはいられない。
   →この授業は難しいので、勉強しないと変な成績をとることになる/とってしまう。/ 这门课很难,所以,不用功的话,就不会取得好成绩。

说 明

● **基本的意义及用法**

「～ないではいられない・～ずにはいられない」表达说话人无法用自己的意志力量去控制，会（自然而然）彻底地那样做的心情。但是，句子大多含有说话人（认为）"那样做是的确如此"的心境。

「～ずにはいられない」是略带书面语性质的说法。

（1）困っている人を見ると、声を{かけないでは／かけずには}いられない。／看到有人为难，不能不过问一声。

（2）失恋した。{飲まないでは／飲まずには}いられない。／我失恋了。不得不饮酒。

● **构成法及接续方法**

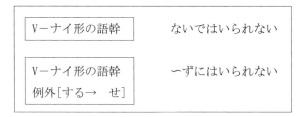

「来る」的ない形词干是「来」，所以，变成「来ずにはいられない」。

● **何时使用**

1. 在会话中

下面的例句（3）中，说明了这样一种情况，因为发生了醉汉纠缠女性的事情，所以，就会（自然而然）彻底地那样做（警告对方）。但是，句子含有B认为"那样做或已经那样做，的确如此（很合乎道理）"的心情。

> （3）A：どうしたの、その顔。／你的脸是怎么弄的？
> B：酔っ払いが女の子にからんでたんだ。／因为一个醉汉纠缠年轻的姑娘。
> A：それで？／那怎么样？
> B：僕としては、その男に注意{しないでは／せずには}いられなかったんだ。／作为我来说，是不能不警告那个家伙的。
> A：ふーん、それで、逆に殴られたってわけ。／哦，所以，你反倒被殴打了。

在例句（4）的对话中，丈夫把"在公司发生了烦心事"作为不能不喝酒的理由。妻子对此，使用了表示条件的「～と」，责备丈夫总是喝酒。丈夫则认为"喝酒是的确如此的（合乎道理的）"的心情。

（4）妻子：また飲んできたんですか。/（你）又喝酒回来了？
　　丈夫：会社でいやなことがあって、{飲まないでは／飲まずには}いられなかったんだ。/在公司发生了烦心事，所以不能不喝的。
　　妻子：いやなことがあると、いつも{飲まないでは／飲まずには}いられないんですか。/一有烦心事，你就总是不能不喝，是吗？
　　丈夫：まあ、そう言うなよ。/哎呀，别那么说。

下面的会话谈论的是实际发生的事情。与例句（3）和（4）的「～ないではいられない・～ずにはいられない」相比，变得那种油然而生的心情的含义较强。

（5）A：勇太君ってすごかったね。/勇太这孩子，真了不起啊！
　　B：ああ、山崩れで4日間生きていた子のことだね。/啊，（你）是说发生山崩后，活了4天的那个男孩儿吧。
　　A：ああいう子供の姿を見ると感動{しないでは／せずには}いられないわね。/一看那孩子的样子，就不能不感动啊！
　　B：本当だね。/真的啊！

2. 在文章中（以句子连接为例）

例1　表示契机的句子［～たら／ば／と］、～ないでは／ずにはいられない。

「～ないではいられない・～ずにはいられない」一般用在一出现某种契机，就会（自然而然）彻底地那样做的情况下。因此，先出现一个表示条件的「～たら／ば／と」的句子居多。在表达说话人本人的心情时，可以使用「～いられない」来结句，在表达第三者的心情时，需要在句尾加上「だろう・ようだ・らしい」。下面的例句（6）表达说话人本人的心情，例句（7）表达第三者的心情。

（6）若い女の子に勧められれば、（私だったら、）買わずにはいられません。/如果年轻的女孩子推销的话，（要是我）就不能不买。
（7）その話を聞いたら、いくらやさしい彼女でも怒らずにはいられないだろう。/听了那件事，无论她多温柔，都不能不生气吧。

例2　原因、理由的句子［～て／に／ので／から］、～ないでは／ずにはいられない。

意思和例1很相近，不过，也有时句中出现的不是表示条件的「～たら／ば／と」，而是原因、理由的表达形式「～て／に／ので／から」等。

（8）山崩れの映像を見て、被災者の人たちに同情しないではいられなかった。/看到荧屏上的山崩画面，不能不对灾民们表示同情。
（9）選手の真剣な姿に、世界中の人々は感動せずにはいられなかった。/选手的认真表现，令全世界的人都为之感动。
（10）あまりにもきれいなので、ため息をつかずにはいられなかった。/因为太漂亮了，不能不为之叹息。

例3 ーが／けれども／ても、ーないでは／ずにはいられない。

有时采用的形式,像例3这样,表示希望实际上最好不要那么做,可是自然而然彻底地那么做了。

（11）黙っていたほうがいいとは思ったが、どうしても一言言わずにはいられなかった。／我原想最好沉默不语,可是,无论如何不能不说一句。

（12）情報はオープンにとはいっても、個人情報の管理のあり方に疑問と不安を感じないではいられない。／虽说信息要公开,但对个人信息的管理现状,不能不让人感到疑惑和不安。

● 容易和哪些词语相连接

Xないではいられない・ずにはいられない
〈X处的词〉

◆ 表示思考、感情的动词：

泣く、思う、感動する、感じる、怒る、心配する、感謝する等。

（13）あの俳優には将来性を｛感じないでは／感じずには｝いられないのである。／不能不让人感到那个演员很有前途。

◆ 表示动作的动词：

言う、話しかける、ーかける、（酒を）飲む等。

（14）店のサービスが悪いと、一言文句を｛言わないでは／言わずには｝いられない。／如果店家服务很差的话,不能不发句牢骚。

从用自己的意志力量无法控制,自然而然彻底地那么做的意思上来看,句中好像多出现下面这样的副词：

◆ 副词：どうしても、なぜか、つい、思わず等。

（15）困っている人を見るとなぜか｛話しかけないでは／話しかけずには｝いられない気持ちになる。／看到有人为难,不知为何,心里就想不能不问一声。

● 与近义表达方式的比较

1.「～ないではいられない・～ずにはいられない」与「～てしまう」的比较

「ーないではいられない・ーずにはいられない」表达说话人无法用自己的意志力量控制,会自然而然彻底地那么做的心情。在这点上,与「ーてしまう」有相同之处,请看例句（16）。

（16）a．困っている人を見ると、声を｛かけないでは／かけずには｝いられない。／一看有人为难,不能不问一声。
　　　b．困っている人を見ると、声をかけてしまう。／一看有人为难,就会问一声。

例句（16）可以把「ーないではいられない・ーずにはいられない」与「ーてしまう」互换。但是,例句（17）就很难用「ーないではいられない・ーずにはいられない」表达了。

(17) a．×欠点を指摘されると、つい{かっとならないでは／かっとならずには}いられない。

b．欠点を指摘されると、ついかっとなってしまう。／一被人指出缺点，就不由得勃然大怒。

像例句（17）的「かっとなる」这样，在表示自然发生的（生理上的）引发的动作或事态中，「〜てしまう」比「〜ないではいられない・〜ずにはいられない」更恰当。

"学生习作中出现病句的例子"中的第2句，就是混淆了「〜ないではいられない・〜ずにはいられない」与「〜てしまう」的例子。学生造的句子「3歳の弟の笑顔を見ると、自分が笑わないではいられなくなる。」，说明的是自然发生的（生理上）引发的"笑"这一事态，所以，用「〜てしまう」更恰当。（⇒初级36）

2. 与「〜（せ）ざるをえない」「〜ないわけにはいかない」的比较

「病気でも仕事に行かざるをえない」「会社を辞めざるをえない」等句中的「〜（せ）ざるをえない」，表达"除了那么做以外别无选择"这种消极的判断。在消极的判断这点上，与用意志力量无法控制，自然而然彻底地那么做的「〜ないではいられない・〜ずにはいられない」（「病気でも仕事に行かないではいられない。」「会社を辞めずにはいられない。」）很相似。

还有，它如果含有一般常识，社会观念性要素的话，还会与具有"不做那个动作就不符合道理，所以那么做"的意义的「〜ないわけにはいかない」（「病気でも仕事に行かないわけにはいかない。」「会社を辞めないわけにはいかない。」）有相同之处。

(18) A：どうしたの、その顔。／你的脸是怎么弄的？

B：酔っ払いが女の子にからんでたんだ。／因为一个醉汉纠缠年轻的姑娘。

A：それで？／那怎么样？

B1：男に注意{しないでは／せずには}いられなかったんだ。／我不能不警告那家伙。

B2：男に注意せざるをえなかったんだ。／我不得不警告那家伙。

B3：男に注意しないわけにはいかなかったんだ。／我不能不警告那家伙。

A：ふーん、それで、逆に殴られたってわけ。／哦，所以，反而才被殴打了。

从说话人的意识、理性或控制力的大小来看以上3组近义词，以及 "与近义表达方式的比较"1的「〜てしまう」的定位，可如下图所示：（⇒21、初级27）

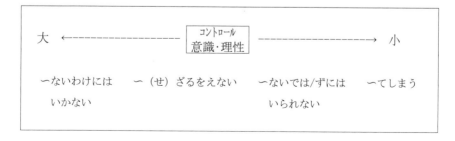

"学生习作中出现病句的例子"的解说

　　第1句和第2句是「～ないではいられない」、第3句和第4句是「～ずにはいられない」的病句的例子。

　　第1句，学生不明白表达"无法用自己的意志力量控制"的「～ないではいられない」的意义及用法，把它跟表达义务的「～なければならない」弄混了。

　　第2句大概把"笑"看作无法用意志控制，而使用了「～ないではいられない」。在"与近义表达方式的比较"的1中已经讲过了，此句描述的是说话人本人看到3岁的弟弟后所产生的自然事态、情况。所以，还是用「自然と笑ってしまう」表达更好。

　　第3句把「～ずにはいられない」与「～なければならない」混淆了。第4句是把"如果不用功的话，结果就会变成那样"或"（自然而然）彻底地变成那种结果"的意思，理解成了"无法用自己的意志控制"，而使用了「～ずにはいられない」。

24

〜にちがいない・に相違ない

A：この卵、何の卵？ / 这个蛋，是什么蛋？
B：青いしまがあるね。 / 还有蓝色条纹呢。
A：ヘビの……。 / 是不是蛇的？
B：そうだ、これは青ヘビの卵にちがいない。 / 是的，一定是青蛇的蛋。

 学生学习中的难点和常提出的问题

1. 不能正确地接续「にちがいない」的前面出现的动词和形容词。
2. 搞不清「〜にちがいない」和「〜だろう」的使用区别。
3. 「〜にちがいない」是书面语吗？什么时候使用？
4. 「〜にちがいない」和「〜に相違ない」有什么不同？
5. 「〜にちがいない」的后面可以接续「と思う」吗？

 学生习作中出现病句的例子

1. この人のやることだから、よくできることにちがいない。
   →この人のやることだから、よくできるにちがいない。 / 因为是这个人做的事，所以，肯定会做得好。
2. 李さんがこれを見たら、きっとほしがるだろうにちがいない。
   →李さんがこれを見たら、きっとほしがるにちがいない。 / 要是小李看见这个，一定想要。
3. 日本の工業は自分の国より発達しているにちがいないと思います。
   →日本の工業は自分の国より発達しているにちがいありません。 / 日本的工业肯定比自己的国家先进。
4. 考えないで宿題することはしないことに相違ない。
   →機械的に宿題することはしないことと同じだ。 / 机械地做作业等于没做。
5. こんな噂は彼が作ったことに相違ない。
   →こんな噂は彼が立てたに相違ない。 / 这样的传闻一定是他编造的。

说明

● 基本的意义及用法

1. 〜にちがいない

「〜にちがいない」表示的不是来自客观性的证据或逻辑上的推测，而是基于说话人自身经验的、直觉性的推测或确信，而且还是很有把握的推测、确信。一般多在说话人将自己所思索、推断的问题，自言自语地与自己进行确认时使用。

（1）今朝から下痢が続いている。ゆうべの鯖にあたったにちがいない。／从今天早上开始就连续腹泻。一定是昨晚（吃）青花鱼中毒了。

2. 〜に相違ない

「〜に相違ない」与「〜にちがいない」一样，表示直觉性的推测或确信。不过，这种说法比「〜にちがいない」更生硬、更正式。因为具有"毫无疑问就是它"的含义，所以，这种说法比「〜にちがいない」更为肯定。

（2）あんなことを言っているが、あいつがやったに相違ない。／ 那家伙虽然嘴上那么说，但毫无疑问就是他干的。

● 构成法及接续方法

「にちがいない・に相違ない」像下面这样，接续动词、形容词、「名词＋だ」的普通形。

● 何时使用

1. 在会话中

「きっと」大多与「〜にちがいない」一起搭配使用，但用「〜に相違ない」搭配的话，就会显得有些不妥。一般认为「〜に相違ない」是确定性的判断，所以，它和含有说话人推测意思的「きっと」不相符。

> （3）A：金庫に入れておいたお金がなくなっている。／ 放在保险箱里的钱不见了。
> B：あのとき山田さんがいたね。／ 当时山田在（现场）吧。
> A1：きっと犯人は山田にちがいない。／犯人一定是山田。
> A2：犯人は山田に相違ない。／犯人肯定是山田。

「〜にちがいない」还与口语中所使用的、具有终助词性质的「から」结合使用。而「〜に相違ない」很难与「から」结合使用。这表明「〜に相違ない」更具有书面语性质。

（4）A：この絵、すばらしいね。／这幅画，真漂亮啊！
　　　B：ほんとだね。／真的啊。
　　　A：ほしいわ。……でもやめとく。高い｛にちがいない／？に相違ない｝から。／
　　　　（我）想要（这幅画）。不过，还是算了吧。因为一定是很贵的。

例句（5）的「～にちがいない」「～に相違ない」都是自言自语似的说法，两个都可以使用。不过，「～に相違ない」会让人感到是上年纪男性的说法。

（5）A：林さん、遅いね。／小林怎么还不来呀。
　　　B：いつも時間に正確な人なのにね。／他平时总是很准时的呀。
　　　A：……。
　　　B：何かあった｛にちがいない／に相違ない｝。電話してみよう。／｛一定是／肯定是｝出了什么事。打个电话问问吧。

2. 在文章中（以句子连接为例）

例1 事态、情况的句子。 ～にちがいない／に相違ない。

「～にちがいない」像本课开头的会话和例句（1）那样，在出现了一个事态、情况时，阐述自己对其很有把握的推断时使用。因此，一般认为使用以下形式。

（6）青いしまがある。青ヘビの卵｛にちがいない／に相違ない｝。／ 有蓝色条纹。｛一定是／肯定是｝青蛇的蛋。
（7）鍵がこわされている。泥棒が入った｛にちがいない／に相違ない｝。／门锁被弄坏了。｛一定是／肯定是｝进来了贼。

例2 事态、情况的句子。 条件的句子［～たら／ば／なら］、～にちがいない／に相違ない。

「～にちがいない・～に相違ない」似乎多伴有条件的句子。例句（8）表示未定的事情；例句（9）表示过去的与事实相反的事情。它的形式是，这两类句子都是先出现一个事态、情况，然后与其相关联，进行推测或表明有把握的确信。

（8）パソコンが故障した。山口さんなら何とかしてくれる｛にちがいない／に相違ない｝。／电脑出毛病了。要是山口的话，｛一定／肯定｝会给我想个办法。
（9）あの本は40万部売れたという。著者が女優でなかったら、これほどのベストセラーにはならなかった｛にちがいない／に相違ない｝。／据说那本书销售了40万册。作者要不是女演员，｛一定／肯定｝不会成为如此畅销的书。

例3 ～にちがいない／に相違ない。 結果、結論的句子［（だから、）～］。

有时首先叙述说话人的推测或确信，然后将其作为理由，在下一个句子里阐述结果或结论。

（10）あんな失敗をするなんて、皆はあきれている｛にちがいない／に相違ない｝。だから、もうやめてしまいたい気持ちだ。／ 竟然遭到那样的失败，大家｛一定／肯定｝很吃惊。所以，我心里已经想放弃了。

（11）彼は今度の仕事に不安を感じている｛にちがいない／に相違ない｝。あしたきちんと説明することにしよう。／他｛一定／肯定｝对这次的工作感到不安。我决定明天跟他好好地讲讲吧。

例4　～にちがいない。　补充说明、意思相反的句子［しかし、～］。

也有使用首先叙述说话人的推测或确信，然后再进行修正或否定的形式。这种形式不适合用「～に相違ない」表达。其理由是，一般认为「～に相違ない」在前面做了断定，所以，后边很难再出现一个修正（反对）其断定的句子。

（12）かなりの土砂崩れだったから多くの死者が出た｛にちがいない／？に相違ない｝。しかし、今のところ詳しいことは何もわからない。／因为是相当严重的塌方，所以，一定有很多人遇难。但是，目前还不知道详细情况。

（13）人は誰でもほめられるとうれしい｛にちがいない／？に相違ない｝。しかし、現実には人をほめたり、ほめられたりする機会は意外に少ないものだ。／无论是谁，受到表扬，一定会感到很高兴。但是，现实社会中表扬别人或受到别人表扬的机会却出乎意料地少。

● 容易和哪些词语相连接

「～にちがいない」与具有书面语性质的「おそらく」一起使用。口语中使用时，与「きっと」或「絶対に」一起使用。还有，很有把握确信的「～に相違ない」与「絶対に」「確かに」等词结合使用。

◆副词〈～にちがいない〉：おそらく、きっと、絶対に等。

（14）近い将来、これらの動物はおそらく絶滅してしまうにちがいない。／不久的将来，这些动物说不定会灭绝。

◆副词〈～に相違ない〉：絶対に、確かに、～の通りに等。

（15）上記の通りに相違ありません。／如上所述准确无误。

● 与近义表达方式的比较

1.「～にちがいない」与「～かもしれない」「～だろう」的比较

表示推测或确信的表达方式除了「～かもしれない」「～だろう」以外，还有「～ようだ」「～らしい」等。

「～かもしれない」「～だろう」与「～にちがいない」相比，确信的程度会降低。

（16）今朝から下痢が続いている。ゆうべの鯖にあたった｛のかもしれない／のだろう／にちがいない｝。／今天早上开始连续腹泻。｛也许／大概／一定｝昨晚（吃）青花鱼中毒了。

另外，「ようだ」与「らしい」是基于客观性根据的说法，所以，"吃青花鱼中毒"就带有客观性的现实意味。

（17）今朝から下痢が続いている。ゆうべの鯖にあたった{ようだ／らしい}。／从今天早上开始连续腹泻。{好像／似乎}昨晚（吃）青花鱼中毒了。

以客观的根据为基准，比较几个推量的表达方式，结果如下图所示。可以说，越靠左边，越是不依据客观根据的、直觉的、主观的推测或确信。

  "学生习作中出现病句的例子"的解说

「にちがいない」接续动词、形容词等词语的普通形。第1句是学生常见的病句，使用「こと」把它名词化了。

第2句是把表示推测的「だろう」放在了「にちがいない」的前边。「〜にちがいない」表达说话人有把握的推测或确信，所以，它不和「だろう」连接（使用）。

第3句是把「と思う」接在了「〜にちがいない」的后边。前面是很有把握地推测或确信，然后在其后面再接「と思う」，这就产生了矛盾。所以，「〜にちがいないと思う」就成了病句。当礼貌地说「〜にちがいない」的时候，要说成「〜にちがいありません」。

第4句和第5句都是「〜に相違ない」的病句。第4句的意思是"与……相同、与……一样"，而使用了「〜に相違ない」。「〜に相違ない」表达的不是"等于、相同"，而是断定就是那个，所以第4句不恰当。另外，「考えないで」最好说成「機械的に」「頭を使わないで」。第5句作为用法是正确的，但是，接续法不对。和「〜にちがいない」一样，此处没必要使用「こと」。

25

～べきだ

A：劇団四季の「オペラ座の怪人」見た？／你看了剧团四季的"歌剧魅影"吗？
B：ううん、まだ。／没有，还没看呢。
A：あれはいい芝居だ。絶対見るべきだよ。／那个剧很不错的。绝对应该看呀！

 学生学习中的难点和常提出的问题

1. 「～べきだ」是书面语吗？什么时候使用？
2. 搞不清「～べきだ」与「～なければならない」如何区别。
3. 「～べきだ」与「～はずだ」在使用上的区别是什么？
4. 「～べきだ」的否定形是什么？

 学生习作中出现病句的例子

1. 大学生はもう成人なのだから、もっと自立しべきだ。
   →大学生はもう成人なのだから、もっと自立する／すべきだ。／大学生已经是成人了，所以，应该更加自立。
2. 私は論文を書くべきだ。
   →私は論文を書かなければならない。／我必须撰写论文。
3. あの人は２年間も日本語を勉強してきた。もっとしゃべられるべきだ。
   →あの人は２年間も日本語を勉強してきた。もっとしゃべれるはずだ。／那个人都学了两年日语了，按理说应该更能说。
4. この時期はコスモスが咲くべきだ。
   →この時期はコスモスが咲くはずだ。／这个时候大波斯菊按说（理应）开花了。
5. 香港の学校には規則がたくさんある。高校生達は制服を着るべきだ。
   →高校生達は制服を着なければならない。／高中生们必须穿校服。

说 明

● **基本的意义及用法**

「～べきだ」用于针对对方或第三者的行为、事项，给予忠告或者提出建议时，告诉人家："（不要那样）要这样做才理所应当／正确的、……才是理所应当／才是正确的"。有时具有表达

"必须……"这种义务、责任较强的含义。

用「～べきでは／じゃない」表达"做……，是不好的""不做……，是正确的"的否定意思。

（1）A：この仕事もうやめたいな。／ 这项工作，（我）已经不想做了。
　　 B：どうして。もっと続けるべきだよ。／ 为什么？（你）应该再坚持做。
（2）A：この仕事もうやめたいな。
　　 B：やめたい気持ちはわかるけど、今やめるべきじゃないよ。／ 我理解你想辞职的心情，不过，现在不应该辞职呀。

非过去时的「～べきだ」不能用于说话人本人的事项、行为，所以，需要注意。

（3）×成績が下がっている。私はもっと勉強するべきだ。

「～べきだ」来自文语的助动词「～べし」。虽然这种说法稍显生硬，但是，不仅书面语使用，在口语中也使用。

●**构成法及接续方法**

接续い形容词、な形容词或名词时，分别需要变成「くある」「である」。

```
V－る
イadj.－くある
ナadj.－である           べきだ
Nである
　　［例外　する→す／する］
```

（4）車は環境にやさしくあるべきだ。また、人に対して安全であるべきだ。／ 汽车应该关爱环境。而且，对人应该是安全的。
（5）機械類のマニュアルは簡潔であるべきだ。何を言おうとしているのかわからないものも多い。／ 机械类的操作手册应该简洁。有很多手册搞不懂它要说什么。

●**何时使用**

1. 在会话中

在什么情况、场合下使用「～べきだ」呢？我们来思考一下吧。

下面的例句（6）是一段向关照过自己的人寒暄的对话。「～べきだ」在此表示作为"学生理应做的事"，提出忠告、建议。

（6）A：小林先生に帰国の挨拶に行ったほうがいいでしょうか。／ 我要回国了，是不是去与小林老师寒暄一下为好？
　　 B：そりゃ行ったほうがいいよ。お世話になったんだから。／ 那最好去一趟。因为得到过人家的关照。

A：でも、忙しくて……。/ 不过，我很忙。
B：行くべきだよ。学生として当然の礼儀だよ。/ 你应该去一趟。作为学生，这是理所应当的礼仪呀。

在下面的对话中，与其说是忠告，还不如说是B从旁出主意，告诉A"这是个好机会"的心情更明显。

（7）A：この仕事、引き受けようかどうか迷っているんだ。/ 这项工作，我在犹豫要不要承担下来。
B：そりゃ引き受けるべきだよ。いいチャンスじゃないか。/ 你应该承担下来呀。这是个好机会。
A：うん、そうなんだけど……。/ 嗯，这倒是。不过……
B：絶対断るべきじゃないよ。/ 你绝对不应该拒绝呀。

下面的例句（8），比起提出忠告、建议、从旁出主意，它所表达的意思更强，变成了义务、应当（当然该做）的意思。

（8）A：借りた自転車、こわしちゃった。/ 借来的自行车，我给弄坏了。
B：弁償したほうがいいよ。/ 最好赔偿人家呀。
A：でも……。/ 不过……
B：あなたがこわしたんだから、自分で弁償すべきよ。/ 因为是你弄坏的，就应该由你赔偿啦。

2. 在文章中（以句子连接为例）

例1　事态、情况的句子　〜べきだ。

「〜べきだ」很难突然出现在会话或文章的开头。一般是先叙述某件事情、出现某个事态、情况，然后，再出现说话人对此情况表露出的心情。

（9）このごろの子供は家の中でゲームなどをすることが多い。子供はもっと外で遊ばせるべきだ。/ 现在的孩子大多在家玩游戏。应该多让孩子在外边玩儿。
（10）公共料金を納めたがらない若者が増えている。国は早急に対策を講じるべきだ。/ 不愿缴纳公共费用的年轻人增多了。国家应该尽早采取对策。

例2　事态、情况的句子　［〜が／けれども（〜ので／から）］、〜べきだ。

和例1一样，一般多使用「〜が／けれども」，或者理由的「〜ので／から」，用一个句子表示。如例句所示，用「べきだ」或它的礼貌形式「べきです」来结句的话，让人觉得语调稍强。所以，有时后面再接续「と思う」来使用。

（11）このごろの子供は家の中でゲームなどをすることが多いが、子供はもっと外で遊ばせるべきだと思う。/ 现在的孩子大多在家玩游戏，我认为应该多让孩子在外边玩儿。
（12）公共料金を納めたがらない若者が増えているので、国は早急に対策を講じるべきだ。/ 不

愿缴纳公共费用的年轻人增多了，所以，国家应该尽早采取对策。

例3　某种情况、前提的句子［〜ではなく］、〜べきだ。

否定已有的情况或前提，也有使用「〜べきだ」提出其代替的方案。

（13）歴史を知らない日本人をしかるのではなく、教えて説得するべきだと思います。／ 我认为不要批评不懂历史的日本人，而应该告诉并说服他们。

（14）国と地方は、決して「対立関係」ではなく、「対等な関係」であるべきだと考えます。／ 我考虑国家和地方（之间）绝不应该是"对立关系"，而应该是"对等的关系"。

例4　〜べきだが、补充说明或代替方案的句子。

也有「〜べきだ」的句子是前提，在后项中，添加补充说明或者叙述一个代替方案的时候。前提句有时说成「〜べきだと言われている」。

（15）年金改革は優先して議論するべきだが、若者達にとって働き甲斐のある社会作りを常に基本に据える必要がある。／ 养老金改革（问题）应该优先讨论，不过，需要把建设一个对年轻人来说，有工作价值的社会（这个问题）放在基本位置上。

（16）本来なら、社長がご挨拶すべきところですが、副社長の私が代わってご挨拶申し上げます。／ 本来应该总经理致辞的，不过，我这个副总经理代替他讲几句话。

● **容易和哪些词语相连接**

X べきだ

〈X处的词〉

在表示提出忠告、建议、义务等意思的「べきだ」前面，大多出现意志动词，很难接续非意志动词性的表达方式。特别是在动词中，（使用）可能动词是不恰当的。

（17）？大学生なんだから、もっと漢字が書けるべきだ。

但是，在表达"就应该是那种状态"的时候，可以出现极为有限的非意志动词。

◆ **意志动词：**

頑張る、仕事する、勉強する、改善する、明確にする、謝罪する、強化する等。

（18）謝罪するべきところは潔く謝罪するべきだ。／ 该谢罪的就应该痛快地谢罪。

◆ **非意志动词：**

ある、なくなる、被動動詞（作られる、導入される、除外される）等。

（19）最近は物騒になってきた。もっと近くに交番があるべきだ。／ 最近（社会上）变得骚乱不安，应该在更近处有个派出所。

（20）高額所得者はその規定枠からは除外されるべきだ。／ 高额收入者应该不在规定的范围内。

◆形容词：
やさしい、楽しい、平等だ、誠実だ、丁寧だ、簡単だ等。

（21）公共の施設は、もっと老人にやさしくあるべきだ。／ 公共设施应该对老人考虑得更体贴入微。

「べきだ」由于所采用的肯定形还是否定形的不同，所接续的副词也不同。

◆副词〈一べきだ（肯定）〉：絶対に、ぜひ、ただちに、きちんと等。

（22）ただちに謝罪すべきだ。／应该立即谢罪。

◆副词〈一べきでは／じゃない（否定）〉：決して、絶対に、二度と等。

（23）同じ過ちは二度と繰り返すべきではない。／ 不应该再犯同样的错误。

● 「～べきだ」的其他用法

「一べきだ」有时会像下面的例句所示，使用「一べきだった」这种过去的形式。

（24）試験に落ちてしまった。もっと真面目に勉強しておくべきだった。／考试落榜了。应该（考前）更认真地学习（才对）。
（25）彼女が自殺したなんて、あのときもっと親身になって相談にのってあげるべきだった。／她自杀了。当时我应该更加亲切地跟她谈谈（就好了）。

「一べきだった」用于心里后悔的时候，对没做的事情，觉得如果当时那样做就好了。「一べきだ」不能用于说话人自身的行为或事项；而「一べきだった」则像例句（24）、（25）那样，能用于说话人本身的行为或事项。

● 与近义表达方式的比较

1.「～べきだ」与「～なければならない」「～(た)ほうがいい」的比较

使用例句（6）、（7），我们考虑一下「一べきだ・一なければならない・一（た）ほうがいい」的区别吧。

（6）'A：小林先生に帰国の挨拶に行ったほうがいいでしょうか。
　　　B：そりゃ行ったほうがいいよ。お世話になったんだから。
　　　A：でも、忙しくて……。
　　　B1：行かなければならないよ。学生として当然の礼儀だよ。／ 你必须去一趟。作为学生，这可是理所应当的礼仪呀。
　　　B2：行くべきだよ。学生として当然の礼儀だよ。／ 你应该去一趟呀。作为学生，这可是理所应当的礼仪啊。
　　　B3：行ったほうがいいよ。学生として当然の礼儀だよ。／ 你最好去一趟呀。作为学生，这可是理所应当的礼仪啊。

B1、B2提出"作为学生应有的礼仪"这种社会常识，给予忠告、建议。表示义务、应当（当然该做）的意思「～なければならない」在此表达强硬的忠告；「～べきだ」虽不像「～なければならない」那样具有强制性的意思，但也表达忠告、建议。还有，使用了「～（た）ほうがいい」的B3则只限于从旁出主意。

（7）'A：この仕事、引き受けようかどうか迷っているんだ。
　　　B1：?そりゃ引き受けなければならないよ。いいチャンスじゃないか。
　　　B2：そりゃ引き受けるべきだよ。いいチャンスじゃないか。
　　　B3：そりゃ引き受けたほうがいいよ。いいチャンスじゃないか。／你最好承担下来啦。这是个好机会。

在此，比起义务、应当（当然该做）的含义，表达"这是个好机会"这种从旁出主意的心情更明显。「～べきだ」和「～（た）ほうがいい」可以使用；但是，使用了「～なければならない」的B1就不恰当了。

像这样，「～べきだ」表示从劝告、建议到义务、应当（当然），用于比「～なければならない」稍弱，比「～（た）ほうがいい」稍强地表达个人主张时。「～べきだ」明确地表达自己的想法、意见，而做与不做任由对方来选择，可以说是给对方留有余地的说法吧。

2.「～べきだ」与「～はずだ」的比较（⇒初级26）

「～べきだ」「～はずだ」都表示说话人对某事物认为"（那样做、处于那种状态）是理所当然"的心理或判断。

对于依靠人的意志而进行的事项，使用「～べきだ」来表达应当或当然的程度。

（26）もう10時になったんだから、彼は来るべきだ。／已经10点了，所以，他应该来。
（27）10年も習っているんだから、英語をしゃべるべきだ。／都学了10年了，所以，应该说英语。

还有，如果把那种认为应当或当然作为推测性的确信、期待理解时，就使用「～はずだ」来表达。

（28）もう10時になったんだから、彼は来るはずだ。／已经10点了，所以，按理说他会来。
（29）10年も習っているんだから、英語をしゃべるはずだ。／都学了10年了，所以，理应会说英语的。

另外，对于超出人的意志的事态，不使用「～べきだ」，而使用「～はずだ」表达。

（30）最新の治療を受けているのだから、彼の病気は治る｛×べきだ／はずだ｝。／因为接受了最新的治疗，所以，他的病理应治愈的。
（31）いい天気の日には、ここからは富士山が見える｛×べきだ／はずだ｝。／天气晴朗的日子里，理应从这儿看得见富士山。

在"容易和哪些词语相连接"那部分已经讲过了，「べきだ」的前面不使用意志动词，而使用非意志动词或可能动词时，一般认为使用「べきだ」大多不恰当。

（32）10年も習っているんだから、英語がしゃべれる{？べきだ／はずだ}。／都学了10年了，所以，理应会讲英语的。

（33）もっといい結婚相手が見つかる{×べきだ／はずだ}。／理应会找到更好的结婚对象。

另一方面，将「はずだ」用于忠告、建议等意志性的表达方式的话，就显得不恰当了。

（34）何かをする前には、もっとよく考える{べきだ／×はずだ}。／在做什么事情之前，应该更加认真地思考。

（35）年寄りをもっと尊敬する{べきだ／×はずだ}。／应该更加尊重老年人。

3. 与「～ものだ・～ことだ」的比较

请参照本书的「27 ～ものだ」。

"学生习作中出现病句的例子"的解说

第1句是「自立する」和「べきだ」的接续问题。「する」要变成「するべきだ」或「すべきだ」。

第2句就自己本身的行为使用了「～べきだ」。「～べきだ」是向对方或者第三者提出忠告或建议的表达方式，对说话人本人的行为是不使用的。（如也在"其他用法"中所讲，「～べきだった」就说话人自己的行为也可以使用。）

第3句混淆了「～べきだ」和「～はずだ」。"学习了2年日语"和"更能讲（日语）"是因果关系。因此，作为"学习"的结果，当然就与"理应会讲"这种期待相结合。一般认为，学生想表达"做……是理所当然"的意思，而用了「～べきだ」。如果想使用「～べきだ」的话，就应该用意志动词「しゃべる」。

第4句也是想表达"做……是理所当然"的意思，而使用了「～べきだ」。但是，「～べきだ」表达意志性的事情，所以，像第4句这样用于超出人的意志的自然现象，就显得不恰当了。（关于第3、4句，请参照"与近义表达方式的比较"2）

第5句只叙述了规则的内容，并不是向高中生提出忠告和建议。所以，使用「～べきだ」就显得不恰当了。

26

〜まい

A：また何か言ったの？山田さん怒ってたよ。／你又说什么了？山田生气了。
B：もう言うまいと思っていたんだけど、我慢できなくて……。／我原想不再说的，可没能忍住。
A：何て言ったの。／那你说什么了？
B：のろまって。／我说他是笨蛋。

 学生学习中的难点和常提出的问题

1. 「〜まい」的后面可以接续「だろう」吗？
2. 表达第三者的想法时，也能用「〜まい」吗？「〜まい」的主语是谁呢？
3. 像「行くか行くまいか」这样的「〜か〜まいか」的用法很难。
4. 像「彼は来るまい。／他不会来吧」「もう酒は飲むまい。／不再喝酒了」等句子那样，在「〜まい」句子中，「は」的用法挺难的。

 学生习作中出现病句的例子

1. 食欲がないので、晩ご飯を食べるまい。
   →食欲がないので、晩ご飯は食べないでおこう／食べたくない。／因为没有食欲，就不吃晚饭了／不想吃晚饭。
2. 彼が来たら、私は行くまいだろう。
   →彼が来るなら、私は行くまい／行かないだろう。／如果他来的话，我就不去了／不去吧。
3. 頭があまりよくないけど、小学校ぐらいの数学はできないことはあるまいだろう。
   →頭はあまりよくないけど、小学校ぐらいの算数はできないことはあるまい。／できないことはないだろう。／虽然不太聪明，但小学的算术题不可能不会／不能不会做吧。
4. 日曜日に釣りに行くか行くまいかは天気次第だ。
   →日曜日に釣りに行く／行けるかどうかは天気次第だ。／星期天去不去／能不能去钓鱼，要看天气情况而定。

说 明

● **基本的意义及用法**

「まい」接动词的词典形。它的意义及用法大致有两种：一种是表示说话人的否定的意志；另一种是表示说话人对他人或事情否定的推测。

（1）あんな店には二度と行くまい。（否定的意志）／那样的店铺，不想再去了。

（2）この苦しみはほかの人にはわかるまい。（否定的推测）／这种痛苦别人不会理解吧。

表示否定意志的「まい」和意志动词连接；表示否定推测的「まい」除了和意志动词、非意志动词连接以外，有时还和形容词、「名词＋だ」一起使用。

（3）彼の言っていることはまんざら嘘ではあるまい。／他所说的不会都是谎言吧。

不论是哪一种用法，「—まい」都是具有书面语性质的、生硬的说法。

● **构成法及接续方法**

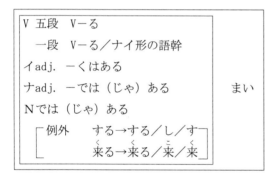

「まい」接动词的时候，有一部分不按规则接续。五段（Ⅰ类）动词接词典形；一段（Ⅱ类）动词接词典形或ナイ形的词干（食べ、起き、見）；「する」「来る」如表所示，几种说法都可以。「すまい」「来まい／来まい」这种说法让人觉得有些陈旧。

● **何时使用**

1. 在会话中

「—まい」表示强烈否定的意志。它在什么情况、什么场合下使用呢？我们思考一下吧。在会话中，一般上年纪的男性多使用它。

（4）A：頭が痛い。／（我）头疼。
　　B：二日酔いですよ。きのうあんなに飲むんだから。／（你）这是宿醉呀。昨天喝得那么多。
　　A：あー、もう二度と酒は飲むまい。／啊！（我）再也不会喝酒了。

但是，采用「—まいと思う」这种形式的话，有时在口语中，不论男性还是女性都能使用。

（5）A：吉田さん、お金返した？／吉田还你钱了吗？
　　　B：ううん、まだ。／没有。还没还呢。
　　　A：私も早く返すように言ったんだけど。／我也催他早点儿还。
　　　B：ありがとう。人にはもう二度とお金を貸すまいと思っている。／谢谢你。我以后再也不会借给别人钱了。

下面的用法表示否定的推测。它的意思是"大概不……吧"，但它否定的语气比其更强。这也是上年纪的男性多用的。

（6）A：ゆうべの雨はすごかったですね。／昨晚的雨真大呀！
　　　B：1年分が降ったみたいだね。／好像把一年要下的雨都下了，是吧。
　　　A：本当に。／还真是的。
　　　B：あれだけ降ったんだから、今日はもう降るまい。／下了那么多了，所以，今天不会再下了吧。
　　　A：そうだといいんですけどね。／真是那样就好了啊。

表示"没那么回事""并不那么"的意思时，也说成「そうでもあるまい／并非如此吧」。这也是上年纪的男性多用的。

（7）A：大道芸人の人達は大変ね。／街头卖艺的那些人真辛苦啊！
　　　B：そうでもあるまい。自分のやりたいことがやれるんだから。／也并不是那样吧。因为他们可以做自己想做的事情。

2. 在文章中（以句子连接为例）

例1　原因、理由的句子。　—まい。

先说出某些原因、理由，为此有时再使用表示否定的意志「—まい」的形式。在这种场合，不使用「ので／から」。大多情况下，先出现一个表示原因、理由的句子，它独立成句。接下来，再出现另一个句子，这个句子含有「—まい」。

（8）きのうは飲みすぎて皆に迷惑をかけた。もう二度とお酒は飲むまい。／昨天喝酒过量，给大家添麻烦了。我以后再不喝酒了。
（9）あの店の店員の態度は失礼きわまりない。あんな店にはもう行くまい。／那家商店的店员态度极不礼貌。我以后再也不想去那样的商店了。

例1也可以采用「—まいと思う」的说法。

（10）きのうは飲みすぎて皆に迷惑をかけた。もう二度とお酒は飲むまいと思う。／昨天喝酒过量，给大家添麻烦了。我以后再不喝酒了。
（11）あの店の店員の態度は失礼きわまりない。あんな店にはもう行くまいと思っている。／那

家商店的店员态度极不礼貌。我以后再也不想去那样的商店了。

例2　～まいと思う／思った／思っていたが／けれども、表示契机的句子［～と］、表示结果的句子［（つい）～てしまう／しまった］。

这种说法表示已经下决心不那么做了，偏偏，决心又动摇了。句尾具有没办法、自然变成了那种结果的含义。一般多用「～てしまう／しまった」来表达。句中还常出现表示契机的「～と」。

（12）彼女とはもう会うまいと思ったが、電話がかかってくると、うれしくなってしまう。／本来下决心不再和她见面的。可是，（她）一打来电话，（我）就又高兴起来了。

（13）保証人にはなるまいと思うが、頼まれるとつい引き受けてしまう。／本来不想当保证人的。可是，人家一求我，我就又不由自主地答应了。

例3　原因、理由的句子［～から／ん（の）だから］、～まい。

这是表示否定推测的形式。因为有相应的理由或根据，所以，推测不会发生那种事情。有时像例3这样，使用伴有「～から／ん（の）だから」的理由分句，也有时像下面的例4这样，分成两个句子。

（14）彼は責任者だから、遅れることはあるまい。／他是负责人，所以，不可能迟到的。

（15）あれだけ言ったん（の）だから、もう二度と嘘はつくまい。／都已经那么说了，所以，不会再说谎话了吧。

例4　原因、理由的句子。～まい。

这是例3变成了两个句子的形式。变成了两个句子的时候，前面的表示原因、理由的句子，大多像是以「～ん（の）だ」来结句。

（16）彼は責任者なんだ。遅れることはあるまい。／他是负责人。不可能迟到的。

（17）あれだけ言ったん（の）だ。もう二度と嘘はつくまい。／都已经那么说了。不会再说谎话了吧。

例3、例4还像下面这样，一般在甚至不能明确说出原因、理由的事态或情况下使用。

（18）ゆうべあんなに大雨が降ったん（の）だから、今日は降るまい。／昨晚下了那么大的雨，所以，今天不会下了吧。

（19）冬山は温度が下がる。彼らは助かるまい。／冬天山里气温下降。他们大概不会得救吧。

● **容易和哪些词语相连接**

「～まい」大多和下面的副词一起使用。

◆副词〈表示否定的意志「まい」〉：二度と、絶対に、もう等。

（20）二度と過ちは犯すまい。／不再犯错误。

◆副词〈表示否定的推测「まい」〉：きっと、たぶん、まず、もう等。

（21）そんなことはまずあるまい。／大概不会有那种事吧。

（22）もう来ることもあるまい。／也不会再来了吧。

● 「～まい」的其他用法

～（よ）うと～まいと和～（よ）うが～まいが

「～（よ）うと～まいと」表示"做与不做都没关系"的意思。

（23）引き受けようと引き受けまいと、私の自由だ。／答应还是不答应，这是我的自由。

「～（よ）うと～まいと」是有些陈旧的说法。说成「～（よ）うが～まいが」的话，是更强调、更不愿搭理对方的说法。

（24）あいつが死のうが死ぬまいが、俺の知ったことではない。／那家伙死不死，我管不着。

"学生习作中出现病句的例子"的解说

「～まい」表示说话人的否定的意志及否定的推测。第1句中，因为没有食欲，所以，作为结果，就"不吃晚饭"。它不与表示说话人的意志「まい」连接。

第2句，在「行くまい」后面接了「だろう」。实际上，并不存在「～まいだろう／でしょう」这种接续形式。只需要说成「行くまい」，或者说成「行かないだろう」。第3句也是「～まいだろう」这种接续方面的错误。

第4句，作为肯定和否定的并列形式，有像「行こうと行くまいと」与「行こうが行くまいが」这样，把意志的表达方式并列在一起的说法。不常使用「行くか行くまいか」这种说法。最好像修改后的句子那样，说成「行くかどうか」，或者说成「行けるかどうか」。

27 〜ものだ

〈在电车中〉
A：ほら、おばあさんが来たよ。/ 你看，老奶奶上车了。
B：うん。/ 嗯。
A：さあ、立って。/ 快点儿！站起来！
B：うん。/ 嗯。
A：お年寄りには席をゆずるものだよ。/ 就该给老年人让座的。

 学生学习中的难点和常提出的问题

1. 不明白「〜ものだ」的正确用法。什么时候使用它呢？
2. 「〜ものだ」的意义及用法太多，分不清。
3. 不知道「〜ものだ」和「〜ことだ」的使用区别是什么。

 学生习作中出现病句的例子

1. このたぐいの話はよく聞くものだ。
   →このたぐいの話はよく聞く。/ 常听说这类的事情。
2. 彼は食いしん坊で、何でも食べるものだ。
   →彼は食いしん坊で、何でも食べる。/ 他是个贪吃的人，什么都吃。
3. 毒ガスが作られたとはなんと恐ろしいものだろう。
   →毒ガスが作られたとはなんと恐ろしいことだろう。/ 竟然造出了毒气，太可怕了。
4. おじが優しくしてくれたことをいつも思い出すものです。
   →おじはいつも優しくしてくれたものです。/（以前）叔叔总是对我很和蔼。

说 明

● **基本的意义及用法**

「〜ものだ」位于句尾，表示说话人的心情、语气（情态）。它的主要含义及用法如下：

（1）人の性格はなかなか変わらないものだ。（本性、应有的形象）/ 人的性格是很难改变的。
（2）学生はもっと勉強するものだ。（教训、忠告）/ 学生要更努力地学习。
（3）人生はすばらしいものだ。（感慨、佩服的心情）/ 人生真精彩。
（4）あのころは、どこの家でも酒を作っていたものだ。（回忆、怀恋）/ 那个时候，每家每户都造酒。

「～ものだ」共同的意义是，说话人"伴有感慨的心情"。可以说其心情与其说是个性的，还不如说是与一般性、社会性的相对应。

下面的例句（5）a说的是自己的孙女花子，而（5）b说的是任何人孙子（女）的情况。不过，还是a的说法稍稍欠妥。

（5）a．？孫の花子はなかなか可愛いものだ。
　　　b．孫というものはいつ見ても可愛いものだ。／孙子（这个晚辈），不论什么时候看见都觉得可爱。

「～ものだ」既用于书面语，也用于口语。有时也会变成带有教训语气的说法，所以，总的来说，好像上年纪的人爱用。在口语中，「ものだ」有时说成「もんだ」。

● 构成法及接续方法

接续「ものだ」的方法如下所示，意义及用法不同，接续方法也各不相同。

接续	意义
V－る／V－ない イadj.－い／イadj.－くない ナadj.－なである／ナadj.－では（じゃ）ない	ものだ〈本性・忠告〉
V－普通形 イadj.－普通形 ナadj.－普通形 　［例外　ナadj.－だ　→　ナadj.－な］	ものだ〈感慨・感心〉
V－た／V－なかった イadj.－かった／イadj.－くなかった ナadj.－だった／ナadj.－では（じゃ）なかった	ものだ〈回顾・懐かしさ〉

● 何时使用

1. 在会话中

在什么情况、场合下使用「～ものだ」呢？我们来思考一下吧。

下面的例句（6）中，讲的是人的本性问题。

（6）父亲：そんなところにゴミを捨てるな。／不要把垃圾扔在那种地方。
　　儿子：だって誰も見ていないよ。／可谁也没有看见呀。
　　父亲：人っていうのは見ていないようで、案外見ているものだよ。／ 好像是人家没有看着，想不到的是（人家）正在看着呢。
　　儿子：……。

下面的对话是在电车中看到的场景，它表达了A带有教训、忠告的心情。

> （7）A：君、そこをもう少し詰めてあげなさい。/ 你再往里挤一挤，让开那个地方。
> 年轻人：……（稍往里挤）
> A：さあ、おばあさん、どうぞ。/ 老奶奶，您请坐。
> 老奶奶：ありがとうございます。/ 谢谢您。
> A：（心里想）若者はもっと年寄りを大切にするものだ。/ 年轻人本该更加关爱老人。

在下面的例句（8）中，A只说了"很寂寞"，B就附加了一个「ものだ」，说成了「さびしいもんだ」。由于附加「ものだ」一词，表现的不是某个人的心情，而是表达了"与一般性、社会性的相对应""（孩子不在家过年）就是那样的"一种"伴有感慨的心情"。

> （8）A：お正月は子供さんは戻られないんですか。/ 您的孩子过年不回家吗？
> B：ええ、誰も帰ってきません。/ 嗯，谁都不回来。
> A：子供がいない正月はさびしいですね。/ 孩子不在家过年很寂寞啊！
> B：ええ、さびしいもんですね。/ 嗯，就是很寂寞啊。

「〜ものだ」有时像下面这样，表达吃惊的心情。

> （9）A：ここにあったケーキは？/ 放在这儿的蛋糕呢？
> B：食べちゃった。/ 我吃了。
> A：えー、三つもあったんだよ。/ 啊，我放了三块呢。
> B：だって……。/ 咳……
> A：よくもケーキを三つも食べられたもんだ。/ 你竟然能吃下三块蛋糕。

下面是学生的对话。在对话中，B回忆起儿童时代的往事。

> （10）A：君は根っからの勉強家だね。/ 你原本就是爱学习的好学生。
> B：いや、子供のときは勉強をしなくて、母を怒らせたものだよ。/ 哪里。小时候不好好学习，还曾惹母亲生气呢。
> A：本当？今と大違いだね。/ 真的？跟现在大不一样啊。

「母を怒らせたものだよ」这句话，即使说成「母を怒らせたよ」，意思上也没有什么不同。由于添加「ものだ」一词，就增添了"伴有感慨的心情"。

2. 在文章中（以句子连接为例）

例1 〜は〜ものだ。 意见、思考的句子［だから、〜べきだ／必要がある。］

它的形式是开头先说"本来就该是那样的"，然后再叙述意见、想法，句尾往往出现「べきだ、必要がある」等表达方式。

（11）薬は命にかかわるものだ。だから、公の機関がきちんと安全性を調べ、品質を保証するべきだ。／ 药品是性命攸关的。所以，政府部门应该严格审查其安全性，保证其质量。

（12）子供は弱いものだ。だから、社会全体が見守っていく必要がある。／ 孩子就是弱势群体。因此，整个社会都有必要保护他们。

例2　情况或前提的句子［ーものだ］が、补充说明或意思相反的句子［（ーものだ）］。
「ーものだ」的句子表明某种情况或前提，有时在后项添加补充说明或者叙述一个意思相反的情况。

（13）入社当初は新鮮な気持ちで頑張れるものだが、仕事に慣れてくると、そんなに頑張れなくなるものだ。／ 刚进公司的那段时间会以崭新的面貌努力拼搏。可是，一熟悉了工作，就变得不那么努力了。

（14）人はほめられるとうれしいものだが、うぬぼれ過ぎて傲慢になることもある。／ 人一受到表扬就会高兴的。可有时就会自鸣得意、傲慢起来。

例3　事态或情况的句子［ーが／けれども］、意见、思考的句子［ーものだ］。
它的形式是先用「ーが／けれども」，开场白式地叙述某种事态或情况，接下来再对此发表意见或想法。

（15）このごろの子供は家の中でゲームなどをすることが多いが、子供は本質的には外遊びが好きなものだ。／ 最近孩子大多在家里玩游戏。从本质上讲，孩子还是喜欢在外边玩耍的。

（16）空巣が増えているが、近所での声のかけ合いによってある程度防げるものだ。／（人不在家的）空房子增多了。邻里之间出门见面打个招呼，在某种程度上是可以防备万一的。

例4　感慨或佩服的句子［ーものだ］。具体性说明的句子［ーから］。
下面我们来看一下表示"感慨或佩服"的「ーものだ」吧。它的形式是首先，开始说出一个"感慨或佩服"的句子，然后再说明理由或详细情况。大多以「ーから」来结句。

（17）彼の活躍は大したものだ。彼のホームランが試合を決めたようなものだから。／ 他在赛场的表现真是非同一般。因为他的本垒打似乎决定了比赛。

（18）便利な生活になったものだ。コンピュータでお金の決済ができるのだから。／ 生活真是变得方便了。因为可以通过电脑来结账。

例5　感慨或佩服的句子［ーものだ］。（だから、）ーべきだ／ーばいい。
它的形式是先提出一个"感慨或佩服"的句子，然后再说「だから、こうあるべきだ」或「こうすればいい」（的句型）。

（19）たとえどうであろうと、人生はよいものだ。生きているだけでも感謝すべきだ。／ 不管怎样，人生就是不错的。即使是仅仅活着，就应该感谢。

（20）自然はすばらしいものだ。我々はもっと自然な形で自然と関わっていければいい。／ 大自然真的了不起。我们今后可以以更加自然的方式与大自然保持联系。

例6 回忆的句子［〜（た）ものだ］。 具体性说明的句子。

它的形式有，在表示"回忆或怀念"的句子中，首先用「〜（た）ものだ」提出一个回忆，然后再对此加以说明，将话题展开。

（21）京都に住んでいたころは、よく近くの古本屋に売りに行ったものだ。あるとき古典を30冊ほどこの本屋へ売ったことがあった。／住在京都的那段时间，经常去附近的旧书店卖书。有一次曾卖给这家书店30来本古典书籍。

（22）子供のころは一日中野原を駆けめぐったものだ。いなごをとって食べたりもした。／小时候曾一整天在野外奔跑。还捉过蝗虫吃。

●容易和哪些词语相连接

「ものだ」的前面出现意志动词的话，表示"教训、忠告"；出现非意志动词的话，表示"本性或应有的形象"。

1. "表示教训、忠告" Xものだ

〈X处的词〉

◆意志动词：勉強する、働く、励む、尊敬する、いたわる等。

（23）年寄りには優しくするものだ。／应该善待老人。

◆副词：もっと、もう少し、できる限り等。

（24）人にはもっと丁寧に接するものだ。／应该更加礼貌地待人接物。

2. "表示本性或应有的形象" Xものだ

〈X处的词〉

◆非意志动词：死ぬ、こわれる、倒れる、変わる等。

（25）人の心は変わるものだ。／人心是会变的。

◆副词：なかなか、あまり、そんなに、それほど、決して、いつかは等。
（26）金持ちはあまりお金を使わないものだ。／有钱人是不怎么花钱的。

3. "表示回忆" Xものだ

◆副词：よく、しょっちゅう、しばしば等。
（27）学生時代はしょっちゅう駅前の喫茶店に入りびたってたものだ。／学生时代曾经常泡在车站前的咖啡馆里。

●「〜ものだ」的其他用法

「〜ものだ」的否定形

「〜ものだ」的否定形式有两种：一种是「〜ないものだ」；另一种是「〜ものでは／じゃない」。

（28）教養人はそんなことはしないものだ。／有教养的人是不做那种事的。

（29）教養人はそんなことはするものではない。／有教养的人不该做那种事。

例句（28）的「～ないものだ」既可以理解成表示本性的意思，也可以理解成表示教训、忠告的意思。例句（29）的「～ものではない」则只表示教训、忠告。

「～もの（だ）」的用法除了上面所讲的以外，还涉及诸多方面。下面介绍其中的几个：

1) ～もの／もん

接在句尾，表示理由，或者在使自己的言行正当化的时候使用。一般年轻的女性或儿童使用居多。

（30）A：秋ちゃんもおいでよ。／小秋，你也去吧。
　　　B：私は用事があるから、行かないもん。／我有事，所以不去。

2) ～ものか

接在句尾，表示强烈的否定。

（31）あいつの言っていることなんか本当なものか。／那家伙说的话难道会是真的？

3) ～ものなら、～

接动词的可能形，表示实现的可能性很小的事情，"万一实现了的话"的假定。

（32）子供が病気で苦しんでいる。代われるものなら代わってやりたい。／孩子受疾病折磨。如果能够代替的话，我真想代替孩子受罪。

4) ～ものの、～

表示「～が／けれども」的意思。在前项讲述一个应该发生的情况却没有发生，或者，预测将会是那样的事情却不是那样。在这种情况下使用它来表达。后项（主句）大多出现对自己的行为没能实现或进展不顺利而感到后悔的句子。

（33）やれると言ったものの、だんだん自信がなくなってきた。／ 说好了能做的，可是却渐渐地失去了信心。

下面是学生的病句。可以这样讲，如果是叙述单纯的状态或程度的话，就使用「～が／けれども」；如果是表达说话人对预测或期待感到失望的话，就使用「～ものの」。

（34）？1年間日本に住んでいたものの、日本語があまり上手じゃない。
　　　→1年間日本に住んでいたが／けれども、日本語があまり上手じゃない。／在日本住了一年，可日语还不怎么好。
　　　1年間日本で日本語を勉強したものの、あまり上手にならなかった。／ 在日本已经学习日语一年了，可水平却没怎么提高。

关于「～ものだから」的用法，请参照「40 ～（の）ことだから・～ものだから（わけだから）」。

● 与近义表达方式的比较

1.「もの」与「こと」的比较

在此，我们就「〜ことだ」和「〜ものだ」最基本的区别思考一下吧。

很久以前曾有一则广告，广告语这样说：「大きいことはいいことだ／大就是好」。如果把「こと」变成「もの」的话，就变成了「大きいものはいいものだ／大的东西就是好东西」。比较一下这两句话，就会弄明白「こと」和「もの」的区别。「大きいこと」表示「大きいということ」这种抽象的事项；「大きいもの」则表示具体的物体。

「こと」表示抽象的事物，这样说是正确的。但是，「もの」真的只表示具体的物体吗？

（35）お金というものはおそろしい。／金钱这种东西很可怕。
（36）人間が一番望むものは自由ですよね。／人最渴望的东西是自由吧。
（37）仕事ってものはそんな甘いものじゃありません。／工作可不是那么轻松。
（38）宗教とは人間にとって必要不可欠なものだ。／宗教对人来说是不可或缺的。

例句（35）的「もの」是金钱，所以，它表示具体的物品。例句（36）怎么样呢？人所渴望的东西中，包含金钱、房子、汽车这类的东西，同时也包含像自由、爱情、和平这样的抽象的东西。例句（36）的「もの」使用起来，比表示物体的「もの」意思更广泛。在例句（37）、（38）中，工作和宗教成了「もの」。工作和宗教是抽象的东西。因此，可以说「もの」除了表示具体的物品以外，还表示抽象的事物。

那么，把例句（37）、（38）的「もの」变成「こと」，句子也成立吗？

（37）'？仕事ってことはそんな甘いことじゃありません。
（38）'？宗教とは人間にとって必要不可欠なことだ。

（37）'和（38）'这两句话有点怪异吧。要变成自然贴切的句子，就需要如下改动：

（37）"働くってことはそんな甘いことじゃありません。／干工作可不那么轻松。
（38）"信じるということは人間にとって必要不可欠なことだ。／信仰对人来说是不可或缺的。

也就是说，「もの」只能表示"宗教"或"工作"其本身，而它们的概念似乎只能用「こと」来表达了。

2.「〜ものだ」「〜ことだ」「〜べきだ」「〜なければならない」的比较

将「〜ものだ」「〜ことだ」「〜べきだ」「〜なければならない」的意义及用法梳理归纳的话，基本上如下表所示：

	「〜ものだ」	「〜ことだ」	「〜べきだ」	「〜なければならない」
用法	教训、忠告 本性、感慨、回忆	忠告、命令 感慨	建议、劝说 义务、应当的行为	义务、必要性
含义	一般性、社会性的判断	个人的判断	个性的判断 社会性的判断	一般性、社会性的判断
语体	生硬、上年纪人	生硬、上年纪人	稍微生硬	稍微生硬
否定	〜ないものだ 〜ものではない	〜ないことだ 〜ことはない	〜べきではない	

还有一种「〜べきものだ」的形式。一般认为，先说「〜べきだ」表明个人的判断，在此基础上再添加一般性、社会性的判断。

（39）しつけというものは家庭教育の中でなされるべきものだと思う。/ 我认为礼貌教育是应该在家庭教育中进行的。

（40）化粧は人のいないところでするべきものだ。/ 化妆是应该在没有人的地方做的。

"学生习作中出现病句的例子"的解说

「〜ものだ」的用法中最难的，当属该在什么样的句子接续「ものだ」，才能变成妥当的句子。第1句和第2句都是在不需要接续「ものだ」的地方而错用了的例子。「ものだ」表达"本性或应有的形象"。第1句也可以认为使用了这种意思，但「このたぐいの話はよく聞く」这句话，并不表示"本性或应有的形象"。「このたぐいの話はよく聞く」是造这个句子的学生个人"经常听"的意思，而一般认为它很难表达一般性的情况。如果是「このたぐいの話はよくある」的话，就能和「このたぐいの話はよくあるものだ」相连接了。第2句似乎是为了表示"感慨或佩服的心情"而使用了「ものだ」的。不过，要使用「ものだ」，就需要生动形象地描述成好像"正好就在场，感到很佩服"，或者真实感受到了现场的震撼。第2句去掉「ものだ」，或者改成下面的句子，就贴切了：

2'彼は食いしん坊だとは聞いていたが、本当によく食べるものだ。/ 早就听说他是个贪吃的人，果不其然真的很能吃。

第3句以「なんと〜だろう」的形式构成感叹句。这种情况下，不使用「ものだ」，而使用「ことだ」。

第4句是使用了表示回忆的「ものだ」的句子。但在此处，问题是该把什么样的表达形式与「ものだ」连接起来。「よくいたずらをしたものだ。/ 曾经很淘气。」和「よく飲み明かしたものだ。/ 曾经常常通宵饮酒。」这类的回忆，采用「（以前干过的事情）＋ものだ」的形式。第4句的"回忆、想起来"是现在想起来，并不是"以前曾干过的事情"。

28

〜(し)ようがない・〜(し)ようで・〜(し)ようによって

> A：お隣の息子さん、大学入試、また落ちたんですって。/ 听说邻居家的孩子考大学又落榜了。
> B：これで……3回目だね。/ 这回算起来是第三次了吧。
> A：そう、お気の毒で、声のかけようがないんですよ。/ 是的，真可怜。我都不知怎么打招呼了。

 学生学习中的难点和常提出的问题

1. 搞不清「〜（し）ようがない」的正确使用方法。什么时候使用呢？
2. 与表达意志的「〜（よ）う」弄混淆了。
3. 与表达"没办法"的「しようがない」弄混淆了。

 学生习作中出现病句的例子

1. こんな難しい問題は解けようがない。
   → こんな難しい問題は解きようがない。/ 这么难的问题没办法解答。
2. うちのチームはその大会には勝とうがない。
   → うちのチームはその大会には勝ちようがない／勝ち目がない。/ 我们队无法在那次大会中取胜／难于取胜。
3. あのクラスつまらなくて出ようがない。
   → あのクラスつまらないから出たくない。/ 那个课没意思，所以不想去上。
4. あんなに大きな牛丼の特盛りは、食べきりようがない。
   → あんなに大きな牛丼の特盛りは、どうやっても食べきれない。/ 量那么大的大碗牛肉盖浇饭，怎么吃也吃不完。

说 明

● **基本的意义及用法**

在这里所讲的「ほかに言いようがない / 除此以外没办法说」「やりようでどうにでもなる / 看怎么做了，总会有办法的」「考えようによっては今回のことはよかったかもしれない / 换个角度考

虑也许这次还是不错的」的「よう」是个接尾词。它接「动词マス形的词干」，与表达意志的「食べよう・しようと思う」等的「よう」不一样。而是，像「言い方」「やり方」「考え方」那样，表示"办法""方法"。

（1）鍵がなければ、ドアの開けようがない。／没有钥匙的话，无法打开门。

（2）こんな状態になってしまったら、これ以上進めようがない。／如果变成了这个样子的话，就再也无法进一步推进了。

「〜（し）ようがない」表示"没有办法、无论采取什么办法都是不可能的"的意思。

「〜（し）ようで」与「〜（し）ようによって（は）」表示"根据其做法的不同而……"的意思。

（3）説明のしようで何とでも説得できますよ。／看怎么解释了，总是能够说服的。

（4）メールの書きようによっては相手を怒らせることもある。／由于邮件的写法不同，有时候会惹对方生气。

无论哪一种说法，它们都是在口语中使用的表达方式。

● 构成法及接续方法

1）「名词＋を＋动词」与「〜（し）よう」连接，「を」大多会变成「の」。只是，在「〜（し）ようがない」结句的形式中，有时还使用「を」。

返事を書く　→　返事の書きようがない。／返事を書きようがない。／没办法写回信。

返事の書きようによってうまくいくかもしれない。／由于回信写法的不同，也许会进展顺利的。

2）「説明する」等「名词＋する」构成的动词，与「〜（し）よう」连接的话，变成「名词＋の＋しよう」。

説明する　→　説明のしようがない。／没办法解释。

説明のしようでわかってもらえるはずだ。／看怎么解释了，理应能得到人家的理解。

● 何时使用

1. 在会话中

首先思考一下使用「〜（し）ようがない」的对话吧。

一般在表示"除此之外再没有任何可能的办法"这种悲观的意思上，使用「〜（し）ようがない」居多。

（5）A：財布がない。/ 钱包不见了。
　　B：探したの？/（你）找了吗？
　　A：思いつくところは全部探したよ。これ以上、探しようがないよ。/ 能想到的地方都找遍了呀。没办法再找了。

（6）A：今回の事件についてご意見をお願いします。/ 关于此次事件，请您谈一谈看法。
　　B：今聞いたばかりで、コメントのしようがありません。/（我）刚刚听说，所以无可奉告。

「～（し）ようがない」是（语气）较强地否定方式方法、可能性的说法，因此，它的后面大多出现「んじゃないか」「んじゃないでしょうか」「んじゃないかと思う」，一般多见比较和缓地表达自己主张的方式。

（7）A：この大根は辛いですね。/ 这种白萝卜很辣啊！
　　B：ええ、いつものと種類が違うから。/ 嗯。因为和日常（吃）的品种不一样。
　　A：どうやって食べるのが一番いいですかね。/ 怎么吃最好呢？
　　B：そうですね。やっぱり煮て食べるしか使いようがないんじゃないでしょうか。/ 是呀，还是只有煮着吃这种烹调法。你看呢？

下面是使用「～（し）ようで」和「～（し）ようによって（は）」的例子。

（8）A：株で損をしてしまったんです。/（我）炒股赔钱了。
　　B：まあ、それはそれは。どのくらい？/ 哎呀！可真是的。赔了多少？
　　A：30万ばかり。/ 30万（日元）左右。
　　B：30万も。でも、ものは考えようで、これからのためにいい勉強をしたと思えばいいですよ。/ 竟赔了30万？不过，问题是看你怎么想了，可以看作为将来积累经验，交了学费好啦。

（9）A：学園祭の出し物だけど、素人ビデオの上映会ってのはどう。/ 说说校园文化节的节目安排，（你看）搞一个业余爱好者录制节目的放映会，怎么样？
　　B：なんかおもしろくないなあ。/ 好像没什么意思呀。
　　A：そんなことないよ。やりようによっては面白くなるよ。/ 不可能的呀。看怎么做了，我看会有意思的啦。

2. 在文章中（以句子连接为例）

例1　原因或理由的句子［～ので／から］、　　（归纳总结的句子）。
　　　结果的句子［～（し）ようがない／なかった］。

一般先出现一个表示原因或理由的句子，作为结果，多以表示没有办法做到的形式，连接「～

（し）ようがない」。

（10）全く初めての事態だったので、対策の立てようがなかった。／ 因为当时全是首次出现的情况，所以无法采取对策。

（11）過去に前例がないので、何ともお返事のしようがないのです。とにかく、やってみますが。／ 因为以往没有先例，所以没办法答复。不管怎样，先试着做一做。

例句（11）先说「～（し）ようがない」，但是，又说「とにかく、やってみますが。」。有时会像例句（11）那样，接续表示归纳总结的说法。

例2　条件的句子［－ないと／なければ］、　（归纳总结的句子）。
　　　结果的句子［～（し）ようがない／なかった］。

和例1很相似，但是，在前项不是表示原因或理由，而是以"如果没有那种情况、条件的话"的形式，在前项有时出现「～と／ば」。

（12）病人は食事がとれなくなると、手の施しようがなくなってしまう。今のうちに何とかしなければならない。／ 病人如果不进食了的话，就无法施救了。现在必须采取什么对策。

（13）社員一人一人が意識を変えなければ、会社なんて変わりようがない。会社の盛衰は社員のやる気にかかっているのである。／ 如果每一位员工不改变意识的话，公司就无法改观。公司的兴衰取决于员工们的干劲。

例3　（逆接）条件的句子「～ても／のに」、结果的句子［～（し）ようがない／なかった］。

前项出现伴有逆态接续「～ても／のに」的句子，表示即使条件具备，结果也是没有办法的。可以说表达的意思与例2正相反。

（14）祖母はちゃんと食事がとれていたのに、手の施しようがなくなってしまった。／ 祖母还能正常进食，却已经无法施救了。

（15）社員の意識が変わっても、会社なんて変わりようがない。／ 即使员工的意识改变了，公司也无法改观。

● 容易和哪些词语相连接

Xようがない
〈X处的词〉

◆意志动词：
言う、救う、考える、（対策を）とる、手を打つ、手を施す、救う、変わる等。

（16）これだけ考えたんだから、もうほかに考えようがないよ。／ 已经考虑了这么多了，没其他的办法可想了呀。

◆副词等：何とも、～としか、～しか、～ぐらいしか、これ以上、これ以外に、もはや、ほとんど、どうやっても等。

（17）何とも言いようがない。/ 什么也没得可说了。

（18）これ以上頑張りようがないじゃないか。/ 没办法再努力了。

● 与近义表达方式的比较

「～（し）ようがない」与"可能的表达方式"的比较

可能的表达方式「～ことができない」或「書けない、答えられない」表达从能力上，或者从情况上看，不可能做到的意思。与此相对，「～（し）ようがない」表达的是从情况上看不可能的，一般用于"没有办法、无论采取什么办法都是不可能"的场合。

下面的例句（19）讲的是能力上办不到，所以，用「～（し）ようがない」就不恰当了。

（19）質問を受けたが、不勉強で{答えることができない／？答えようがない}。/ 被提问了，可是，由于（平时）不用功，不会回答。

下面的例句（20）说的是某种情况方面的事项，"5册以内"是作为规定所限定的借阅册数，它不与"没有办法、无论采取什么办法都是不可能"的用法连接使用，所以，这种说法不恰当。

（20）図書館では一度に5冊以上{借りられない／？借りようがない}。/ 在图书馆一次{不能借}5册以上。

例句（20）如果形成以下这样"没有办法"的情况的话，也就可以用「～（し）ようがない」了。

（21）どうしても7冊借りたかったが、係の人が取り合ってくれないので借りようがなかった。/ 无论如何我也想借7册书，可是，图书管理员不同意，所以没法借。

"学生习作中出现病句的例子"的解说

表示办法、方法的「～（し）ようがない」基本上接续意志动词。第1句的「解ける」是非意志动词，所以，让人觉得作为句子表达是不贴切的。「～（し）ようがない」可以接一部分非意志动词，可以说成「こんな固いもの、こわれようがない／这么硬的东西，弄不坏」「こんなにしっかりしているんだから、倒れようがない／因为如此的结实，所以不会倒」。但是，所用的非意志动词是有限的，像「解ける」，就没有「解けようがない」的说法。

第2句是与表达意志的「～（よ）う」混淆了。「勝つ」的「～（よ）う」形（意志形）是「勝とう」。在这里，需要使用マス形的词干，变成「勝ちようがない」。

第3句的「出ようがない」表达的意思是"没有上课的办法"。因为"没有意思"，所以，最好改成「出たくない」。

第4句以为觉得"没有办法吃完"，就说成了「食べきりようがない」。不过，一般认为「～（し）ようがない」不能用于「食べきる」这样，表达完全结束了的事情。所以，第4句应该只表达不可能，说成「食べきれない」即可。

29

～ん（の）じゃないか・
～のではないか

> A：顔色が悪いよ。／（你）脸色可不好呀。
> B：きのうあまり寝ていなくて。／昨天没怎么睡觉。
> A：睡眠不足だよ。／是睡眠不足呀。
> 　　休んだほうがいいんじゃないか。／最好多休息。
> B：ええ、でも、仕事があるから。／嗯。不过，因为有工作，所以……

 学生学习中的难点和常提出的问题

1. 「ん（の）じゃないか」的前面所接续的动词、形容词，不能正确地接续。
2. 「～ん（の）じゃないか」与「～ん（の）じゃない？」一样吗？
3. 不能用好「～のではないか」，它是书面语吗？

 学生习作中出现病句的例子

1. 友達になるためには、相手の話をよく聞くことが一番いい方法んじゃないか。
   →友達になるためには、相手の話をよく聞くことが一番いい方法なんじゃないか。／要想成为朋友，认真聆听对方说话算是最好的方法了。
2. これがほしければ、持って行ってもいいじゃないかな。
   →これがほしければ、持って行ってもいいんじゃないかな。／如果想要这个，可以拿走啊。
3. おい！ここから飛び出したら危ないんじゃないか。
   →おい！ここから飛び出したら危ないじゃないか。／喂！从这儿突然跑出去，不是太危险了吗？
4. 先生に相談したところ、やめたほうがいいじゃないと言われた。
   →先生に相談したところ、やめたほうがいいんじゃないかと言われた。／找老师商量了，结果老师建议我最好不做。

说 明

● **基本的意义及用法**

「ーん（の）じゃないか・ーのではないか」表示说话人"虽不能明确地断定就是那样，但似乎觉得就是那样吧"这一"推测性的判断"。

（1）A：この仕事は福島君に頼もうと思うんだけど。／我想委托福岛做这项工作。
　　　B：そうだね、福島君なら、引き受けてくれるんじゃないか。／ 是啊，若是福岛的话，大概会承担下来吧。

「ーん（の）じゃないか・ーのではないか」的后边接「だろう」「でしょう」，变成了「ーん（の）じゃないだろう／でしょうか」（书写的时候，写成「ーのではないだろうか」）。在避开断言这点上，它是更加礼貌的说法。因此，经常用于提出意见或提出方案的时候。

（2）A：この仕事は誰に頼めばいいだろうか。／这项工作委托谁做好呢？
　　　B：福島君なら、引き受けてくれるんじゃないでしょうか。／ 若是福岛的话，是不是会承担下来呢？
（3）活動停止3日間は軽すぎるんじゃないでしょうか。／停止活动三天（这种处理），是不是太轻了？
（4）これは、政府に任せるのではなく、国民一人一人が考えるべき問題なのではないだろうか。／ 这个问题不要交给政府，是不是每一个公民都应该思考呢？

「ーん（の）じゃないか」「ーのではないか」像下面这样，既有口语和书面语之分，又有男性、女性的使用区分。

口语

说话人	普通体	礼貌体
男性	ーん（の）じゃないか／かな／だろうか ーん（の）じゃない？	ーん（の）じゃないですか ーん（の）じゃありませんか ーん（の）じゃないでしょうか
女性	ーん（の）じゃないかしら／かな／だろうか ーん（の）じゃない？	

书面语（论说文等）

书写者	普通体
男性、女性	ーのではない（だろう）か

● **构成法及接续方法**

与「ーん（の）だ」的情况相同，接动词、形容词等的普通形。「な形容词」和「名词＋だ」的非过去时要变成「ーなん（の）じゃないか」或「ーなのではないか」（⇒初级25）

```
普通形
  例外   ナadj.だ → ナadj.な      ん（の）じゃないか
         Nだ    → Nな          のではないか
```

●何时使用

1. 在会话中

在例句（5）中，B说了「遅いんじゃないですか」「8時半がいいんじゃないでしょうか」。由此，从推测性的判断转向提出建议。

> （5）A：出発は9時でいいですね。／9点出发怎么样？
> 　　B：ちょっと遅いんじゃないですか。／是不是有点儿晚了？
> 　　A：……。
> 　　B：向こうに10時に着くためには8時半がいいんじゃないでしょうか。／为了10点钟赶到那边，8点半（出发）是不是更好呢？

像下面例句（6）中的A这样，一般在「～んじゃないか」的后面，接续「と思う」，将自己的推测传达给对方的形式也比较常用。

> （6）A：このごろ株価が上がっているようだよ。／近来股票好像上涨啦。
> 　　B：そうらしいね。でも、またすぐ下がるんじゃないだろうか。／ 好像是那样啊。不过，是不是马上又会下跌的？
> 　　A：いや、大丈夫だよ。景気がいいから、僕は下がらないんじゃないかと思うけど。／不，没问题的。因为行情不错，所以，我想大概不会下跌的。

在下面的例句（7）中，使用了「かしら」的A一般认为是女性（「かしら」也有男性使用的情况）。而使用了「かな」或者什么也不接，直接说「高いんじゃない？」，女性自不必说，男性也使用。

> （7）A：これいくら？／这个多少钱？
> 　　B：3万円。／3万日元。
> 　　A：これは？／这个呢？
> 　　B：3万5千円。／3万5千日元。
> 　　A1：ええっ、この店、ちょっと高いんじゃない？／唉？这家商店（的价格）是不是有点儿太贵了？
> 　　A2：ええっ、この店、ちょっと高いんじゃない｛かしら／かな｝。／ 唉，这家商店（的价格）是不是有点儿太贵了？

2. 在文章中（以句子连接为例）

例1　原因、理由的句子［ーて／ので／から］、ーの（ん）では／じゃない（だろう／でしょう）か。

它的形式是先有一个事态、状况的说明，表示它是不是会成为原因、理由，由此产生出一个状况的推测。

（8）自分に責任がかかってくると思って、彼はあんな質問をしたんじゃないか。／是不是想到了责任将落到自己身上，才提出那样的问题呢？

（9）近い将来、化石燃料がなくなってしまうかもしれないので、代替燃料のない国は悲観的になっているのではないだろうか。／不久的将来，化石燃料也许会用尽。所以，没有替代燃料的国家会不会变得悲观呢？

例2　原因、理由的句子［ーので／から］、ー（た）ほうがいいの（ん）では／じゃない（だろう／でしょう）か。

这种说法是对于因某种原因、理由，出现一种状况，提出建议或告诫。在讨论等情况下，使用「ー（た）ほうがいいんじゃないでしょうか」的话，就会变成非常礼貌的建议。

（10）このことばは、それぞれの解釈が異なると思いますので、最初に定義したほうがいいのではないでしょうか。／这个词，我认为由于各种解释不尽相同。所以，一开始就给它下个定义，是不是更好呢？

（11）台風が近づいているという予報が出ているから、子供達を早く帰したほうがいいんじゃないだろうか。／预报说台风正在靠近。所以，让孩子们早点儿回去，是不是更好呢？

例3　开场白的句子［ーが／けれども］、ーの（ん）では／じゃない（だろう／でしょう）か。

它的形式是暂且认可先前提出的意见，再另外提出一个推测或意见。有时使用「ー（た）ほうがいいんじゃないでしょうか」。

（12）彼にはいろいろ問題があるけれども、3人の中では一番積極性があるのではないか。／他确实有各种问题。不过，我觉得在三个人当中，他是最有积极性的。

（13）これは緊急性を要する問題ですが、もう少し検討してから実行に移したほうがいいんじゃないでしょうか。／这是一个很紧迫的问题。不过，我们再研究一下，然后付诸行动，是不是更好呢？

例4　开场白的句子［ーが／けれども］、条件的句子［ーたら］、ーの（ん）では／じゃない（だろう／でしょう）か。

在一个开场白的句子后面，使用表示条件的「ーたら」，提出"如果是那种情况的话，大概就会那样"的推测，或者提出"如果是那样就行"的一种方案。

（14）「ひきこもり」は、教育制度にも原因はあるかもしれないが、家庭での挨拶など、身近なことから始めてみたら、何かが変わるのではないだろうか。／"自闭症"的原因也许在于教育制度。不过，如果试着从在家里见人打招呼等日常身边的事情做起的话，是不是就

会发生什么变化呢?
（15）問題が出てくるかもしれないが、問題が出てきたら、その都度考えるというスタンスでいいのではないでしょうか。／ 也许会出现问题。但如果问题出现了，那时再思考，采取这样的姿态是不是好呢?

例5 条件的句子［～と／ば／たら］、～ないの（ん）では／じゃないかと思う／思っている。

阐述自己的意见或看法的时候，也有使用「～ないんじゃないかと思う」这种双重否定的说法。此时，前项大多出现条件从句的否定形式。

（16）服や髪型と同じように、仕事も自分の性格に合わないと、続けられないのじゃないかと思う。／ 工作也和服装、发型一样，如果与自己的性格不符的话，我认为是不能坚持下去的。

（17）ニートの問題は、個人個人の価値観が変わらなければ、解決しないのではないかと思われる。／ 一般认为如果每个人的价值观不改变的话，年轻人不上学、不工作、不接受职业培训的问题，是不会解决的。

● **容易和哪些词语相连接**

在「～ん（の）じゃないか・～のではないか」的句子中所使用的动词、形容词，好像没有限制。不过，容易出现下面这样的副词：

◆表示评价或程度的副词：やはり、むしろ、とりあえず、少なくとも、それほど、さして、そこまで等。

（18）やはりこれはおかしいのではないだろうか。／ 这个是不是仍然很可笑呢?
（19）そこまでエネルギー価格が上がるということはないのではないか。／ 能源价格上涨不到那种程度吧。

◆表示时间的副词：今こそ、今まさに等。

（20）企業の経営者は、今まさに経営戦略の転換を問われているのではないだろうか。／ 事到如今企业的经营者是不是该考虑转换经营战略了?

● **与近义表达方式的比较**

1.「～ん(の)じゃないか」与「～だろう(でしょう)」「～と思う」的比较

（21）A：会議、長引きそう？／ 会议看样子要延长吧?
　　B1：うん、長引くだろう。（ええ、長引くでしょう。）／ 嗯，大概会延长吧。（是的，大概会延长吧。）
　　B2：うん、長引くと思う。／ 嗯，我想会延长的。
　　B3：うん、長引くん（の）じゃない（でしょう）か。／ 嗯，是不是会延长的呀。

在上述三个说法中，哪一个推测性判断的确信度最高呢?我们分别使用副词「きっと、たぶん、

ひょっとしたら」来考虑一下吧。

可以认为确信度会按「きっと、たぶん、ひょっとしたら」的顺序依次降低。

（22）A：会議、長引きそう？
　　　B1：うん、｛きっと／たぶん／？ひょっとしたら｝長引くだろう。／嗯，｛一定／大概｝会延长吧。
　　　B2：うん、｛きっと／たぶん／？ひょっとしたら｝長引くと思う。／嗯，我想｛一定／大概｝会延长的。
　　　B3：うん、｛？きっと／？たぶん／ひょっとしたら｝長引くん（の）じゃないか。／嗯，说不定是不是会延长的呀。

确信度高的「きっと」和「たぶん」难与「～ん（の）じゃないか」相连接；确信度低的「ひょっとしたら」虽然难与「～だろう、～と思う」相连接，但是，易与「～ん（の）じゃないか」相连接。由此我们知道了：在上述三种说法中，「～ん（の）じゃないか」是确信度最低的。

请看以下的会话：

（23）A：この仕事、明日までに終わる？／这个工作，明天之前完得了吗？
　　　B：うん、終わる。／嗯，完得了。
　　　A：本当？大丈夫？／真的？没问题吗？
　　　B：……うん、終わると思う。／……嗯，我想完得了。
　　　A：本当ね？／真的啊？
　　　B：……うん、終わるんじゃないかな。／……嗯，是不是会完呢。

在例句（23）中，由于从「～と思う」转到「～ん（の）じゃないか」，通过这样的措辞，很巧妙地表达出逐步降低B对"工作完成"的确信度。

但是，如下所示，实际上很多时候「～だろう・～と思う・～ん（の）じゃないか」这三种说法好像相互交织在一起使用。

（24）終わるんじゃないだろうかと思う。／我想（说不定）干完了呢。

2.「～じゃない」与「～んじゃない」的比较

学生容易混淆的是下面这样与「いい」连接而构成的「いいじゃない」与「いいんじゃない」的用法。加不加「ん」，用法是不一样的。

〈在商场的售货柜台〉
（25）A：このコート、どう？似合うかしら。／这件大衣，怎么样？合适不合适？
　　　B：ああ、いいじゃない。すごく似合っているよ。／啊，不错嘛！你穿很合适的呀。
（26）A：このコート、どう？似合うかしら。／这件大衣，怎么样？合适不合适？
　　　B：いいんじゃない。悪くないよ。／不挺好的吗。不坏呀。

「いいじゃない」表示"太好了"的意思，在例句（25）中，使用「いいじゃない」表示积极地同

意，并劝说对方。与此相比，例句（26）中的「いいんじゃない」则是单纯地叙述推测性的判断，因此变成了消极的、委婉的说法。

下面再看一下与「いい」以外的形容词「危ない」连接在一起使用的「―じゃないか」和「―んじゃないか」吧。例句（27）的A是卡车司机，B是突然跑出来的孩子。例句（28）则是主妇的对话。

（27）A：危ない！こんなところに飛び出してきたら危ないじゃないか。／ 危险！突然跑到这种地方太危险啦！

　　　B：……。

（28）主妇1：ここで子供を遊ばせてもいいかしら。／ 可以让孩子在这儿玩儿吗？

　　　主妇2：ここは車が通るから、危ないんじゃないかしら。向こうへ行きましょう。／ 这儿总过车，是不是太危险了？（咱们）去那边吧。

例句（27）的「危ないじゃないか」的意思是"危险！"，它表示提醒或警告。而（28）的「危ないんじゃないか（此处为「かしら」）」则单纯叙述推测性的判断。

"学生习作中出现病句的例子"的解说

　　第1句是「ん（の）だ」接名词时出现的错误。接名词的时候，要变成「名词＋なん（の）だ」，这里要变成「名词＋なん（の）じゃないか」。

　　第2句是少了「ん（の）」，变成了「いいじゃない」的例子。「いいじゃない」虽然可以说成「いいじゃないか」，但变成「いいじゃないかな」的形式是不可以的。从第2句的意思来看，要表达"我想可以拿走"这种推测。因此，不用「いいじゃない」，而要用「いいんじゃない」。用「いいんじゃない」时，可以接续终助词「かな」。

　　第3句是「危ないじゃないか」与加了「ん（の）」的「危ないんじゃないか」的意思上的差异问题的例子。加了「ん（の）」说成「危ないんじゃないか」的话，就表示推测了。但是，在此不是推测，而是大喊"危险！"的情景。所以，用不加「ん（の）」的「危ないじゃないか」才对。

　　第4句用「やめたほうがいいじゃない」表达了老师的提议。因为是提议，所以，最好改成「やめたほうがいいんじゃないか」。

教学指导〈2〉

16.「～(よ) うとする・～(よ) うと思う」的练习。

练习有A、B、C、D4种。

[练习A]

（1）教师要问学生们"有过'一要做某事，必定会发生某事'的经历吗？"教师也可以先举个例子，谈谈自己的经历。

（2）让学生相互商量一下。

（3）让学生讲一下交流的情况。

（4）下面，让学生使用{～(し) ようとすると、(いつも/必ず) ～}形式造句，并写在本子上。

例1：出かけようとすると、いつも雨が降り出す。/ 要出去的时候，总是下雨。

例2：勉強しようとすると、いつも電話がかかってくる。/ 要学习的时候，总是来电话。

5. 让大家在班上说一下自己造的句子。

[练习B]

（1）让学生回顾一周里{何かをしようとしたが、そのとき何かが起こった/誰かが来た / 要做某事时发生了某事/或某人来了}等的经历。

（2）把那个经历使用{～しようとしたとき、～}形式造成句子，写在本子上。

例：友達に電話をかけようとしたとき、その友達から電話がかかってきた。/ 要给朋友打电话时，那个朋友的电话就来了。

（3）让大家在班上发表。

[练习C]

（1）让学生回顾一下过去的一周里，要做某事，可结果没做/放弃了，谈一谈这些经历。

（2）让学生把那些经历用「(～し) ようと思ったんだけど、～」或者「～(し)ようと思ったんだけど、～」的形式，造成句子，写在本子上。

例：電話をかけようとした（思った）んだけど、やめてしまった/かけなかった。/ 要（想）打电话，但是放弃了/没有打。

（3）让学生在2所造的句子中，加入为什么没做的理由，造成新的句子，写在本子上。

例：電話をかけようとした（思った）んだけど、電話番号がわからなかったので、やめてしまった。/ 要（想）打电话，可不知道电话号码，就没打。

4. 让学生在班上发表。

[练习D]

让学生以会话的形式练一下在练习C中做过的内容。

（1）让学生思考一下，像练习C中（2）这样的问话，可否用「やめてよかった」和「やめなければよかった」这样的说法。

例：会に出席しようとした（思った）んだけど、出席しなかった。／要（想）出席会议，但却没出席。

1）用「やめてよかった」的时候

  例：やめてよかったね。／放弃了真好啊！

    出席しなくてよかったと思う。／我觉得没出席太好了！

2）用「やめなければよかった」的时候

  例：出席すればよかったのに。／要是出席了就好了！（可惜没去）

    どうしてやめちゃったの？／为什么就放弃了呢？

    やめなくてもよかったのに。／如果不放弃就好啦！（可惜放弃了）

（2）把学生分成2人一组，让他们用1）、2）的内容，进行对话。

例1 A：電話をかけようとしたんだけど、かけなかった。／要打电话，可是没打。

  B：かけなくてよかったよ。ゆうべはうちにいなかったから。／（你）幸亏没打呀。因为昨晚我没在家。

例2 A：スピーチコンテストに出ようと思ったんだけど、やめちゃった。／本来想参加演讲比赛的，可还是放弃了。

  B：どうしてやめちゃったの。申し込めばよかったのに。／为什么放弃了？报个名多好。（真可惜没去报。）

19.「～にくい・～づらい・～がたい」的练习

练习有A、B两种。

［练习A］

（1）让学生在网上找出使用了「～にくい・～づらい・～がたい」的句子各3例，写在笔记本上。

（2）让大家在班上发表。

（3）教师从大家发表的句子中选出几个，让学生思考「～にくい・～づらい・～がたい」三者能否替换。

（4）针对3，老师说明"可以、不能说完全不行、不可以"等表达方式。

例1：サラリーマンはなかなか休暇をとり{にくい／づらい／×がたい}ようだ。／工薪层好像很难请到假。

例2：これは許し{×にくい／×づらい／がたい}行為だ。／这是无法容忍的行为。

［练习B］

（1）让学生考虑自己身边有"做……困难"的事吗？是什么样的事？

（2）让学生就那件事，使用「～にくい・～づらい・～がたい」当中的一个，造成句子，并写在笔记

本上。
（3）让学生在班上发表。教师点评他对「～にくい・～づらい・～がたい」的使用是否恰当。
（4）让大家使用下面的句型1）、2），练习在使用（2）造出的句子上，再造出句子中添加进原因、理由的句子。

1）～ので/から、{～にくい／～づらい／～がたい}
2）{～にくい／～づらい／～がたい}。（というのは/なぜかというと）～からだ。

例1：店員さんがすぐ「いらっしゃいませ」というので、この店はゆっくり買い物しづらい。／ 因为店员立刻就说"欢迎光临"，所以顾客很难在这个店里慢慢逛。
例2：インターネットにアクセスしにくい。たぶん多くの人が利用しているからだろう。／ 很难登录上网。大概是因为很多的人在使用吧。
例3：今回の新しい規則は納得しがたい。というのは、今までに何も説明がなかったからだ。／ 这次的新规则很难认同。是因为迄今未做任何说明。

20.「～ことだ」的练习

本练习有A、B两种，目的是让学生梳理一下初级、中级所学（过）的「こと」。

［练习A］

请使用◎○△×检查一下自己是否明白下面句子当中的「こと」的意义及用法。

    ◎非常明白　　　　　○大体明白
    △不太明白　　　　　×完全不明白

1）（　）彼のことについてもっと知りたい。／想进一步了解关于他的情况。
2）（　）今しかやれないことを一生懸命やりたい。／我想努力去做只有现在才能做的事。
3）（　）「食育」というのは、食に対する意識を育てるということだ。／ 所谓"食育"是指培养对食物的意识。
4）（　）夏目漱石が「こころ」を書いたのは1914年のことだ。／ 夏目漱石写《心》是在1914年。
5）（　）これまでにプロポーズしたこと100回。／到现在已经求了100次婚了。
6）（　）日本語は難しくないことがわかった。／（我）已经知道了日语并不难。
7）（　）1000メートル泳ぐことができる。／（我）能游1000米。
8）（　）南極へ行ったことがある。／（我）去过南极。
9）（　）この部屋を教室として使うことがある。／ 有时把这间屋子当教室使用。
10）（　）ためらっていないで、まずはやってみることだ。／别犹豫，应该先做做试试。
11）（　）子供に先立たれるほど、親にとって悲しいことはない。／ 对父母来说，没有比孩子先去世更悲痛的事了。
12）（　）洋子ちゃんは手術を受けることなく死んでいった。／洋子没做手术就死去了。
13）（　）この仕事はあしたやることにします。／ 这个工作（我）决定明天做。
14）（　）あの旧家が取り壊されることになった。／那个旧房子要被拆掉定下来了。
15）（　）締め切り期日を厳守のこと。／ 要严格遵守截止日期。

16）（　）うれしいことに、あの作品が賞をもらえることになった。／ 令人高兴的是，那个作品获奖了。
17）（　）子供を虐待するなんて、なんて心ないことだろう。／ 居然虐待孩子，真是没良心啊。

［练习B］
让学生从1）—17）中选出几个适合自己水平的，并造出同样意义及用法的句子。

23.「～ないではいられない・～ずにはいられない」的练习

教师准备几个使用「～ないではいられない・～ずにはいられない」的句子，用它们来做练习。

（1）教师准备几个（有）「～ないではいられない・～ずにはいられない」的例句，让学生听。

例1：小さな子供を見ると、声をかけないではいられない。／ 看见小孩子，很自然就要打招呼。
例2：おばあさんが電車に乗ってくると、席を譲らずにはいられない。／ 老奶奶一上电车，自然就（给她）让座。

（2）教师问一下学生们有没有"不能不（做）……、不得不（做）……"的经历。
（3）让学生2人一组，讨论。
（4）让大家根据3使用「～ないではいられなかった・～ずにはいられなかった」造句，并写在本子上。
（5）让学生两个人一组发表。
（一个人在解说的时候，可以让另一人做话题相关内容的动作。）

24.「～にちがいない」的练习

练习有A、B两种。

［练习A］
（1）教师准备一个（有）「～にちがいない」的句子，写在黑板上。

例：あんな失敗をするなんて、みんなはあきれているにちがいない。 ／ 做那样失败的事，大家一定很吃惊。

（2）让学生充分理解例句。
（3）例句中的「にちがいない」不变，让学生换一个其他词语造句。首先口头说出来，接下来写在黑板上，让其他同学来判断是否正确。

变化句子例1：あんな失敗をするなんて、みんなは驚いているにちがいない。／ 做那样失败的事，大家一定很惊讶。
变化句子例2：あんな間違いをするなんて、みんなは驚いているにちがいない。／ 犯那样的错误，大家一定很惊讶。
变化句子例3：あんな間違いをするなんて、先生は驚いているにちがいない。／ 犯那样的错误，老师一定很惊讶。

变化句子例4：あんな間違いをするなんて、先生は怒っているにちがいない。／犯那样的错误，老师一定很生气。

[练习B]

（1）教师准备一个（有）「～にちがいない」的句子，写在黑板上。

例：朝から下痢が続いている。ゆうべのさしみがよくなかったにちがいない。／从早上就一直拉肚子，昨晚（吃）的生鱼片一定是不新鲜了。

（2）让学生充分理解例句。

（3）例句中的「にちがいない」不变，让学生换两个其他的词（词组）造句。首先口头说出，接下来写在黑板上。

让其他同学来判断是否正确。

变化句子例1：朝から下痢が続いている。きのうの料理がよくなかったにちがいない。／从早上就一直拉肚子，昨天（吃）的菜一定是不新鲜了。

变化句子例2：朝からおなかが痛い。きのうの料理が悪かったにちがいない。／从早上就一直肚子疼。昨天的菜一定是坏了。

变化句子例3：夜中からおなかが痛い。きのうの料理があたったにちがいない。／从夜里就一直肚子疼。昨天的菜肯定坏了。

变化句子例4：さっきからおなかが痛い。きのうのさしみがあたったにちがいない。／从刚才就一直肚子疼，昨天的生鱼片肯定坏了。

25.「～べきだ」的练习

教师要向学生做以下说明：

现在我们一起来做"外国人「べし」集"与"外国人「べからず」集"吧。「べきだ」旧的说法是「べし」，「べきじゃ／ではない」旧的说法是「～べからず」。现在有时也使用惯用说法，表示命令的意思。请说说来到日本，你认为作为外国人应该做的，和不应该做的事吧。

[练习A]

外国人「べし」集

（1）首先，让学生使用「～べし」来做"外国人「べし」集"。

让他们思考下面的例句，并写在笔记本上。

例1：外に出るときは、必ずＩＤカードを持って行くべし。／外出时，应该一定要带ID卡。

例2：わからないときは、遠慮せず日本人に質問するべし。／不懂的时候，应该不客气地问日本人。

例3：都合が悪くなると、「日本語がわかりません」と言うべし。／不方便的话，应该说"我不懂日语"。

2. 让学生在班上发表。

［练习B］

外国人「べからず」集

（1）让学生用「～べからず」来做"外国人「べからず」集"。
让学生思考下面的例句，并写在笔记本上。

例1：どんなときでもＩＤカードを忘れるべからず。／任何时候，都不应该忘带ID卡。

例2：靴をはいたまま、部屋の中に入るべからず。／不应该穿着鞋进屋。

例3：お風呂を出るとき、お風呂の湯を捨てるべからず。／洗完澡不应该把洗澡水倒掉。

（2）让学生在班上发表。

26.「～まい」的练习

本练习是使用「～まい」造句。

（1）让学生自己思考一下"即使原本不想做不知不觉做了"的事情。首先由老师举出例句。

例1：日曜日は、寝ないでおこうと思っても、ついうとうとしてしまう。／ 星期天，本来不想睡觉，不知不觉迷迷糊糊睡着了。

例2：太るので、ポテトチップスを食べないでおこうと思っても、つい手が出てしまう。／ 因为会发胖，即使本不想吃炸薯片的，还是不知不觉伸手抓。

（2）让学生用「～ないでおこうと思っても／思っているのに、～てしまう」的形式造句。
（3）让学生发表。
（4）接下来，让学生运用以下句子的形式，把与（2）同样的内容，写在笔记本上。
「～まいと思っても／思っているのに、～してしまう」

例1：朝寝坊するまいと思っても、してしまう。／ 即使本来不想睡懒觉，还是睡了。

例2：無駄遣いをするまいと思っているのに、きのうも全部使ってしまった。／ 本来不想乱花钱的，昨天却又把钱花光了。

（5）让学生在课上发表。

29.「～のではないか」的练习

准备一些报纸上的专栏或社论，让学生练习找出「～のではない（だろう）か」。

（1）老师准备好有「～のではない（だろう）か」出现的报纸专栏或社论。
（2）复印好，分发给学生。
（3）让学生们在报道中找出「～のではない（だろう）か」。
（4）让他们在班上发表，并确认（它的）意思和其使用方法。

30

〜あいだ（は）・〜あいだに

A：寒いですね。/ 真冷啊。
B：本当に寒いですね。/ 确实很冷啊。
A：外に出るのが億劫になりますね。/ 真懒得出去啊。
B：ええ、寒いあいだは、毛布にくるまって冬眠したいです。/ 是啊，冷的时候真想裹着毛毯冬眠。

 学生学习中的难点和常提出的问题

1. 「〜あいだ」与「〜あいだに」的区分挺难的。
2. 「〜あいだに」与「〜あいだは」有何不同？
3. 「〜あいだ」与「〜とき（に）」有何不同？
4. 「〜あいだ」与「〜うちに」有何不同？

 学生习作中出现病句的例子

1. 学生のあいだ、やってみたいことやっておいたほうがいいと思う。
   →学生のあいだに/うちに、やってみたいことはやっておいたほうがいいと思う。/ 我认为在学生时代，想尝试的事情最好事先做一下。
2. 彼は仕事しているあいだ、だんだん留学の考え方が浮かんできた。
   →彼は仕事しているうちに/あいだに、だんだん留学への気持ちが強くなってきた。/ 他在工作期间，出国留学的心情越来越强烈。
3. 大学にいるあいだに、毎日NHK放送を聞いていた。
   →大学にいるあいだ、毎日NHK放送を聞いていた。/ 在大学期间，每天都听NHK广播。
4. 私が彼を待っているあいだに、彼は家でずっと寝ていた。
   →私が彼を待っているあいだ、彼は家でずっと寝ていた。/ 我在等他的时候，他一直在家睡觉。

说 明

● **基本的意义及用法**

「あいだ」是指夹在两者间的时间或空间。这里将要说明的是表示时间的「あいだ」有两种用法。一种为「～あいだ（は）」，另一种为「～あいだに」。

1.～あいだ(は)

表示某种状态或动作持续的时间、期间。后项（主句）接续表示在此时间（期间）内持续的状态，或同时进行发生的动作的句子。

（1）大学に通っているあいだ、ずっと京都に住んでいた。／ 在上大学期间，我一直住在京都。

「～あいだ」和「～あいだは」使用基本相同，但使用「～あいだは」的话，是强调并提示那个期间的说法。另外，像例句（3）这样，在后项（主句）中，也多表示说话人的判断。

（2）大学に通っているあいだは、ずっと京都に住んでいた。／ 在上大学期间，我一直住在京都。

（3）大学に通っているあいだは、このアパートにいるほうが便利だ。／ 在上大学期间，住在这个公寓比较方便。

2.～あいだに

「～あいだに」表示下面两个意思。「～あいだに」一般不与「～あいだ（は）」互换。

1）表示在状态持续时间（期间）内，"事态发生"或"行为终了"的意思。

（4）出かけているあいだに、空き巣に入られた。／ 外出期间，家里进了小偷。

（5）私が掃除機をかけているあいだに、拭いてちょうだい。／ 我用吸尘器清扫的这会儿，请你擦一下。

2）表示在状态持续时，同时发生了变化。

（6）本を読んでいるあいだに、眠くなってしまった。／ 看着看着书就困了。

「～あいだ（は）・～あいだに」在口语、书面语中，都可使用。「あいだ」汉字写成"間"的时候比较多。

● **构成法及接续方法**

和动词接续时，一般以「～ている」的形式使用的比较多。

V－る／V－ない／V－ている イadj.－い ナadj.－な Nの	あいだ（は） あいだに

● 何时使用

1. 在会话中

「～あいだ（は）」一般用于叙述在某种状态、动作持续过程中，如何做，（处于）什么样的状态。

（7）A：ごめんください。／有人吗？
　　B：ああ、Aさん、ちょっと待ってください。／啊，是小A，稍等一下。
　　A：はい。／好的。
　　B：1本メールを打つあいだ、そこで待っていてください。／我要发个邮件，这期间请在那里等一下。

（8）A：明日からちょっと留守をします。／明天开始我要出门。
　　B：どちらへ。／到哪儿去？
　　A：夏休みなので、ちょっと国に。／由于放暑假，我要回趟家。
　　B：ああ、そうですか。お休みのあいだずっといらっしゃるんですか。／是吗，暑假期间一直都在家吗？
　　A：いえ、2、3週間で帰ってくるつもりです。／不，我打算2、3周就回来。

例句（9）、（10）中的「～あいだに」，用于表示某个时间内完成行为的时候。

（9）A：Bさんは屋久島へ行きましたか。／小B去屋久岛了吗？
　　B：いえ、まだです。／没，还没去。
　　A：あそこはいいですよ。景色もいいし、魚もおいしいし。／那里不错啊。景色又好，鱼也好吃。
　　B：ええ、日本にいるあいだに、一度行きたいと思っています。／嗯，在日本期间我想去一次。

（10）A：今日は誕生パーティーのご馳走を作りましょう。／今天我们一起来做生日聚会的佳肴吧。
　　B：お手伝いします。／我来帮忙。
　　A：ありがとう。じゃ、私が肉を焼いているあいだに、ソースを作ってくれる？／谢谢。那么，我烤肉的时候，你能帮我做酱汁吗？
　　B：はい、わかりました。／好的，明白了。

下面的「～あいだに」是与某种状态或动作同时进行，后项（主句）发生变化的情况。

（11）A：杉本さんと結婚しようと思ってるの。／我想着要和杉本结婚的。
　　B：へえ、あんな人タイプじゃないって言ってたのに。／哎？你不是说那种人不适合你吗，还……

> A：うん、でも、付き合っているあいだに、愛し合うようになったの。／ 嗯，可是在交往中，彼此就相爱了。
> B：そう、それはよかったわね。／ 是嘛，那可不错啊。

2. 在文章中（以句子连接为例）

例1 ～しているあいだに、事态、状况的句子。結果的句子［（それで、）～］。

在一定时间内，某些事态（发生了）变化，进行了某些动作、行为时，接续下面的句子有两种情况：像「それで、～」表示事态结果的句子；还有，与「しかし、～」构成意思相反的句子。例1是表示结果的句子，例2是表示意义相反的句子。

（12）風呂に入っているあいだに、友達から電話がかかってきた。それで、風呂から上がるとすぐ電話をかけ直した。／ 洗澡的时候，朋友打来了电话。所以，洗完澡立刻给朋友回了电话。

（13）早く着いたので、友達を待っているあいだに、近くの本屋を覗いてみた。そこで少し時間を潰すことができた。／ 到的比较早，所以，就趁着等朋友的时间，到附近的书店看了看。在那里可以消磨时间。

例2 ～しているあいだに、事态、状况的句子 补充说明、意思相反的句子［（しかし、）～］。

（14）風呂に入っているあいだに、友達から電話がかかってきた。しかし、私はその電話を無視した。／ 洗澡的时候朋友打来了电话。但是我没管它。

（15）早く着いたので、友達を待っているあいだに、近くの本屋を覗いてみた。しかし、すぐに友達が来たので、あわてて本屋を出た。／ 到的比较早，就趁着等朋友期间到附近的书店看了看。可是朋友马上就来了，所以，我赶紧走出书店。

例3 对比的句子［～あいだは～が／けれども、～］。

「～あいだは」和「が／けれども」同时出现，前项和后项表示对比、对照的关系。

（16）この土は、濡れているあいだは濃い色だが、乾かすと淡い色に変わる。／ 这片土壤湿润的时候是深色，干燥的时候变成浅色。

（17）エネルギーを自国でまかなえているあいだはいいが、そうでなくなると、輸入に頼らざるを得なくなる。／ 自己的国家能够供应能源的时候还好，如果不能的话，就不得不依靠进口。

例4 ～あいだは～。しかし／ところが、～。

在例3中，代替「が／けれども」，句子直接结句，有时使用接续词「しかし／ところが」等，与下一句连接。

（18）財布の金が続くあいだは、ちやほやされる。しかし、金が尽きると誰も寄り付かなくなる。／ 钱包里有钱的时候有人捧你。可钱一旦花完，就没人靠近你了。

（19）株の値上がりが続くあいだは、多くの人が株に飛びついた。ところが、株価が急落し始めると株離れが始まった。／股票连续上涨的时候，很多人都跑去买股票。可是，一旦股市下跌人们就开始远离股票了。

● 容易和哪些词语相连接

1. Xあいだ（は）Y

〈X处的词〉

◆ 表示持续状态的动词：

続く、可能动词（働ける、できる）、～ている等。

（20）彼女が着替えているあいだ（は）、僕は外で待っていた。／ 她换衣服时候，我在外边等着。

◆ 具有一定时间、期间的名词：

会議、留守、夏・冬休み、9時から12時、3日から5日、子供、学生、高校生、独身等。

（21）子供のあいだは、できるだけ外で遊ばせたほうがいい。／ 孩提时代，最好尽量让孩子在外边玩。

〈Y处的词〉

◆ 表示持续状态的动词：

～ている、続く、続ける、ある、いる等。

（22）休暇のあいだは、母の看病を続ける。／ 休假期间，继续护理母亲。

◆ 表示说话者心情的表达方式等：

～たい、～（た）ほうがいい、～べきだ、～（し）よう等。

（23）働けるあいだは働きたい。／ 能够工作的时候，就想工作。

2. "事态发生、行为终了" XあいだにY

〈X处的词〉

与1相同。

〈Y处的词〉

◆ 表示动作的动词：

帰る、行く、終わる、終える、食べる、読む、～てしまう等。

（24）私が寝ているあいだに、彼は帰ってしまった。／ 我睡觉的时候，他回去了。

3. "表示同时进行发生变化" XあいだにY

〈Y处的词〉

◆表示变化的动词：

なる、変わる、変える、～てくる、～ていく、～ようになる等。

（25）いっしょに仕事をしているあいだに、好きになっていった。 ／ 一起工作期间，喜欢上了（对方）。

●与近义表达方式的比较

「～あいだに」与「～うちに」的比较（⇒33）

「～うちに」包含说话人"不在此时间（期间）内的话，（就不）……"这种强烈心情。而「～あいだに」表达某种状态、动作持续的单纯时间范围。因此，像下列只表示时间范围的情况下，「～あいだに」和「～うちに」可以替换。

（26）本を読んでいる｛あいだに ／ うちに｝、眠くなってしまった。／ 看着看着书就困了。
（27）しばらく見ない｛あいだに ／ うちに｝大きくなりましたね。／ 好久没看到就长大了啊。

另一方面表示"不在此时间（期间）内的话，（就不）……"这种强烈心情的「～ないうちに」，如果换成「～あいだに」就显得不妥。

（28）子供が起きない｛?あいだに ／ うちに｝買物に行こう。／ 趁着孩子没醒，去买东西。
（29）雨が降らない｛?あいだに ／ うちに｝、布団を取り込んでおく。／ 趁着没下雨，（提前）把被子拿进来。

就像「～ないうちに」所表示的那样，「～うちに」很多时候表示到了时间的话，事情就会变化。如：「子供が寝ているうちに／趁孩子睡着」「明るいうちに ／ 趁天亮」「父が働いているうちに ／ 趁爸爸还工作的时候」「元気なうちに ／ 趁健康的时候」等，总之孩子要醒来、天要黑、爸爸将不工作、上了年纪身体就会衰弱。因此，像下列不以变化作为问题的表达方式中，使用「～うちに」就不贴切。例句（30）表示"使行为终结"，例句（31）表示"事态发生"。

（30）私が掃除機をかけている｛あいだに ／ ?うちに｝、拭いてくれませんか。／ 我用吸尘器清扫时，帮我擦一下行吗？
（31）風呂に入っている｛あいだに ／ ?うちに｝、友達から電話がかかってきた。／ 洗澡时，朋友打来了电话。

例句（30）、（31）如果像下列句子，特别强调"不在此时间（期间）内的话，（就不）……"，和那个时间（期间）内的话，也可以使用「うちに」。

（32）（私は掃除が終わったらすぐ出かけるので、）私が掃除機をかけているうちに、拭いてくれませんか。 ／（打扫完我就马上出门，所以）我用吸尘器清扫时，能帮我擦一下吗？

（33）（もっとあとでかけてと頼んでおいたのに、）風呂に入っているうちに、もう電話がかかってきた。／（本来拜托你过一会再打过来，偏偏）洗澡时，（你却）打来了电话。

但是，一般认为例句（30）、（31）只注重时间的范围，最好不使用「～うちに」而用「～あいだに」比较好。

 "学生习作中出现病句的例子"的解说

第 1 句是不使用「あいだ」而应该使用「あいだに」的病句。如果理解为在某期间内，使行为（想尝试的事情）终了的话，就应该使用「あいだに」或者「～うちに」。

第 2 句想表达某个期间内发生变化。所以，就应该使用「～うちに」或「あいだに」。

第 3 句、第 4 句是不该用「あいだに」，而应该使用「あいだ」的例子。第 3 句 "在上大学期间" 持续同时，听NHK广播。还有，第 4 句 "在等他" 持续同时，睡着了。所以，第 3 句和第 4 句都不使用「あいだに」而需要使用「あいだ」。

31

〜一方だ・〜一方（で）・（〜反面）

A：この通りは人が少なくなりましたね。／这条路上人少了啊。
B：ええ。駅前はにぎやかになる一方ですよ。／是啊。车站前越来越热闹了呀。
A：新しい店が増える一方で、古い店はすたれていきますね。／一方面新店铺在增加，另一方面老店铺有些过时啊。

 学生学习中的难点和常提出的问题

1. 在句子的连接中，不能确切使用「〜一方だ。」。
2. 「（増える）一方だ／一个劲地增加」与「（輸出が増える）一方で、（輸入は減っている）／一方面出口增加，另一方面进口减少」两者意义不同。同样使用「一方」，所以会弄混淆。
3. 「〜一方（で）」和「〜が／けれども」的区别挺难的。

 学生习作中出现病句的例子

1. 東京の車の数は<u>増加している一方だ</u>。
   →東京の車の数は増加する一方だ。／东京的汽车数量在一个劲地增加。
2. 彼が成績が<u>いい一方だ</u>。
   →彼は成績がよくなる／上がる一方だ。／他的成绩越来越好。
3. このホテルはとても<u>高い一方で</u>、サービスや設備は抜群だ。
   →このホテルはとても高いが／けれども、サービスや設備は抜群だ。／这个酒店虽然（收费）高，但是服务和设备特别好。
4. <u>経済成長の一方で</u>、環境問題も浮上した。
   →急激な経済成長の一方で／経済が成長する一方で、環境問題も浮上してきた。／经济急速增长的同时，环境问题也显现出来了。

说 明

● **基本的意义及用法**

　　「〜一方」有两种用法。一是以「〜一方だ」的形式用于句尾，另一种是以「〜一方・〜一方で」的形式作为从句使用。

1. ～一方だ

很多时候表示不好的状况、状态在一个劲地发展，不停止。

（1）2年目に入って、仕事が増えていく一方だ。忙しくてたまらない。／进入第二年，工作一个劲地增加。忙得不得了。

2. ～一方（で）

表示与某种动作、状态进行的同时，进行其他动作，或发生了与之对立的情况。前项和后项（主句）分别出现相反或者是对比、对照性的行为及事情。

（2）多くの大企業は儲けを得ている一方で、利益を社会に還元している。／很多大企业一面获得利润，一面又把利益回报给社会。

（3）彼は音楽活動の一方で、評論家としても幅広く活躍している。／他一边从事音乐活动，一边作为评论家广泛地活跃着。

在2的用法中与1不同，正面评价和负面评价都可以使用。

●构成法及接续方法

「〜一方だ」与「〜一方（で）」的接续方法有以下不同：

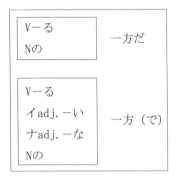

（4）彼は文学には非常に詳しい一方で、世間の常識的なことには驚くほど無知だ。／他对文学非常精通，可是另一方面对社会常识却让人吃惊地一无所知。

●何时使用

1. 在会话中

「〜一方だ」表示某种倾向不断发展。很多时候具有消极的含义。

（5）A：少子化が進んでいますね。／孩子减少的现象日益加剧了啊。
　　B：ええ、都心では生徒数が減少の一方です。／嗯，在城市（或特指东京）中心学生越来越少。
　　A：そうですか。／是吗。
　　B：もちろん、有名校は受験が激化する一方ですが。／当然，名校的应试就愈演愈烈。

「～一方（で）」表示"但是，与此同时"的意思，下列是前项和后项具有相反意义的例子。即使表示相反的时候，也不仅指相反的事情，还加入说话人的主张，即还有别的事情，还在做别的事情。

（6）A：お宅の会社もリストラが盛んですか。／你们公司裁员也很厉害吗？
　　 B：ええ、前よりはましになりましたが。／嗯，比以前要好多了。
　　 A：リストラはいやですね。／裁员真够烦人的啊。
　　 B：ええ、やめさせられる人がいる一方で、本社に栄転する人もいるんですから。／嗯，因为有被迫裁掉的人，也有荣升到总部的人。

下面是「～一方（で）」的前项和后项罗列着同样的事情，具有并列关系。此时，除了在前项举出的事情以外，其他的事情也在进行，这种表达说话人主张的居多。

（7）A：お宅の会社、がんばってますね。／你们公司很努力啊。
　　 B：ええ、ありがとうございます。／嗯，谢谢夸奖。
　　 A：外国で業績を上げる一方で、その国の雇用促進の力にもなっているんですから。／是因为一方面在海外提高业绩，一方面又成为促进那个国家劳动就业的力量。

「～一方（で）」也有接名词的时候。例句（7）中A句也可以有如下的说法：

A'：外国での躍進の一方で、その国の雇用促進の力にもなっているんですから。／是因为在海外飞跃发展的同时，一方面又成为促进那个国家劳动就业的力量。

2. 在文章中（以句子连接为例）

「～一方だ」和「～一方（で）」与句子接续方式有些不同，如下分别阐述。

1) ～一方だ

例1 原因、理由的句子[～ので/から/ために]、～一方だ。
它的形式是表示由于某种原因、理由，其状态和事态向不好的方向发展。

（8）保護のための予算がないので、伝統芸能はすたれていく一方だ。／因为没有保护传统表演艺术的预算，所以传统表演艺术越来越衰落了。
（9）効果的な対策をとらないから、カラスが増える一方だ。／由于没有采取有效的措施，所以乌鸦越来越多了。

例2 条件的句子 [～と/ば]、～一方だ。
不是表示理由，而表示在某种时机、条件下，向那个方向发展。

（10）今対策をとらないと、日本経済は世界から遅れていく一方だ。／如果现在不采取措施的话，日本经济将会越来越落后于世界。
（11）このまま放っておけば、両者の溝が深くなる一方だ。／如果放任不管的话，双方的隔阂将会越来越深。

例3 理由的句子[～～一方で/なので/だから]、评价性判断的句子。

它的形式是「～～一方だ」以「～～一方で」的形式，表示原因、理由。需要注意不要和表示"并列、对照性"意思的「～～一方（で）」弄混淆。

（12）株価が下がる一方なので、とても心配だ。／ 由于股票一个劲地下跌，很担心。
（13）新型インフルエンザによる死者が増える一方で、手の打ちようがない。／ 新型流感导致的死亡人员不断增加，却没办法控制。

2）～～一方（で）

例4 评价性判断的句子。（というのは、）～～一方（で）～。

它的形式是对某种事态、状况进行评价，在下面的句子中，使用「～～一方で」加以说明。例句（14）是表示正面评价的句子，例句（15）是表示负面评价的句子。

（14）日野氏は立派な人だ。医者として活躍する一方、医療機関に多額の寄付を行っている。／ 日野先生是个杰出的人物。他一方面作为医生大显身手，另一方面又向医疗机构捐献了巨额款项。
（15）あの会社には注意が必要だ。というのは、不法解雇を行う一方で、業績を偽っている。／ 需要注意一下那个公司。因为那个公司一方面非法解雇员工，另一方面还在业绩上做假。

例5 评价性判断的句子。（しかし、）～～一方（で）～。

它的形式是（先）有某种评价，虽然认可它，但在后面却提出相反的情况。

（16）彼は上司に評判がいい。しかし、上司に評判がいい一方で、部下には人気がない。／ 他在上司那评价很好。可是，虽然上司的评价好，但下属们却不喜欢他。
（17）夜行列車は疲れる。だが、疲れる一方で、旅の情緒を楽しむこともできる。／ 坐夜间的火车很累。不过虽然累，但另一方面也可以体验到旅游的情趣。

● **容易和哪些词语相连接**

1. X一方だ

「～～一方だ」表示向一定的方向发展，所以前面接续的词语表示变化的表达方式较多。
〈X处的词〉

◆ **表示变化的动词：**

増える、減る、悪化する、なる、値上がりする、値下がりする、たまる、増す、進む、～ていく、～てくる等。

（18）歯医者に行かなかったせいで、歯が痛くなる一方だ。／ 就因为没去看牙医，牙越来越疼了。

◆ **表示变化的名词：**

「名詞＋する」的名词（増加、減少、過疎化、増大）等。

（19）村おこしが盛んではあるが、多くの村は過疎化の一方だと言えよう。／振兴人口稀少的村庄活动很盛行，但另一方面可以说很多村庄人口过于稀少吧。

2. X一方（で）Y

〈X处的词〉

由于动词没有特殊的制约，这里我们来看一下形容词和名词。

◆形容词：

裕福だ、（一が）盛んだ、（一が）豊富だ、（一に）詳しい、（一に）慎重だ等。

（20）K大学は基礎研究が盛んな一方で、産学協同研究にも積極的である。／K大学的基础研究很繁荣，同时也积极从事生产和教育协作的研究。

◆带有修饰词语的名词：

急激な経済の成長、過酷な労働、華やかな生活等。

（21）あの女優は、華やかな生活の一方で、家庭的な愛情には恵まれていない。／那个女演员过着奢华生活，但没有得到家庭式的爱。

● 与近义表达方式的比较

1.「～一方（で）」与「～が／けれども」的比较

（22）多くの大企業は儲けを得ている一方で、利益を社会に還元している。／很多大企业一面得到利润，一面把利益回报给社会。

（22）句中的「～一方（で）」即使换成「～が／けれども」，句子的意思也不变。

（23）多くの大企業は儲けを得ているが／けれども、利益を社会に還元している。／很多大企业虽然得到利润，可是把利益回报给社会。

可是，例句（23）表达不出「～一方（で）」所具有的"同时"进行的意思。如果要表达出"同时"进行的意思，需要像「還元してもいる」这样，加上表示同类的「も」。由此可以得出以下结论：

～が／けれども：只是将前项和后项进行对比。

～一方（で）：在前项基础上具有"加之、同时进行"的含义。

2.「～一方（で）」和「～反面」的比较

「～反面」和「～一方（で）」同样，表示前项和后项（主句）相反。但是，「～反面」不表示行为，而表示同一事物的不同性质。

（24）この薬はよく効く{反面／一方（で）}、副作用も強い。／这个药虽然很有效，但副作用也很大。

（25）新幹線は便利だ。しかし、速くて便利である{反面／一方（で）}、旅を楽しむ喜びはない。／新干线很方便。可是，快速方便的同时，另一方面体验不到旅游的乐趣。

例句（24）、（25）分别阐述的是药和新干线的两个不同侧面。在像例句（26）这样，表示事态、行为的句子中，使用「一反面」就不恰当。

（26）彼は骨董品を収集する｛×反面／一方（で）｝、販売も手がけている。／他收集古董的同时还亲自销售。

3.「～一方だ」与「～ばかりだ」的比较

向一定方向倾斜的角度来说，「～ばかりだ」「～一方だ」表示相同的意思。两者都具有负面的含义。

（27）二人の仲は険悪になっていく｛ばかり／一方｝だ。／两个人的关系越来越紧张。

（28）日本へ来て以来、日本が嫌いになっていく｛ばかり／一方｝なんです。／来到日本以后，越来越讨厌日本了。

可以说「～一方だ」是略带书面语、生硬的说法，而「～ばかりだ」则直接表达说话人的心情。

  "学生习作中出现病句的例子"的解说

「～一方だ」本身就表示事物不断发展的状态，因此，如第1句一样，在前面接续的词语，使用表示进行的「～ている」，就会给人一种重复的感觉。

第2句「一方だ」和形容词相连接。而表示事物进行的「一方だ」不和形容词相连接。所以有必要将「いい」换成「よくなる」。

第3句替代「一方で」，使用「が／けれども」更恰当。像第3句这样，只表示对比、相反的事情的话，不需要使用「～一方（で）」，变为「とても高いが／けれども～」就可以。如果使用「～一方で」，就要放入"在那样的情况下添加，相反的或同样的事情也在进行"这一"同时进行"的意思。"酒店昂贵"与"服务和设备特别好"只是对比、对照关系，而没有"添加、同时进行"的关系。

第4句「経済成長の一方（で）」这种说法不恰当。如果想用「名词＋の一方（で）」的话，需要加上修饰语「急激な経済成長の一方で」，或使用动词说成「経済が成長する一方で」就可以了。

32

～うえで・～際（に）・～に際して

A：アンケートをとろうと思っています。/ 我一直想做问卷调查。
B：若者の意識調査ですか。/ 是关于年轻人的意识调查吗？
A：ええ、アンケートをとるうえでどんなことに気をつければいい でしょうか。/ 嗯，做问卷调查时，需要注意什么好呢？
B：そうですね。まず、アンケート項目は少なくしたほうがいいで すよ。/ 是啊，首先调查的项目少一些为好呀。

 学生学习中的难点和常提出的问题

1. 「～際に」与「～に際して」的用法相同吗？
2. 「～際に」与「～とき」「～場合」有什么区别？
3. 使用「うえ」的相关表达方式有「～うえで」「～うえは」等，其用法各不相，所以会弄混。

 学生习作中出现病句的例子

1. 研究を続けるうえで、日本に来て留学することにした。
   →研究を続けるうえで、日本に留学したほうがいいと判断した。/ 认为在继续搞研究时，最好去日本留学。
2. 人とコミュニケーションを円滑を保つうえで、討論をしましょう。
   →人とコミュニケーションを円滑に保つうえで、討論することは必要だ。/ 在保持和人顺利交流时，需要进行讨论。
3. 出発の際には、一言ご挨拶申し上げます。
   →出発に際して、一言ご挨拶申し上げます。/ 值此动身之际，我来说几句。
4. ご結婚に際し、これは小さいプレゼントです。
   →ご結婚に際し、心ばかりのプレゼントを差し上げます。/ 值此结婚之际，送上一点礼物聊表心意。
5. ご結婚に際し、ぜひ参加してください。
   →結婚の際には、ぜひ式に参加してください。/ 结婚的时候，务必请您参加结婚仪式。

说 明

● **基本的意义及用法**

「～うえで・～際（に）・～に際して」意思为"在……的时候""……的情况下"。但在意思用法上，有各自不同的特点。

1. ～うえで

和动词词典形、名词相接，表示"在做……的时候（场合）""值此做……之际""在做……过程中"的意思。后项（主句）中，大多阐述在那个时候或那个过程中所注意的地方、问题所在等。

（1）時間を守るということは、仕事をするうえで最低限のマナーである。／遵守时间是工作时最起码的礼节。

（2）時間を守るということは、仕事のうえで最低限のマナーである。／遵守时间是工作时最起码的礼节。

在36课中，将阐述表示"决心、精神准备"的「～うえは」，在39课中，将阐述表示"结果、结论"的「～うえで」。需要注意它们和本课表示"在那个时候或在那个过程中所注意的地方、问题所在"的「～（る）うえで」的区别。（⇒36、39）

2. ～際（に）

与动词词典形、夕形、名词等相接，意为"在……的时候""在做……的情况下"。比「～ときに」是更为正式、生硬的说法，含有遇到某种特别事态，顺利应对的意思（下画线部分由森田，1989引用）。

（3）そのことは大木さんと直接会った際に、伝えておきます。／这件事等我见到大木的时候，直接告诉他。

3. ～に際して

和2中的「～際（に）」一样，都表示「～ときに」的意思。虽与「～際（に）」相似，但具有"面临某种特殊事态，在那时"的意思。在正式致辞、问候句中，作为"开场白"经常使用，这是其特点。

（4）出発に際して、一言ご挨拶申し上げます。

● **构成法及接续方法**

因「うえで・際（に）・に際して」前面出现的动词、名词的接续方法不同，需要注意。

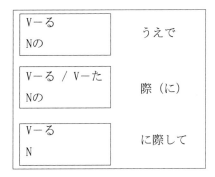

● 何时使用

1. 在会话中

「～うえで」「～際（に）」「～に際して」虽具有相同的意思，但句中出现「～うえで」时，可以推测后面出现注意的地方、问题所在的话语。

> （5）A：国際学会に論文を出すことにしました。／ 我决定在国际学会上发表论文。
> B：それはいい。／ 那很好。
> A：先生、論文を書く｛うえで／際に／に際して｝、どのようなことに注意したらいいでしょうか。／ 老师，写论文时应该注意些什么好呢？
> B：まず、今までにどこまで研究されているかをしっかりつかむことだね。／ 首先要牢固掌握迄今为止所研究的内容，是吧。

例句（6）是在图书馆里的会话。图书馆工作人员使用与工作场所相适应、正式、生硬的表达方式「際（に）は」。带有「は」的「際（に）は」，加入特别强调那个"时候"要叙述些什么的心情。

> （6）A：春休み中の貸し出しは何日間ですか。／ 春假期间，书可以借出多长时间？
> B：1か月です。／ 一个月。
> A：延長できますか。／ 可以续借吗？
> B：延長する際（に）は、更新手続きをしてください。／ 续借的时候，请重新办理借阅手续。

例句（7）是「～に際して」与「～際（に）」用法相同的情形。

> （7）职员：ご入学、おめでとうございます。／ 恭喜（您孩子）入学。
> 家长：あのう、質問があるんですが。／ 我想问一下……。
> 职员：はい、何でしょうか。／ 问什么？
> 家长：入学｛に際して／の際に｝寄付金がいると聞いているんですが、本当でしょうか。／ 听说入学的时候需要捐款，是真的吗？
> 职员：はい。しかし、それは強制ではありませんので。／ 是的，可是，那不是强制性的。

例句（8）是用于致辞的情形。有时使用比「際して」更正式的「際し」或「際しまして」。

> （8）校长：父兄の皆さん、ご子息のご入学おめでとうございます。／ 各位家长，恭喜令郎入学。
>
> 家长：ありがとうございます。／谢谢。
>
> 校长：入学に{際し／際しまして}、私のほうから一言ご挨拶申し上げます。本校は私学の名門として……／ 值此入学之际，我来说几句。我们学校作为私立学校中的名校……

2. 在文章中（以句子连接为例）

例1 事态、状况[—が／けれども]、意见、思考的句子[—うえで／際（に）／に際して—]。

它的形式是说明一个事态、状况，就其问题所在和注意的地方阐述意见、想法，或询问。意为"在……时候"的意思，也可以使用「—際（に）・—に際して」。

（9）住宅ローンを利用したいと思ってるんですが、借りる{うえで／際（に）は／に際しては}どんなことに注意したらいいでしょうか。／ 想使用住房贷款，贷款时注意哪些事情才好呢？

（10）大型店の出店が進んでいるが、出店する{うえで／際（に）は／に際しては}住民への丁寧な説明が必要である。／ 正在推进大型店铺的兴建，兴建店铺时，需要向居民进行详细的解释。

例2 [—うえで／際（に）／に際して—]こと／の／点／ポイントは—。

「—うえで／際（に）／に際して—」作为定语从句，修饰名词的时候比较多。

（11）住宅ローンを利用する{うえで／際（に）／に際して}注意すべき点は、返済に無理がないかということである。／ 使用住房贷款时，应该注意的地方是能否承受得了还款。

（12）大型店が出店する{うえで／際（に）／に際して}必要なのは、住民への丁寧な説明である。／ 兴建大型店铺时，需要做的是向居民进行详细的解释。

例3 意见、思考的句子[—うえで／際（に）／に際して—]。だから／そのために、—

它的形式是，阐述事物进展时必要的问题所在、注意的地方、意见、想法等，接下来进行说明"因此，怎么办才好呢"。

（13）申し込みをする{うえで／際（に）は／に際しては}保証人が必要になります。ですから、どなたかにお願いしておいてください。／ 申请时需要担保人。因此，请提前拜托一下哪一位。

（14）この仕事を進めていく{うえで／際（に）は／に際しては}、地域の人々の理解と協力が必要だ。だから、地元の行事には極力協力しよう。／ 推进这项工作时，需要周围居民的理解和协助。因此，要尽可能地配合当地的活动。

例4　原因、理由的句子［〜うえで/際（に）/に際して〜ので/から］

例3中的句子，有时使用「〜ので／から」变成一句话。

（15）申し込みをする｛うえで／際に／に際して｝保証人が必要になるので、どなたかにお願いしておいてください。／由于申请时需要担保人，因此，请提前拜托一下哪一位。

（16）この仕事を進めていく｛うえで／際に／に際して｝地域の人々の理解と協力が必要なのだから、地元の行事には極力協力しよう。／由于推进这项工作，需要周围居民的理解和协助，因此，尽可能地配合当地的活动。

● 容易和哪些词语相连接

基本上什么动词都可以使用。但由于「〜うえで・〜際（に）・〜に際して」都是具有书面语性质、较生硬的说法，所以出现的动词也是，「名词＋する」等动词多一些。

1. XうえでY

〈X处的词〉

◆动词：

「名词＋する」（出発する、提出する、発表する、留学する、延長する、進出する等）。

（17）留学するうえで、次のような手続きが必要になる。／留学时，需要办理以下手续。

2. X際（に）／に際してY

〈X处的词〉

◆动词：

同1。

（18）留学する｛際に／に際して｝、日本での成績表が重要になる。／留学时，在日本时的成绩单显得（很）重要。

◆表示动作、行为的名词（「名词＋する」的名词部分）：

出発、提出、発表、留学、延長、進出、申し込み、就職等。

（19）健康診断書は就職｛の際に／に際して｝必要です。／健康证明就职的时候需要。

"学生习作中出现病句的例子"的解说

「～うえで」的后项（主句），接续关于"在那个时候那个过程中的注意事项及问题所在等"的判断。第1句为说明事态的句子，所以，如修改后的句子那样，变成判断的句子才确切。

第2句将「～うえで」理解成了「～ために」才与「討論しましょう」相连接，「～うえで」表示在"在其过程中"的意思，把过程作为问题。后项（主句）因出现注意的地方、问题所在等，所以，如同修改后的句子那样，改成「討論することは必要だ」，句子就更通顺了。

第3句本该使用「～際して」的地方，却使用了「～際には」。第3句是对听话人的问候或通知的句子，面临那种时候进行问候或通知，属于"开场白"的用法，所以不能用「～際には」。

第4句和第5句「～に際し」使用不当。第4句「～に際し」这个词虽然使用确切，但向对方表达问候的方法不准确。

第5句由于想说「ぜひ参加してください」，不是表达"在（面对）……的时候"意思的「～に際し」，而应该使用表示"做……的时候"的「～際には」。

33 〜うちに・〜うちは

A：スーパーで朝市やってるよ。/ 超市正在搞早市促销活动呀。
B：安いの？/ 便宜吗？
A：いつもの半額ぐらい。でも、すぐ売り切れちゃうの。/ 是平时的半价。不过，很快就销售一空。
B：じゃ、売り切れないうちに買いに行こう。/ 那就趁着没售完去买吧。

 学生学习中的难点和常提出的问题

1. 在「うちに」「うちは」前面，不能正确地接续动词、形容词。
2. 不会使用「〜ないうちに」的形式。
3. 不清楚「うちに」和「うちは」的使用区别。
4. 「〜うちに」与「〜あいだに」、「〜うちは」与「〜あいだは」相同吗？
5. 「〜うちに」与「〜ときに」、「〜うちに」与「〜前に」弄混淆了。

 学生习作中出现病句的例子

1. 授業のうちに、問題用紙を出してください。
   →授業のあいだに、問題用紙を出してください。/ 上课时请交上试卷。
2. この本を借りているうちに、きちんときれいに使ってください。
   →この本を借りているうちは、きちんときれいに使ってください。/ 借用这本书期间，请保持整洁地使用。
3. テレビを見ているうちに、友達から電話がかかってきた。
   →テレビを見ているときに、友達から電話がかかってきた。/ 看电视时，朋友打来了电话。
4. 就職活動をしていないうちに、よく先輩と相談してください。
   →就職活動をする前に、よく先輩と相談してください。/ 找工作之前，请好好地和学长商量一下。

说 明

● **基本的意义及用法**

「うち」用汉字一般表示为「内」，指在某个范围内。正如针对「うち」，会意识到「そと」那样，它是"在其时间（期间）内"这一含义较强的表达方式。下面分成「うちに」和「うちは」进行阐述。

1. ～うちに

1）表示在其状态持续着的期间，"事态发生"或者"使动作结束"的意思。

（1）私が出かけているうちに、客が来てしまった。／我出门的时候来客人了。
（2）ラーメンは熱いうちに食べてください。／面条请趁热吃。
（3）雨がやんでいるうちに、買い物に行ってきましょう。／趁着雨停的时候去买东西吧。

例句（2）、（3）有时也可以像下面这样，用「～ないうちに」的形式来表示。

（4）ラーメンは冷めないうちに食べてください。／ 面条请趁着没凉的时候吃。
（5）雨が降らないうちに、買い物に行ってきましょう。／趁着不下雨的时候去买东西吧。

「～ないうちに」则从担心事态会变化的角度看，"必须在此时间（期间）内"的语感显得较强。

2）表示在状态持续的时候，同时发生变化。

（6）本を読んでいるうちに、眠くなってしまった。／ 看着看着书就困了。

2. ～うちは

另一方面，「～うちは」是强调那段期间的说法，表示在那个状态的期间，其动作、事态（还在）持续。一般后项（主句）表示说话人的判断。

（7）元気なうちは人のために働きたい。／ 想趁着健康的时候，为他人做些工作。
（8）彼女が言い出さないうちは、我々も黙っていよう。／ 在她未说出来的时候，我们也沉默吧。

● **构成法及接续方法**

下面是「うち」前面接续动词、形容词、「名词＋だ」的形式。「うち」原则上不接夕形。

V－る ／ V－ない ／ V－ている イ adj. －い ナ adj. －な Nの	うちに うちは

● 何时使用

1. 在会话中

「～うちに」含有一旦超过那个时间（期间），事态就会变化的意思。所以，「うちに」前出现时间的话，后面易于接续事态变化的句子。

下面的「晴れている」也表示一时性的事态变化。

（9）A：台風が来るそうね。／听说台风要来啊。
　　　B：ええっ。／啊?
　　　A：庭のトマト、大丈夫かしら。／院子里的西红柿不要紧吧?
　　　B：そうだね。晴れているうちに、トマトの支柱を立てておこう。／是啊，趁着天晴，给西红柿搭个支架吧。

使用「～ないうちに」时，加入了"必须在其时间（期间）内"这一较强语感或担心等意思。

（10）A：台風が来るそうよ。
　　　B：ええっ。
　　　A：庭のトマト、大丈夫かしら。
　　　B：そうだね。台風が来ないうちに、トマトの支柱を立てておこう。／是啊，趁着台风没来，给西红柿搭个支架吧。

例句（9）、（10）的「～うちに」表示"事态发生"或"使行为结束"的意思。下面的例句（11）中的「～うちに」表示与前项的动作状态持续的同时，后项（主句）发生变化。

（11）A：杉本さんと結婚しようと思っているの。
　　　B：へえ、あんな人タイプじゃないって言ってたのに。
　　　A：うん、でも、付き合っているうちに、好きになっちゃったの。／嗯，不过，处着处着就喜欢上了他。
　　　B：そう、それはよかったわね。

下列是「～うちに」与「～うちは」的比较。

（12）A：毎日お忙しそうですね。／您好像每天很忙啊。
　　　B：ええ、貧乏暇なしですよ。／嗯，越穷越忙呀。
　　　A：お元気で何よりです。／您（身体）健康比什么都强。
　　　B：元気なうちに働いて、老後のためにお金をためておきたいんです。／趁着身体好的时候多工作，想为晚年攒点钱。

（13）A：毎日お忙しそうですね。
　　　B：ええ、おかげさまで。／嗯，托您的福。
　　　A：退職されたのでしょう？／您退休了吧?

B：ええ、でも、元気なうちは人のために働きたいと思っています。／ 嗯，不过，想趁着健康的时候，为别人做一些工作。

例句（12）「元気なうちに働く」重点放在"处于健康状态的时候""工作"这一时间（期间）。还有，例句（13）（因为要是上了年纪也许就不能工作了），所以"趁着健康的时候"，表示"工作"这一含有说话人对比的判断。

2. 在文章中（以句子连接为例）

例1 ～（し）ないうちに～（する）と、结果的句子。

「～（し）ないうちに～と、～」表示"在不做……状态的期间，做些什么的话，会产生不好的结果"的意思。

（14）衣類はよく乾かないうちにしまうと、カビが生えることがあります。／ 如果衣服不干透就收起来的话，有时会发霉。

（15）ハムスターは、環境に慣れないうちに部屋に入れると、家具のすき間に隠れたり、戸のすき間から外に出て行ったりする。／ 仓鼠如果不适应环境就放到房间里的话，它就会藏到家具的缝隙里，或者从门缝跑到外面去。

例2 ～（し）ないうちに～（する）と、结果的句子。总结的句子[（だから／ですから）～]。

它的形式是在例1的后面，出现总结的句子。总结的句子多用「だから／ですから」来引导。

（16）衣類はよく乾かないうちにしまうと、カビが生えることがあります。ですから、日に当てて十分に乾燥する必要があります。／ 如果衣服不干透就收起来的话，有时会发霉。因此需要放在阳光下充分晒干。

（17）ハムスターは、環境に慣れないうちに部屋に入れると、家具のすき間に隠れたり、戸のすき間から外に出て行ったりします。（だから）しばらくの間はハウスの中で育ててください。／ 仓鼠如果不适应环境就放到房间里的话，它就会藏到家具的缝隙里，或者从门缝跑到外面去。所以请在笼子里饲养一段时间。

例3 事态、状况的句子。～（し）ているうちに、事态变化的句子。（それで／そのため）～。

阐述事物的经过时，「～ているうちに」容易出现。表示出现某种事态、状况，与其相关，发生一些变化，其变化成为契机，会发生下面事态这一模式。

（18）入院中の退屈しのぎにサスペンス本を読むようになった。毎晩読んでいるうちに、だんだんおもしろくなった。それで娘に電話をかけて、3、4冊買ってこさせた。／ 住院时为了消磨时间开始读（推理）悬念小说。每晚都读，读着读着渐渐感觉很有趣。所以，给女儿打电话，让她给我买了三四本。

（19）出がけに女房と喧嘩した。あれこれと考えているうちに道を間違えてしまった。そのため約束の時間に遅れてしまった。／ 刚要出门时和妻子吵了起来。想东想西，结果走错路了。因此耽误了约会的时间。

例4 ーうちはーが/けれども、対比性的句子。

「うちは」和「が／けれども」同时出现，表示前项和后项对比、对照的关系。

（20）この紙は、濡れているうちは茶色ですが、乾かすと淡い色に変わっていきます。／ 这种纸淋湿的时候是茶色，干了颜色就变淡了。

（21）仕事や勉強などを上手くやれているうちはいいが、一旦上手くやれなくなると、自分の殻に閉じこもってしまう人たちが多くなっている。／ 工作、学习顺利的时候还好，一旦不顺利了，很多人就会把自己关在自己的小天地里。

●容易和哪些词语相连接

1. "事态发生、使行为结束" XうちにY

〈X处的词〉

◆表示持续状态的动词：

ーている（出かけている、寝ている、晴れている）、続く、ある、いる、可能动词（働ける、休める）等。

（22）時間があるうちに、この仕事をしてしまおう。／ 趁着有时间，把这项工作做完吧。

◆具有"经过一定时间（期间）就发生变化"内容的形容词：

熱い、冷たい、若い、明るい、元気だ等。

（23）冷たいうちに、お飲みください。／ 请您趁凉的时候喝。

◆具有"经过一定时间（期间）就发生变化"内容的名词：

子供、高校生、学生、独身、一人等。

（24）学生のうちに一人旅をしたい。／ 趁着还是学生的时候，想一个人出去旅游。

〈Y处的词〉

◆表示动作、事态发生的动词：

帰る、行く、終わる、食べる、読む、（事件が）起きる・起こる、被动动词（入られる、盗まれる、とられる）、ーてしまう等。

（25）私が寝ているうちに、彼は帰ってしまった。／ 当我睡觉的时候，他回去了。

（26）ちょっと出かけているうちに、空き巣に入られた。／ 稍微出去了一会儿，家里就进来了小偷。

2. "事态发生、使行为结束" Xないうちに Y

〈X处的词〉

◆表示变化的动词：

冷める、なる、変わる、起きる、売り切れる、（雨が）降る、来る、帰る、行く、ーてしまう、ー（し）終わる、ーてくる等。

（27）子供が起きないうちに、買物に行ってこよう。／ 趁着孩子没起床，去买东西吧。

（28）暗くならないうちに、仕事を終わらせた。／ 趁着天没黑，把工作做完了。

〈Y处的词〉

和1相同，出现表示动作、事态发生的动词等。

（29）津波の第一波が終わらないうちに、第二波が押し寄せてきた。／ 海啸前浪未停，后一浪就涌来了。

◆表达说话人心情的表达方式：

ー（よ）う、ー（た）ほうがいい、ーなければならない、ーておく等。

（30）夫が帰ってこないうちに、夕食の支度をしておかなければならない。／ 趁丈夫还没有回来，必须准备好晚饭。

表达说话人心情的表达方式，似乎比1要多。

3. "表示同时发生变化" XうちにY

〈Y处的词〉

◆表示变化的动词：

なる、変わる、変える、ーてくる、ーていく、ーようになる、ーてしまう等。

（31）日本にいるうちに、性格が変わってきた。／ 在日本期间，性格发生了变化。

4. XうちはY

〈X处的词〉

和1相同。

〈Y处的词〉

◆表达说话人心情的表达方式等：

ーたい、ーほうがいい、ーべきだ、ー（し）よう、ーている、いる、続ける等。

（32）体力が続くうちは、働きたい。／ 趁着有体力的时候，想工作。

● 与近义表达方式的比较

1.「〜ないうちに」和「〜(る)前に」的比较

「〜ないうちに」含有对状态变化的担心，表达说话人"必须在这段时间（期间）内"这种强烈的心情。而「〜(る)前に」则表示在"某事态发生之前"，即只表示时间的前后关系。

（33）a．売り切れないうちに買いに行こう。／趁着还没卖完，去买吧。
　　　b．売り切れる前に買いに行こう。／在卖完之前，去买吧。
（34）a．台風が来ないうちに、トマトの支柱を立てよう。／趁着台风还没来，给西红柿搭个支架吧。
　　　b．台風が来る前に、トマトの支柱を立てよう。／台风来之前，给西红柿搭个支架吧。

（33）a含有担心货物卖完，（34）a含有担心台风会来。

在「〜ないうちに」中，「うちに」的前面接续表示变化的表达方式，「前に」之前，可以接续大部分的动词。例句（35）由于接了不表示变化的动词（食べる），所以使用「うちに」不合适，使用「前に」比较恰当。

（35）a．？ご飯を食べないうちに手を洗いましょう。
　　　b．　ご飯を食べる前に手を洗いましょう。／吃饭前洗手吧。

因此，一般认为「ないうちに」和「前に」之前，接表示变化的动词时，两者可以互换。

（36）a．暗くならないうちに帰りなさい。／趁着天没黑，回家吧。
　　　b．暗くなる前に帰りなさい。／天黑前，回家吧。

虽然写过「前に」前面可以接续"大部分的动词"，但如下所示，很难与表示存在的动词（いる、ある）或「〜ている」接续。

（37）a．？父がいる前に宿題をしてしまう。
　　　b．父が戻る前に宿題をしてしまう。／爸爸回来前，做完作业。
（38）a．？書いている前に、文面を考えた。
　　　b．書く前に、文面を考えた。／动笔写之前，思考了文章大意。

2.「〜うちに」和「〜あいだに」的比较

请参照本书「30 〜あいだ（は）・〜あいだに」。

"学生习作中出现病句的例子"的解说

　　第1句表示在其状态持续期间，"事态发生""使行为结束"，所以，「うちに」前面接续的名词，需要具有"过了一定时间就会变化"的性质。而「授業」不具有这样的性质，所以，这里需要修改成「授業が終わらないうちに」或「授業中に」「授業のあいだに」。

　　第2句是「うちに」和「うちは」混淆的病句。由于想说"借用期间一直整洁地使用"，所以，有必要使用表示"前项状态持续期间，后项（主句）状态持续"的「うちは」。

　　第3句表示在那个时间、期间内的某个时间点，"打来了电话"，所以，形式上的重点是那个时间点，使用「テレビを見ているとき」更好。（如果是朋友说一会儿打电话来，结果"在看电视的时候，就已经（早早）打来了电话"的话，这时也可以使用「うちに」。）

　　第4句是「ないうちに」的使用方法的错误。可以考虑以下两点：一是「ないうちに」的表达方式，从担心事态变化看，"必须在此时间（期间）内"的心情变强。其次就是在「ないうちに」前面，需要接续表示变化的动词。学生的例句中，既没有包含"必须在那段时间（期间）"的含义，"找工作"也不是表示变化的动词。因此，在这里解释为仅仅表示时间的前后关系，如修改后的句子那样，改成「〜（る）前に」比较好。

34

～おかげで・～せいで

A：……お父上、残念でございましたね。/ 令尊的事可真令人惋惜呀！
B：ええ。/ 是啊。
A：ご病気は……。/ 得的是什么病呢？
B：癌だったんです。発見が遅かったせいで、見つかったときには手遅れでした。/ 癌症。由于发现晚了，发现的时候，为时已晚。

 学生学习中的难点和常提出的问题

1. 虽然知道问候语「おかげさまで」，可是「～おかげで」什么时候使用呢？
2. 「～せいで」什么时候使用？没怎么听说过。
3. 听说过「～おかげで」用于不好的结果时，那是为什么？

 学生习作中出现病句的例子

1. その飛行機に乗り遅れたおかげで、事故を遭わずにすむことにした。
   →その飛行機に乗り遅れたおかげで、事故に遭わずにすんだ。/ 正因为没赶上那班飞机，才没遇上事故。
2. 手伝っていただいたおかげで、早く仕事をすませた。
   →手伝っていただいたおかげで、早く仕事をすませることができました。/ 多亏您的帮忙，才能很快地完成了工作。
3. 僕が参加しなかったのせいで、みんなが失望した。
   →僕が参加しなかったせいで、みんなに迷惑をかけてしまった。/ 都怪我没参加，给大家添了麻烦。
4. 風邪をひいたせいで、宿題をしなかった。
   →風邪をひいたせいで、宿題ができなかった。/風邪をひいたために、宿題ができなかった。/ 因为感冒了，所以，没能完成作业。

说 明

● **基本的意义及用法**

与「～ので・～から」相同，「～おかげで・～せいで」也表示原因、理由。其不同点在于「～

「～ので・～から」是说话人从中立的立场阐述原因、理由，而「～おかげで・～せいで」加入了说话人的评价、心情。

「～おかげで」表示后项（主句）中的主语，因为前项而受益；而「～せいで」则表示后项因前项受到不利的影响。

1.～おかげで

（1）先輩が手伝ってくれたおかげで、論文を完成することができた。／多亏学长的帮忙，才能够写完了论文。

（2）看護師さんが親切なおかげで、快適な入院生活を過ごしている。／护士很热情，所以，我住院期间过得很愉快。

2.～せいで

（3）寝る前にコーヒーを飲んだせいで、なかなか寝つけなかった。／都怪睡觉前喝了咖啡，怎么也睡不着。

（4）あの人のせいで仕事を失敗してしまった。／都怨那个人，工作才失败了。

● 构成法及接续方法

Nの 普通形 ［例外 ナadj. だ → ナadj.－な］	おかげで せいで

● 何时使用

1. 在会话中

「～おかげで」对其前面出现的人或事情表示感谢，而「～せいで」则是表示责备、遗憾的心情。那是因为「～おかげで・～せいで」把重点放在原因、理由的所在，在这点上，与只表示因果关系的「～ので」「～から」不同。

（5）A：お子さん、助かってよかったですね。／您儿子得救了，真是太好了。
　　B：ええ、ちょうどパトカーが通りがかったおかげで、発見が早くて……。／嗯，警车正好经过，发现得早，所以才……

（6）A：スキー場はいかがでしたか。／滑雪场怎么样？
　　B：暖冬のせいで雪が少なかったです。／由于暖冬，雪很少。

「～おかげで・～せいで」后项（主句）句尾，不接续表示意志的表达方式。

（7）×助けていただいたおかげで、お礼を差し上げたいと思います。

（8）×花粉の飛散がはげしいせいで、マスクをしてください。

在表示好的结果的「～おかげで」之前，接续「～してくれた／くださった」「～してもらった／いただいた」等授受关系的表达方式居多。

（9）A：就職おめでとう。／祝贺你找到了工作。
B：ありがとうございます。／谢谢。
A：よかったですね。／太好了。
B：はい、皆さんに応援していただいたおかげで、就職することができました。／是啊，多亏得到了大家的支持，才能找到工作。
A：頑張ってくださいね。／要加油啊。

「応援していただいたおかげで」也可以只使用「応援していただいて」。

「～おかげで」表示好的结果，但在表达讽刺意味的内容时，有时也可以用于不好的结果。用于对对方的好意、行动使用时，带有责备的感觉。在关系亲密的人之间使用。

（10）A：消費税が上がりましたね。／消费税上涨了啊。
B：ほんとに困りますね。／真让人为难啊。
A：消費税が上がったおかげで、商品そのものまで値上がりしていますよ。／由于消费税上涨，连商品本身也涨价了呀。

（11）A：ミスをしてごめん。／失误了，很抱歉。
B：ほんとだよ。君がミスをしてくれたおかげで、全部やり直しだ。／真是的。就因为你的失误，我才要全部返工呀。

「～せいで」对他人使用的时候，表示责备别人、追究责任，用于自己时，表示对自己的责备、后悔或者是道歉的心情。

（12）A：山田君が病気になって、旅行はだめになってしまいましたね。／山田生病了，旅游没去成啊。
B：そうですよ。山田君のせいで台無しになってしまいましたよ。／是啊，都怪山田，旅游没去成呀。

（13）A：お体、もういいんですか。／您身体已经好了吗？
B：ええ、今は何とか。私のせいで旅行がだめになってしまって、すみませんでした。／嗯，现在总算好起来了。都怪我，旅游没能成行，真的很抱歉。

2. 在文章中（以句子连接为例）

例1　（他人的）行为、行动的句子。　～おかげで/せいで、结果的句子。

它的形式是阐述对方或者第三者的行为、行动，叙述由于前述原因，结果如何。好的结果时，使用「～おかげで」，不好的结果时使用「～せいで」。

（14）引越しのときには友達がたくさん来てくれた。みんなが手伝ってくれたおかげで、短時間で片付けることができた。／搬家的时候，来了很多朋友。多亏大家的帮忙，才能在短时间内收拾好。

（15）弟夫婦が親の介護はしないと言い出した。弟達のせいで兄弟の仲がギクシャクし始めた。／弟弟弟妹提出不护理父母。就因为弟弟他们（如此），我们兄弟间的关系才开始不和。

例2　事态、状况的句子。ーおかげで/せいで、结果的句子。

形式和例1相同，但前面的句子不是对方或者第三者的行为、行动，而是事态、状况。

（16）家の近くで温泉が湧き出た。温泉が出たおかげで、まわりが急に活気づいてきた。／我们家附近出现了一个温泉。多亏有了温泉，附近突然间生机勃勃。

（17）家の近くで温泉が湧き出た。温泉が出たせいで、まわりが急にうるさくなってきた。／我们家附近出现了一个温泉。就因为有了温泉，附近突然间吵闹起来。

例3　ーのはーおかげだ/せいだ。补充的句子。

不论好的结果，还是坏的结果，总之是在强调产生其结果的原因、理由的一种说法。在表示感谢、相反追究责任时使用。后面接续补充说话人心情的句子。

（18）私が今日あるのは、皆様に助けていただいたおかげです。ありがとうございました。／我能有今天，多亏了大家的帮助。谢谢。

（19）失敗したのはおまえのせいだ。許さない。／失败就怪你。我不会原谅你的。

● 容易和哪些词语相连接

1. XおかげでY

〈X处的词〉

◆ 表示恩惠、感谢的表达方式：

ーてくれた、ーてくださった、ーてもらった、ーていただいた等。

（20）皆さんに助けていただいたおかげで、元気になりました。／多亏了大家帮助，我好起来了。

◆ 表示人的名词：

皆さん、みんな、ーさん、先生、課長、友達、家族、誰等。

（21）皆さんのおかげで、この研究を成功させることができた。／多亏了大家，这项研究才能成功。

〈Y处的词〉

◆ 表示可能的词语：

ーすることができる、可能動詞（続けられる、食べられる）等。

（22）誰のおかげで生活できると思ってるのか。／你想过多亏了谁你才能生活吗?

2. XせいでY

〈X处的词〉

◆关于人的行为、动作、事态的动词：

言う、する、起こる、被动动词（言われる、される）等。

（23）あんなことを言われたせいで、信用がなくなってしまった。／ 由于有人说了那件事，才让我失去了信用。

◆表示人的名词：

あなた、あの人、あいつ、おまえ等。

（24）あの人のせいで仕事がうまく行かなくなった。／ 都怪那个人，工作（才）进展得不顺利。

〈X处的词语〉

◆表示后悔、不满的表达方式：

ーてしまった、ーすることができなかった等。

（25）あの人のせいで、失敗してしまった。／ 都怪那个人才失败了。

● 与近义表达方式的比较

「〜せいで」和「〜ばかりに」的比较（⇒13）

与「〜せいで」一样，在表达不好结果发生的原因、理由的表达方式中，还有「ー（た）ばかりに」。

（26）彼女は彼のことばを信じた{せいで／ばかりに}ひどい目にあった。／ 就因为她相信了他的话，才遇到了倒霉事。

「ーばかりに」来自于提示助词「ばかり」。「ばかり」表示限定，所以，一般认为「ーばかりに」也含有限定"其原因、理由"的意思，包含说话人的"就因为那些"这种强烈的批判、责备、后悔的心情。例句（27）也可以用「ーせいで」，但「ばかりに」似乎表达的说话人的心情更强。

（27）私が相談に乗ってあげなかった{せいで／ばかりに}、彼女は自殺してしまった。／ 就因为我没和她谈心，她才自杀了。

另外像例句（28）这样，表示"偶然相邻在一起"，因果关系很弱的情况下，使用以原因、理由作为问题所在的「せいで」，就显得不太恰当。

（29）酔っ払いと隣り合わせた{？せいで／ばかりに}、からまれて往生した。／ 就因为和醉鬼相邻（而坐），才被纠缠得难以应付。

"学生习作中出现病句的例子"的解说

　　第1句和第2句都是连接「～おかげで」的后项（主句）句尾，不恰当的例子。连接「～おかげで」的主句句尾，由于选择"由于那样的利益，产生这样的结果"的表达方式，所以，第1句中主句句尾使用「事故に遭わなかった、遭わずにすんだ」等表达方式是恰当的。同样，第2句也一样，「早く仕事をすませることができた」等表达方式才显得恰当。

　　第3句和第4句都是使用「せいで」的病句。第3句中「僕は参加しなかったこと」和「みんなが失望したこと」仅仅是因果关系，所以，如果使用「せいで」的话，需要改为「みんなに迷惑をかけた」等表示"带来不利"的说法。第4句和第3句一样，前项和后项（主句）只表达单纯的因果关系，想用「せいで」来表达的话，后项应该改为「宿題ができなかった」。

35

～かぎり・～かぎりでは・～にかぎって

> A：内山副社長がいるかぎり、この会社はよくならない。／ 只要内山副总在，这个公司就好不了。
> B：そんなことはないよ。／ 哪有那种事呀。
> A：副社長は私腹を肥やしているらしいよ。／ 听说副总中饱私囊呀。
> B：まさか。副社長にかぎってそんなことはないはずだ。／ 怎么会！唯有副总才不会做那种事呢。

 学生学习中的难点和常提出的问题

1. 经常出现带有「かぎり」的表达方式，每个意思都很难理解。
2. 「かぎり」的前面接续的是名词还是动词呢？
3. 「～かぎり」与「～にかぎって」弄混淆了。

 学生习作中出现病句的例子

1. 見わたすかぎり、今いい天気ですね。
   →見わたすかぎり、晴れわたっている。／ 一望无际，晴空万里。
2. 読んだかぎり、ご紹介ください。
   →お読みになったことをご紹介ください。／ お読みになったかぎりのことをご紹介ください。／ 请介绍一下您读的内容。／ 请介绍一下您所读的（范围的）内容。
3. ざっと読んだかぎりでは本の内容がわかった。
   →ざっと読んだだけだが／だけで、本の内容がわかった。／ 只粗略地读了一下，就理解了书的内容。
4. 思慮深い小川さんにかぎって、すばらしい評論ができた。
   →思慮深い小川さんだからこそ、すばらしい評論ができた。／ 正因为是深谋远虑的小川，才能做出那么精彩的评论。
5. きちょうめんな男にかぎって、そんな馬鹿なことをするはずはない。
   →きちょうめんな男なんだから、そんな馬鹿なことをするはずはない。／ 因为是一丝不苟的男人，才不会做那么愚蠢的事。

说 明

● 基本的意义及用法

「〜かぎり・〜かぎりでは・〜にかぎって」都是由动词「限る」演变而来的，表示限定或范围。

1. 〜かぎり

表示"把某状态持续的范围作为界限"。「かぎり」的前面接动词、形容词、名词。

（1）あの人がいるかぎり、私はメンバーになりたくない。／ 只要那个人在，我就不想加入。
（2）可能なかぎり薬を飲まないようにしている。／尽可能不要吃药。
（3）命のかぎり君を愛します。／ 只要活着就爱你。

2. 〜かぎりでは

「かぎりでは」前面接「知る、見る、聞く、読む」等表示知觉的动词，表示"说话人在感觉/感到了的范围内，做出判断"的意思。后项（主句）接续表示判断的句子。

（4）私の知っているかぎりでは、彼女はそんなことをする人じゃありません。／ 据我所知，她不是做那种事的人。

3. 〜にかぎって

限定提示"时间"、人或物，表示"特别是那种时候是……／不是……"。

1）"（修饰语＋）时间、人"＋にかぎって

前面接修饰语，表示"与那样场合、时间、人物相匹配"的意思。发生不妥的事情时使用。肯定、否定都可以使用。

（5）私が出かけるときにかぎって、雨が降る。／唯独我要出门的时候下雨。
（6）大人しい人にかぎっていじめられることが多い。／ 唯独老实人被欺负的时候居多。

2）"名词"＋にかぎって（否定）

表示"只有那个人（东西）不会……"的意思。用于否定句中。

（7）わが社の社員にかぎって、そのような不正はするはずがない。／ 只有我们公司的员工不会做那种违法的事。

● 构成法及接续方法

「〜かぎり・〜かぎりでは・〜にかぎって」的接续方法，有如下的不同：

V—る / V—ない イadj.—い / イadj.—くない ナadj.—な / ナadj.—じゃ（で）ない Nの / Nじゃ（で）ない	かぎり

V—る / V—た / V—ている / V—ていた	かぎりでは

N	にかぎって

● 何时使用

1. 在会话中

「かぎり」前面接可能动词的话，表示出积极的含义，"最大限度尽自己的能力、最大限度使用时间"。

（8）A：試験、どうだった。/ 考试怎么样？
B：難しかったよ。やれるかぎりやったけど。/ 太难了呀。我把能做的做了而已。
A：大丈夫だよ。/ 没关系呀。
B：うん、あとは結果を待つだけだ。/ 嗯，后头的只有等结果了。

像下列会话这样，「—ないかぎり」的后项（主句）中，经常接续表示说话人判断的句子。

（9）A：どうしたの。/ 怎么了？
B：佐藤さんとちょっと。/ 和佐藤有点合不来。
A：またもめたのか。/ 又争执起来了？
B：僕も言い過ぎたんだけど。/ 我也说得过分了。
A：君が考えを改めないかぎり、うまくいかないよ。/ 只要你的想法不变，（你们的关系）就不会好的呀。

「—かぎり」句尾可以接续意志的表达方式，而「—かぎりでは」「—にかぎって」则不能接续意志的表达方式。

（10）A：お子さん、大きくなりましたね。/ 您孩子长大了呀。
B：ええ、おかげさまで。/ 嗯，托您福。
A：お母さんお一人で大変でしたでしょう。/ 妈妈一个人带孩子很难吧。
B：ええ、でも元気なかぎり、頑張ろうと思います。/ 嗯，不过只要身体健康，就想努力（带好他）。

以下会话中的「—かぎりでは」是表示"说话人在感觉/感受到了的范围内，做出判断"。在后项中，一般阐述说话人的判断。

（11）患者：先生、どうでしょうか。／大夫，怎么样啊？
　　　医生：レントゲンで見るかぎりでは、以前の影は消えていますね。／ 从X光照片上看，以前的阴影消失了。
　　　患者：ああ、よかった。／是吗，太好了。

「～にかぎって」大多和"时间"一起使用，表示经常有的、一般性的事情。由于具有"发生不妥的事情"的含义，所以不能用于具有正面含义的事情。

（12）A：『経済進化論』あった？／找到《经济进化论》了吗？
　　　B：いや、出版社に問い合わせているんだけど。／没，正在向出版社咨询呢。
　　　A：ないかもしれないね。／也许没有了吧。
　　　B：そうなんだ。読みたいときにかぎって、絶版だったりするからね。／是啊，唯独想读的时候又绝版了。

下列是「～にかぎって（否定）」的会话。

「～にかぎって（否定）」前面接的名词，多是说话人非常熟知的、特定的人或物等，含有"（说话人）非常熟悉，并且，因为是进行评价的人（物），不做……"的意思。在句尾使用「～はずが（は）ない」「～わけが（は）ない」的表达方式居多。

（13）A：泉先生の小説だけど。／（跟你）说说泉老师的小说。
　　　B：うん。／嗯。
　　　A：盗作の疑いがあるんだって。／据说有抄袭的嫌疑。
　　　B：ええっ、あの先生にかぎって、盗作なんてするはずがないよ。／ 啊，只有那位老师才决不会抄袭呢。

2. 在文章中（以句子连接为例）

例1　（负面的）事情、前提的句子[が/けれども/ても]、～かぎり（は）～。

它的形式是使用「～かぎり」，表示虽然有某种消极的事情、前提，但只要在一定的限度、范围内，就没问题。

（14）外は大雪でも、部屋の中にいるかぎりは春のようだ。／ 外面即使下大雪，只要待在房间里就像春天一样。
（15）衛生状態が悪いといわれているが、生水を飲まないかぎり大丈夫だ。／ 虽说卫生条件不好，不过只要不喝生水就没问题。

例2　（正面的）事情、前提的句子[が/けれども/ても]、～かぎり（は）～。

和例1相反，表示虽然有某种积极的事情、前提，但只要不脱离现在的状态，就不能达到那种积极的状况。

（16）いい就職先があるけれども、今のように怠けているかぎり、紹介できない。／ 虽然有好的工作单位，可是，只要你还像现在这样懒惰的话，就不能（为你）介绍。

（17）頭がよくても、運がないかぎり出世できないものだ。／ 即使聪明，只要不走运，就不可能出人头地。

例1和例2使用「しかし／だが」等，有时也变成2个句子。

（18）外は大雪だ。しかし、部屋の中にいるかぎりは春のようだ。／ 外面下大雪。但是，只要待在房间里就像春天一样。
（19）いい就職先がある。だが、今のように怠けているかぎり、紹介できない。／ 有好的工作单位。可是，只要你还像现在这样懒惰的话，就不能（为你）介绍。

例3　〜かぎりでは〜。　补充说明、意思相反的句子[しかし、〜]。

它的形式是使用「〜かぎりでは」先暂时断言，然后再补充说明或者叙述意思相反的情形。

（20）私が覚えているかぎりでは、金曜日には書類はこの引き出しに入っていた。しかし、それ以降のことはわからない。／ 据我的记忆，周五将资料放在这个抽屉里了。但是，那之后的情况就不清楚了。
（21）グラフで見るかぎりでは、順調に上昇しているように見える。しかし、実際はそんなに単純なものではない。／ 就从图表上看，好像显示顺利地上升。但事实上并不那么简单。

例4　前提的句子 [〜が／けれども]、〜かぎりでは〜。

先说前提，然后也有使用「〜かぎりでは」进行说明的形式。

（22）完全に解明されてはいないが、私が把握しているかぎりでは次のようなことが言える。／ 虽然还没有完全搞清楚，但是，据我所掌握的（范围内），可以说出以下的事情。
（23）異論があるかもしれませんが、私の知るかぎりでは彼は有能な青年だと思います。／ 或许有不同意见，可是据我所知，我想他是个有能力的青年。

例5　事情、前提的句子 [〜が／けれども]、〜にかぎって〜。

它的说法是存在某种事情、前提，就其进行限定、提示强调，并阐述发生的事情。

（24）今日はゆっくり朝寝しようと思っていたが、そういうときにかぎって、朝早く目が覚めてしまう。／今天本想好好地睡个懒觉，唯独这天早上早早醒了。
（25）学校に文句を言う父兄が増えているが、そういう父兄にかぎって自分の子供のしつけはなっていない。／ 向学校发牢骚的家长越来越多。可是，唯独这样的家长没有好好管教自己的孩子。

例5可以变成下列这样的2个句子。一般使用接续词「しかし／それなのに」等。

（26）今日はゆっくり朝寝しようと思っていた。それなのに、そういうときにかぎって、朝早く目が覚めてしまう。／今天本想好好地睡个懒觉。可是偏偏，只有这天却早早醒了。
（27）学校に文句を言う父兄が増えている。しかし、そういう父兄にかぎって自分の子供のしつけはなっていない。／ 向学校发牢骚的家长越来越多。可是，只有这样的家长没有好好管教自己的孩子。

●容易和哪些词语相连接

1. XかぎりY
〈X处的词〉
◆表示界限的名词：
命、力、時間、記憶等。

（28）そのときのことを記憶のかぎり思い出してください。／那时候的事情请尽可能地回忆一下。

◆表示界限范围的动词：
見わたす、知っている、可能动词（できる、働ける、やれる、思い出せる）等。

（29）思い出せるかぎりのことは話したつもりだ。／本打算说说能够回忆起来的事情。

2. XかぎりではY
〈X处的词〉
◆知觉动词等：
見る、聞く、知る、経験する、調べる、検索する、覚えている等。

（30）私の知るかぎりでは、そのような事実はありません。／据我所知，没有那样的事。

◆副词：ざっと、今まで等。

（31）ざっと調べたかぎりでは、そのような事実はありません。／据粗略调查，没有那样的事。

3. XにかぎってY
〈X处的词〉
◆表示特定时间的表达方式：
そんな／こういうとき、こんな／こういう日、忙しいとき、お金がないとき等。

◆表示人的名词等：
うちの子、我が家、うちの一、○○さん、威張っている人、自慢する人、お金を持っている人等。

〈Y处的词〉
◆表示变化的动词等：
ーたくなる、ーほしくなる、変わる、来る、ー（し）始める、ー（し）出す、ーてくる、豹変する等。

（32）忙しい日にかぎって、映画を見に行きたくなる。／唯独忙的时候，才想去看电影。

◆ 表示"不可能、不可能有"的表达方式：
～はずが／はない、～わけが／はない、できない等。

（33）うちの子供にかぎって、いじめをするはずがない。／ 只有我们家的孩子才不会欺负人呢。

（34）威張っている人にかぎって、自分のことは何もできない。／ 唯独逞威风的人，自己的事情什么都不会做。

◆ 助词：など、なんか、なんて等。

（35）うちの子供にかぎって、いじめなど／なんか／なんて絶対にしない。／ 唯独我们家的孩子才绝对不会欺负人什么的呢。

◆ 副词：必ず、いつも、絶対に等。

（36）電話に出たくないときにかぎって、いつも電話がかかってくる。／ 唯独不想接电话的时候，总是有电话打来。

◆ 指示词：そんな、こんな、そんなに等。

（37）山下さんにかぎって、そんなことは絶対にしない。／ 只有山下才绝对不会做那种事。

● 「限る」的其他用法：

除了「～かぎり・～かぎりでは・～にかぎって」的用法之外，下面再介绍几种相关用法。

1) ～を限りに

「～を限りに」的形式表示"以那时为最后期限"。大多和「今日」「今回」等词一起使用，是正式、生硬的说法。

（38）今日を限りにあなたとはお別れします。／ 以今天为界和你分手。

（39）この会は今回を限りに解散することになりました。／ 本会定于此次解散。

2) ～に限る

以「～に限る」的形式，表示"没有任何能超过它""它是最好的"的意思。前项多接「～ときは」或「～たら」。

（40）寒いときは、熱燗に限る。／ 冷的时候，热酒最好。

（41）疲れたら寝るに限る。／ 累得话，最好睡觉。

3) ～に限らない

以「～に限らない」或「～に限らず」的形式，表示"未必那样、不只限于"的意思。

（42）対象は日本人に限りません。外国人でも応募できます。／ 对象不限于日本人。外国人也可以应征。

（43）怠けたがるのは、何も子供に限ったことではありません。／ 想偷懒的不只限于孩子。

（44）誰に限らず、収入は多いほうがいい。／无论是谁，都希望收入越多越好。

4）～とは限らない

与「必ずしも・全部」等副词一起使用，表示部分否定。

（45）お金持ちが必ずしも幸せとは限らない。／有钱人未必都幸福。
（46）東大の学生が全部優秀とは限らない。／东京大学的学生未必全都优秀。

 "学生习作中出现病句的例子"的解说

　　第1句中所使用的「見わたすかぎり」是惯用性的表达方式，表示一直看到很远、很广、一望无际的意思。所以，后项（主句）一般描写看到的风景、情况等。此时，如果想说天气好，不能用「いい天気」，而用「晴れわたっている」更为合适。

　　第2句「ご紹介ください」的对象是阅读的内容，所以应为「お読みになったこと（すべて）を」。如果想保留「～かぎり」的话，必须使用「～かぎりのことを」。

　　第3句是「～かぎりでは」的问题。「～かぎりでは」的后项（主句）接续表示判断的句子。病句中，「本の内容がわかった」表示事态，所以如果要保留「かぎりでは」，需要改为「ざっと読んだかぎりでは、この本はいいように思う／大したことはない。／粗略一读，我以为这本书不错／这本书并没有什么」。修改后的句子使用了和「～かぎりでは」同样表示限定的「だけ」，做了修改。

　　第4句和第5句是（使用）「～にかぎって」的病句。第4句在特定的人「小川さん」之后用「にかぎって」，可以预测后面接「そんなことはしない」这样的否定句。像修改后的句子这样，使用「～（だ）からこそ」比较合适。

　　第5句中的「きちょうめんな男」这种表示不特定的人的词语，不能和具有褒义的「そんな馬鹿なことをするはずはない」一起使用。如果换成「きちょうめんな田中さんにかぎって」这种特定的人的话，句子就贴切了。这里使用表示理由的「～んだから」加以订正。但对于学生来说，如何选择「にかぎって」前面的名词，可以说的确是个难题。

36

～からには・～以上（は）・～うえは・（～ん（の）だから・～からこそ）

A：プロジェクトのリーダーの仕事、どうする？/ 项目负责人的工作怎么办？
B：うん、まだ迷ってるんだ。/ 是啊，我还在犹豫呢。
A：そう。/ 是嘛。
B：引き受けるからには、全力投球でやりたいから。/ 既然答应了就想全力以赴。
A：そうだね、今の仕事のこともあるしね。/ 是啊，还有现在的工作呢。

 学生学习中的难点和常提出的问题

1. 不清楚「～からには」与「～から」「～んだから」的区别。
2. 不清楚「～からには」与「～以上（は）」的区别。
3. 「～からには」「～からこそ」等含「から」的句型太多。

 学生习作中出现病句的例子

1. せっかく京都に行ったからには、いろいろな神社を見に行った。
    →せっかく京都に行ったので、いろいろな神社を見に行った。/ 难得去趟京都，所以游览了很多神社。
2. 皆はそうしようとするからには、私は同意するしかない。
    →皆がそうしたいのなら、私も同意するしかない／同意しないわけにはいかない。/ 如果大家都想那么做的话，我也只好同意／我也不能不同意。
3. 宿舎に住む以上は、日本人の友達がいっぱいできる。
    →宿舎に住めば、日本人の友達がいっぱいできる。/ 如果住宿舍的话，就可以结交许多日本朋友。
4. 彼が本当のことを言わない以上、みんなに誤解させてしまった。
    →彼が本当のことを言わないので、みんなは誤解してしまった。/ 由于他不说真话，所以大家都误解（他）了。
5. 彼は大学を卒業するうえは、父親の店で働くつもりだ。
    →彼は大学を卒業したら、父親の店で働くつもりだ。/ 他要是大学毕业了，打算在父亲的店里工作。

6. 1週間の熟考したうえは社長が判定を発表した。
→ 1週間、熟考したうえで社長は決定を発表した。／ 经过一周深思熟虑之后，总经理公布了决定。

说 明

● **基本的意义及用法**

「～からには」「～以上（は）」「～うえは」都表示由于"要那样做，或者已那样做了"的理由、根据，说话人"下决心、负责任、有准备地进行……"的心情。

（1）親の反対を押し切って都会に出てきた｛からには／以上（は）／うえは｝、どうしても成功したい。／ 既然不顾父母的反对来到了大城市，无论如何都想成功。

在"下决心负责有准备地去做"的心情中，因表达自己积极地"想做……""要做……"这一意志，所以表达"必须做……""做……是理所当然的"这种义务、本分的成分，同时甚至还包含消极的"无可奈何"的意思。

1. ～からには

「～からには」的后项（主句）接说话人一定要做到最后这种表示强烈意志和决心的句子。常接请求、命令、意志以及"应该做……""做……是理所当然的"等表示本分或当然的表达方式。「～からには」用于口语中。

（2）親の反対を押し切って東京に出てきたからには、絶対成功してみせる。／ 既然不顾父母的反对来到了东京，（我）非成功不可。

2. ～以上（は）

「～以上（は）」和「～からには」一样虽表达强烈的意志，倒不如说似乎含有消极的、"无可奈何"的心情趋向。「～以上（は）」也可以用于口语中，不过比「～からには」说法略显正式些。

（3）親の反対を押し切って東京に出てきた以上（は）、自分一人の力でやっていくしかない。／ 既然不顾父母的反对来到了东京，就只能凭借自己一个人的力量去做。

3. ～うえは

「～うえは」也和「～からには」一样，表达强烈的意志和决心。大多用于由于承受一些事态，对其必须采取适当的行动这样的含义。是稍微生硬的正式说法。

（4）欠陥商品を出しましたうえは、責任を持って交換いたします。／ 既然出现了残次品，（我们）就会负责地（给大家）调换。

（5）この協定書に基づいて事務手続きを行ったうえは、両者は協定を遵守しなければならない。／ 既然双方是根据这个协议而履行了手续，就必须遵守协议。

● 构成法及接续方法

接续方法如下，但「うえは」很难接续动词的ナイ形以及「名词+である」。

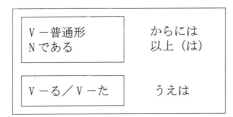

● 何时使用

1. 在会话中

让我们在考虑「～からには・～以上（は）・～うえは」的后项（主句），接续表达说话人怎样的心情（语气（情态））的表达方式的同时，来看看下列会话。

例句（6）是表达积极意志的（行こう、しよう等）意向的例子，例句（7）是表达命令、请求（ーてください）的例子。

（6）A：銀行やめたんだって？／听说你辞掉了银行的工作？
　　　B：うん、小説を書こうと思って。／嗯，我想写小说。
　　　A：へえ。／是嘛。
　　　B：一度決めた｛からには／以上（は）／うえは｝、歯を食いしばって頑張ろうと思う。／既然决定了，我就想咬紧牙关去努力。

（7）A：銀行やめたんだって？
　　　B：うん、小説を書こうと思って。
　　　A：そうか。決めた｛からには／以上（は）／うえは｝、頑張れよ。／是吗，既然决定了就要努力呀。

例句（6）、（7）「～からには・～以上（は）・～うえは」都可以使用，但「～からには」表达说话人的意志最强。「～うえは」由于是比较生硬的说法，所以稍微感觉有些不当。

下面的例子后项（主句）不是意志的表达方式，而是出现表达说话人判断的（～なければならない、～べきだ等）表达方式。

（8）A：なかなか意見がまとまらなくて…。／意见很难统一啊。
　　　B：田代さんが反対しているんだね。／是因为田代反对吧。
　　　A：うん。／嗯。
　　　B：反対する｛からには／以上（は）／うえは｝代案を出すべきだよ。／既然反对的话，就应该拿出替代方案呀。

与「名词+だ」（实际使用的是「～である」）相连接时，后项（主句）出现表达"当然如此、

应该那么做（义务）"的表达方式。此时，使用「うえは」感到有点不妥当。

> （9）A：N社が欠陥品を出したんだって。／听说N公司销售的商品有残次品。
> B：ふーん。／哼。
> A：それで、商品を買い戻してくれるって。／后来，听说N公司要买回销售的商品。
> B：一流企業である｛からには／以上（は）／?うえは｝そんなことは当然だ。／既然是一流企业，当然应该那么做。

由于「ーうえは」具有承受某种事态对其采取适当的行动这一含义，所以一般认为和表达状态的「名词＋である」的形式很难连接。

那么，要表达第三者"下决心、负责任、有准备地进行"的想法，应该怎么表达呢？请看下面的会话：

> （10）A：木田さん、銀行やめるそうだよ。／听说木田要辞掉银行的工作呀。
> B：そうらしいね。／好像是那样啊。
> A：彼もやめると明言した｛からには／以上（は）／うえは｝、あとには引けないだろう。／他既然明确说出了要辞职，就不可能挽回了吧。

正如A所表达的那样，要表达第三者的心情，句尾需要使用「だろう·ようだ·らしい·そうだ」等表达方式。

2. 在文章中（以句子连接为例）

例1 事态及状况的句子。下决心的句子[ーからには／以上（は）／うえはー]。

前面有一个事态、状况的句子，而后面的句子则表达说话人对所引发的事态的决心以及心理准备。

（11）彼女とは付き合いたいと思う。付き合う｛からには／以上は／うえは｝、いつかは結婚したいと思っている。／我想和她交往。既然要交往，就想着有一天会和她结婚。

（12）もうすぐクリスマスだ。皆を誘った｛からには／以上は／うえは｝大いに盛り上げなければ。／马上就是圣诞节了。既然我邀请了大家来（过圣诞节），就必须把气氛搞得热烈些。

例2 事态及前提的句子[ーが／けれども]、下决心的句子[ーからには／以上（は）／うえはー]。

首先出现一些事情以及前提，但是表达要超越前述内容去做的决心。有两种情况：一种是使用「ーが／けれども」连接句子（例2）；另一种是使用接续词「しかし」等，构成两个句子（例3）的情形。

（13）本当はやりたくないのだが、やる｛からには／以上は／うえは｝いい加減なことはしないつもりだ。／确实不想做，不过，既然要做，就不打算马马虎虎地做。

（14）選手選考ではいろいろ問題があったようですが、決まった｛からには／以上は／うえ

は｝代表の皆さんには頑張ってもらいたいです。／似乎在选手选拔时有各种各样的问题，但是，既然已经决定了，就想请各位选手努力。

例3　事态或前提的句子。下决心的句子[（しかし）ーからには／以上（は）／うえはー]。

（15）本当はやりたくない。しかし、やる｛からには／以上は／うえは｝いい加減なことはしないつもりだ。／确实不想做。但是，既然要做，就没打算马马虎虎地做。

（16）選手選考ではいろいろ問題があったようだ。しかし、決まった｛からには／以上は／うえは｝代表の皆さんには頑張ってもらいたい。／似乎在选手选拔时有各种各样的问题。但是既然已经决定了，就想请各位选手努力。

例4　忠告及提建议的句子[ーからには／以上（は）／うえはー]。　理由的句子[結局／なぜならー]。

它的说法是首先建议要做某事就要有决心，做好心理准备，然后在后面的句子中阐述理由。

（17）反対を押し切って不倫する｛からには／以上は／うえは｝寂しさに耐えること。結局、愛人というものは日陰の存在でしかないからだ。／既然不顾反对做第三者，就要耐得住寂寞。因为情人终归还是见不得人的。

（18）組合の申し出を拒否する｛からには／以上は／うえは｝、説得力のある説明が必要だ。なぜなら、組合は少々のことでは納得しないからだ。／既然要否决工会的申请，就需要进行有说服力的说明。因为草草的说明是得不到工会认可的。

● 容易和哪些词语相连接

1. Xからには／以上（は）／うえはY

〈X处的词〉

◆与人的行为、态度有关的动词：

やる、引き受ける、言う、決める、約束する、勧める等。

（19）勧める｛からには／以上は／うえは｝自分もやらなくちゃ。／既然劝别人做，自己也必须做。

◆表示事态发生的动词：

決まる、なる、ーことになる、ーてしまう等。

（20）こうなってしまった｛からには／以上は／うえは｝成り行きに任せるほかない。／既然已经这样了，就只好顺其自然了。

2. Xからには／以上（は）Y

◆表达立场、资格、机关、组织等的名词（＋である）：

人間、大学、教育の場、学びの場、一国の首相、リーダー、一流企業等。

（21）人間である｛からには／以上は｝間違いをすることもある。／ 既然是人，有时就会犯错误。

〈Y处的词〉
◆表达决心、心理准备、无可奈何等心情的表达方式：
～たい、～（よ）うと思う、～なければならない、～せざるを得ない、～てはいけない、～べきだ、しかたがない、しようがない、～（た）ほうがいい等。

（22）こうなってしまった｛からには／以上は／うえは｝、金を払うよりしかたがない。／ 既然已经这样了，就只好付钱了。

● 与近义表达方式的比较

1.「～からには」与「～ん(の)だから」的比较

这里比较口语中使用的「～からには」和「～ん（の）だから」。

「～ん（の）だから」表达说话人要劝说（意见对立的）听话人，使其同意、赞同的意图，阐述「そういうことだから、～してください・～するはずだ・～したほうがいい」等表达方式。（下画线部分由桑原（2003）摘选）

另外，「～からには」由于某种理由、根据，表达说话人"当然必须如此、必须要做……、应该做……、想做……"等义务或理所当然的心情。

（23）引き受けたん（の）だから、しっかりやってください。／ 由于已经承担了，所以，要好好做。

（24）引き受けたからには、最後までやり遂げたい。／ 既然承担了，就想做到最后（把它做完）。

例句（23）也可以说成「引き受けたからには、しっかりやってください。」，但此时，出现说话人对听话人较强的心情。这时，使用具有说服性的「～ん（の）だから」，可以说句子的整体更客观、更具有说明性。

还有，「～ん（の）だから」也可以像下面的例子这样，前面接形容词。可是「～からには」的前面不能接形容词。

（25）a. 忙しいん（の）だから、その話はあとにしてください。／ 由于很忙，那件事以后再说。
　　　b. ？忙しいからには、その話はあとにしてください。

2.「～からには」与「～からこそ」的比较　(⇒9)

表示理由的「～から」上，加上提示助词「こそ」构成「～からこそ」，「～からこそ」的意思是"没有其他就是这个为原因、理由""正是（确实）……所以"，它是强调原因、理由的表达方式。而「～からには」表达说话人强烈的心情，即由于那个原因、根据，（产生）"当然必须如此"的心情。可以说「～からこそ」强调前项的"原因、理由"，而「～からには」强调后项（主句）说

话人的决心、精神准备等。例句（26）中，「～からこそ」和「～からには」可以替换，但是「～からこそ」强调前项的"勉强说开始（做）了"，而「～からには」则强调后项（主句）的"想要完成"。

（26）無理を言って始めた｛からには／からこそ｝、最後までやり遂げたい。／｛既然／（正因为）｝勉强说开始（做）了，就想做到最后（把它做完）。

「～からこそ」的后项（主句）可以接表达事实或事态的句子，但「～からには」不能接。

（27）彼女を愛している｛×からには／からこそ｝、別れたんだ。／ 正因为爱她，才和她分手的。
（28）皆さんの応援があった｛×からには／からこそ｝、優勝できたのです。／ 正因为有大家的支持，我们才能取胜。

从例句（27）、（28）我们可以知道，在「～からこそ」中，后项（主句）容易和表达说明、确认的「～ん（の）だ」相连接。

 "学生习作中出现病句的例子"的解说

第1、2句在后项（主句），没有接续对应「～からには」的主句句尾表达方式，所以，使用「～ので」「～なら」等，对句子进行了修改。如果学生想保留「～からには」的话，第1句和第2句应改成如下的句子：

1'せっかく京都に来たからには、いろいろな神社を見ておきたい。／見ておかないのはもったいない。／ 既然好不容易来到了京都，就想到处看看神社。／不到处看神社就可惜了。

2'皆がそうしようとするからには、何か考え（魂胆）があるにちがいない。／ 既然大家都要那么做，肯定是有什么想法（企图）。

第3、4句是错误使用「～以上（は）」的例子。一般认为第3句是由于没有理解「～以上は」是表达决心、精神准备的表达方式而引起的错误。第4句由于没有接续对应「～以上は」的主句句尾表达方式，而出现的错误。如果想保留前半部分的话，要改为以下的句子：

4'彼が本当のことを言わない以上、誤解されてもしかたがない。／ 只要他不说真话，即使被误解也是没办法的。

第5句仅是叙述毕业后的出路，所以用表达时间前后关系的「～たら」更恰当。「大学を卒業する」是相比之下谁都可以做的事情，所以和表达下决心的「うえは」很难一同使用。

第6句一般认为是由于把「～うえは」和「～うえで」混淆的病句。"深思熟虑"的结果关系到"公布决定"，所以「～うえは」不是表达决心、决意，而是使用表达因前项产生的结果「～うえで」比较恰当。（⇒39）

37 〜かわりに・〜にかわって

A：結石で入院します。／由于患了结石，我要住院。
B：手術するのですか。／要动手术吗？
A：いや、今は、開腹するかわりに、レーザーで砕いて出すようです。／不，现在好像不做剖腹手术，而是用激光把结石打碎取出。
B：へえ、そうなんですか。／啊，是这样吗。

 学生学习中的难点和常提出的问题

1. 「〜かわりに」和「〜にかわって」相同吗？有使用区别吗？
2. 将「〜かわりに」认为是英语的instead of（代替）来使用了。
3. 不能正确使用「〜にかわって」。

 学生习作中出现病句的例子

1. ロンドンのかわりにアメリカに留学します。
   →ロンドンではなくてアメリカに留学します。／不是伦敦，而是（去）美国留学。
2. 長い間テレビを見たかわりに、夕食のあとで宿題をしなさい。
   →長い間テレビを見たんだから、夕食のあとで宿題をしなさい。／由于你看了很长时间的电视，所以晚饭后要做作业。
3. たくさんアイスクリームを食べたかわりに、果物を食べましょう。
   →たくさんアイスクリームを食べたから、今度は果物を食べましょう。／由于已经吃了很多冰淇淋，接下来吃水果吧。
4. 車は今やマニャルにかわってオドメディグに変わった。
   →車は今やマニュアルにかわってオートマティックが使われている。／汽车现在一般不用手动，而是使用自动系统。

说 明

● **基本的意义及用法**

「〜かわりに・〜にかわって」表达替代、替换的意思。

1. 〜かわりに

与「名詞＋の」、动词、形容词等相连接，表达"理应X做，但因故Y做"的意思。

（1）今日は小林先生のかわりに、私が担当します。／今天我替小林老师来上课。

（2）忙しかったので、手紙を書くかわりに電話をした。／由于很忙，没写信而打了电话。

也有叙述事物正面和负面的用法。

（3）東京は便利なかわりに、忙しすぎて落ち着かない。／东京虽然很方便，但太忙不能静下心来（做事）。

2. 〜にかわって

与名词相连接，表达"Y替代X做"的意思。

（4）今日は小林先生にかわって、私が担当します。／今天我替小林老师来上课。

● 构成法及接续方法

「かわりに」和「にかわって」的接续方法有如下的不同：

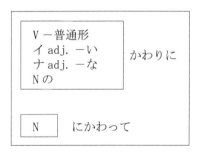

● 何时使用

1. 在会话中

「〜かわりに・〜にかわって」一般用于本来应该由那个人做的事情却不能做了，而由其他人来做的时候。

（5）A：小林さんは今日来られないそうです。／听说小林今天不能来了。
　　 B：ええっ、困りましたね。／啊？这真叫人为难呀。
　　 A：……。
　　 B：Aさん、小林さん｛のかわりに／にかわって｝今日の進行係をしてくださいませんか。／小A，能请你代替小林，来做今天的司仪吗？

「〜かわりに」在没有"本应该那样做……"含义的时候，句子就不妥了。

（6）A：健二、コップに入れて飲みなさい。／健二，要倒进杯子里再喝。
　　　B：うーん……。／嗯。
　　　A：？ペットボトルから直接飲むかわりに、コップで飲みなさい。
　　　B：はい。／好。

「—かわりに」也可以用于对比性地阐述人、物好的一面和不好的一面。使用「X（の）かわりにY」的形式，强调Y。

（7）A：株と投資信託はどちらがいいでしょうか。／股票和信托投资哪个更好？
　　　B：そうですね。株はリスクが大きいかわりに、うまくいくと儲けも大きいです。／是啊，股票虽然风险大，但如果顺利的话，挣得也多。
　　　A：投資信託は？／那信托投资呢？
　　　B：投資信託は安定しているかわりに、おもしろ味がないです。／信托投资虽然稳定，但没意思。

这种用法可以和「—が／けれども」替换，但仅仅是表达两者并列时，有时难以使用「—かわりに」。

（8）A：洋二君ってどんな性格ですか。／洋二是什么样的性格？
　　　B：気が弱い｛×かわりに／が／けれども｝、とても忍耐強いですね。／他虽然性格软弱，但忍耐性非常强。

2. 在文章中（以句子连接为例）

例1 原因、理由的句子。（それで）—かわりに／にかわって—。

由于某种原因、理由，原来的"人、物"变得不可能了，而一般用于其他的"人、物"替代的时候。

（9）田中さんがけがをした。それで、田中さん｛のかわりに／にかわって｝山田さんが発表することになった。／田中受伤了。所以山田替他发言。
（10）外国のチョコレートが輸入できなかった。それで、陳列棚には輸入品｛のかわりに／にかわって｝国産品が並べられた。／没能进口外国的巧克力。所以，在陈列架上，摆上了国产巧克力，代替进口巧克力。

例2 原因、理由的句子。 それで—かわりに—。

例1是"人、物"替代的情况，如果替代的是"物"，并且替代的不是主语时，此时使用「—にかわって」就不恰当了，而只能使用「—かわりに」。

（11）コーヒーが切れていた。それで、コーヒー｛のかわりに／×にかわって｝紅茶を入れた。／咖啡没有了。所以泡了杯红茶代替它。

（12）ボンベのガスがなくなってしまった。それで、ボンベ｛のかわりに／×にかわって｝薪でご飯を炊くことになった。／液化气罐没气了。所以用柴火代替它来煮饭。

例3　原因、理由的句子[～ので／から／ために]、～かわりに／にかわって「主語」が～。

例1和例2可以用「～ので／から」等合成一个句子。例3是把例1中的例句合成一个句子，而例4是把例2中的例句合成一个句子。

（13）田中さんがけがをしたので、田中さん｛のかわりに／にかわって｝山田さんが発表することになった。／田中受伤了，所以山田替他发言。
（14）外国のチョコレートが輸入できなかったために、陳列棚には輸入品｛のかわりに／にかわって｝国産品が並べられた。／由于没能进口外国的巧克力，所以，在陈列架上，摆上了国产巧克力，代替进口巧克力。

例4　原因、理由的句子[～ので／から]、（「主語」が）～かわりに～。

（15）コーヒーが切れていたから、コーヒーのかわりに紅茶を入れた。／由于咖啡没有了，所以泡了杯红茶代替它。
（16）ボンベのガスがなくなってしまったので、ボンベのかわりに薪でご飯を炊くことになった。／液化气罐没气了。所以用柴火代替它来煮饭。

●容易和哪些词语相连接

1. XかわりにY

〈X处的词〉

X很难和表示状态、存在的动词相连接。

（17）a．？番台にはご主人がいるかわりに、息子が座っている。
　　　b．番台にはご主人のかわりに、息子が座っている。／儿子代替掌柜的，坐在柜台前（收费）。
（18）a．？壁には絵が貼ってあるかわりに、カレンダーが貼ってある。
　　　b．壁には絵のかわりに、カレンダーが貼ってある。／墙上贴着挂历代替了画。

"学生习作中出现病句的例子"的解说

　　第1句语法上是正确的，但由于「～かわりに」表示"理应X做，但因故由Y做"的意思，所以，如果使用「～かわりに」，句子则表达"由于一些缘故不能去伦敦留学了，而作为替代去美国留学"的意思。如果没有这样特殊情况，要像修改后的句子那样，使用「～ではなくて」为妥吧。

　　第2句由于"看电视"和"做作业"本来就不是相互代替的事情，所以，这里最好不用「～かわりに」。

　　第3句也是和第2句类似的错误。一般理解为学生想说"已经吃了很多冰淇淋，所以，冰淇淋不能再吃了，吃点水果吧"。是像订正病句那样修改呢，还是保留「～かわりに」呢？保留「～かわりに」，可以做如下修改：

　　3′（太ってしまうので）アイスクリームを食べるかわりに、果物を食べましょう。/（由于会发胖）所以不吃冰淇淋，而吃水果。

　　在第4句中，一是外来语的书写有误，另一方面「～にかわって」「～に変わった」的说法给人以重复的感觉，所以，像订正病句那样修改，句子更为妥当。

38

〜くせに・〜にもかかわらず・〜にかかわらず

A：インターネットにつながらないんだけど。/ 网络连不上啊。……
B：あ、ちょっと待って。すぐできるから。……/ 稍等一下，马上就能连上。
A：まだできないの？/ 还不行吗？
B：うーん。/ 嗯。
A：なんだ。すぐできるって言ったくせに……。/ 怎么回事？你说了马上就可以连上，却……

 学生学习中的难点和常提出的问题

1. 不清楚「〜くせに」的用法。
2. 不清楚「〜くせに」和「〜のに」的不同。
3. 不清楚「〜にもかかわらず」的用法。
4. 将「（晴雨）にかかわらず / 不管晴天还是下雨」和「（大雨）にもかかわらず / 尽管下着大雨」混为一谈。

 学生习作中出现病句的例子

1. 日本語の授業をとったくせに、ぼくの日本語は上達しなかった。
    →日本語の授業をとったのに、ぼくの日本語は上達しなかった。/ 虽然选修了日语课，可是我的日语（水平）并没有提高。
2. この部屋がせまいくせに、きれい。
    →この部屋はせまいけれど、きれい。/ 这个房间虽然小点，但很干净。
3. 大雨にもかかわらず、今日試合を続けましょう。
    →大雨ですが、今日の試合は続けましょう。/ 尽管下大雨，但今天的比赛还是继续吧。
4. 晴雨にもかかわらず、10月2日のアジア大会の開幕式が行われる。
    →晴雨にかかわらず、10月2日にアジア大会の開幕式が行われる。/ 不管晴天还是下雨，10月2日的亚运会开幕式（照常）举行。

说 明

● **基本的意义及用法**

「~くせに・~にもかかわらず」和「~が・~けれども・~のに」相同，都表达逆接，即"与前项的行为、状态相反，后项（主句）的事情照常进行"。它们含有多少不满、可惜及遗憾的心情？针对谁？等（在此问题上）各有微妙的差异。

1. ~くせに

「~くせに」表达对于对方（听话人）或第三者强烈的不满和指责（负面的评价）的心情。说话人本身不能做主语，采取主要是用自己的眼光看第三者并进行批判、责难的形式。前项、后项（主句）是同一主语，一般用于口语中。

（1）彼は男のくせにマニュキアをしている。／ 他明明是个男人，却做美甲。

2. ~にもかかわらず

也有批判、指责的含义，但比「~のに」「~くせに」显得客观。一般用于议论文写作中。后项（主句）不能接续包含意志表达方式在内的、表达说话人心情的词语。

（2）喫煙の害が叫ばれているにもかかわらず、女性の喫煙者は増えている。／ 尽管都在呼吁吸烟有害，可是女性吸烟者依然在增加。

与「~くせに」不同，前项和后项（主句）都可以使用同一主语或不同主语。

3. ~にかかわらず

它是「~にもかかわらず」去掉「も」的形式，但两者用法不同。与前面的「~くせに」「~にもかかわらず」不同，不含批评、不满的心情。接续"晴雨、大小、喜好与不喜好"等表示对立关系的词语，以及"年龄、距离、性别"等词语，表达"与……无关"的意思。「~にかかわらず」与「~くせに」「~にもかかわらず」不同，句尾可以接意志的表达方式。

（3）人間は年齢、性別にかかわらず平等である。／ 人不论年龄、性别都是平等的。
（4）出席するしないにかかわらず、連絡をください。／ 不管你参加还是不参加，（都）请联系一下。

● **构成法及接续方法**

「~くせに」「~にもかかわらず」「~にかかわらず」的接续方法有如下的不同：

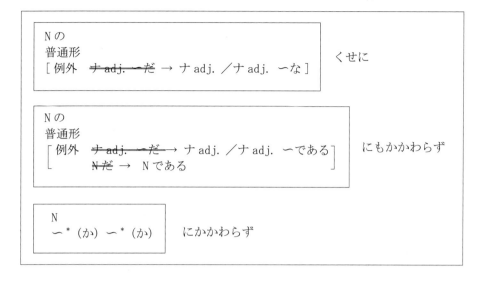

＊处接动词、形容词、「名词+だ」的肯定及否定形式，以及各自的反义词。

（5）好きか嫌いかにかかわらず、やらなければなりません。／不管喜欢还是不喜欢都必须做。

● **何时使用**

1. 在会话中

下面一边与近义表达方式「〜のに」比较，一边看一下。

「〜くせに」表示对别人的批判、谴责。与「〜のに」不同，「〜くせに」基本上不能用于自己的事情。「〜にもかかわらず」是书面语，所以，在会话中使用有些不妥。（⇒初级69）

（6）A：もう告白した？／你已经表白了吗？
B：ううん、まだ。／不，还没呢。
A：{好きなくせに／好きなのに／？好きにもかかわらず}、どうして黙ってるの？／（明明喜欢／偏偏喜欢却），为什么不说呢？
B：だめなんだ。{？好きなくせに／好きなのに／？好きにもかかわらず}会うと何も言えないんだ。／不行的。虽然喜欢，却一见面就什么都说不出来了。

「〜のに」也表达遗憾的心情，但「〜くせに」不表达遗憾的心情。「〜にもかかわらず」本身也不表达遗憾的心情。

（7）A：試験だめだったんです。／考试没考好。
B：ああ、そうですか。／啊，是吗。
A：……。
B：頑張った{×くせに／のに／？にもかかわらず}、残念でしたね。／虽然很努力（却没考好），很遗憾啊。

「〜くせに・〜のに」可以作为终助词放在句尾，但「〜にもかかわらず」没有这种用法。

（8）儿子：一人暮らしがしたい。／我想一个人生活。
母亲：大変だよ。／（一个人生活）很难呀。
儿子：大丈夫だよ。家族から離れたいんだ。／没关系呀。我想离开家。
母亲：何言ってるの、一人じゃ何もできない｛くせに／のに／×にもかかわらず｝。／你说什么了？（你）一个人明明什么都不会做却……

「—にもかかわらず」与「—にかかわらず」虽然是（字面上）有没有「も」的不同，但是意思差别却很大。

（9）A：あしたサッカーの試合がありますか。／明天有足球比赛吗？
职员：はい、晴雨にかかわらず、決行です。／有，不管晴天还是下雨都举行比赛。
〈第二天下着大雨〉
A：すごい雨ですね。／雨真大啊。
职员：大雨にもかかわらず、よく来てくださいました。／尽管下这么大雨，真难为（大家）赶来了。

2. 在文章中（以句子连接为例）

1）—くせに・—にもかかわらず

例1 行为、行动的句子。 批判的句子[—くせに／にもかかわらず—]。

它的形式是出现某人的行为、行动，表达说话人对其进行批判以及指责的心情。在「—にもかかわらず」中，批判以及指责的程度显得较低。

（10）彼女はきのう内田さんのやり方に文句を言った。自分では何もできない｛くせに／にもかかわらず｝、いつも人には批判的だ。／她昨天对内田的做法发了牢骚。｛明明／尽管｝自己什么都不会做，却总是批评别人。

（11）彼はカラオケの話をすると、バカにしたような顔をする。自分こそ歌い出したら、マイクを放さない｛くせに／にもかかわらず｝、何というやつだ。／他一说到卡拉OK，就是一副不屑一顾的样子。只要自己一旦唱起歌来，明明就拿着麦克不放手，（真搞不懂）是个什么样的人。

例2 事态、状况的句子。 批判的句子[—くせに／にもかかわらず—]。

与其说人的行为、行动，不如说是就某一事态、状况进行叙述，也有时叙述说话人批评、指责的心情。在此「—にもかかわらず」的批评以及指责的程度显得较低。

（12）ペットの糞公害がひどいらしい。人の犬の糞には文句を言う｛くせに／にもかかわらず｝、自分は平気でたれ流しをしている。／似乎宠物粪便的公害太严重了。｛明明／尽管｝对别人的狗粪发牢骚，可是自己（的狗）却满不在乎地随地大小便。

（13）きのうも父に部屋が汚いとしかられた。自分では掃除などやらない｛くせに／にもかか

わらず}、父は小言ばかり言っている。/ 昨天又被爸爸训斥说房间太脏。爸爸｛明明/尽管｝自己不扫除，却总责备别人。

例3 事态、状况的句子。 具体性说明的句子[～にもかかわらず～]。

它的形式是（先叙述）一个事态、状况发生，（接着）使用「～にもかかわらず」进行详细说明。

（14）あの女優は昨年ひっそりと亡くなった。現役をやめて久しいにもかかわらず、多くの人がその死を悼んだ。/ 那个女演员去年无声无息地离开了人世。尽管退出（演艺界）现在岗位很久，但还是有很多人哀悼她。

（15）ペプナ島で津波による災害が広がった。離島であるにもかかわらず、各国から支援の手が差し伸べられた。/ 佩普纳岛因海啸发生的灾害越来越严重。尽管是个孤岛，但各国都伸出了援助之手。

2）～にかかわらず

例4 事态、状况的句子。 补充说明的句子[～にかかわらず～]。

先有某种事态、状况，在说明之后，叙述补充事项。此时使用这种形式。

（16）4月5日にウォーキングラリーを行います。年齢にかかわらずお気軽にご参加ください。/ 4月5日举办步行拉力活动。不论年龄，敬请大家轻松愉快地参加。

（17）銀行振り込みに400円の手数料がとられる。金額にかかわらず、1回の利用で400円かかる。/ 银行汇款一般收取400日元的手续费。不管金额多少，使用一次就需要400日元。

● **容易和哪些词语相连接**

1. Xくせに Y

〈Y处的词〉

◆表达否定意义的表达方式：

～てくれない、～（よ）うとしない、动词・形容词的ナイ形等。

（18）どこにあるか知っているくせに、教えてくれない。/ 明明知道在哪里，却不告诉我。

（19）彼女は自分が悪いくせに、事実を認めようとしない。/ 她明明自己不对，却不想承认事实。

2. Xにかかわらず Y

〈X处的词〉

◆**名词**（含反义词）：

晴雨、大小、（～の）有無、年齢、距離、性別、回数、地位等。

◆**反义词**：

あるなし、良し悪し、上手下手、好むと好まざる、するしない、するかしないか等。

（20）カーリングは年齢にかかわらず、誰でもが楽しめるスポーツだ。/ 冰壶（流石）是一种

不论年龄，谁都可以尽享其乐的运动。

● 与近义表达方式的比较

1.「～くせに・～にもかかわらず」与「～のに」的比较

在例句（6）—（8）中，我们看了与「～のに」的比较。下面对「～のに・～くせに・～にもかかわらず」的用法大致归纳一下。（⇒初级69）

	のに	くせに	にもかかわらず
是否能对自己使用	○	×	?
是否含有批评、指责	○	◎	?
是否含有遗憾的心情	○	?	?
是否有终助词的作用	○	○	×

◎表示"经常使用"，○表示"可以那么说"，? 表示"模棱两可"，×表示"不能说"。（这个比较并不是绝对的，只表示总体来讲可以那么说的程度。）

2.「～くせに・～にもかかわらず」与「～ながら(も)」的比较 （⇒49）

「～ながら（も）」也和「～くせに、～にもかかわらず」一样，表达逆接。但「～ながら（も）」与「～くせに・～にもかかわらず」相比，批评、指责的意思较轻，反倒表达了"维持那种状态但……"这一情况、样态。

（21）a．彼女は知っている{くせに／にもかかわらず}、何も言わない。／ 她明明（尽管）知道，却什么都不说。

b．彼女は知っていながら、何も言わない。／ 她虽然知道，但什么都不说。

 "学生习作中出现病句的例子"的解说

「～くせに」表达对于对方（听话人）或第三者进行强烈的批评和指责。第1句对（描述）自己的句中，使用了「～くせに」。由于「～くせに」是表达对他人的批评及指责，所以，应该改为能够表达对自己的批评、指责的「～のに」。

「～くせに」虽然是表达对他人的批判及指责，但一般不能像第2句，用于像"房间"那样的无生命物中。似乎仅使用「～が／けれども」为宜。

第3句「～にもかかわらず」很少表达批评及指责，而仅仅是描写事实、事态的，所以，后项（主句）不接续表达说话人心情的语气（情态）的表达方式。第3句中使用「続けましょう」的表达方式，所以，不恰当。如果想保留前项的话，后项（主句）需要做如下修改：

3′大雨にもかかわらず、試合は続けられた。／ 尽管下着大雨，但比赛依然继续举行。

第4句是有关「～にかかわらず」的病句。第4句由于使用了反义词「晴雨」，所以，本该使用「～にかかわらず」，却误用了含「も」的「～にもかかわらず」。

39

～結果・～あげく・～うえで・（～すえに）

A：きのうは失礼しました。／昨天对不起了。
B：どうでしたか。／后来怎么样了？
A：はい、詳しく調べた結果、当社の間違いということがわかりました。／是的，我们详细调查后的结果，弄清楚了是我公司的错误。
B：そうですか。／是吗。
A：さっそく責任者と相談しましたうえで、ご返金させていただきます。／我们马上和负责人商量之后，给您退费。

 学生学习中的难点和常提出的问题

1. 很难理解「～結果」的用法。
2. 没听说过「～あげく」什么的。
3. 不清楚表达结果的「～うえで」的用法。
4. 在后项（主句）中，不会正确使用表达事态结果的表达方式。

 学生习作中出现病句的例子

1. いろいろ考えた結果、実験をやり直すことが決まる。
   →いろいろ考えた結果、実験をやり直すことに決めた。／左思右想的结果，决定重做实验。
2. さんざん迷ったあげく、どちらがいいかなわからない。
   →さんざん迷ったあげく、どちらがいいか決まらなかった。／犹豫了好久之后，还是没能确定哪一个好。
3. さんざん迷ったあげく、道をよく覚えるようになった。
   →さんざん迷った結果／おかげで、道をよく覚えるようになった。／迷路了东转西行的结果／因迷路了东转西行，逐渐能记住路了。
4. 新聞の記事を読んだうえで、レポートがよくできた。
   →新聞の記事を読んでいたので、レポートがよくできた。／由于读了报纸的报道，所以报告写得很好。
5. 先生と相談したうえで、研究の方向がわかった。
   →先生と相談した結果、研究の方向がわかった。／和老师商量之后，知道了研究方向。

说 明

● **基本的意义及用法**

「〜結果・〜あげく・〜うえで」表示经过前项的过程，从而"由此"引发了后项（主句）的结果。后项（主句）一般接续表示结果的表达方式。

1. 〜結果

（1）両親と相談した結果、今回の申し出は断ることにした。／ 和父母商量的结果，决定放弃这次的申请。

（2）上司との相談の結果、契約は破棄することになった。／ 和上司商量的结果，决定废除合同。

「〜結果」用于书面语，是客观性地阐述原因和结果的说法。

2. 〜あげく

（3）さんざん迷ったあげく、結局何も買わずに帰ってきた。／ 好一阵犹豫，最后还是什么都没买，就回来了。

（4）口論のあげく、殴り合いの喧嘩になった。／ 吵着吵着就互相撕打起来了。

表示经历很长时间的艰难"过程"，最后才有这样的结果及结论。用于对事态的负面评价。

3. 〜うえで

（5）上司と相談したうえで、お返事いたします。／ 和上司商量之后，再给您答复。

（6）上司と相談のうえで、お返事いたします。／ 和上司商量之后，再给您答复。

「〜結果」「〜あげく」主要表达发展的进程，而「〜うえで」具有表达基于前项的结果，采取下面的行为、行动这一意志性的一面。

而且，从「うえ」具有附加的意思来看，「〜うえで」也有追加、更加的意思。

（7）（因为一个人不能决定）先生と相談したうえで、最終的に研究の方向を決めたいと思う。
／ 想和老师商量之后，再最终决定研究方向。

● **构成法及接续方法**

「結果・あげく・うえで」前接动词时，采用「〜た」的形式。

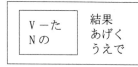

● 何时使用

1. 在会话中

例句（8）是「〜結果・〜あげく・〜うえで」三者都可以使用的例子。前面出现动词时，接续动词的「〜た」形。

> （8）A：進路決まりましたか。／今后的去向决定了吗？
> B：ええ。いろいろ考えた｛結果／あげく／うえで｝、進学しないことにしました。／是的，再三考虑｛的结果／的结果／之后｝，决定不升学了。
> A：そうですか。／是吗。

在例句（8）中，表示经过需要一定程度时间的过程和结果，是负面的。「〜あげく」句子整体表达意志性的心情，所以，也可以使用「〜うえで」。

如下所示，（表达）感情程度比较高涨的事态时，也有只能使用「〜あげく」的情况。此时，「〜あげく」中含有指责的情绪。

> （9）A：あのファミレス最低だね。／那个家庭餐馆真差劲啊。
> B：どうしたの。／怎么了？
> A：注文して、さんざん待たされた｛×結果／あげく／×うえで｝、注文と別のものが来るし。／点完菜，（被迫）等了好长时间，结果却端上来的并非是我点的菜。
> B：……。
> A：それに「すみません」の一言も言わないんだ。／而且连句"对不起"都不说。

在下列会话中，表达意志性的事态，即根据某个行为、行动的结果，采取下一个行为、行动。此时使用「〜うえで」比较恰当。「〜結果・〜あげく」后项（主句）接续表达事态发展和结果的表达方式，所以，使用「〜結果・〜あげく」就不恰当了。

> （10）A：どうなさいますか。／你想怎么做？
> B：ちょっと考えさせてください。／让我想一想。
> A：ご家族の方とご相談の｛×結果／×あげく／うえで｝、来週中にお返事ください。／请和家里人商量一下之后，下周给我答复。
> B：はい、わかりました。／好的，我知道了。

2. 在文章中（以句子连接为例）

例1　事態、状況的句子[〜が／けれども]、〜結果／あげく、〜]。

「〜結果・〜あげく」一般说明事态结果时使用。因此，大多在叙述事情经过的上下文中使用。在叙述事态、状况的句子中，一般使用（表示）开场白的「〜が／けれども」。

> （11）彼女は彼を忘れることができなかったのでアメリカへ行ったが、遂げられぬ恋に苦しんだ｛結果／あげく｝、去年の夏、船上から投身自殺を図った。／她由于不能忘了他，所以

去了美国。但经过了难以实现的恋爱煎熬{的结果}，去年夏天她企图从船上跳海自杀。
（12）彼はその仕事をいったんは引き受けたが、いろいろ悩んだ{結果／あげく}、断ることにした。／ 他一时答应了那项工作，但苦恼了许久{的结果}，还是决定拒绝（做那项工作）了。

例2 说明过程的句子。（そして）〜結果／（しかし）〜あげく、〜。

它的形式是首先阐述某一过程其结果如何。顺利出现结果时用「そして」，不顺利时用「しかし」和下面的句子连接。一般顺利时使用「〜結果」，不顺利时使用「〜あげく」。

（13）同じ考えを持つ者たちが集まって話し合いを持った。（そして）率直な意見交換の結果、今後も会合を持っていこうという結論が出た。／ 想法相同的人聚在一起进行交流。坦率的意见交流的结果，得出今后还要聚会下去的结论。
（14）同じ考えを持つ者たちが集まって話し合いを持った。（しかし）さんざん話し合ったあげく、何ひとつ結論を出すことができなかった。／ 想法相同的人聚在一起进行交流。可是交流的结果一个结论都没有形成。

例3 过程说明的句子［〜あげく］、条件的句子［〜と］〜。

「〜あげく」在长时间艰苦的过程中，变为"一旦达到某种状态，就形成那样结果"的自然流程，有时出现表示条件的「〜と」。

（15）さんざん働かされたあげく、病気になるとすぐやめさせられる。／ 被迫过度地工作，结果一生病就被解雇了。
（16）さんざんいじめたあげく、いじめ足りなくなると、金銭を要求し始める。／ 好一顿欺负的结果，一旦还觉得不够，就开始要钱。

例4 事情、状况说明的句子。（したがって）〜うえで、〜。

「〜うえで」表示基于（某种）结果的意志性行为、行动。如下所示，有时在补充理由的同时，进行说明。

（17）若者ことばはどんどん変わっていく。我々はことばの動向を見極めたうえで、何を是とし何を非とするかを判断していく必要がある。／ 年轻人用语不断变化。我们有必要在弄清楚语言动向之后，再判断什么是正确的，什么是错误的。
（18）一国の動静が、アジア地域全体の安定に大きな影響を与える。したがって、わが国としては、アジア諸国とのこれまでの関係も踏まえたうえで、今後のことを考えていかなければならない。／ 一个国家的动态，对亚洲所有区域的稳定都有很大影响。所以，作为我们国家，必须根据到目前为止和亚洲各个国家的关系，来考虑今后的事情。

● 容易和哪些词语相连接

「結果・あげく・うえで」的前面容易接下列动词。

1. X結果Y

〈X处的词〉

◆**表达思考、讨论的动词**：

考える、調べる、検討を重ねる、調査する、悩む、問い合わせる、組み合わせる、話し合う、相談する、検討する等。

（19）十分検討した結果、その方式を採用することにした。／ 充分考虑之后，决定采用那种方式。

〈Y处的词〉

◆**表示结果的表达方式**：

ーことになる、ーことに決まる、ーことにする、ーことに決める等。

（20）相談した結果、行かなくてもいいことになった。／ 商量的结果是不去也行。

2. XあげくY

〈X处的词〉

◆**表达思考、讨论的动词**：

迷う、悩む、考える、議論する等。

◆**使役性的动词以及其被动动词等**：

だます、いじめる、使役动词（待たせる、働かせる）、被动动词（だまされる）、使役被动动词（待たされる、働かされる）等。

（21）昔は、さんざん働かされたあげく、文句を言うとすぐやめさせられたそうだ。／ 据说以前被逼迫过度地干活，一发牢骚就马上被辞退。

〈Y处的词〉

◆**表示结果的动词等**：

決まらない、ーようになる、ー結果になる、ーことがわかる、ー（し）始める、被动动词（殴られる、追い出される）、使役被动动词（やめさせられる）等。

（22）さんざん議論したあげく、結局何も決まらなかった。／ 好一顿讨论的结果，什么也没定下来。

◆副词（前项）：さんざん、いろいろ、（一時間・一か月・一年）も等。

后项（主句）：ついには、最後には、結局は等。

（23）息子はさんざん泣きわめいたあげく、ついには眠ってしまった。／ 儿子大哭之后，终于睡着了。

3. XうえでY

〈X处的词〉

◆表达思考、讨论的动词：

調べる、相談する、話し合う、考える、考慮する、踏まえる、検討する等。

（24）十分検討したうえでご返答申し上げます。／ 等我们充分讨论之后，再给您答复。

〈Y处的词〉

◆表示结果、结论的动词等：

報告する、結論を出す、返答する、〜ことにする、〜ことになる等。

◆副词（前项）：よく、十分等。

（26）よく調べたうえでお答えいたします。／ 好好调查之后，再给您答复。

●与近义表达方式的比较

「〜結果・〜あげく・〜うえで」和「〜すえに」的比较

「〜すえに」可以说成「５月の末に」这样，它表示某个期间的终点。"经过追寻某个过程之后，最后成了这样"，表示时间上最后达到的状况。

（27）夜を徹して議論した｛？結果／あげく／×うえで／すえに｝、白紙に戻してやり直すことになった。／ 彻夜讨论｛后的结果／的最后｝，决定恢复原状，重新做。

「〜すえに」与「〜あげく」相似，但可以说「〜すえに」更客观。在下列例子中，如果用「〜あげく」，就显得太过于情感化，是不恰当的。

（28）A国は長年の紛争を経た｛結果／？あげく／×うえで／すえに｝、ようやく自主選挙を行うことができた。／ A国经过长年纷争｛的结果／最后｝，终于能进行自由选举了。

"学生习作中出现病句的例子"的解说

　　第1句是错误使用「～結果」的例子。它使用经过前项的过程，由此产生的结果在后项（主句）中体现的形式。而在第1句中，后项（主句）没有出现"变成这样"的结果表达方式。需要使用「～ことに決めた・～ことにした」等结果的表达方式。

　　第2句、第3句是错误使用「～あげく」的例子。第2句和第1句一样，后项（主句）中结果的表达方式不恰当，所以，需要改成修改后的句子那样。如果想保留学生写的后项的话（需要把终助词「な」去掉），句子可以做如下修改：

　　2′さんざん迷ったけれど、どちらがいいかわからない。／虽然犹豫了很久，可是还是不知道哪个好。

　　第3句使用了「～あげく」，可是后项（主句）却接了「道を覚えるようになった」这种正面的事态。由于「～あげく」用于负面的事态评价，所以，改成表达中立性的「～結果」，或者是表达正面评价的「～おかげで」才恰当。

　　第4句和第5句是表达结果的「～うえで」的例子。「～結果・～あげく」表示自然发展的过程，而「～うえで」则表达"其结果如何（怎么了）"这种意志性的行为。第4句、第5句虽变成了修改后那样的句子，如果要保留学生写的前项的话，应做如下修改：

　　4′新聞の記事を読んだうえで、自分のレポートをまとめてみました。／读完报纸的报道之后，又归纳了一下自己的报告。

　　5′先生と相談したうえで、研究の方向を決めようと思う。／先生と相談したうえで、研究の方向を決めました。／想和老师商量之后，再决定研究方向。／和老师商量之后，确定了研究方向。

40

～(の)ことだから・～ものだから・(～わけだから)

A：遅くなってすみません。/ 来晚了，很对不起。
B：どうしたんですか。/ 怎么了？
A：電車が不通になったものですから。/ 因为电车不通了。
B：それは大変でしたね。/ 那可惨了啊。

 学生学习中的难点和常提出的问题

1. 不清楚「～(の)ことだから」的用法。
2. 不清楚「～ものだから」的用法。
3. 不清楚「～ものだから」和「～わけだから」的区别。
4. 不清楚「～ものだから」和「～んだから」的区别。

 学生习作中出现病句的例子

1. A：リーさんの発表はすばらしかったね。
   B：まじめな彼のことだから、毎日がんばって勉強していたんです。
   →まじめな彼のことだから、毎日がんばって勉強したんでしょう。/ 因为他比较认真，所以，每天都努力学习了吧。

2. 忙しい先生のことだから、なかなか会えない。
   →忙しい先生のことだから、なかなか会えないだろう。/ 因为老师比较忙，所以，很难见到吧。

3. 彼は何回も約束を守らなかったものだから、今回の申し出は断りましょう。
   →彼が何回も約束を守らなかったんだから、今回の申し出は断りましょう。/ 由于他好几次都不守约，所以，这次的申请（我们）还是拒绝了吧。

4. 電車がストップしたものだから、授業に遅れました。
   →電車がストップしたものですから／電車がストップしましたので、授業に遅れました。/ 由于电车停运，所以，上课迟到了。

说明

● 基本的意义及用法

1. ～（の）ことだから

「～（の）ことだから」表示说话人和听话人共同具有的类推性的判断和评价。后项（主句）接续「～だろう・～はずだ・～にちがいない」等，表达说话人判断的推量表达方式居多。

（1）人気者の彼女のことだから、友人には事欠かないだろう。／ 因为她很受欢迎，所以，不会缺少朋友吧。

大多接续表示人的名词，如下所示，也有这样接「动词＋てのことだから／因为……才行」的时候。

（2）結婚、結婚と言うけれど、相手あってのことだからなかなかうまく行かない。／（总）说结婚、结婚，总得有对象才能结婚啊，所以进展不很顺利。

2. ～ものだから

接动词、形容词等，表示原因及理由。既有「ものだ」的"和一般性的、社会性的事物相对比"的意思，也包含"由于大家当然都能够清楚的那种（重大的）原因、理由"的意思。

「～ものだから」的后项（主句）不能接命令、请求、意向等意志的表达方式。

（3）講義があまりにつまらないものだから、学生はおしゃべりし始めた。／ 由于课程太没意思了，所以学生们开始聊天了。

● 构成法及接续方法

「ことだから」和「ものだから」的接续方式有如下的不同：

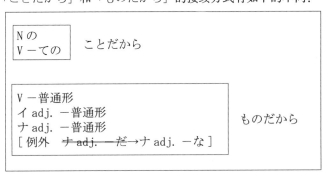

● 何时使用

1. 在会话中

1) ～（の）ことだから

在下列会话中，说话人和听话人都知道川田早晨睡懒觉的情况。「～（の）ことだから」表示根据共同的认知做出的判断。

(4) A：川田遅いね。／川田真晚啊。
　　B：うん、遅いね。／是啊，太晚了。
　　A：朝寝坊の川田のことだから、まだ寝てるんじゃないか。／川田喜欢早晨睡懒觉，所以，是不是还在睡着呢？
　　B：電話してみようか。／打电话问问吧。

「（の）ことだから」前面出现的名词，像「朝寝坊の」这样，接续表达那个人特征的说明性词语居多。

下面的例句（5）是在动物园里的会话；例句（6）是去完动物园后，第二天的会话。在例句（6）中，虽可以使用「～ことだから」，但在例句（5）是在事情发生时所做的对话中，使用「～ことだから」就有些不妥。由此似乎可以说「～ことだから」用于客观性地将那个人、那个事项当作一般情况看待的时候。

〈在动物园〉
(5) A：子供が迷子になったんです。／孩子迷路了。
　　B：どこで。／在哪儿？
　　A：サル山の前あたりで。／猴山前一带。
　　B：広い動物園｛だから／？のことだから｝、探すのが大変ですね。／动物园很大，所以找起来很辛苦吧。

〈第二天〉
(6) A：きのう子供が迷子になったんです。／昨天孩子迷路了。
　　B：どこで。／在哪儿？
　　A：動物園で。／在动物园里。
　　B：広い動物園｛だから／のことだから｝、大変だったでしょう。／｛由于／就因为｝动物园很大，真够受的吧。

2)～ものだから

「～ものだから」包含"由于大家当然都能够清楚的那种（重大的）原因及理由"的意思。更多用于事态比较严重的时候。会话中也用「～もんだから」。

(7) A：上半身、裸じゃない。／你上半身这不光着吗？
　　B：うん、あまりに暑いもんだから、服を着ていられないんだよ。／啊，因为太热了，所以，穿不了衣服呀。

因为有"由于大家都能够清楚的那种（重大的）原因及理由"的意思，所以，也用于辩解的时候。例句（8）说自己的事情时，近似于辩解的语气；例句（9）说别人的事情时，听起来有点批评的意思。

（8）A：遅いね。／你来得太晚了啊。
　　　B：ごめんごめん。／对不起，对不起。
　　　A：皆待ちくたびれてるよ。／大家都等累了。
　　　B：いや、夜遅くまで論文書いてたもんだから、なかなか起きられなくて。／由于昨晚写论文写到很晚，所以早上怎么也起不来。

（9）A：福田さん、今日は機嫌がいいね。／福田，你今天心情不错啊。
　　　B：ええ、さっき先生に論文をほめられたものだから、機嫌がいいのよ。／是啊，刚刚老师表扬了我的论文，所以，心情很好啊。
　　　A：へえ。／是吗。
　　　B：いつもああだといいんだけど。／要是总那样就好了。

讲话以「～ものだから」结尾的句子也比较多。在礼貌的形式中，就使用「～ものですから」。

（10）A：遅いね。／你来得太晚了呀。
　　　B：ごめんごめん。／对不起，对不起。
　　　A：皆待ちくたびれてるよ。／大家都等累了。
　　　B：いや、バスがなかなか来なかったもんだから。／由于公交车好长时间也不来（所以迟到了）。

（11）A：遅いですね。／你来得太晚了啊。
　　　B：すみません。／对不起。
　　　A：どうしたんですか。／怎么了？
　　　B：バスがなかなか来なかったものですから。／由于公交车好长时间也不来（所以迟到了）。

2. 在文章中（以句子连接为例）

1) ～（の）ことだから

例1　事态状况的句子。
　　　推量判断的句子[～（の）ことだから、～だろう／かもしれない／にちがいない]。

它的形式是使用「～（の）ことだから」的句子，表示说话人对某种事态、状况进行推量判断。

（12）駒ケ岳に登った隆之がまだ戻ってこないという。慎重な彼のことだから、どこかでビバークしているにちがいない。／听说隆之登上了驹岳还没回来。由于他是一个做事比较谨慎的人，所以，肯定在什么地方露营了吧。

（13）子供がいじめられたと聞いて吉田さんは学校に乗り込んだ。吉田さんのことだから、学校側に激しく抗議したのだろう。／吉田听说孩子被人欺负了，马上赶到学校。正因为是吉田，肯定会向校方强烈抗议吧。

例2　事态、状况的句子。
　　　推量判断的句子[～（の）ことだから、～だろう／かもしれない／にちがいない]。
　　　评价判断的句。

有时也在例1的后面，接续说话人评价性的判断。

（14）駒ケ岳に登った隆之がまだ戻ってこないという。慎重な彼のことだから、どこかでビバークしているにちがいない。心配する必要はないと思う。／听说隆之登上了驹岳还没回来。由于他是一个做事比较谨慎的人，所以，肯定在什么地方露营了吧。我想没必要担心。

（15）子供がいじめられたと聞いて吉田さんは学校に乗り込んだ。吉田さんのことだから、学校側に激しく抗議したのだろう。学校側も頭を抱えていることだろう。／吉田听说孩子被人欺负了，马上赶到了学校。正因为是吉田，肯定会向校方强烈抗议吧。学校也会很头疼吧。

2）～ものだから

例3　原因、理由的句子[～ものだから]、～。　（それで）～。

例3先由「～ものだから」引出（事态程度严重的）原因、理由的句子，然后说明由此引发了下一个行为。

（16）あんまり天気がいいものだから、うちにいるのがもったいなくなった。それで、近くの公園に出かけてみた。／由于天气实在是太好了，待在家里太可惜了。所以到附近的公园看看。

（17）親が叱らないものだから、子供がうるさくてしかたがない。それで、一言注意してやった。／由于父母不责备，孩子吵闹得不得了。所以，我提醒了一句。

例4　事情、状况的句子。　原因、理由的句子[～ものだから]、～。

它的形式是先有某种事态、状况，接下来使用「～ものだから」来针对其事态、状况，阐述自己想出的原因及理由。

（18）授業中動き回る子供が多いという。親が我慢することを教えなかったものだから、そういう子供が増えてくるのだ。／听说上课时到处乱动的孩子比较多。由于父母没有教孩子要忍耐，所以这样的孩子才多起来了。

（19）デパートの地下は各種の惣菜売り場でにぎわっている。働く主婦が増えたものだから、少々高くても便利なのだろう。／商场地下的各种成品菜专柜很兴旺。由于（参加）工作的主妇多了，所以即使贵点也还是（图个）方便吧。

● 容易和哪些词语相连接

1. X(の)ことだからY

〈X处的词〉

◆表示人的名词：

～さん、彼、彼女、あの人、課長、部長、○○首相等。

（20）ワンマン社長のことだから、今度のことも独断で決めてしまうだろう。／ 由于是大权独揽的总经理，所以，还会独断专行地决定此次的事情吧。

2. XものだからY

以事态的严重程度为理由，有时在无意间产生行动这一意思时使用，所以，容易接续下列副词。

◆副词（后项为主句）：つい、思わず、知らず知らずに等。

（21）セールスマンがあまりに上手に勧めるものだから、つい買ってしまった。／ 由于销售人员十分高明地推销，不由得就买下了。

● 与近义表达方式的比较

「～ん（の）だから」「～わけだから」与「～ものだから」的比较

「～ん（の）だから」「～わけだから」「～ものだから」都表示理由，但它们各自有以下特征：

1. ～ん(の)ことだから

1）说话人的意图在发挥作用，即说服（意见相对的）听话人，使其同意、赞同。（下画线部分由桑原，2003摘选）

2）后项（主句）大多接续「～はずだ」「～（た）ほうがいい」「～てください」以及命令的形式。

2. ～わけだから

1）表示以确切的事实为根据，作为理所当然的趋势，发生后项（主句）的事情。

2）后项（主句）大多采用「～（する／になるの）は当然だ」的形式。

3. ～ものだから

1）表示"由于大家都能够清楚的（重大的）原因及理由"的含义。说自己事情时，近似于辩解的语气；说别人的事情时，听起来有点批评的感觉。

2）后项（主句）不能接续命令、请求、意向等意志的表达方式。

那么，下面通过具体例子做一下比较吧。

（22）みんなが待っている｛ん（の）だから／？わけだから／×ものだから｝、早くしなさい。／由于大家都在等，所以请你快点。

（23）政治家はたくさんのお金をもらっている{ん（の）だから／わけだから／×ものだから}、もっと国民のために働いて当然だ。／政治家得到了很多钱，所以更多地为民众工作是理所当然的。

（24）バスが来なかった{×ん（の）だから／×わけだから／ものだから}、遅刻してしまった。／由于公交车没来，所以迟到了。

例句（22）是要说服意见相反的对方（这时，让大家等）的句子。不是"心平气和的商量"（下画线部分引自桑原，2003中），而是用表达对对方强烈要求的「～ん（の）だから」更恰当。（如使用）富有逻辑地阐述理由的「～わけだから」则有些不恰当。而且，后项（主句）的句尾出现意志的表达方式（命令），所以，不能使用「～ものだから」。

例句（23）是表示理所当然趋势的句子，所以「～わけだから」最恰当。如果使用「～ん（の）だから」，则表示说话人想要说服对方的强烈主张。「～ものだから」不能和「～（する／になるのは）当然だ」的形式连接。

例句（24）在自己的理由中含辩解的意思，所以用「～ん（の）だから」「～わけだから」都不适合。如果像例句（25）这样，后项（主句）含有说服对方的语气的话，「～ん（の）だから」就很恰当。像例句（26）这样，后项（主句）如果使用「～当然だ」的表达方式的话，「～わけだから」也很恰当。

（25）バスが来なかったん（の）だから、しかたないですよ。／由于公交车不来，没办法呀。

（26）バスが来なかったわけだから、遅れるのは当然でしょう。／由于公交车不来，迟到也是理所当然的了。

 "学生习作中出现病句的例子"的解说

第1句和第2句后项（主句）接续「勉強していたんです」「なかなか会えない」等断定的表达方式。可是，「～（の）ことだから」表达说话人类推式的判断。所以，句尾需要修改成「勉強したんでしょう」「会えないだろう」等表示推量的表达方式。

表示原因及理由的「～ものだから」后项（主句）不能接续意志的表达方式。第3句接续表示意志的「断りましょう」，所以不恰当。如果不按修改后的句子那样订正，还要保留（原句的）前半部分的话，会接续如下的句子吧。

3何回も約束を守らなかったものだから、ついに彼は皆から信用されなくなってしまった。／由于好几次都不守约，最终他不再被大家相信了。

第4句在语法上是正确的，但如果像「電車がストップしたものだから」这样使用普通形的话，作为道歉的时候，听起来有些不够谦虚。所以，使用「電車がストップしたものですから」，或者是「電車がストップしましたから」，也可以像开头的会话那样，省略后项（主句）等，总之需要有礼貌的道歉。

41

〜ては・〜ても

A：株を売ろうかと思っているんですが。/ 我想把股票卖了……。
B：少し下がってきたからですか。/ 是因为股票有点下跌吗?
A：ええ。/ 嗯。
B：でも今売っては、かえって損をしますよ。/ 不过要是现在卖的话，反而要受损失的呀。

 学生学习中的难点和常提出的问题

1. 「〜ては」在「〜てはいけない／だめだ」的句型中学习过，其他的还没学。
2. 「〜ても」只知道表示许可的「〜てもいい」与表示逆接的「（雨が降っ）ても（行く）」的用法。

 学生习作中出现病句的例子

1. 昔のことを今ごろ言われては、遅いのではないか。
   →昔のことを今ごろ言われても、遅いのではないか。/ 现在才提起以前的事，不是有点晚了吗?
2. 昔のことを今ごろ言われては、なつかしい思い出が頭の中に浮きあがった。
   →昔のことを言われて、なつかしい思い出が頭の中に浮かんできた。/ 提起以前的事，令人怀念的记忆浮现在脑海里。
3. 手紙があまり書けないので、書いでは消し、書いでは消して、結局手紙がきたなくなってしまった。
   →手紙があまり書けないので、書いては消し、書いては消しして、結局手紙がきたなくなってしまった。/由于不太会写信，所以写了又擦，擦了又写，结果信写得很乱。
4. 友達が行かなくて、私は一人でも行くよ。
   →友達が行かなくても、私は一人でも行くよ。/ 即使朋友不去，我一个人也要去呀。

说 明

● 基本的意义及用法

表示条件的「〜ては・〜ても」在初级阶段已经学过一些用法（⇒初级68）。这里学习初级阶段

没有涉及的用法。

1. ～ては

1）表示条件

「～ては」在后项（主句），与否定的表达方式一起，表示在那样的条件下，不会出现好结果。

（1）A：私はもう下りる。/ 我不做了。
　　　B：あなたがそんなことを言っては、この計画はつぶれてしまうよ。/ 你要是这么说的话，这个计划就实现不了了呀。

2）表示反复

表示动作反复发生。「～ては」可以出现一次，或者两次以上。两次时，句型使用「～ては～（し）、～ては～（し）する」的形式。一般只用于动词。

（2）学生時代は喫茶店に集まっては、議論したものだ。/ 学生时代，经常聚在咖啡馆，一起讨论（问题）。
（3）書くことに自信がないらしく、彼は書いては消し、書いては消ししている。/ 他好像在写作方面没有信心，写了又擦，擦了又写的。

2. ～ても（⇒初级68）

1）表示逆接的条件

在后项（主句）出现与前项预想的结果，相反的事情。

（4）いくら走っても間に合わないだろう。/ 无论怎么跑都来不及了吧。

2）表示结果不变

「～ても」使用两次或两次以上，表示"结果相同，不变"。一般用于动词、形容词、「名词＋だ」等。例句（5）中「X1てもX2ても」的X1和X2相同；例句（6）中X1和X2不同；例句（7）中X1和X2为肯定和否定的关系。

（5）潮干狩りに行ったが、掘っても掘っても貝は見つからなかった。/ 去赶海了，可是无论怎么挖，都没找到贝类。
（6）天気がよくても悪くても、試合は行います。/ 无论天气好坏，比赛都要举行。
（7）使っても使わなくても、基本料金はとられる。/ 无论使用还是不使用，都要收取基本费用。

● 构成法及接续方法

「ては・ても」的接续方式如下所示，因表达的意思不同而不同。

```
V－て   は〈反復〉
```

```
V－て／V－なくて
イadj.－くて／イadj.－くなくて      は〈条件〉
ナadj.－で／ナadj.－で（じゃ）なくて   も
Nで／で（じゃ）なくて
```

● 何时使用

1. 在会话中

「－ては」如下所示，后项（主句）接续不好的结果。

（8）A：寒いですね。／真冷啊。

　　B：本当ですね。／确实很冷啊。

　　A：こんなに寒くては、風邪を引いてしまいますよ。／这么冷的话，会感冒的呀。

例句（8）是使用「形容词＋ては」的例子。使用动词时，有时使用「－ていては」的形式，表示那样的行为持续的话，会有严重的负面评价。一般多用于提醒、斥责的场合。

（9）A：もうコンピュータゲームをしてはいけません。／不可以再玩游戏了。

　　B：うん、ちょっとだけ。／嗯，就玩一会。

　　〈2个小时后〉

　　A：まだゲームをしているの。／你还在打游戏？

　　B：うん。／嗯。

　　A：毎日毎日そんなに長時間ゲームをしていては、目が悪くなりますよ。／天天这么长时间玩游戏的话，眼睛会受不了的呀。

「－ていては」不仅可以表示提醒、斥责对方，也可以用于责备自己。

（10）こんな生活をしていては、自分がだめになってしまう。／要是这样生活的话，自己会一事无成。

下面是表示反复的「－ては」的用法。

（11）A：日本語、どうですか。上手になりましたか。／日语（学的）怎么样？有所提高吗？

　　B：いえ、まだまだです。／不，还不行。

> A：専門書は読めますか。／能读懂专业书籍吗？
> B：ちょっと読んでは辞書を引き、ちょっと読んでは辞書を引きしながら、読んでいます。／读一点查查字典，再读一点再查查字典，这样一边查字典一边读。

下列是表示"结果不变"的「ても」和名词一起使用的例子。

> （12）A：この会の入会資格は独身者だけですか。／这个会的入会资格只是单身吗？
> B：いいえ、独身でも独身じゃなくても、入れますよ。／不是的，无论是否单身，都可以加入呀。

2. 在文章中（以句子连接为例）

例1　事态、状况的句子。 ～ては～。
它的形式是出现某种事态或状况，表达在那种状态下，会变为否定性的结果。

（13）彼女はかなりまいっている。あんな状態では話もできない。／她相当为难。在那种状态下，连话都不能说。

（14）今年の夏は暑さが厳しい。こんなに暑くては、やる気が出てこない。／今年夏天热得厉害。要是这么热的话，（一点儿）干劲都没有。

例2　事态、状况的句子［～ので／から］、～ては～ては。
它的形式是表达由于处于某种事态、状况，所以，为此要进行重复的行为和动作。

（15）娘は歩き始めたばかりなので、一歩歩いてはころび、一歩歩いてはころびしている。／女儿刚开始走路，所以走一步摔一跤，走一步摔一跤。

（16）1枚8,000円のステーキだったから、ちょっと食べては噛みしめ、ちょっと食べては噛みしめと、味わいながら食べた。／一块牛排8000日元，所以吃一点就咀嚼品味一下，吃一点就品味一下，一边品尝一边吃。

例3　～ては～てはして、結果的句子［（やっと／ついに）～］。
它的形式是表示数次反复重复，终于取得了结果。好的情形和坏的情形都可以使用。常使用「やっと、ようやく、ついに」等词。

（17）アルバイトしては貯め、アルバイトしては貯めして、貯金がついに1,000万円に達した。／打点工攒点钱，打点工攒点钱，终于存款达到了1000万日元。

（18）原稿を書いては破り、書いては破りして、小説は、結局完成できなかった。／小说的草稿写了又撕，写了又撕，结果还是没有写出来。

例4　原因、理由的句子。（だから／そのため）～ても～。
阐述原因、理由，表示因此不能做或不做。

（19）このアパートは家賃が安い。だから、少々古くても、文句は言えない。／这个公寓房租很便宜。所以即使旧一点，也说不出什么来。

（20）胃の調子が悪い。今日の宴会では勧められても絶対飲まない。／ 胃不舒服。今天的宴会即使有人劝酒，也绝对不喝。

例4使用「～ので／から」用一个句子表述的时候比较多。

（21）このアパートは家賃が安いから、少々古くても、文句は言えない。／ 这个公寓房租很便宜，所以即使旧一点，也说不出什么来。
（22）胃の調子が悪いから、今日の宴会では勧められても絶対飲まない。／ 胃不舒服，所以今天的宴会即使有人劝酒，也绝对不喝。

例5　事态、状况的句子。　（しかし、）～ても～ても～。
这是使用「～ても～ても」的形式。表示出现某种状况，虽然努力但结果并不如意。

（23）車のエンジンの掃除をした。手が油で汚れて、洗っても洗ってもきれいにならない。／ 清理汽车的发动机。手沾满了油，怎么洗也洗不干净。
（24）私が悪かった。しかし、先方は謝っても謝っても許してくれない。／ 我错了。可是无论怎么道歉，对方都不原谅我。

●容易和哪些词语相连接

1. 表示反复XてはY

〈X处、Y处的词〉

◆成对的动词：

書く・消す、作る・こわす、（雨が）降る・やむ、食べる・寝る、倒れる・起きる等。

（25）ここの道路はいつも工事をしている。作ってはこわし、作ってはこわしで、いつ終わるのだろう。／ 这条路总施工。修好了又拆，修好了又拆，什么时候才能结束呢？
（26）挑戦者はパンチをくらっても、倒れては起き、倒れては起きして、最後の判定まで持ち込んだ。／ 挑战者即使挨了一拳，倒了又起来，倒了又起来，一直进入到了最后裁判。

2. 表示结果不变XてもY

〈X处的词〉

◆成对的形容词：

多い・少ない、いい・悪い、高い・安い、遠い・近い等。

（27）多くても少なくても、収入があるのはうれしい。／ 无论多少，有收入就很高兴。

◆相对意义的词：

大人・子供、男・女、会社・家等。

（28）彼は家（で）でも会社（で）でも、ゴルフのことを考えている。／ 他无论在家还是在公司，总在思考高尔夫的事。

●与近义表达方式的比较

「〜ては」和「〜たら」的比较

下列句子中 a 和 b 都表示"由于被表扬，所以答应了"，但意义上有什么不同呢?

（29）A：今日は司会者のおかげで会議がうまく行ったね。次回の司会も頼むよ。／ 今天多亏你主持，会议才进展很顺利啊。下次还拜托你。

　　　　B： a．そんなほめられたら、断るわけにはいきません。／ 你这么表扬我，我就不能推辞了。

　　　　　　b．そんなほめられては、断るわけにはいきません。／ 要是你这么表扬我，我就不能推辞了。

a 使用「〜たら」，表示积极接受「ほめられた」，下次还做主持。而 b 的「〜ては」一般理解为虽然具有"其实很想拒绝"的消极心情，但含有"不过，还是要做"的语气。

除了例句（29）的用法外，「〜たら・〜ては」后面，搭配「どうか、どうだろうか」的表达方式，有询问对方意向的用法。

（30）a．今日は時間がないので、来週にしたらどうでしょうか。／ 今天没时间，下周怎么样?

　　　　b．今日は時間がないので、来週にしてはどうでしょうか。／ 今天没时间，下周怎么样?

例句（30）b 中的「〜ては」不含消极的心情，但与「〜たら」相比，让人感到更体谅对方的心情，且很客气说话的谦虚态度。

 "学生习作中出现病句的例子"的解说

　　第 1 句和第 2 句前项相同，都和后项（主句）的连接上似乎牵强。「言われては」表示说话人对对方，或第三人所"说"的事，认为不应该那样说。第 1 句中从前项和后项（主句）逆接的意思关系来看，使用「〜ても」说成「言われても」，就能和后项（主句）的「遅い」相连接。

　　如果不用「〜ても」，想保留「言われては」，句子应做如下修改：

　　1′昔のことを今ごろ言われては、私としてはおもしろくない。／ 如今才提起以前的事，我觉得没趣。

　　第 2 句一般认为由于不十分清楚表示条件的「ては」，在后项（主句）要伴随否定的表达方式这一用法，而解释为与「〜て」的用法相同，才造出了后项（主句）。

　　第 3 句是表示反复的「〜ては〜、〜ては〜」用法的错误。学生对「〜ては〜、〜ては〜」的后面如何表达，下面才能连接通顺似乎较难。需要举出各种各样的例子，充分指教学生「〜ては〜（し）、〜ては〜（し）する」的「する」是如何变化的。

　　第 4 句似乎要用「〜なくて」来表达「〜なくても」的意思，从前项和后项（主句）是逆接的意思关系来看，需要改成「〜ても」。

42 〜というと・〜といえば・〜といったら

> A：もうすぐ4月ですね。/ 马上就到4月份了啊。
> B：4月というと新年度でいろいろ忙しいですね。/ 说起4月份，新学年（的开始），各方面很忙啊。
> A：そうですね。入学式もあるし。/ 是啊，还有开学典礼。
> B：入学式といえば、松田さんのお子さんも今年1年生でしたね。
> / 说起开学典礼的话，松田的儿子今年也是1年级的学生了吧。

 学生学习中的难点和常提出的问题

1. 不清楚「〜というと」的用法。
2. 也很难理解「〜といえば」的用法。
3. 「〜というと・〜といえば・〜といったら」的用法相同吗？
4. 应该使用「は」的地方而使用了「というと・といえば・といったら」。

 学生习作中出现病句的例子

1. フランスのブルゴーニュというと、高級ワインは特に有名だ。
   →フランスのブルゴーニュというと、高級ワインが特に有名だ。/ 提起法国的勃艮第，（那里的）高级葡萄酒很有名。
2. あの人というと、怠け者だ。
   →あの人は怠け者だ。／あの人といえば怠け者で定評がある。/ 那个人是个懒汉。/ 提起那个人，是个公认的懒汉。
3. 台湾といえば、果物の種類が豊富だとよく知られていて、特にマンゴーアイスが愛されている。
   →台湾は果物の種類が豊富で、特にマンゴーアイスが人気である。/ 台湾水果种类丰富，特别是芒果冰淇淋很受欢迎。
4. 田中さんといったら怠け者だ。
   →田中さんは怠け者だ。／田中さんといえば怠け者で定評がある。/ 田中是个懒汉。/ 提起田中，他是个公认的懒汉。

271

说 明

● 基本的意义及用法

「名词+というと／といえば／といったら」一般用于承接某个话题，谈及或说明由其所联想到的事情。采用形式为「Xというと／いえば／いったらY」的形式，Y处出现由X所联想到的具有典型性的、代表性的事情。

(1) A：誰かイラストの描ける人いない？／有谁能画插图吗？
B：イラストが描ける人｛というと／といえば／いったら｝、李さんだよ。／提起能画插图的人，还是小李呀。
A：ああ、韓国の李さん。／啊，是韩国的那个小李吧。
B：頼んでみたらどう？／拜托他怎么样？

三个种说法大致可以互换，但三个中「〜といったら」最口语化。

● 构成法及接续方法

N	というと といえば といったら

● 何时使用

1. 在会话中

「〜というと・〜といえば・〜といったら」阐述有关由某件事情所联想到的，或者已经联想的事物。所联想的多为具有典型性的、代表性的。

(2) A：来月からオーストリアへ出張です。／下月我要出差去奥地利。
B：いいですね。オーストリアといえばウィーンの森ですね。／真不错啊。提起奥地利，要数维也纳的森林了啊。
A：そうですか。私はオーストリアというとアルプスの山々が思い浮かびます。／是吗。一提起奥地利，我就想起阿尔卑斯群山。
C：いや、オーストリアといったら、モーツァルトですよ。／不，提起奥地利的话，要数莫扎特了呀。

像例句（3）所举出的，不是典型性的、代表性的事物，而是谈及那个人或那件事的情况，那么，使用「〜というと・〜といったら」就不合适了。

(3) A：田中さん、どこですか。／田中在哪儿？
B：いや、知らないです。／不，不知道。

C：田中さん{？というと／といえば／？といったら}、さっき外へ出て行きましたよ。／说起田中的话，他刚才出去了呀。
B：えっ、そうですか。／唉，是吗。

从某件事情联想到其他事情时，有「そういえば」的表达方式。「そういえば」后面，也可以接续与所提及的事情关系不紧密的句子。例句（4）是与所提及的事情有关系的句子，而例句（5）则是与提及的事情几乎没有关系的句子。在例句（5）中，它作为使会话进行（下去）的表达方式来使用。

（4）A：このコーヒー代、払っといてよ。／这次的咖啡钱，由你来付呀。
B：ええっ。／什么？
A：今度払うから。／下次我再付。
B：{？そういうと／そういえば／？そういったら}、先月も私が払いましたよ。／那么说的话，上个月也是我付的呀。

（5）A：寒いですね。／真冷啊。
B：ええ。お元気ですか。／嗯，你好吗？
A：ええ、何とか。／嗯，还算可以。
{？そういうと／そういえば／？そういったら}、きのう木内さんから電話がありましたよ。／说起来，昨天木内来电话了呀。

2. 在文章中（以句子连接为例）

例1 主题、话题的句子[ーというと／といえば／といったらーが／けれども、ー。]

它是使用「ーというと／ーといえば／ーといったら、ーが／けれども」导入主题及话题，接着是话题深入的形式。

（6）4月{というと／といえば／といったら}入学式ですが、お嬢様は今年1年生でしたね。／说起4月份，那是开学典礼（的季节），您女儿今年上一年级了吧。
（7）電化製品{というと／といえば／といったら}秋葉原だが、私はまだ行ったことがない。／提起电器产品当属秋叶原，不过我还没去过。

例2 主题、话题的句子。ーというと／といえば／といったらー。

它的形式是提出某个主题、话题，再承接所提及的内容，并就其展开联想。

（8）岡本太郎没後10数年になる。岡本太郎{というと／といえば／といったら}「芸術は爆発だ」のせりふが有名だ。／冈本太郎去世十几年了。提起冈本太郎，他的那句台词"艺术是迸发的"很有名。
（9）桜の季節になった。桜{というと／といえば／といったら}六義園のしだれ桜が思い出される。／到了樱花（开放）的季节。提起樱花，就会想起六义园的垂枝樱树。

● 容易和哪些词语相连接

「～というと・～といえば・～といったら」以典型的、具有代表性的事情为话题时，容易出现下列这样，一般广为人知的人和物。

Xというと／といえば／といったらY

〈X处的词〉

◆表示具有典型性、代表性的名词：

国名、地名、ピカソ・夏目漱石等有名人物、春、夏、秋、冬、ビール、サッカー等。

〈Y处的词〉

◆表示最相称的词语等：

～が一番だ、（人・場所の名前）だ、思い出す、思い浮かべる等。

（10）サッカーといえば、ドーハの悲劇を思い出す。／提起足球，就会想起多哈的悲剧。

● 与近义表达方式的比较

1. 与「疑问词＋～か＋というと／といえば／といったら」的比较

「というと・といえば・といったら」是由「言う」派生来的，但并不含有「言う」原来的意思。如下所示，接在「疑问词＋～か」之后，有时会出现「言う」原来的意思。下面的「というと・といえば・といったら」表示"一说起……"的意思。

（11）A：どうしてこんなことになったのか説明してください。／请你解释一下为什么会这样。

B：どうしてこうなったか{というと／といえば／といったら}、課長がそうしろと言ったからです。／要说为什么会这样，那是因为科长说要那么做。

A：えっ、課長が？／什么，科长（让那么做）？

2. 「～というと・～といえば・～といったら」与「～といっても」的比较

（12）A：今度の同窓会はフランス料理がいいな。／这次的同学会吃法国菜比较好啊。

B：フレンチレストランといっても、あまりいい店はないと思うけど。／可是说起法国餐厅，我想没有什么好餐厅……。

C：ほら、フレンチレストランといえば、マルセーユはどう？／对了，说起法国餐厅，马赛怎么样？

A：ああ、あそこでもいいね。／啊，那里也不错啊。

A说同学会吃法国菜比较好，而B使用「名词＋といっても」，略微否定地叙述认为没有好的餐厅，C使用「名词＋といえば」，来积极地推荐一个餐厅。像这样「Xというと／といえば／といったら」表示由某件事情所联想到的具有典型的、代表性的事情，而「といっても」则是就X加以附加说明，或加以补充、订正的表达方式。在例句（12）中包含否定意义，而实际上「～といっても」的后项（主句）正面、负面评价的句子都可以接续。

（13）A：あの作家は大衆小説専門だね。／那个作家专写大众小说啊。

B：大衆小説といっても、人を感動させる作品が多いよ。／虽说是大众小说，也有很多令人感动的作品呀。

（14）A：あの作家は純文学が多いね。／那个作家搞的纯文学比较多啊。

B：純文学といっても、中には俗っぽいのもあるよ。／虽说是纯文学，其中也有一些通俗的东西呀。

 "学生习作中出现病句的例子"的解说

第1句问题是后项（主句）使用了「は」。因为想从"勃艮第"的几种特产中，说出「高級ワインが特に有名だ」，所以，就应该使用具有突出的（特别醒目）功能的「が」。

第2句只是关于「あの人」的说明，所以，不能使用表达典型性、代表性的「～というと」，只需要说「あの人は怠け者だ」，或者像订正后的句子那样表达。

在第3句中，以「台湾といえば」开头。如果用「～というと」或「～といえば」开头的话，下面大多接续用一句话表达典型性、代表性事情的表达方式。像第3句这样，不必说明"水果种类丰富广为人知"，而要使用"说起台湾，它是水果的宝库"的形式。如果只是说明的话，就应该像订正后的句子那样，不加「といえば」，而只就台湾的情况进行说明，会更好吧。

第4句的错误与第2句相同。「～といったら」也与「～というと」一样，不联想起具有代表性、具有典型性的事物的话，句子就显得不恰当了。

43

～(た)ところ・～(た)ところが・～ところに／へ・～ところを

A：サッカーの切符、手に入ったんだって？／听说你拿到了足球的门票？
B：うん、だめだと思っていたんだけど。／嗯，我原以为拿不到呢……。
A：……。
B：はがきを1枚だけ出したところが、当たっちゃってね。／我只是寄了一张明信片，结果给抽中了啊。

 学生学习中的难点和常提出的问题

1. 虽然经常使用「ところ」，可是有时不理解它的意思。
2. 「ところ」和地点有关系吗？和时间有关系吗？
3. 很难理解「～ところに／へ」与「～ところを」的区别。
4. 不清楚「～ところ」与「～ところに／へ」的区别。

 学生习作中出现病句的例子

1. 先生に相談したところ、私が計画した論文のテーマはだめだった。
   →先生に相談したところ、私が計画した論文のテーマはだめだと言われた。／和老师商量了一下，可是老师说我计划要写的论文题目不行。
2. 心から謝ったところが、許してくれなかった。
   →心から謝ったのに、許してくれなかった。／发自内心地道了歉，却没原谅我。
3. ゆうべ寝ようとしているところへ、隣の人の喧嘩を聞いた。
   →ゆうべ寝ようとしているところへ、隣の人の喧嘩の声が聞こえてきた。／昨晚正要睡觉的时候，听到了邻居吵架的声音。
4. シャワーを浴びていたところを、電話がかかってきた。
   →シャワーを浴びていたところに／へ、電話がかかってきた。／正在淋浴，（有人）打来了电话。
5. ギターを弾いたところを、げんがやぶられた。
   →ギターを弾いていたところ／ところが／ときに、弦が切れてしまった。／弹吉他的时候，弦却断了。

说 明

● **基本的意义及用法**

「ところ」意义广泛，表示地点、时间（时刻）、点、部分等。这里讲解（的是）与动词一起使用的「〜（た）ところ」「〜（た）ところが」「〜ところに／へ・〜ところを」的用法。（⇒初级38）

1. 〜(た)ところ

（1）友達のアパートを訪ねたところ、留守で誰もいなかった。／ 去朋友的公寓拜访，可是他没在家，家里一个人都没有。

使用「〜たところ」的形式，表达"要做……，偶然地（却）是那样／变成了那样"的意思。即以前项的动作、行为为契机，表达偶然间成了那样、发现了（什么）。

2. 〜(た)ところが

（2）今日は買おうと決心して出かけたところが、もう売り切れになっていた。／ 决定今天要买，就去了可是已经卖光了。

尽管有前项的动作、行为，但是一般用于与预想、期待相反的结果时，意为「〜のに・〜にもかかわらず」。

3. 〜ところに／へ

（3）お風呂に入ろうとしていたところに／へ、友達から電話がかかってきた。／ 正要洗澡时，朋友打来了电话。

使用「〜ところに」或「〜ところへ」的形式，表示事态及行为就要进行、就在这个时候，又发生了让这个状况停止或改变的事情。

无论是「〜ところに」还是「〜ところへ」，意思都一样。正像表示方向的格助词「に・へ」所表示的那样，一般用于由外向其原来的状况 "（事态）到来"（打来电话、朋友来了等）的时候。

4. 〜ところを

与「〜ところに／へ」相同，表示事态及行为就要进行，就在这个时候，出现了让这个状况停止或改变的事情。但它是用于发生更为直接推动的行为、事态的场合。后项（主句）接续的动词有限，一般使用「襲う、見る、見つかる」等。

（4）多くの人が朝食の支度をしようとしていたところを、大地震が襲った。／ 正当许多人正准备要做早餐时，大地震袭来了。

● 构成法及接续方法

「ところ・ところが」与「ところに/へ・ところを」的接续方法有下列的不同。

```
┌─────────────────────────┬──────────────┐
│ V－た／V－ていた          │ ところ       │
│                         │ ところが     │
├─────────────────────────┼──────────────┤
│ V－た／V－ている／V－ていた │ ところに／へ │
│                         │ ところを     │
└─────────────────────────┴──────────────┘
```

● 何时使用

1. 在会话中

下列是表示"偶然间成为那样，（或）发现了"这一意思的「－（た）ところ」的例子。（它）可以与「－たら」互换，但「－（た）ところ」略感正式。例句（5）表示事态成立的契机；例句（6）表示发现的契机。

> （5）A：論文、どうだった。／论文怎么样了？
> B：うん、うまく行ったよ。／嗯，进展得很顺利呀。
> C：ふーん。／嗯。
> B：先生にお見せしたところ、あれでいいって。／给老师看的时候，（老师）说那样就可以。

> （6）A：エルが死んじゃった。／爱路死了。
> B：ええっ、いつ。／啊？什么时候？
> A：うん、先週あたりから元気がなかったんだけど。
> 今朝えさをやりに行ったところ、冷たくなっていたよ。／嗯，上周开始就没精神的。今天早上去喂食的时候（一看），（身体）变得冰冷的呀。

下列是表示逆接，意为「－のに・－にもかからわず」的例子。表示逆接的「－（た）ところが」的「が」一般不省略。

> （7）A：会社、危ないんですか。／公司挺得住吗？
> B：……。
> A：順調に行っているようでしたが。／可是好像发展得很顺利……
> B：ええ。
> うまく行っていたところが、取引先が倒産して、もろにダメージを受けました。／嗯。虽然进展得很顺利，可是客户破产了，公司直接受到了重创。

「－ところに／へ」与「－ところを」都表示发生了使其状况停止或改变的事情。但是，使用哪个，要看其事态是否发挥直接作用而定。

（8）A：遅れてすみません。/ 很抱歉，迟到了。
　　　B：どうしたの。/ 怎么了？
　　　A：出かけようと靴をはいていた {ところに／ところへ／×ところを} 電話がかかってきて。
　　　　　それが長引く電話だったんですよ。/ 要出门正穿鞋时，来了个电话。那是个没完没了的电话呀。
　　　B：……。

（9）A：また強盗のニュースだね。/ 又是抢劫的新闻啊。
　　　B：3人殺されたらしい。/ 好像3个人被杀了。
　　　A：ひどい話だ。/ 真够惨的。
　　　B：家族が寝ようとして、2階に上がった {×ところに／×ところへ／ところを} 襲われたらしい。/ 好像家里人想要睡觉，上到二楼时被袭击了。

例句（8）、（9）中，可理解为"被袭击"比"打来电话"所发挥的作用更为直接。学生似乎很难判断是否是直接的作用。如果是直接作用时，动词非常有限，所以请参考后面的"容易和哪些词语相连接"的内容来指导学生。

「ーところに／へ」「ーところを」似乎用于负面的事态居多，但如下所示，也有用于正面的事态的时候。

（10）落ちたかとがっかりしていたところに、合格通知が届いてびっくりした。/ 就在会不会落榜了很失望的时候，接到了录取通知（感到）很惊讶。

（11）溺れようとしていたところを、偶然通りかかった船に助けられた。/ 将要溺水的时候，被偶然过往的船只搭救了。

2. 在文章中（以句子连接为例）

例1 事态、前提的句子。 （それで）ー（た）ところ、结果的句子。

它的形式是，前面的句子一般阐述事情及前提，后面则表达作为其对策，做出动作、行为的话，将会如何呢。

（12）カードを失くしてしまった。それで、再発行を申し出たところ、すぐに発行してくれた。/ 把卡弄丢了。所以，申请重新办理时，结果马上就给我发了（一张新卡）。

（13）実家に何度電話をかけても通じなかった。家まで行ってみたところ、母は旅行に出かけていた。/ 给家里打了几次电话，都没通。回家一看，妈妈去旅游了。

例2 事态、前提的句子。 原因、理由的句子[ーので]ー（た）ところ、结果的句子。

例1的「ーところ」前面，接续表示原因、理由的「ーので」的形式。

（14）カードを失くしてしまった。不便なので再発行を申し出たところ、すぐに発行してくれ

た。／把卡弄丢了。很不方便，所以申请重新办理时，结果马上就给我发了。
（15）実家に何度電話をかけても通じなかった。心配だったので家まで行ってみたところ、母は旅行に出かけていた。／ 给家里打了几次电话，都没通。很担心，所以回家看了看，原来妈妈去旅游了。

例3 事情、前提的句子。（それで）―（た）ところ、（相反的）结果的句子。

它的说法是表示有所预测地去做动作、行为，但是出现了相反的结果。一开始接续对于那种事态的事情、前提的句子。

（16）彼に立ち直ってほしかった。それで、励ましのことばを言ったところが、逆に彼は落ち込んでしまった。／希望他重新振作起来。所以，对他说了鼓励的话语，可是他反倒消沉了。
（17）今までくじに当たったことがない。今回も当たらないと思っていたところが、見事1等に当たってしまった。／ 到目前为止从未中过奖。这次也以为不能中上，可是中了个头奖。

例4 事态、状况的句子。（ところが）―ところに／へ、（新的）事态发生的句子。

由于出现表示使某种事态、状况停止或改变的「―ところに／へ」，所以需要对其事态和状况进行说明。很多情况下，首先解释事态和状况，并以重复它的形式，出现「―（し）ようとした／していたところに／へ」。解释事态、状况之后，有时出现接续词「ところが」。

（18）全部準備が終わり、出かけようとしていた。ところが、出かけようとしたところへ、隣の奥さんがやってきた。／ 都准备完了，正要出门了。可是，正要出门的时候，隔壁的女主人却来了。
（19）論文に行き詰まっていた。行き詰まってどうしようかと思っていたところに、先輩からのアドバイスがあった。／ 论文写不下去了。正在想写不下去该怎么办的时候，学长给我提了一些建议。

例5 事态、状况的句子。（ところが）―ところを、（新的）事态发生的句子。

「―ところを」也有时使用与例4相同的形式。

（20）家出をしようとした。ところが、窓から出たところを、父親に見つかり、殴られてしまった。／ 想要离家出走。可是，刚从窗户跳出来，就被父亲发现了，被打了一顿。
（21）エレベータのドアが開いた。エレベータに乗り込もうとしたところを暴漢に襲われた。／ 电梯门开了。正准备乘电梯时，却遭到了歹徒的袭击。

「―ところを」栩栩如生地描写出事情发生的瞬间，所以经常像下列这样出现在体育比赛的转播、新闻、报道等。

（22）〈棒球报道〉4回に1点を失ったのに続いて、5回には2死から直球ばかりが続いたところを3連打され2失点。／ 继4局比赛失去1分后，在5局2人出局的情况下，只继续（出

现）直线球的时候，被连续3次打中，失去2分。

（23）〈新闻〉ハイジャック犯は飛行機のタラップを降りたところを逮捕されました。／ 劫机犯刚走下飞机的舷梯时，就被逮捕了。

● 容易和哪些词语相连接

1. Xところに／へY
〈Y处的词〉

◆ 表示事态发生的动词等：
～てくる、（電話が）かかってくる、（人が）来る、（人が）通りかかる等。

（24）一雨ほしいと思っていたところに、ざあっと雨が降ってきた。／ 正想着该下场雨了，雨就哗啦地下起来了。

2. XところをY
〈Y处的词〉
1）見る、見つける、発見する以及它们的被动动词
2）襲う、つかまえる、逮捕する、殴る、呼び止める以及它们的被动动词
3）見つかる、つかまる等自动词
4）助ける、救助する、救う以及它们的被动动词等

（25）彼女と原宿を歩いていたところを課長に見つかった。／ 和女朋友在原宿溜达时，被科长看到了。

（26）絶望して自殺を考えていたところを、彼の一言で救われた。／ 很绝望正想着要自杀的时候，他的一句话救了我。

● 「ところ」的其他用法

「ところ」基本上表示地点和时间。例句（27）、（28）是表示地点的例子，不过，例句（28）指的是模糊的地点。

（27）私が今いるところは海岸のすぐそばです。／我现在所在的地方，就在海岸边。

（28）黒板のところで立っていなさい。／ 请在黑板那儿一直站着。

下面的例子与其说是表示场所，不如说是表示点、要点。例句（29）指具体的点；例句（30）则指抽象的点、要点和部分。

（29）すみません。18ページのここのところがわからないんですが。／ 不好意思，18页的这个地方我不太懂。

（30）A：人間には格差があっていいのだ。／ 人是可以有差距的。
B：そこのところが僕にはよくわからないんだ。／那点我不太明白。

下面是表示时间（时刻）的「ところ」。例句（33）—（35）使用了「ところだ」的形式。

（31）このところ株価が安定している。/ 最近股票很稳定。
（32）A：お手伝いしましょうか。/ 我来帮您吧。
　　　B：今のところ人が足りているので、大丈夫です。/ 目前人手够用，先不用了。
（33）今ちょうど出かけるところだ。/ 现在正要出门。
（34）すみません。課長は今うちに帰ったところです。/ 对不起。科长刚刚回家了。
（35）A：もしもし、和男君いますか。/ 喂，和男在吗？
　　　B：今お風呂に入っているところなんです。/ 他现在正在洗澡呐。

例句（33）表示将要开始的时候，例句（34）表示刚刚结束的时候，例句（35）表示正在进行的时候。（⇒初级38）

下面，除了本课讲的「～（た）ところ」「～（た）ところが」「～ところへ／に・～ところを」的用法外，再讲几种其他的用法。1）—3）使用「～ところを」，4）、5）使用「～ところで」的形式。

1）～ところを見ると
表示"从那种状况来判断的话"的意思。表示说话人基于某种根据进行的推断。

（36）今回も誘ってくれないところを見ると、僕のことが嫌いみたいだ。/ 从他这次也没邀请我来看，他好像讨厌我。

2）～なら／であれば～ところを
前面接「本来なら」「いつもならば」「普通であれば」等表达方式，表示"如果是本来、平时、一般情况下的话就会那样，可是实际上并非如此"。与「～のに、～」相似，是略微生硬的说法。

（37）いつもなら1時間で行けるところを、2時間もかかってしまった。/ 平时1个小时就能去，可这次竟花了2个小时。

3）～ところを＋道歉、感谢等表达方式
主要用于表示拜托、道歉、感谢的时候。也用于有求于人时的开场白。是礼貌的说法。

（38）お忙しいところを申し訳ありませんが、ちょっと教えてほしいんですが。/ 在您百忙之中，很抱歉，想请您赐教一下……
（39）お休み中のところをお電話してすみませんでした。/ 在您休息时给您打电话很抱歉。

4）～（た）ところで
表示在前项的事情结束，告一段落"正好就在那时"，后项（主句）的事情或行为发生。

（40）結論が出たところで、会議を終わることにしましょう。/ 结论出来了，（决定）会议结束吧。

（41）ようやく事業に見通しがつくようになったところで、父は倒れてしまった。／事業终于开始有点盼头了的时候，可爸爸却病倒了。

5）～（た）ところで

使用和4）相同的形式，但意义完全不同。表示"即使那么做也没得到期待的结果"。后项（主句）接动词、形容词等否定形式，或者是「（～しても）無駄だ、無意味だ」等表达方式。主要用于口语。

（42）今から頑張ったところで、試験には受からないだろう。／ 即使现在（开始）努力，考试也通不过吧。
（43）勤め先を変えたところで、同じような問題は出てくるものだ。／ 即使换个工作单位，也会出现同样的问题。

"学生习作中出现病句的例子"的解说

第1句是错误使用「～（た）ところ」的例子，它表示"要做……，很偶然地（却）是那样（变成了那样）"的意思。「～（た）ところ」的前项和后项（主句）没有直接的因果关系，所以，需要与"找老师商量"（这部分内容），再稍加联系，表示后项（主句）的结果。

第2句是「～（た）ところが」的使用错误。「～（た）ところが」表示"尽管有前面的动作、行为，却产生了和预想及期待相反的结果"。尽管"发自内心地道歉"，可是和预想、期待相反"没得到原谅"，这句话本该没问题。那么，为什么这个句子不恰当呢？这是因为前项没有充分表达预想会得到原谅这层意思。像下面这样修改，就能使用「ところが」了。

2′心から謝れば許してもらえると思っていたところが、許してくれなかった。／ 本想发自内心地道歉就会得到对方的原谅，可是（结果）却没得到原谅。

在前项中，包含多少预想和期待的意思，是个很难的问题。当学生的句子不恰当时，需要随时补充说明。

第3句使用了「～ところへ」。而「～ところへ」是具有方向性的事态"来到了"说话人（或第三人）跟前时，使用的表达方式。所以，不该使用「聞いた」，而应该使用「聞こえてきた」。

第4句是「～ところに／へ」和「～ところを」搞混的例子。它们的辨析很难，但像「電話がかかってくる」这样，后项（主句）中使用「～てくる」表示方向的动词时，一般使用「～ところに／へ」。「～ところに／へ／を」同样，都表示某个动作的前后或动作进行中，发生了另外的事态，使原来的动作终止或改变。

第5句指"弹吉他"时，偶然间弦断了，所以需要像修改过的句子那样，应该使用「～ところ／ところが／ときに」。如果想说由于加上外部强大的力量（作用）弦断了的时候，句子应该是如下表达吧：

5′ギターを弾いていたところを、突然父親に弦を切られてしまった。／ 弹吉他时，突然间琴弦被父亲弄断了。

44

〜とすると・〜すれば・〜としたら

夫：スイスに行きたいね。／（真）想去瑞士啊。
妻：行くとしたらいつごろがいいのかしら。／ 要是去的话，什么时候去好呢？
夫：夏がいいそうだよ。／听说夏天去好呀。
妻：そうね、行くとすれば、絶対夏がいいわね。／ 是啊，去的话，肯定是夏天最好啊。

 学生学习中的难点和常提出的问题

1. 不清楚「〜と・〜ば・〜たら」与「〜とすると・〜とすれば・〜としたら」的区别。

2. 不清楚「〜とすると・〜とすれば・〜としたら」与「〜となると・〜となれば・〜となったら」的区别。

3. 不清楚「〜とすると」「〜とすれば」「〜としたら」三者的区别。

 学生习作中出现病句的例子

1. 医大に進むとすると、もっと勉強しなさい。
　→医大に進むのなら、もっと勉強しなさい。／ 如果考进医大的话，（你）学习还得更加用功。

2. 今年奨学金がもらえないとすると、国へ帰るつもりです。
　→今年奨学金がもらえないとなると、国へ帰らなければなりません。／今年奨学金がもらえないなら、国へ帰らなければなりません。／ 如果今年拿不到奖学金，就必须回国了。

3. 明日、雨が降らないとすれば、公園に行く。
　→明日、雨が降らなければ、公園に行く。／ 如果明天不下雨，（我）就去公园。

4. 彼はバイトをするとしたら、日本語が上達するだろう。
　→ 彼はバイトをしたら、日本語が上達するだろう。／ 要是他（去）打工，日语会进步吧。

说 明

● **基本的意义及用法**

　　「〜とすると・〜とすれば・〜としたら」表示就某一事情、事态，"设想它是事实时" "如果设想（情况）是那样的话" "如果站在那个立场上的话"的意思。既有假定的场合，即设想它为事实的事情还没发生；又有确定的场合，即已经发生了。后项（主句）中，出现说话人的判断居多，表示

"（如果设想情况是那样的话）会怎么样，该怎么办"。下面的（1）为假定的情况；（2）为确定的情况。

(1) A：論文のテーマって変えてもいいんですか。／论文的题目可以改吗？
B：いいけど、もし変える｛とすると／とすれば／としたら｝、教授に相談したり、いろいろ大変なんじゃないか。／ 可以，但是要改的话，还要跟教授商量，岂不是很麻烦啊。

(2) A：論文のテーマ、変えちゃったんです。／（我）论文的题目，改了。
B：ほんとに変えたの？ 変えた｛とすると／とすれば／としたら｝、教授に報告したほうがいいんじゃない？／真的已经改了吗？要改了的话，还是向教授报告，比较好一点吧。

「～とすると・～とすれば・～としたら」这三者当中，「～としたら」是最口语化的。

● 构成法及接续方法

「名词 + だ」的非过去形式有时脱落「だ」。

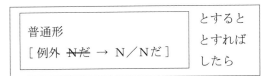

● 何时使用

1. 在会话中

「～とすると・～とすれば・～としたら」大多可以相互替换使用。说起来，「～としたら」大多用于假定条件，「～とすると」大多用于确定条件。（江田，1998）。例句（3）就是假定。

(3) A：世界一周旅行に行きたいね。／（真）想去环游世界啊。
B：うん、夢だね。／嗯，那是梦想啊。
A：どのくらいかかるのかしら。／大概要花多少钱呢？
B：豪華船で行く｛とすると／とすれば／としたら｝、500万ぐらいかかるかもしれない。／坐豪华游轮去的话，也许要花500万（日元）左右吧。

例句（4）说的"利率（已经）上调"就是确定。

(4) A：先週から金利が上がったんだって。／听说从上周开始利率上调了。
B：そうか、上がった｛とすると／とすれば／としたら｝、みんな預金をし始めるね。／ 是吗？如果真上调了，大家就要开始存钱了啊。
A：うん、そうだね。／ 嗯，是啊。

「～とすると・～とすれば・～としたら」后项（主句）的句尾大多出现「～だろう（か）、～はずだ、～かもしれない、～じゃないか」等表示判断的表达方式。

（5）A：正子さんのご主人、山からまだ帰ってないそうよ。／听说正子的丈夫，还没从山里回来呀。

B：ええっ、きのう帰る予定だったんだろう？／是吗？按计划不是昨天回来吗？

A：ええ。／嗯。

B：まだ帰ってきていない{とすると／とすれば／としたら}、届けを出したほうがいいんじゃないか。／要是还没回来的话，是不是告知（有关方面）好些呢？

「～とすれば・～としたら」的句尾也可以使用意志的表达方式。而「～とすると」就不可以了。

（6）A：田中さん、スピーチやらないって。／听说田中不参加演讲了。

B：困ったね。／不好办呢。

A：田中さんができない{？とすると／とすれば／としたら}、君がやれよ。／田中要是不参加了，你就参加吧。

B：ええっ、僕が？／啊？我？

2. 在文章中（以句子连接为例）

例1 事情、前提的句子。　～とすると／とすれば／としたら、意见、想法的句子。

它的形式是前面的句子中，一般叙述事情、前提，就其后续说话人相应的意见、想法和疑问。即"如果那是事实的话，那么会……""根据这样事实，那么就……"。这种形式在假定条件、确定条件中都可能出现。

（7）雪でJRが遅れているようだ。もしそうだ{とすると／とすれば／としたら}私鉄で行ったほうがいいかもしれない。／由于下雪，JR好像是晚点了。那样的话，坐私铁去可能更好些。

（8）彼は奨学金がもらえなかったらしい。もらえなかった{とすると／とすれば／としたら}、これからどうするんだろう。／他好像没拿到奖学金。真没拿到的话，今后该怎么办呢？

例2 事情、前提的句子。　具体性说明的句子[例如：～とすると／とすれば／としたら]、～。

按照例1的形式，也可以用于说话人就某一状况、信息举例（说明），一般也用在更具体地进行分析、思考的场合。

（9）ミネラルはなかなか摂取することができない。例えば、1日に10ｇ摂る{とすると／とすれば／としたら}、毎日1ｋｇの「もずく」を食べ続けなければならない。／矿物质是相当难摄取的。例如，要一天摄取10克的话，就必须坚持每天吃1千克的"海蕴"。

（10）あるデータによると、5軒に1軒が犬を飼っているという。この地域に2,000世帯住んでいる{とすると／とすれば／としたら}、約400世帯の家庭が犬を飼っていることになる。／据某个数据显示，每5家就有1家养狗。（那么，）这个地区如果住了2000户人家的话，就有大约400户家庭养狗。

例3 事情、前提的句子[～が／けれども]、具体性说明的句子[～とすると／とすれば／としたら、～]。

它的形式是已出现某种事情、状况，在此基础上，进行说明时（使用）。

（11）株の乱高下が続いているが、このような状況が今後も続く｛とすると／とすれば／としたら｝、個人投資家は株離れし始めるのではないだろうか。／ 股票持续暴涨暴跌，这种情况如果今后还持续下去的话，散户就该开始清仓了吧。

（12）近い将来、大地震が起きると言われるけれども、それが本当だ｛とすると／とすれば／としたら｝、今から手を打っておかなければならない。／ 据说不久的将来将会发生大地震，如果是真的，现在就必须采取预防措施了。

例4 评论性判断（否定）的句子。
　　　补充说明、意思相反的句子[～とすると／とすれば／としたら、～]。

前面接续表示否定性判断的句子，在它的后边，也出现说出相反看法的说法。

（13）日頃打てない選手が大会で打てるはずがない。もし、打てた｛とすると／とすれば／としたら｝、それはまぐれでしかない。／ 平常打不中的选手在赛事上不会打中。要是打中了，那也只是侥幸。

（14）母の病気は今回はだめだろう。もし回復する｛とすると／とすれば／としたら｝母の生きたいという気力によるものだろう。／ 母亲的病这次可能不行了吧。要是恢复的话，是靠着母亲求生的意志吧。

例5 评论性判断（肯定）的句子。
　　　补充说明、意思相反的句子[～ないとすると／とすれば／としたら、～]。

例5是首先表示肯定性的判断，在后边的句子中再说出相反的看法和补充说明的形式。

（15）彼女は優勝するだろう。彼女が優勝できない｛とすると／とすれば／としたら｝、誰がメダルをもらえると言うのか。／ 她肯定会获得冠军吧。要是她都不能取得冠军，还有谁能获得金牌呢。

（16）彼女は必ず来る。来ない｛とすると／とすれば／としたら｝、きっと途中で何かがあったにちがいない。／ 她一定会来的。要是没来，肯定是路上遇到什么事了。

例6 （逆接）条件的句子[～ても]～ないとすると／とすれば／としたら、～。

有时和表示逆接的[～ても]连接使用。这时后边也可以接续相反的看法，或补充说明以外的其他表达方式。

（17）こんなに言ってもわかってくれない｛とすると／とすれば／としたら｝、放っておくより方法がないだろう。／（我）这么说（你）还不明白的话，（我）就只能放弃了。

（18）子供がこんな時間になっても帰ってこない｛とすると／とすれば／としたら｝、警察に届けたほうがいいんじゃないか。／ 都这个时间了，孩子还没回来的话，是不是最好报警呢。

● 容易和哪些词语相连接

Xとすると／とすれば／としたらY
〈Y处的词〉

从「ーとすると・ーとすれば・ーとしたら」在后项（主句）表示想法、判断这一点来看，接续以下的句尾表达方式会很常见。

◆表示判断的表达方式：

ーだろう、ーようだ、ーかもしれない、ーか、ーだろうか、ーのだ、ーのではない（だろうか）、ーんじゃない（だろう）か、ーなければならない、ーことになる、ーない、ー终助词等。

（19）社長が責任をとる｛とすると／とすれば／としたら｝、辞めるしかないだろう。／如果总经理来承担责任的话，（他）只有辞职吧。

● 与近义表达方式的比较

1. 与「～と・～ば・～たら・～なら」的比较

「ーとすると・ーとすれば・ーとしたら」是"如果设想情况是那样的话""如果站在那个立场上的话"会怎么样、该怎么办这类叙述说话人根据"假设、立场"做出判断的表达方式。而「ーと・ーば・ーたら」则表示"在那个条件的基础上"产生什么结果的因果关系（即事实关系）。

（20）a. 100万円｛あると／あれば／あったら｝、車が買える。／如果有100万日元，就可以买车了。

b. 100万円ある｛とすると／とすれば／としたら／なら｝、車が買える。／如果要是有100万日元，就可以买车了。

例句（20）「ーと・ーば・ーたら」和「ーとすると・ーとすれば・ーとしたら」两个表达形式都可以，但意思稍微有点不同。前一组表达形式叙述的是"如果有100万日元的话，怎么用"这种因果关系（事实关系），而后一组表示的是说话人对100万日元在"设想上、立场上"的判断。据此，我们可以说还是后者假定性更强。也可以说表示条件的「ーなら」与后者有相似之处。

例句（21）是表示地理方面或时间方面的因果（前后）关系的句子，所以用表示"设想、立场"的「ーとすると・ーとすれば・ーとしたら」以及「ーなら」就显得不太适合了。

（21）a. まっすぐ｛行くと／行けば／行ったら｝、100メートル先に公園があります。／往前一直走100米处有个公园。

b. まっすぐ行く｛？とすると／？とすれば／？としたら／？なら｝、100メートル先に公園があります。

这换句话说，其实就是前项和后项（主句）之间没有时间方面的前后关系时，用「ーと・ーば・ーたら」就显得不合适。

（22）a. 北海道に｛×行くと／×行けば／×行ったら｝、飛行機の予約をしておいたほうがいい。

b. 北海道に行く｛とすると／とすれば／としたら／なら｝、飛行機の予約をしたほうがいい。／要是去北海道的话，还是提前定好飞机比较好。

在例句（22）中，并不是先有"去北海道"这件事，接下来"预约飞机"，所以，不存在时间方面的前后关系。在此使用「－と・－ば・－たら」就不合适。另外，一般认为「－とすると・－とすれば・－としたら」以及「－なら」等由于表示单纯的"设想上、立场上"的判断，所以，即使不存在时间方面的前后关系，句子也可以成立。因此，使用它们中的任何一个，都是比较恰当的。

2.「～とすると」和「～となると」的比较

请参照本书的「46 ～となると・～となれば・～となったら」。

"学生习作中出现病句的例子"的解说

第1句和第2句是，在「～とすると」的后项（主句），接续什么样的表达方式的问题。由于「～とすると」的后项（主句）只能接续判断的表达方式，所以，像第1句的命令、第2句的意志表达方式就不能用了。

在第3句中，从某人那里得到"不下雨"的信息并进行判断时，后项（主句）不能用单纯地"去公园"的行为，需要接续"也可以考虑去公园"等判断的表达方式。如果是表示单纯条件的句子，就应该如修改后的句子那样，改成「雨が降らなければ」会比较好吧。

一般认为第4句也是叙述前项和后项（主句）的因果关系，所以，不能用表示"设想、立场"的「～としたら」，而使用「～たら」比较好。

45

～(た)とたん(に)・～(たか)と思うと・～次第・(～や否や・～なり)

A：風邪をひいてしまいました。/（我）感冒了。
B：そうですか。/ 是吗。
A：論文を書き上げたとたんに、気がゆるんじゃって。/ 论文一写完，精神就松懈下来了。
B：そうですか。お大事にね。/ 是吗。多保重啊。

学生学习中的难点和常提出的问题

1. 「～(た)とたん(に)」与「～ときに」有何不同？
2. 虽然明白「～(た)とたん(に)」的意思，但不能正确造出接续它的句子。
3. 因为没怎么学习「～(たか)と思うと」，不明白它的用法。
4. 在日语中除了「～(た)とたん(に)」「～(たか)と思うと」以外，还有「～たらすぐに」「～や否や」等非常相似的表达方式，不知如何是好。

学生习作中出现病句的例子

1. 家に着いた とたん 、息子はお帰りなさいと言った。
   →家に着いたとき、息子がお帰りなさいと言った。/ 回到家的时候，儿子说，您回来了。
2. スイッチを入れたとたん、扇風機が 回ってきた 。
   →スイッチを入れたとたん、扇風機が回り始めた。/ 一按开关，电扇就开始转动了。
3. ベルが 鳴る かと思うと、先生が教室に入ってきた。
   →ベルが鳴ったかと思うと、先生が教室に入ってきた。/ 铃声刚响，老师就进了教室。
4. 学校から 出る次第 、社会人になければならない。
   →学校を出たら（すぐ）社会人にならなければならない。/ 离开了学校，（马上）就要成为社会中的一员了。
5. 東大合格次第 、上京するかしないかが決まる。
   →東大に合格したら/したうえで、上京するかしないかが決まる。/ 要是考上了东大 / 考上了东大之后，就会定下来要不要去东京。

说明

● 基本的意义及用法

「一（た）とたん（に）・一（たか）と思うと・一次第」全都表示一旦出现前项的动作、变化，立刻就会引起其他的动作、变化。

1. ～(た)とたん(に)

接在动词的タ形后，表示"做了某事之后，下面的瞬间……""发生了意外的或令人吃惊的事""意识到那件事"的意思。

（1）ドアを開けたとたん、車が爆発した。／刚把门打开，车子就爆炸了。

2. ～(たか)と思うと

表示一旦前项的事态、情况发生，紧接着，让人感觉意外的事态、情况就发生了。一般用于感觉到变化快的时候。另外，前项和后项（主句）为对照性内容时也经常使用。

（2）子供は学校から帰ってきたかと思うと、もう外に遊びに行った。／孩子刚从学校回来，就（又）出去玩了。

3. ～次第

接在动词マス形的词干后面，表示"要是某个情况实现了，就立刻进行下面的行为"。后项（主句）接续表示说话人意志性行为的表达方式。

（3）話がまとまり次第、仕事にとりかかろう。／只要一谈妥，（我们）就开始着手工作吧。
（4）準備ができ次第、お名前をお呼びしますので、お待ちください。／准备完毕，我就叫名字，所以请稍等。

● 构成法及接续方法

「とたん（に）・（か）と思うと・次第」的接续方法区别如下：

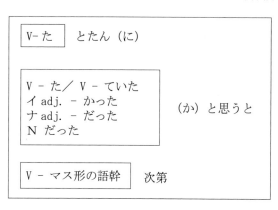

「一次第」前面接续「名词＋する」（到着する、終了する等）时，有时直接接续名词。

（5）到着次第、ご連絡します。／我一到就联系（你）。

（6）会議が終了次第、打ち合わせよう。／会议一结束，我们就商量吧。

● 何时使用

1. 在会话中

在下面的对话中，「開けたとたん（に）」是和打开同时的意思，而「開けたらすぐに」有一种稍有间隙的感觉。

> （7）A：どうしたんですか。／怎么回事？
> B：この小包を｛開けたとたん（に）／開けたらすぐに｝、爆発したんです。／这个小包一打开就爆炸了。
> A：けがはなかったですか。／（你）受伤了吗？
> B：ええ、手をやけどしました。／嗯，烧伤了手。

「ーたらすぐに」的后项（主句）的句尾可以放置意志表达方式，而「ー（た）とたん（に）」则不可以。

> （8）A：皆さん、火災訓練をします。／各位，（现在）进行消防训练。
> B：はい。／是。
> A：ベルが｛鳴ったらすぐに／×鳴ったとたん（に）｝、外に出てください。／铃声一响，就请往外跑。
> B：はい、わかりました。／是，知道了。

下面的对话中，前项和后项（主句）是对比、对照的关系，所以，就不能使用表示"做了……之后瞬间就……"的「ー（た）とたん（に）」了。此时选用「ー（たか）と思うと」比较恰当。

> （9）A：小田正治は世界的なピアニストだね。／小田正治可是世界闻名的钢琴家啊。
> B：先月パリで弾いた｛（か）と思うと／×とたん（に）｝、今月はニューヨークだそうだ。／听说上个月还在巴黎弹奏，这个月又去纽约了。

「ー次第」表示说话人的意志，即："某种情况要实现的话，马上进行下面的行为"。一般不能用于过去的事情。

> （10）A：Bさん、コピーとってください。／小B，请给我复印一下。
> B：はい。この仕事が終わり次第、やりますので。／好的，这个工作一完，（我）就复印。
> A：ああ、じゃ、できるだけ早くお願いします。／啊，那么，麻烦你尽量快点。

「ー次第」是向对方传达的时候使用的表达方式，如下所示，当对方不存在的时候，就不能使用。

（11）×早いうちへ帰りたいなあ。うちへ帰り次第、一眠りしたい。

2. 在文章中（以句子连接为例）

例1 事态、状况的句子。 〜とたん（に）／（た か）と思うと〜。

它的形式是，表示出现一种事态、状况，当其事态、状况一旦实现，立刻就引起了变化。「〜（た）とたん（に）・〜（た か）と思うと」这二者都可以使用。

（12）バスのドアが閉まった。バスが動きだした{ とたん（に）／（た か）と思うと}、刃物を持った男が大声で叫び始めた。／ 公交车的门关上了。车刚一起动，持刀男子就开始大叫起来。

（13）貧しかった彼女が社長と結婚をした。社長夫人になった{とたん（に）／（た か）と思うと}急に高級品を買いあさり始めた。／ 贫穷的她和总经理结婚了。一变成总经理夫人，立刻就开始购买高档商品了。

例2 事态、状况的句子[〜が／けれども／のに]、〜（た）とたん（に）〜。

表达虽然处于一种事态、状况，但是发生了什么事以后，马上其状态就改变了。

（14）彼女はまじめな女の子だったのに、男と付き合い始めたとたん（に）、生活が乱れ出した。／她本来是个踏实的女孩，偏偏一开始和男生交往，生活就开始乱套了。

（15）楽しい会合だったが、爆発が起こったとたん（に）、悲劇の場と化した。／ 原本是一次愉快的聚会，可是爆炸一发生，就变成了悲剧的场所。

例2中的例句（15），「〜が／けれども／のに」的部分，可以用名词作主语的形式来替换。这种形式在小说和故事里经常出现。

（16）楽しい会合は、爆発が起こったとたんに悲劇の場と化した。／ 愉快的聚会在爆炸发生的那一刻，便成了悲剧的场所。

例3 事情、前提的句子。 〜次第、〜。

「〜次第」的前项接续表示自然的发展趋势的表达方式，后项（主句）接续表示意志、命令、委托等的意志性表达方式。在前面的句子中，就事情及前提加以叙述，然后再接续表示对于它（采取）的行为、行动的意志性句子。

（17）今調査中です。わかり次第、ご報告いたします。／ 现在正在调查。一旦查清，马上向您汇报。

（18）バスが来たようです。皆さん、準備ができ次第、玄関にお集まりください。／ 公交车好像已经来了。请大家一准备好，就在门口集合。

●容易和哪些词语相连接

1. X(た)とたん(に)／(たか)と思うと、Y

〈Y处的词〉

◆表示变化的表达方式：

～てくる、～（ように）なる、～なくなる、～（し）始める等。

（19）彼女は結婚したとたん（に）、きれいになった。／ 她一结婚，就变得漂亮了。

◆副词＜～（た）とたん（に）＞（后项（主句））：突然、急に等。

（20）その薬を飲んだとたん（に）、急に眠気が襲ってきた。／ 这个药一喝下去，困劲一下子就上来了。

◆副词＜～（たか）と思うと＞（后项（主句））：もう、すぐ（に）、知らぬ間に、急に、突然、たちまち等。

（21）彼女は結婚したかと思うと、すぐに離婚した。／ 她刚结婚，很快就离婚了。

2. X次第Y

〈X处的词〉

含有表达某件事情要是实现的话，就立刻进行下面的行为的意思，所以，前项一般接续表示实现、完了的动词。

◆表示实现、完了的动词：

終わる、できる、完了する、到着する、わかる、見つかる等。

（22）詳しいことがわかり次第、お知らせします。／ 详细的情况一搞清楚，我马上通知您。

●与近义表达方式的比较

「～（た）とたん（に）」与「～や否や」「～なり」的比较

表示"一做……，就马上……"的词语，除了「～（た）とたん（に）」之外，还有「～や否や」和「～なり」等。

（23）その話を{聞いたとたん（に）／聞くや否や／聞くなり}、彼は猛烈に怒り出した。／ 听到那些话，他怒气大发。

在这里，我们比较一下「～（た）とたん（に）」和「～や否や」「～なり」。总结三者的特征如下：

1. ～(た)とたん(に)

1）表示紧接着前项的事情而发生的、突然的情况变化；
2）大多表示前项的事情为契机或线索，引发了后项（主句）的事情；
3）为口语。

2. ～や否や

1）表示后项（主句）的行为、动作的发生，仿佛做好准备，一直在等待并立刻跟上前项的行为、事态。

2）后项（主句）大多接动作、行为。

3）为书面语，说法较为生硬。

3. ～なり

1）「なり」本来是表示样子及姿态（"装束""地形"等）。表示在前项中描述的状况和情况，原封不动的转移到接下来的行为及状态中。

2）后项（主句）多接不希望发生的行为及状态。

3）为书面语。口语中有时也能使用。

下面，我们来做练习。从①—③中选出最恰当的，请完成以下（24）—（26）的句子。

①彼女はすぐに仕事の準備を始めた。／她马上就开始准备工作了。
②彼女は倒れこんでしまった。／她倒下了。
③入り口の鍵がかかってしまった。／入口的门锁上了。

（24）部屋に入ったとたん／刚一进屋、＿＿＿＿＿＿＿＿＿＿＿＿＿＿。 （25）部屋に入るや否や／刚一进屋、＿＿＿＿＿＿＿＿＿＿＿＿＿＿。

（26）部屋に入るなり／刚一进屋、＿＿＿＿＿＿＿＿＿＿＿＿＿＿。

三者在意思上的区别很微妙，像下面这样选择的人可能很多吧。

（27）部屋に入ったとたん、③入り口の鍵がかかってしまった。
（28）部屋に入るや否や、①彼女はすぐに仕事の準備を始めた。
（29）部屋に入るなり、②彼女は倒れこんでしまった。

一般考虑，例句（27）选③，因为「～（た）とたん（に）」表示"紧接着前项的事情而突然发生情况变化"。例句（28）因为「～や否や」含有"做好准备等着前项的行为、事态"的意思，所以选①。例句（29）因为「～なり」表示"原封不动的转移到接下来的行为及状态中"，所以选②合适。

"学生习作中出现病句的例子"的解说

「～（た）とたん（に）」表示"做了……下面的一瞬间就……""发生了意外的，或令人吃惊的事情"的意思。第1句中到家的时候「お帰りなさい」这句话并非意外，所以用不着「～（た）とたん（に）」，单纯用「～とき」显得恰当。例如，不能说话的儿子突然说出了「お帰りなさい」这种特殊情况的话，那第1句就不算错了。只是，由于后项（主句）是表示事态发生的句子，所以不应该是「息子は」应该是「息子が～と言った」。

第2句是「～（た）とたん（に）」的后项（主句）的表达方式的问题。好像第2句为了表示事态的发生，将「～てきた」使用成了「扇風機が回ってきた」。在「雨が降ってきた」『だんだんわかってきた」等句中使用「～てきた」，可以表示"开始（做）……"的意思，但没有方向性的「回る」中，就不能使用「～てきた」了。由于学生大多不能确切地表达事物的发生，所以，有必要充分做好讲解。

第3句严格来讲，「ベルが鳴るかと思うと」也不能算错。「鳴るかと思うと」和「鳴ったかと思うと」的不同在于，前者是铃响之前，后者是铃（即使一会儿）响之后。在此解释为，学生想说"铃声响起的同时，老师来了"，即："一个事态、事情发生后，紧接着，下一个事态、事情发生了"的意思，于是，改成了「ベルが鳴ったか思うと」。

第4句使用了「～次第」，但是「～次第」一般用于事物的实现，即，将准备好或完成了的事情传达给他人时。一般认为由于第4句单纯叙述时间上的关系，所以最好像修改过的句子那样使用「～たら」。

「～次第」是仅用于向别人传达事物实现时的用法。第5句中，如果是对「東大に合格次第、上京します。／一考上东大，立刻就去东京。」这样，向别人告知的话，就没有什么问题。但是，后项（主句）又说"决定要不要去东京"就显得不太合适了。

46

～となると・～となれば・～となったら

A：来週スキーへ行きませんか。／下周咱们去滑雪吗？
B：どこへですか。／去哪儿呢？
A：ガーラ湯沢です。交通が便利ですよ。／ GARA 汤泽，交通很方便呀。
B：そうですか。でも、行くとなると、いろいろ準備が大変で……。やっぱりやめておきます。／是吗？
不过，去（滑雪）的话，要做很多准备，挺麻烦的。还是先不去了。

 学生学习中的难点和常提出的问题

1. 不清楚「～と・～ば・～たら」与「～となると・～となれば・～となったら」的区别。
2. 不清楚「～となると・～となれば・～となったら」与「～とすると・～とすれば・～としたら」的区别。
3. 不清楚「～となると」「～となれば」「～となったら」的区别。

 学生习作中出现病句的例子

1. 医大に進むとなると、一生懸命勉強しなさい。
   →医大に進むとなると、一生懸命勉強しなければならない。／ 如果考进医大的话，就必须拼命学习。
2. 彼は決めるまで時間がかかるが、やるとなるとすぐ済みます。
   →彼は決めるまで時間がかかるが、やるとなるとすぐやってしまう。／ 他决定（某事）要花很长时间，但如果一做，就会很快做完。
3. 彼は首相となれば、どんな政策を出すのか。
   →彼が首相になれば、どんな政策をだすのか。／ 如果他当上首相的话，会推出什么样的政策呢？
4. 英語が話せるとなれば、アメリカ留学行きたい。
   →英語が話せるなら／話せたら、アメリカに留学したい。／ 如果会说英语的话，我想（去）美国留学。
5. このビルが完工となったら、まわりがもっと便利になるだろう。
   →このビルが完工したら、まわりがもっと便利になるだろう。／ 要是这个大楼完工了，周围会变得更方便吧。

297

说明

● **基本的意义及用法**

「〜となると・〜となれば・〜となったら」用于说话人知道的一种状态、事态，"成为那样的状态、事态、立场上，在脑海中捕捉形象"，来叙述说话人对于这种状态、事态的想法、判断（断定性的）时。而且，这种想法、判断似乎多是按照社会常识性的东西所进行的。

（1）A：論文のテーマって変えてもいいんですか。／论文的题目可以改动吗？
　　　B：いいけど、もし変える{となると／となれば／となったら}、教授に相談したり、いろいろ大変だよ。／可以，但是如果要改的话，还要跟教授商量，是挺麻烦的呀。

（2）A：論文のテーマ、変えたんですが。／（我）把论文的题目改了……。
　　　B：変えたの？変えた{となると／となれば／となったら}、教授に報告したほうがいいよ。／改了？如果改了的话，还是跟教授说一下比较好呀。

例句（1）是关于要改变论文题目这一事情，例句（2）是关于已经改了论文题目这件事情，说话人在把握了状况、事态的变化，考虑到"在那样的情况下"，而断定性地阐述判断。

「〜となると・〜となれば・〜となったら」大致上都可以互换。而「〜となったら」是三者当中最口语化的。

● **构成法及接续方法**

「名词+だ」的非过去时，有时漏掉「だ」。

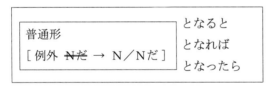

● **何时使用**

1. 在会话中

例句（3）叙述了B在头脑中理解以"荣子要留学"这件事作为变化，对"那么，那样的话"做的考虑和判断。B"（一旦留学）就需要钱"的这种想法、判断是基于社会一般的思维方式。

（3）A：栄子さん、会社やめて留学するんですって。／听说荣子要辞职去留学呀。
　　　B：ええっ、また、どうして？／啊，又是为什么？
　　　A：さあ。／哎……
　　　B：留学する{となると／となれば／となったら}、お金が要るのに。／如果留学的话，需要钱呢偏偏。

「〜となると・〜となれば・〜となったら」有时表示对比性的含义。

（4）A：田中さんは飲まない人なの？／田中是不喝酒的人吗？
　　B：うん、普段はあんまりね。／嗯，平时不怎么喝。
　　A：ふーん。／哼。
　　B：でも、飲む｛となると／となれば／となったら｝、徹底的に飲む人だよ。／但是，喝起来的话，也是个喝大酒的人呀。

「～となったら・～となれば」在句尾，可以使用意志的表达方式，而「～となると」则不可以。

（5）A：田中さん、スピーチやらないって。／听说，田中不做演讲。
　　B：困ったね。／真愁死人了。
　　A：どうしようか。／怎么办呢？
　　B：田中さんができない｛？となると／となれば／となったら｝、僕がやるよ。／田中不行的话，我来做啦。

例句（3）—（5）都是「となると／となれば／となったら」前面接动词的例子，现在咱们来看一下接续形容词和名词的情况吧。

「～となると・～となれば・～となったら」是说话人认识为改变状态、事态的事物，来叙述想法和下判断。但是，在接形容词、名词时就要稍微注意一下了。首先，来看看接形容词的情况吧。

（6）A：エクアドルって寒いらしいよ。／厄瓜多尔好像很冷的哦。
　　B：ええっ。暑いって聞いていたのに。／啊？（我）明明听说很热的啊。
　　A：テレビで言ってた。／电视上说的。
　　B：寒い｛となると／となれば／となったら｝、持って行く服を考え直さなくちゃ。／（那里）如果冷的话，就必须重新考虑要带去的衣服了。

在这里，气候上的"热"并不是"变寒冷了"。而是表示B原来认为"热"的这种事态、状态的认识，变化成了认定为"寒冷"的认识。

下面是接名词时的情况。在这里（表示的医生）并不是一名医生，而是"作为名医""站在名医的立场上"的含义。

（7）A：あの先生は忙しそうだね。／那位医生好像很忙啊。
　　B：今日も午前中は休診だそうだ。／听说今天上午也停诊了。
　　A：名医｛となると／となれば／となったら｝、いろんなところからお呼びがかかるんだね。／一旦成为名医，会被很多地方邀请的啊。

2. 在文章中（以句子连接为例）
例1　事态、前提的句子。～となると／となれば／となったら、意见、思考的句子。
　　它的形式是，在前句中就某个事情、前提及信息进行叙述，然后在此基础上叙述说话人的意见、想法。

（8）彼は奨学金がもらえないらしい。もらえない｛となると／となれば／となったら｝アルバイトでもしたほうがいい。／ 他好像拿不到奖学金。如果拿不到的话，还是打点工比较好。

（9）来月から海外勤務となった。長期間海外に行く｛となると／となれば／となったら｝、この家の管理を誰かに頼まなければならない。／ 从下个月开始要去国外工作。如果长时间去国外的话，就必须拜托别人照顾一下这个家了。

例2 事态、前提的句子。
补充说明、意思相反的句子［だが／しかし／、ーとなると／となれば／となったらー］。
它的形式是首先对某件事情或前提、信息进行说明，之后加上补充说明或叙述意思相反的情况。

（10）子供の体格はずいぶん立派になった。しかし、体力や持久力｛となると／となれば／となったら｝、昔より劣っている。／ 孩子的体格变得很结实了。但是，说到体力和耐力的话，就不如以前了。

（11）女性の地位は向上した。しかし、フルタイマーで働く｛となると／となれば／となったら｝、まだまだ問題は山積している。／ 女性的地位提高了。但是，如果全职工作的话，问题还是堆积如山。

例3 事情、前提的句子 ［ーが／けれども］、补充说明、意思相反的句子 ［ーとなると／となれば／となったら、ー］。
它的形式是，使用了「ーが／けれども」，用一句话来表示例2的形式。

（12）彼女は日頃は大人しいが、言わなければならない｛となると／となれば／となったら｝、はっきり主張する。／ 她平时挺温顺，但是若遇到非说不可的时候，也会清楚地说出主张。

（13）彼は無罪を主張しているが、アリバイがない｛となると／となれば／となったら｝、拘束される可能性がある。／ 他虽然力主无罪，但如果没有不在现场的证明的话，有可能被羁押。

例4 事情、前提的句子。具体性说明的句子［ーし、ーとなると／となれば／となったらー］。
它的形式是，首先说明事情和前提，就其增加具体而详细的解释说明时使用。容易出现表示列举的「ーし」。

（14）花見は行けるようで行けない。満開の期間は短いし、名所に出かける｛となると／なれば／となったら｝、一通りの準備も要る。／ 好像能去赏花，却去不了。花盛开的期间又很短，如果去赏花胜地的话，还要做一系列的准备。

（15）アジアのことばを習うのがブームになっている。中国語を学ぶ人も多いし、韓国語｛となると／となれば／となったら｝、ドラマを通して勉強する人も多い。／ 现在学习

亚洲语言已经成了流行风潮。很多人学习汉语，要说韩语的话，很多人是通过电视剧来学习的。

● **容易和哪些词语相连接**

XとなるとΖとなればΖとなったらY
〈Y处的词〉

「～となると・～となれば・～となったら」等，后项（主句）一般（断定性地）表达想法、判断。从这点上看，后项（主句）容易接续以下的句尾表达方式。

◆ **（断定性地）表达判断的表达方式：**

动词、形容词、「名词＋だ」断定的形式（肯定、否定）、なる、～のだ、～なければならない、～ざるをえない、～ことになる、终助词、～てくる等。

（16）社長が責任をとる｛となると／となれば／となったら｝、重役達も辞めざるをえない。／ 如果总经理要承担责任的话，高层领导们也不得不辞职了。

● **与近义表达方式的比较**

1. 与「～になると・～になれば・～になったら」的比较

像例句（17）a这样「名词＋となると／となれば／となったら」的句子中，很多学生都容易同b一样，与「名词＋になると／になれば／になったら」相混淆。

（17）a. 国の首相｛となると／となれば／となったら｝、休みなんかない。／ 要是当了国家首相的话，就没有什么歇班了。
　　　b. 国の首相｛になると／になれば／になったら｝、休みなんかない。／ 如果当了国家首相的话，就没有什么歇班了。

「～となると・～となれば・～となったら」是"在头脑中捕捉，作为是这样的状态、事态的场合（这里是指当首相的事）"，使这个事情一般化，并作出判断的认识过程。所以，并不像b句一样，单纯地表示"变成那样"的变化。a句变为"站在首相这一立场上的话"的含义。

2.「～となると」与「～とすると」的比较。（⇒ 44）

参考江田すみれ（1992），比较「～とすると」与「～となると」如下所示：

	～とすると	～となると
基本的意思	假定	变化
表达态度	中立	有否定的含义
对比性的含义	无	有
句尾	概言、说明、疑问等	断言较多

所谓"断言"是像动词、形容词、「名词＋だ」结句的形式那样，把事物作为确定的事实来进行（断

定式地）叙述的表达方式。与此相对，"概言"是像「〜だろう・〜そうだ・〜んじゃないか」一样，表示说话人的推理、大致的判断。

下面，我们在实际的句子中来比较一下吧。

（18）もし生まれ変われる｛とすると／×となると｝、大空を飛ぶ竜がいい。／ 如果可以重生的话，变成在空中飞舞的龙就很好。

（19）わがままな人だから、いやだ｛×とすると／となると｝、何を言ってもだめだ。／（他）是个很任性的人，（他）要是说了不要，（你）就再说什么都没用啦。

（20）今予約しておく｛とすると／×となると｝、一週間後には切符が手に入る。／ 现在预约的话，一周后就可以拿到票了。

（21）今予約しておく｛?とすると／となると｝、予定が変わったとき困る。／ 要是现在预约的话，计划有变时，那就麻烦了。

（22）彼はいつもはいい加減なことを言ってるが、やる｛×とすると／となると｝きちんとやる。／ 他说话总是马马虎虎，但是一旦做起来会很认真。

（23）この間の大阪の事件、井口がそのとき東京にいた｛とすると／?となると｝、彼は犯人じゃないのではないだろうか。／ 最近（发生在）大阪的事件，如果井口那个时候在东京的话，那他就不是犯人了吧。

因为例句（18）说的完全是假定，所以基本上具有假定意思的「〜とすると」是适当的，但「〜となると」就不适用了。例句（19）是就"任性的人"的变化来说明的。这时，「〜となると」虽适当，但「〜とすると」就不合适了。例句（21）、（22）是一个是否含有否定意思的问题，例句（20）中后项（主句）是肯定的，而例句（21）是否定的。「〜とすると」是中立性的，而「〜となると」作为表达态度，似乎喜欢（表达）否定的含义。例句（22）表达了他平时的态度和特殊情况下态度的对比。因为「〜とすると」没有对比的用法，所以不适用。

例句（23）是句尾的比较，像「のではないだろうか」这样表示概言的表达方式，似乎还是使用「〜とすると」比较适合。如果使用「〜となると」的话，就会像下面这样概率似乎显得很高。

（24）この間の大阪の事件、井口がそのとき東京にいたとなると、彼は犯人と言えなくなる。／ 最近（发生在）大阪的事件，如果那个时候井口在东京的话，就不能说他是犯人了。

"学生习作中出现病句的例子"的解说

「～となると」后项（主句）不能使用意志的表达方式。第1句是由于接了「勉強しなさい」这一命令形，所以，后面适合接续表示断定性判断的「～なければならない」。第2句的后项（主句）也有问题。因为行为的主体是"他"，所以，就有必要变为「（彼はその仕事を）すぐ済ませる」。但是，「（その仕事を）済ませる」含有"硬让它结束"的意思，所以，修改后的句子就使用了「（その仕事を）やってしまう」这一表达方式。

一般考虑，第3句使用了「～となれば」，很容易与单纯表示状态变化的「～になる」相混淆。如果这个句子使用的是「～となれば」的话，就会变成下面这样了：

3'（一大臣であるだけでも大変なのに、）首相となれば、国内外の諸問題を解決したり、統括したりしなければならない。／（光是当一个大臣就够费劲了却，）要是当首相的话，就必须既要解决，又要统管国内外的各种问题。

在第4句中，一般认为学生是光想说修改后的句子，也可以做如下的解释：

• 英語が話せるようになるのであれば、アメリカに留学したい。／ 要是会说英语了，我就想（去）美国留学。

但是，无论是使用哪一种，不能最恰当地表达出「英語が話せるとなれば」的说法。如果要保留它的话，可以说成下面的句子：

4'あなたは英語が話せるんですか。英語が話せるとなれば、話は違ってきます。ぜひわが社に来てください。／ 你会说英语吗？如果会说英语的话，就另当别论了，请一定来我们公司吧。

第5句是想说"完工的时候"，但一般认为学生并不是懂得了「～となったら」的本来的用法后造的句子，而是以"要是完工了"的意思来造的句子。

47

〜ないで・〜なくて

A：何してるの。/（你）在干什么呢？
B：ゲーム。/（玩）游戏。
A：宿題できた？/作业写好了？
B：まだ。/还没。
A：遊んでいないで早く宿題しなさい。/别玩了，快点写作业！

 学生学习中的难点和常提出的问题

1. 「〜なくて」和「〜ないで」可以一样使用吗？
2. 什么样的动词都能在表示理由的「なくて」的句子中使用吗？
3. 「〜なくて・ないで」和「〜ず・〜ずに」有什么不同呢？
   前者是口语，后者是书面语吗？

 学生习作中出现病句的例子

1. 頭が痛くて、ずっと何も食べなくて寝ていた。
   →頭が痛くて、ずっと何も食べないで／食べずに寝ていた。／头很疼，一直什么都没吃就睡了。
2. 彼女は何も言わなくて、泣いてしかいない。
   →彼女は何も言わずに／言わないで、泣いてばかりいる。／她什么也不说，只是哭。
3. バスが来ないで、タクシーに乗りました。
   →バスが来ないので、タクシーに乗りました。/因为公共汽车没来，就打车了。
4. 母は中国人なので洋風な料理を作らなく、八つまでチーズを食べたことがない。
   →母は中国人なので洋風の料理を作らないから、八つまでチーズを食べたことがなかった。/因为妈妈是中国人，不做西餐，所以（我）直到8岁都没吃过奶酪。

说 明

● **基本的意义及用法**

在这里就动词「〜て」的否定形式，说明一下。（⇒初级59）
动词「〜て」的否定形，有「〜ないで」和「〜なくて」两种。

1. ないで

1）表示附带状况。

在例句（1）、（2）中，「ーないで」表示"其动作在以什么样的状况、状态进行呢？"这一附带状况。

（1）朝ご飯を食べないで会社に行った。／没吃早饭就去公司了。

（2）めがねをかけないで運転する。／不戴眼镜开车。

2）表示"代替"（交替、替代）。

（3）本人が来ないで、代理人が現れた。／本人没有来，代理人来了。

3）表示原因、理由。

（4）客が集まらないで苦労している。／因为客人聚不齐，所以很辛苦。

2. なくて

1）表示原因、理由。

（5）客が集まらなくて苦労している。／因为客人聚不齐，所以很辛苦。

2）表示"代替"（交替、替代）。

（6）本人が来なくて、代理人が現れた。／本人没有来，代理人来了。

和「ーて」一样，「ーないで・ーなくて」也是根据前项和后项（主句）的意义关系来决定是表示附带状况，还是原因、理由等。「ーないで・ーなくて」本身是没有表原因、理由的意思的。

● 构成法及接续方法

Vーナイ形の語幹	ないで / なくて

● 何时使用

1. 在会话中

以下的例句（7）中出现的「动词 + ないで」，表示在没有／不能做某种行为、动作（关窗）的状态（附带状况）下，做了后面所接续的行为、动作（睡觉）。

（7）A：鼻がスースーする。／鼻子不通气儿抽鼻涕。
　　　B：どうしたの。／怎么回事？
　　　A：ゆうべ窓を閉めないで寝ちゃったの。／昨晚没关窗户就睡着了。
　　　B：あー、きっと風邪をひいたんだよ。／啊？（你）一定是感冒了呀。

在例句（8）中，「动词 + ないで」表示以另一方代替这方来做的这种交替、代替。

（8）A：事故の説明会は終わりましたか。/ 事故的说明会结束了吗？
　　　B：いや、ひどいもんですよ。/ 没，很棘手呢。
　　　A：どうして。/ 为什么？
　　　B：会社の責任者は出てこないで、弁護士が説明するんですから。/ 因为公司的负责人不出面，是由律师出来解释的。

因为「〜なくて」表示原因、理由，所以后项（主句）必须接续非意志的表达方式。

（9）A：論文、できましたか。/ 论文，写好了吗？
　　　B：いいえ。コンピュータが動かなくて、書けなかったんです。/ 没有。电脑不动了，没写成。
　　　A：今も動かないんですか。/ 现在还不动吗？
　　　B：ええ、全然動かなくて、困っています。/ 嗯，完全动不了，正犯愁（呐）。

在"（电脑）不动"中，后项（主句）接的是"没写成"这样的可能动词。可能动词是非意志的表达方式。另外，"（完全）动不了"的后项（主句）也是接续「困る」这样非意志的表达方式。

「动词 + ないで」有时也表示原因、理由。后项（主句）中多接「困る、がっかりする、大変だ」等这样，表示感情或评价的非意志的动词、形容词。它是一种有些通俗的说法。

（10）A：どうしたんですか。/ 怎么回事？
　　　B：車とぶつかって。でも、大したけがじゃないんです。/ 和汽车撞上了。不过，伤得不重。
　　　A：大けがにならないでよかったですね。/ 还好，没有受重伤啊。

2. 在文章中（以句子连接为例）

例1 原因、理由的句子「〜ので／から／て」、〜ないで〜。

表示因为某种原因、理由，在这种行为、动作不进行 / 不能进行的状态下，进行接下来的行为、动作。

（11）時間がなかったので、何も食べないで家を飛び出した。/ 因为没时间了，所以什么都没吃就飞奔出了家门。
（12）我々は自己愛が強すぎて、素直に人を愛せないで生きている。/ 我们都过于自爱，所以，（一直）没有坦诚地爱待别人而生活。

例2 事态、状况的句子「〜が／けれども／ながら」、原因、理由的句子「〜ので／から／で」、〜ないで〜。

它的形式是，在例1前面再附加一个句子。表示虽然要发生 / 已发生了某种事态、状况，但因为某种原因、理由，在这种行为、动作不进行 / 不能进行的状态下，而进行接下来的行为、动作。

（13）おなかがすいていたが、時間がなかったので、何も食べないで家を飛び出した。/ 虽然肚子饿了，但因为没有时间，所以，什么都没吃就从家里飞奔了出来。

（14）我々は人を愛したいと思いながら、自己愛が強すぎて、素直に愛せないでいる。／我们虽然想爱别人，但因为自己过于自爱，所以，（一直）没有坦诚地爱别人。

例3 事态、状况的句子。 ーないでー。

它的形式是在前面的句子中，进行说明一种事态、状况，接下来，使用表示附带状况的「ーないでー」，加以更具体的说明。

（15）彼女は黙っていた。何も言わないで下を向いていた。／她沉默了。什么也不说只是看着下面。

（16）領海問題で両国は対立している。国際会議でも両国の首脳は挨拶も交わさないで相手を無視し続けていた。／由于领海问题两国处于对立。即使在国际会议上两国的首脑也都不互相问候，一直无视对方。

例4 事情、前提的句子。 しかし、ーないでー。

它的形式是在前面的句子中，就事情、前提进行叙述，尽管那样地期待，（取而代之）却成为其他状况。

（17）すごく頑張った。しかし、成績は上がらないで、むしろ下がってしまった。／（我已经）竭尽全力了。但是，成绩还是没有上升，反倒下降了。

（18）彼の希望はパリであった。しかし、彼はパリへは行かないで、ロンドンに行くことになった。／他原本希望去巴黎。但是，决定不去巴黎，而去伦敦了。

例5 事态、状况的句子。 しかし、ーないでー。

它的形式是，表示虽然有／发生了某种事态、情况，但是，由于某种原因、理由（而导致）事情并不会／没有像期待的那样发展。

（19）授業まで時間がなかったので、タクシーで行こうと思った。しかし、タクシーが来なくて、遅刻してしまった。／马上就要上课了，本想打车去的。但是，出租车不来，就迟到了。

（20）6月になった。しかし、雨が降らなくて、稲の成長に影響が出始めた。／都到6月份了。但是，不降雨，给稻子的生长开始带来了影响。

例6 ーなくてー。 感谢、道歉的句子。

它的形式是，使用「ーなくてー」来表示原因、理由，之后表示说话人的感谢、道歉的心情。

（21）会議に間に合わなくて、すみませんでした。これから気をつけます。／没能赶上会议，实在抱歉。以后（我）会注意的。

（22）株券を売らなくてよかった。情報を教えてくれてありがとう。／幸好股票没有卖出去。真是谢谢（你）告诉我信息。

● **容易和哪些词语相连接**

"表示原因、理由"XなくてY

〈Y处的词〉

◆ 非意志性动词等：

可能动词（できない、行けない、書けない），自动词（困る、がっかりする、苦労する、イライラする），～てしまう等。

（23）すべてがうまく行かなくて困っている。／所有进展都不顺利，正犯愁（呐）。

◆ 表示感情、评价的形容词：

残念だ、大変だ、よかった、悲しい、うれしい等。

（24）思い通り評価してもらえなくて残念だ。／没能得到预期的评价，很遗憾。

● **与近义表达方式的比较**

1.「～ないで」与「～なくて」的比较

「～ないで」与「～なくて」的含义及用法大致总结如下：

	附带状况	原因、理由	代替
～なくて	×	◎	○
～ないで	◎	△	○

◎ 是"经常使用"，○ 是"使用"，△ 是"有时使用"，× 是"不能使用"

下面我们就与动词的接续问题，来总结一下「～ないで」和「～なくて」的使用方法。

1）行か｛ないで／×なくて｝ください。（～てください（请求））／请不要去。
2）ずっと寝｛ないで／×なくて｝いる。（～ている（状态））／一直睡不着。
3）調べ｛ないで／×なくて｝おきます。（～ておく（放置））／先别调查了。
4）寝｛ないで／×なくて｝ほしい。（～てほしい（愿望））／希望别睡着了。
5）議員はちゃんと選ば｛×ないで／なくて｝はなりません。（～なくてはならない（义务））／必须要慎重地选举议员。
6）文句を言わ｛ないで／なくて｝はいられない。（～ないで／なくてはいられない（不能抑制））／忍不住还是要发牢骚。
7）ここには警備員がい｛×ないで／なくて｝もいい。（～なくてもいい（不必要））／这里没有保安也不要紧。
8）何も言わ｛？ないで／なくて｝も、君の気持ちはわかっている。（～ても（逆接））／即使什么也不说，也能了解你的心情。
9）昼ご飯を食べ｛ないで／×なくて｝出かける。（～て（附带状况））／没吃午饭就出门了。
10）人を信じることができ｛ないで／なくて｝苦しんでいる。（～て（原因、理由））／因为不能相信别人而苦恼。

11）仕事に行か｛ないで／なくて｝家で育児に励む男性が増えてきた。（~ないで／なくて（替代）／不出去工作，努力在家悉心照顾孩子的男性在不断增加。

2.「~ず」与「~ずに」的比较

请参照本书的「48 ~ず・~ずに」。

 "学生习作中出现病句的例子"的解说

在第1句中，一般认为学生想要把附带状况表示为"在没有吃的状态下就睡了"。但是，因为「~なくて」没有表示附带状况的用法，所以有必要使用「~ないで」或者「~ずに」。

第2句一般理解为"什么也不说的状态下，只是哭"，所以，这也被认为是表示了附带状况。需要使用「~ないで／ずに」，而不是「~なくて」。

第3句是表示理由的句子，但因为「~なくて」和「~ないで」是表示理由的，所以，后面的句子（主句）必须接续非意志性动词和状态的表达方式。像第3句这样，接动作动词时，需要使用表示理由的「~ので」和「~から」。如在3中使用「~なくて／ないで」的话，就变成下面这样了吧。

3' バスが来なくて／来ないで、大変だった。／公共汽车不来，麻烦了。

第4句是使用「作らなく」的例子。第4句从与前项、后项（主句）的意思的关系看，一般认为应该使用表示理由的「~から／ので」。根据金泽（2000、2006）的论述，把「~（せ）ず」这个动词的否定形的「ず」换成「ない」，由于作为连用中止形使用了「~なく」，就产生了这样的说法。

48

～ず・～ずに

A：「北国の春」という歌を知ってますか。／（你）知道《北国之春》这首歌吗？
B：ええ、私の大好きな歌です。／嗯，（那）是我非常喜欢的歌曲。
A：私もそうです。／我也喜欢。
B：歌詞を見ずに歌えますか。／不看歌词，（你）会唱吗？
A：もちろんです。／当然了。

 学生学习中的难点和常提出的问题

1.「～ず」与「～ずに」的区别不太清楚。
2.「～ず」与「～ずに」是和「～ないで」相同的吗？
3.「～ず」与「～ずに」是书面语？

 学生习作中出现病句的例子

1. 彼女は塾に行かず東大に受かれた。
   →彼女は塾に行かず／行かないで東大に受かった。／她不去补习班，就考上了东大。
2. やせるため何も食べず、そのままの生活を続けたら、危ないだろう。
   →やせるため何も食べずに／食べないで、そのままの生活を続けたら、危ないだろう。／为了减肥什么也不吃，这样生活持续的话，身体吃不消吧。
3. だれもこの問題を手付かず、この状態のままで続けていくだろう。
   →だれもこの問題に手を付けないので、この状態のままで続いていくだろう。／谁都不着手解决这个问题，所以这个状态会照旧持续下去吧。
4. 朝ご飯を食べせずに、家をでかけた。
   →朝ご飯を食べずに、家を出た。／没吃早饭就出了家门。

说明

● 基本的意义及用法

　　动词的否定形「～ず・～ずに」的口语是「～ないで・～なくて」（⇒ 47）。虽然有时也出现在口语中，但感觉稍微生硬、正式的说法。

　　「～ず」与「～ずに」基本的区别是：「～ず」是在此处就可以结束，而「～ずに」是一个要连

接下句的点。除了表示否定以外，「～ず・～ずに」没有其他特别的意思，在与前后句的关系中，以及在上下文中，才赋有意义。

1. ～ず

1）表示原因、理由。

在后项（主句），接续非意志性表达方式的话，就很明显地呈现出因果关系，所以，大多可以解释为原因、理由。

（1）雪山に登った息子と連絡がとれず、非常に心配した。／与登雪山的儿子联系不上，（所以）非常担心。

2）表示附带状况，"替代"（代替、交替）、并列等。

除了表示原因、理由以外，根据句子的前后关系等，有时表示动作是以何种状况、状态进行的"附带状况""替代"、将动作"并列"式地排列等含义。

（2）財布を持たず、家を出てしまった。（附带情况）／没带钱包就出门了。
（3）旅行へは行かず、うちで寝ていた。（代替）／没去旅行，而是在家睡觉了。
（4）水も飲まず、ご飯も食べない。（并列）／水也不喝，饭也不吃。

可以说这些并不是意思很明确固定的，根据前后关系，读者赋予它们意思的要素会更大。

2. ～ずに

1）表示附带状况。

（5）財布を持たずに、家を出てしまった。／没带钱包，就出门了。
（6）朝ご飯を食べずに仕事するのはよくない。／不吃早饭就工作不好。

2）表示"替代"（代替、交替）

（7）旅行へは行かずに、うちで寝ていた。／不去旅行，而是在家睡觉了。

● 构成法及接续方法

「～ず・～ずに」与「～ないで」相同，只能接动词。

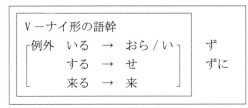

（8）田舎へ引っ越したが、知る人もおらず／いず、さびしい限りだ。／搬到了农村，但是没有认识的人，孤单极了。

（9）質問内容がわからなければ、黙っておらずに／いずに必ず聞き返してください。／如果提问内容有不明白的，不要默不作声，请务必再问一下。

● 何时使用

1. 在会话中

在下面的对话中，「―ずに」表示"在怎样的状态下驾驶着呢？"这样的附带状况。虽然也可以用「―ず」，但是一般感觉还是（使用）关系到后面情况的「―ずに」更恰当。

> （10）A：景色がきれいだね。／风景真美啊。
> B：ええ、ドライブもいいわね。／嗯，兜兜风也不错呢。
> A：あ、きれいな女の子が歩いている。／啊，有个漂亮的女孩正走着呢。
> B：きょろきょろ｛せず／せずに｝運転してちょうだいね。／（你）就别东张西望了，好好开车啊。

下面是「―ず」表示原因、理由的场合。因为「―ずに」要和接下来的部分相关联（要说明接下来的动作及事物的状况），所以不能作为原因、理由来使用。后项（主句），不能接续表达意志的表达方式，要接续非意志动词或可能的表达方式。

> （11）A：論文、できましたか。／论文，写好了吗？
> B：いいえ、コンピュータが｛動かず／？動かずに｝、できなかったんです。／没有，电脑不动了，没写成。
> A：今も動かないんですか。／现在还不动吗？
> B：ええ、全然｛動かず／動かずに｝、困っています。／嗯，完全动不了，正犯愁呢。

像例句（12）这样，在"替代"的用法中，「―ず・―ずに」两者都能使用。

> （12）A：事故の説明会は終わりましたか。／事故的说明会结束了吗？
> B：いや、ひどいもんですよ。／没，很棘手呢。
> A：どうして？／为什么？
> B：会社の責任者は｛出てこず／出てこずに｝、弁護士が説明するんですから。／公司的负责人不出面，而是由律师出来解释的。

2. 在文章中（以句子连接为例）

例1　原因、理由的句子[―ので／から／て]、―ず／ずに―。

它的形式是，表示由于某种原因、理由，而不能够（做），或者没能做，于是，不做这件事情，而做下面的动作。「―ず・―ずに」表示附带状况。

> （13）時間がなかったので、何も｛食べず／食べずに｝家を飛び出した。／没时间了，所以，什么也没吃，就从家里跑了出去。
> （14）とても眠くて、着替えを｛せず／せずに｝寝てしまった。／太困了，所以，连衣服都没换，就睡着了。

例2　事态、状况的句子[～が／けれども／ながら]、原因、理由的句子[～ので／から／て]、～ず／ずに～。

与例1的情况相同，它的形式是表示首先说明事态、状况，因为某种原因、理由，不能着手于该事态、状况，而做了下面的事情。

（15）おなかがすいていたが、時間がなかったので、何も｛食べず／食べずに｝家を飛び出した。／虽然肚子饿了，但因为没时间了，所以什么也没吃，就从家里跑出去了。
（16）パジャマを着ようとしたが、とても眠くて、着替えを｛せず／せずに｝寝てしまった。／要穿睡衣的，但因为太困了，所以没换衣服就睡着了。

例3　事态、状况的句子。～ず／～ずに。

这种形式是在前面的句子中，说明某一事态、状况，接下来使用「～ず・～ずに」，加上更具体性的说明。

（17）彼女は黙っていた。何も｛言えず／言えずに｝泣いていた。／她一言不发。什么也不说一直在哭。
（18）内山医師は開腹手術の最中であった。表情一つ｛変えず／変えずに｝手術に没頭していた。／内山医生正在做剖腹手术。表情专注地埋头手术。

例4　事情、前提的句子。しかし、～ず／ずに、～。

这种形式是，一般在前面的句子中，就事情或前提进行叙述，虽然是那样地期待，但结果却变成了另外的情况。

（19）すごく頑張った。しかし、成績は｛上がらず／上がらずに｝、むしろ下がってしまった。／竭尽全力了。但是，成绩还是没有提升，反倒下降了。
（20）先生に質問した。しかし、先生は何も｛答えず／答えずに｝、外を見ていた。／（我）问了老师问题。但是，老师什么也不回答，一直看着外面。

例5　事态、状况的句子[～が／けれども]、～ず／～ずに。

这是将例4变为一句话的形式。

（21）すごく頑張ったが、成績は｛上がらず／上がらずに｝、むしろ下がってしまった。／竭尽全力了，可成绩还是没有提升，反倒下降了。
（22）先生に質問したが、先生は何も｛答えず／答えずに｝、外を見ていた。／（我）问了老师问题。但是，老师什么也不回答，一直看着外面。

● 容易和哪些词语相连接

"表示原因、理由" XずY
〈Y处的词〉

◆非意志性动词等：

可能动词（できない、行けない、書けない），自动词（困る、がっかりする、苦労する、イライラする），〜てしまう等

（23）すべてがうまく行かず、困っている。／所有的事都进展得不顺利，正为难（呐）。

◆表示感情、评价的形容词：

残念だ、大変だ、よかった、悲しい、うれしい等。

（24）思い通り評価してもらえず残念だ。／没能得到预想的评价，真遗憾。

● 「〜ず」「〜ずに」「〜ないで」「〜なくて」的比较

比较「〜ず」「〜ずに」「〜ないで」「〜なくて」它们的使用方法，大概如下。比较这4个词语，可以说「〜ずに」与「〜ないで」是附带状况，「〜ず」与「〜なくて」用作原因、理由。

	附带状况	原因、理由	代替
〜ず	△	○	○
〜ずに	○	？	○
〜なくて	×	◎	○
〜ないで	◎	△	○

◎ "经常使用"，○ "使用"，△ "有时使用"，？ "不好说是不是使用"，× "不能使用"（这个比较并不是绝对的，只表示硬要说使用哪个的话，可以这么说的程度）（⇒ 47）

 "学生习作中出现病句的例子" 的解说

　　因为第1句是在"没有去补习班的状况、状态"下，就"考上了东大"，所以，用表示附带状况的「〜ず」或者「〜ないで」比较合适。
　　一般认为第2句也是"什么也不吃的状况、状态的生活"这一附带状况的意思，所以，用「〜ずに」或者「〜ないで」比较好。
　　第3句表示前项和后项是因果关系。在这里「〜ず」并不表明是明确的因果关系，所以有必要像订正的句子一样，使用「〜ので」或者「〜から」来明确地表示出原因、理由。
　　第4句的接续形式不对。没有「食べせず」这样的说法。

49

〜ながら・〜ながら(も)

〈打棒球的实况〉
打ちました、打ちました。/ 打出去了，打出去了。
ボールはぐんぐん伸びています。/ 球正在迅猛前进。
入るか……。/ 进（了）吗？
ファールです。わずかながら、
左にそれました。/ 界外球。就（差）一点点，偏到左边去了。

 学生学习中的难点和常提出的问题

1. 「〜ながら」的前项、后项（主句）都接同一主语，但是在前项、后项（主句）中，主语会经常发生变化。
2. 不清楚「座って」与「座りながら」，「立って」与「立ちながら」的区别。
3. 「〜ながら」什么时候是"同时进行的动作"，什么时候变成"逆接"呢？

 学生习作中出现病句的例子

1. 座りながら、話しませんか。
   →座って話しませんか。/ 坐下说话吧。
2. 張さんは本を読みながら、李さんは手紙を書いています。
   →張さんは本を読み、李さんは手紙を書いています。/ 小张在看书，小李在写信。
3. 彼女は何もかも知っていながら、他人には知らせたくなかった。
   →彼女は何もかも知っていながら、他人には知らせなかった。/ 她明明什么都知道，却没有告诉别人。
4. 彼女は何もかも知っていながら、大学院に入ってもっと勉強しようと思っている。
   →彼女は何でも知っているが／のに、大学院に入ってもっと勉強しようと思っている。/ 她什么都懂，但还是想读研究生继续学习。

说 明

● **基本的意义及用法**

「〜ながら」有以下两种用法。
1) 表示同时发生的动作、同时进行的动作的「〜ながら」

（1）彼女は大声で叫びながらドアを叩き続けた。/ 她一边大声地叫喊着，一边不停地敲着门。

在同时动作的「－ながら」中，前项的动词和后项（主句）的动词，都接续表示动作的意志动词。

这并非在那个时候，看得到的同时（进行的）动作，而是同下面的例句一样，在很长的跨度（期间）内作为同时（进行的）动作，用「－ながら」来表示。

（2）銀行で働きながら、作詞活動もやっている。/ 一边在银行上班，一边在作词。

2）表示逆接的「－ながら（も）」

表示逆接的「－ながら」是书面语性质的说法。语气强烈的还有「－ながら（も）」。一般在叙述与由前项很自然就能预想到的事情相反的事情时使用。

（3）彼女は何もかも知っていながら、教えてくれない。/ 她明明什么都知道，就是不告诉我。

（4）彼は失敗するとわかりながら（も）、やってしまう性格だ。/ 他的性格是明知道会失败，但还是会去干。

●构成法及接续方法

「－ながら」的接续方法如下：在表示同时（进行的）动作时只使用动词；表示逆接时除使用动词以外，还有形容词、「名词 ＋ だ」的形式。ナ形容词、「名词 ＋ だ」有时也接续「であり」。

| V－マス形の語幹 | ながら＜同時動作＞ |

| V－マス形の語幹
イ adj. －い／イ adj. －くない
ナ adj. 語幹（であり）／ナ adj. －ではない
N（であり）／Nではない | ながら（も）＜逆接＞ |

●何时使用

1. 在会话中

下面的例句（5）是表示同时动作的「－ながら」。

（5）A：コンピュータがおかしくなったんです。/ 电脑有点毛病了。
　　B：どうしたんですか。/ 怎么回事呢？
　　A：このキーを押しながら、このキーを押したんです。/（我）是一边按这个键，一边按了这个键。
　　B：……
　　A：そうしたら、フリーズしてしまったんです。/ 这样一来，就死机了。

下面是表示逆接的「－ながら」。

（6）A：男の人って、幸福な結婚をしていながら、どうしてほかの人を好きになるの？/ 男人啊，明明有着幸福的婚姻，为什么又喜欢上别的人呢？
B：男はいつも夢を追っかけてるんだよ。/ 男人总是在不断地追求梦想呀。
A：夢？馬鹿らしい。/ 梦想？太糊涂了。

（7）A：子育てセンターに来るお母さんが多くなりましたね。/ 越来越多的妈妈来育儿中心了啊。
B：ええ、お母さん達は毎日子育てに悩みながら、頑張っているんですね。/ 嗯，妈妈们虽然每天都为怎么教育小孩而苦恼，但还是都很努力啊。

（8）A：お母さん達は頑張っていますね。/ 妈妈们真努力啊。
B：ええ、でも、子育てを放棄したいと思うときもあるらしいですよ。/ 嗯，不过，（她们）好像也有想放弃教育孩子的时候呢。
A：そうですか。お母さん達は毎日子育てに悩みながら、頑張っているんですね。/ 是吗。妈妈们虽然每天为该怎么教育小孩而苦恼，但是还在努力啊。

例句（7）B的「お母さん達は悩みながら頑張っている。」这句话，表示年轻的妈妈们在苦恼的同时，还在做着教育小孩这样的"同时（进行的）动作"，但是像例句（8）这样，「お母さん達は悩んでいるが、子育ても頑張っている」也可以表示逆接。「～ながら」是表示同时动作呢，还是表示逆接，由"后项的动作和状态是否与前项的状态相矛盾"来决定。在感觉到矛盾的情况下，就出现了逆接的意思。

2. 在文章中（以句子连接为例）

例1 ～ながら～。意见、想法的句子。

表示同时动作的「～ながら」在谈话（文章）中使用的时候，「～ながら」句出现在前面，后面有时出现叙述对此的意见、想法。

（9）営業マンは笑顔を見せながら、客の様子を伺っている。たいていの人は表面的な笑顔に騙されてしまうのだ。/ 店员一边笑脸相迎，一边观察着客人的情况。大部分人都会被这表面的笑容所蒙蔽。

（10）若いママたちは悩みながら子育てに励んでいる。こういうことにこそ地域支援が必要である。/ 年轻的妈妈们一边苦恼着，一边努力地教育着孩子。正是这种情况，才需要地区的支援。

例2 ～ながら～のは、评价性判断的句子。

这种形式是，表示对同时（进行的）动作做出评价性的判断。

（11）ぐずる子供をあやしながら家事を続けるのは、大変だったにちがいない。/ 一边哄着调皮的孩子，一边继续做家务，一定很辛苦。

（12）携帯電話をかけながら運転するのは、危険この上ない。/ 边打电话边开车，是最危险的。

例3 〜ながら（も）〜。意见、思考的句子。

这是使用表示逆接的「〜ながら（も）」叙述事态、状况，之后再陈述意见和想法的例子。

（13）ERIは不正を知りながら放置したと言われる。その行動は審査機関としては許されないものだ。/ 据说ERI明知道有非法行为却置之不理。这种行为是作为审查机关所不允许的。

（14）警察は犯罪に関係があるかもしれないと思いながらも、被害者の訴えを無視した。今回の殺人事件は警察のそうした態度によって引き起こされたところが大きい。/ 警察明明想到了可能与犯罪有关系，却对受害人的申诉不予理睬。这次的杀人事件很有可能就是由警察这样的态度所引起的。

●容易和哪些词语相连接

基本上，在表示"同时（进行的）动作"的「ながら」之前，大都接动作性动词；而在表示逆接的「ながら（も）」前面，大都接表示状态的动词及形容词、名词。

1. "表示同时动作"的XながらY

〈X、Y处的词〉

◆表示动作的动词：

食べる、飲む、書く、読む、勉強する等。

（15）食べながらテレビを見る。/ 一边吃一边看电视。

X后不接「死ぬ、つく、消える」等瞬间动词（变化动词）。

2. "表示逆接"Xながら(も)Y

〈X处的词〉

◆表示状态的动词等：

ある、いる、〜ている、知る、知っている、悩む等。

（16）彼は結婚していながら、独身だと言い回っている。/ 他明明已经结婚了，却到处说（自己）是单身。

◆表示负面评价的形容词、「名词 + だ」：

小さい、苦しい、狭い、貧しい、不満足だ、子供だ等。

（17）彼は体が小さいながら（も）、学生相撲のチャンピオンだ。/ 他虽然个子很小，却是学生相扑的冠军。

● 「〜ながら」的其他用法

「〜ながら」还有像下面这样的惯用说法。

残念ながら、細々ながら、敵ながら、我ながら等。

（18）商売は細々ながら、何とかやっています。／ 生意琐碎，还勉强做着。
（19）残念ながら、日本はメダルが一つしかとれなかった。／ 很遗憾，日本只得到一枚奖牌。
（20）人より遅れているのがわかって、我ながら情けなくなった。／ 知道比别人慢，自己都觉得没出息。

另外，「〜ながら」除了"同时（进行的）动作""逆接"以外，还有表示状态、样子的说法。这些也大多已经变成惯用的说法了。

いつもながら、昔ながら、涙ながら、生まれながら等

（21）いつもながら、彼女の料理はうまい。／ 和往常一样，她做的菜很好吃。
（22）この清酒メーカーは、昔ながらの製法で日本酒を作っている。／ 这个清酒厂是按照古老的方法在造日本酒。
（23）被害者は涙ながらに事件の状況を語った。／ 受害人一边流着泪，一边诉说着事件的情况。
（24）この子は生まれながらに優れた音楽の才能を備えている。／ 这孩子天生就具有优异的音乐才能。

● 与近义表达方式的比较

1. 表示同时动作的「〜ながら」与「〜て」的比较

「テープを聞いて勉強する」和「座って話しましょう」中的「〜て」，有表示"其动作是在怎样的状态、情况下进行着呢"的"附带状况"的用法。这种"附带状况"在例句（25）b中，可以用表示同时（进行的）动作的「〜ながら」来表示，但在例句（26）b中，就不恰当了。因为通常不可能在一边进行"坐下"这个瞬间结束动作的时候，还进行着"说话"这个动作。

（25）a. テープを聞いて勉強します。／ 听着磁带学习。
　　　 b. テープを聞きながら勉強します。／ 一边听磁带，一边学习。
（26）a. 座って話しましょう。／ （咱们）坐着说吧。
　　　 b. ×座りながら話しましょう。／ ×边坐边说吧。

例句（25）和（26）的区别，在于「〜ながら」前面出现的动词是持续动词还是瞬间动词。动词后接「ている」，表示动作进行的动词是持续动词；表示动作的结果状态的动词就称为瞬间动词。「聞く、食べる、飲む、書く、勉強する」等属于前者，「死ぬ、こわれる、つく、消える、止まる、座る、立つ」等则属于后者。（因为瞬间动词是表示变化的，所以有时也称"变化动词"）（⇒初级33）

像例句（25）的「聞く」这样，持续动词用于前项时，「〜て」和「〜ながら」具有基本相同的意思。但像例句（26）这样接续「座る」这样的瞬间动词时，用「〜ながら」的句子就不合适了。

2. 表示逆接「～ながら（も）」与「～が／けれども」「～のに」的比较

「一ながら（も）」「一が／けれども」「一のに」全都表示逆接。首先最大的区别就是「一ながら（も）」主要用于书面语，而「一が／けれども」「一のに」用于口语。另外，「一ながら（も）」接在表示状态的词和非意志动词后面时，有表示逆接的倾向，而「一が／けれども」「一のに」就没有这样的限制。下面的「読む」是意志动词，所以在「一ながら（も）」中，就不能表示逆接了。

（27）彼女はよく本を｛？読みながら（も）／読むが／読むけれど／読むのに｝ものを知らない。／她虽然读了很多书，但是不懂事。

另外，「一が／けれども」后项（主句）的句尾可以使用意志的表达方式，但是「一ながら（も）」「一のに」不能使用。

（28）お金が｛×ありながら（も）／あるが／あるけれども／×あるのに｝彼には貸したくない。／（我）虽然有钱，但是却不想借给他。

那么，接下来比较一下是否表示说话人的不满与责难吧。

（29）（あなたは）真実を知って｛いながら／？いるが／？いるけれども／いるのに｝、どうして黙っているんですか。／（你）知道事实，但是为什么默不作声呢？

由例句（29）可知「一ながら」「一のに」表示不满、责备，但是，「一が／けれども」则很难表达这种感情。（⇒38、初级58、69）

 "学生习作中出现病句的例子"的解说

第1句是混用了同时（进行的）动作的「～ながら」和表示附带状况的「～て」的病句。由于做「座る・立つ」动作不需要时间，所以，不能说「～座りながら」。此时需要使用表示附带状况的「～て」。

第2句是把同时动作的「～ながら」，使用在两个人同时动作的病句。「～ながら」常用于一个人做两个动作时。

第3、4句是表示逆接的「～ながら」的用法。在第3句中，后项（主句）使用表示愿望的「～たい」，而在表示逆接的「～ながら」中，后项（主句）不能使用意志的表达方式。

表示逆接的「～ながら」，用于叙述与前项想当然的事态相反的时候。一般认为第4句（表达的）是有的人已经什么都懂了，还想读研究生。所以，使用「～ながら」就不合适了。

50

〜につれて・〜にしたがって・〜にともなって・〜とともに（〜に応じて）

A：今はインターネットの普及がすごいですね。/ 现在网络已经非常普及了啊。
B：そう、子供から年寄りまでインターネットですものね。/ 是的，从小孩到老人都上网了啊。
A：ただ、インターネットの普及にともなって弊害も出てきていますね。/ 只是，随着网络的普及也出现了不少弊端啊。
B：そうですね。/ 是啊。

 学生学习中的难点和常提出的问题

1. 「〜につれて・〜にしたがって・〜にともなって・〜とともに」使用哪个都一样吗？
2. 在后项（主句）中，不能正确地使用表示变化的表达方式。
3. 不能分别正确地完成前边接续的动词、名词的形式。

 学生习作中出现病句的例子

1. スピーチの番が近づくにつれて、もっと緊張になる。
   →スピーチの番が近づくにつれて、だんだん緊張してくる。/ 快要轮到我（登台）演讲了，随之逐渐地紧张起来。
2. 日が暮れるにしたがって、夜になる。
   →日が暮れるにしたがって、暗くなってきた。/ 随着太阳落山，天越来越黑了。
3. 課長の部長昇進にともなって、彼の給料が高くなった。
   →課長は部長昇進とともに、給料も高くなった。／課長は部長に昇進したので、給料も高くなった。/ 科长晋升为部长的同时，工资也涨了。/ 科长晋升为部长，所以，工资也涨了。
4. 体が太っているとともに心臓の問題が出てきた。
   →体が太ってくるとともに／につれて心臓の問題が出てきた。/ 身体胖起来的同时 / 随着身体胖起来，心脏也出问题了。

说 明

● 基本的意义及用法

「~につれて・~にしたがって・~にともなって・~とともに」全都表示"配合某种事态的变化、发展，其他事态也发生变化、发展"，但它们的意义及用法还是稍微有点不同。

1. ~につれて

它是"配合某种事态的变化、发展"的意思，前项和后项（主句）的事物的变化、发展，表示一种比例关系较多。（原则上）接续名词、动词，总的来说，还是与动词一起使用居多。

（1）人口の増えるにつれて住宅問題が起こってくる。/ 随着人口增长，住宅问题出现了。

2. ~にしたがって

既有"按照指示（行动）"的意思，也有与「~につれて」相同的"配合某种事态的变化、发展"的意思。前者多接名词；后者多接动词。下面的例句（2）属于前者；例句（3）属于后者。

（2）私の合図にしたがって行動してください。/ 请按照我的指示行动。
（3）人口が増えるにしたがって、住宅問題が起こってくる。/ 随着人口的增加，住宅问题出现了。

3. ~にともなって

与「~につれて」相同，表示"配合某种事态的变化、发展"的意思。「にともなって」的前面接续表示变化、发展的名词，或「动词＋の」的形式。它是书面用语。

（4）人口の増加にともなって、住宅問題も起こってくる。/ 随着人口增加，住宅问题也出现了。
（5）人口が増えるのにともなって、住宅問題も起こってくる。/ 随着人口增加，住宅问题也出现了。

4. ~とともに

与「~につれて」相同，也有表示"配合某种事态的变化、发展"的意思，也有"同时""一起"的意思。例句（6）表示"变化、发展"；例句（7）表示"同时"；例句（8）表示"一起"。是书面用语。

（6）人口の増加とともに、住宅問題も起こってくる。/ 随着人口增加，住宅问题也出现了。
（7）子供が卒業するとともに、父母会も解散した。/ 孩子毕业的同时，家长会也解散了。
（8）皆さんとともに仕事ができて楽しかったです。/ 能和大家一起工作，（感到）很愉快。

● 构成法及接续方法

「につれて・にしたがって・とともに」与「にともなって」的接续方法不同，如下所示。

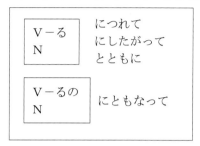

● 何时使用

1. 在会话中

下面的例句（9）表示"事态的变化、发展"。表示配合一方的程度而变化。

> （9）A：ダイビングですか。／（你）去潜水吗？
> B：ええ、沖縄のほうへ。／嗯，去冲绳。
> A：海の中は水圧がすごいんでしょう？／海水中的压力很大吧。
> B：ええ、深くもぐる｛につれて／にしたがって／のにともなって／？とともに｝、水圧がどんどん大きくなるんですよ。／嗯，潜得越深，水压就越大呀。

「一につれて」与「一にしたがって」相比，「一につれて」表示前项是诱因，后项（主句）的变化、发展也按照比例加深程度的语感。「一にしたがって」表示事态单纯的平行发生。在下面的句子中，「一につれて」有播音员的声音受场内欢呼声影响的意思。

> （10）場内の歓声が高まる｛につれて／にしたがって｝、実況アナウンサーの声も大きくなっていった。／随着场内欢呼声的高涨，现场播音员的声音也越来越大。

例句（9）用「一とともに」会让人感到不妥。由于「一とともに」表示变化、发展，「とともに」前面接的词不能是行为、动作，必须是表示事态变化的。

> （11）A：海の中は水圧がすごいんでしょう？／海里的水压很大吧。
> B：ええ、水深が深くなるとともに、水圧がどんどん大きくなるんですよ。／嗯，水越深，同时水压就不断变大呀。

「一にともなって」存在时间上的前后关系，也有时包含"以那件事为契机，为此"，接续后项（主句）的意思。

> （12）A：田中さん課長になったんだって。／听说田中当上科长了。
> B：うん。／嗯。
> A：うまく行くのかなあ。／他能行吗？

> B：田中さんの課長昇進｛？につれて／？にしたがって／にともなって／？とともに｝社内がギクシャクしているよ。／田中升任了科长后，公司内部就不和谐了呀。

「～につれて・～にしたがって・～にともなって」用作书面语时，变成「～につれ・～にしたがい・～にともない」。

（13）A国の日本バッシングが強まる｛につれ／にしたがい／のにともない｝、日本からの観光客も減少していった。／随着A国对日的指责加强，来自日本的旅游者也减少了。

2. 在文章中（以句子连接为例）

例1　（最初的）状况、阶段的句子。
　　　事态变化的句子［（しかし）～につれて／にしたがって／にともなって／とともに～］。

这是表示变化、发展的形式，即一开始不是那样，逐渐变成那样的。前面接续状况、阶段的句子，后面接续事态变化的句子。

（14）この団地は若いカップルが多かった。しかし、年数がたつ｛につれて／にしたがって／のにともなって／とともに｝、住民の高齢化が始まった。／这个住宅区以前住着很多年轻夫妇。随着时间的流逝，居民们也开始步入老龄化了。

（15）横綱は初日は黒星だった。しかし、終盤に近づく｛につれて／にしたがって／のにともなって／とともに｝調子を上げていった。／（相扑的）冠军大力士在第一天输了。但是随着临近最后阶段，（他的）成绩渐渐变好。

有时例1使用「～が／けれども」，连成一句话。

（16）この団地は若いカップルが多かったが、年数がたつ｛につれて／にしたがって／のにともなって／とともに｝、住民の高齢化が始まった。

（17）横綱は初日は黒星だったけれど、終盤に近づく｛につれて／にしたがって／のにともなって／とともに｝調子を上げていった。

例2　（最初的）状况、阶段的句子。
　　　事态变化的句子［（そして／しかし）～につれて／にしたがって／にともなって／とともに～］。

与例1相似，它的表达方式是，最初从程度很低开始，原封不动地使其变化、发展加速。

（18）最初はゆっくりした速度の聞き取りから始める。そして英語が聞き取れるようになる｛につれて／にしたがって／にともなって／とともに｝通常の速度に近づけていく。／最初学英语从语速较低的听力练习开始。然后，随着渐渐地能听懂，而接近正常的语速。

（19）子供は身の回りの昆虫や動物を通して漠然と死というものを知る。そして、年をとる｛につれ／にしたがい／のにともない／とともに｝生と死の概念を明確化させていく。／孩子通过周围的昆虫和动物，隐约地了解到了死亡。并且，随着年龄的增长，才逐渐明确了生与死的概念。

这个形式也可以连成一个句子。

（20）最初はゆっくりした速度の聞き取りから始め、英語が聞き取れるようになる｛につれて／にしたがって／のにともなって／とともに｝通常の速度に近づけていく。

（21）子供は身の回りの昆虫や動物を通して漠然と死というものを知り、年をとる｛につれ／にしたがい／のにともない／とともに｝生と死の概念を明確化させていく。

例3　事態変化的句子［—につれて／にしたがって／にともなって／とともに—］。
　　　事態（更进一步）変化的句子［さらに、—］。

它的形式是就整体发展、变化，进行说明。某一个发展、变化又引起下一个发展、变化。

（22）試合が伯仲する｛につれて／にしたがって／にともなって／とともに｝、声援が激しくなった。さらに、やじまで飛び出すようになった。／随着比赛进行得不相上下，呐喊助威声也越来越大。甚至还有人开始喝倒彩。

（23）日本経済の再建が軌道に乗り始める｛につれて／にしたがって／にともなって／とともに｝、各地に物流センター設立の機運が高まった。さらに、物流センター同士の交流も始まろうとしている。／随着日本经济重建步入正轨，各地设立物流中心的最佳时机（不断）高涨。进而，物流中心之间的交流也正在拉开序幕。

例4　—を見ると，事態変化的句子［—につれて／にしたがって／にともなって／とともに—］ということがわかる／傾向が見られる。

它的说法是用于解释说明图形和表格时。

（24）サラリーマンの現状を見ると、給料が上がる｛につれて／にしたがって／のにともなって／とともに｝、交際費などの出費も上がっていくのがわかる。／看到工薪阶层的现状，就会明白他们的应酬费的支出，随着其工资上涨而越来越高。

（25）男女間賃金格差を見ると、年齢が高まる｛につれて／にしたがって／のにともなって／とともに｝、男女間賃金格差は次第に大きくなるという傾向が見られる。／看到男女报酬的差别，就会发现这样一个倾向，即年龄越大男女报酬的差别就会逐渐加大。

●**容易和哪些词语相连接**

「—につれて・—したがって・—にともなって・—とともに」全都表示"配合某种事态的变化、发展，其他事态也产生变化、发展"的意思，因此前边也经常接续动词、名词与变化、发展相关的词。

Xとにつれて／にしたがって／にともなって／とともにY

〈X处的词〉

◆表示变化、发展的表达方式：

増える、減る、高まる、なる、続く、近づく、進む、慣れる、上昇する、上がる、発展する、時間がたつ、年をとる、回を重ねる、ーてくる、ーていく、ー（し）始める等。

（26）朝のホームドラマは回を重ねる｛につれて／にしたがって／のにともなって／とともに｝、おもしろくなっていった。／早上的家庭剧，越播越有意思。

◆表示变化、发展的名词：

上昇、下降、増加、減少、発展、進歩、成長等。

（27）都市の発展｛につれて／にしたがって／にともなって／とともに｝蝶々やとんぼが見られなくなった。／随着城市的发展，蝴蝶和蜻蜓都不见了。

〈Y处的词〉

◆表示变化、发展的表达方式：

なる、ーてくる、ーてきている、ーていく等。

（28）観覧車が上がっていく｛につれて／にしたがって／のにともなって／とともに｝、下にいる人間が小さくなっていく。／游览车随着往上升，在下边的人（看上去）在变小。

● 与近义表达方式的比较

与「～に応じて」的比较

「名词＋に応じて」是由动词「応じる」来的，表示"根据……"的意思。

（29）住民の要求に応じて、説明会を開くことになった。／根据居民的要求，决定召开说明会。
（30）営業成績に応じて報酬が変わります。／报酬按照业绩变化。

「ーにつれて・ーにしたがって・ーにともなって・ーとともに」一般都不能用于"根据……"的意思。

（31）住民の要求｛に応じて／×につれて／？にしたがって／？にともなって／？とともに｝、説明会を開くことになった。

在例句（31）中，「ーにしたがって」好像还行，但与「ーに応じて」比较，就有消极应付的感觉。

「ーに応じて」前面接续表示变化的名词时，意思为"对应某种变化"，可以与「ーにつれて・ーにしたがって・ーにともなって・ーとともに」互换。

（32）高齢者の増加｛に応じて／につれて／にしたがって／にともなって／とともに｝、介護サービスも充実してきた。／随着老年人增加，看护服务也完善起来。

与表示变化、发展的「~につれて・~にしたがって・~にともなって・~とともに」不同，「~に応じて」的句尾可以放置意志的表达方式。

(33) 高齢者の増加｛に応じて／?につれて／?にしたがって／にともなって／とともに｝、介護サービスも充実させていきたい。／ 随着老年人的增加，想让看护服务也完善下去。

"学生习作中出现病句的例子"的解说

　　第1句是「~につれて」的病句。前项没有错误，但在后项（主句）中，变化的表达方式不正确。学生经常使用「緊張になる」，但日语并不那么说。要充分讲解「~てくる」「~てきている」，教学生学会表达「緊張してくる」。

　　第2句是「~にしたがって」的病句，和「~につれて」同样，是对后项（主句）中的变化表达方式困惑的病句。「夜になる」，（表示）逐渐变化的意思不明显，所以，用加上了「暗くなる」与「~てくる」，改为「暗くなってくる」会比较好。（⇒初级35）

　　第3句是「~にともなって」的病句例子，学生对前项和后项（主句）的主语，如何表达好像费了一番苦心。如果把"科长"当作句子的主题，那么句首换成「課長は」就比较容易理解了。而且，工资当然是晋升部长时才会涨的，所以，还是使用表示"同时、一起"意思的「~とともに」，才显得合适。

　　第4句是「~とともに」的病句例子，「とともに」前边如果不接表示变化的词，就很难表示发展、变化了。像修改后的句子那样，改成「太ってくる」，或者，使用「~につれて」更能准确地反映按比例地变化的情况。「とともに」比较容易接续名词，所以如下所示，也可以使用表示变化的名词表示。

　　4' 体重の増加とともに心臓の問題が出てきた。／ 体重增加的同时，心脏也出现了问题。

51

～には・～のに

> A：たくさんの人ですね。／好多人啊。
> B：切符を買うのに並ばなければなりませんね。／为了买票就必须排队啊。
> A：そうですね。／是啊。
> B：一番で切符を買うには何時ごろから並べばいいんでしょうね。／要想第一个买到票，得从几点开始排才行啊。

 学生学习中的难点和常提出的问题

1. 不明白表示目的的「～には」与「～のに」的使用方法。
2. 不知道「～には」与「～のに」的区别。
3. 不知道「～ために」与「～には・～のに」的区别。

 学生习作中出现病句的例子

1. 中国の教育改革をもっと進める<u>には</u>、政府が新しい政策を出した。
   →中国の教育改革をもっと進めるために、政府が新しい政策を出した。／为了进一步推动中国的教育改革，政府出台了新政策。
2. 早く専門の研究に入る<u>には</u>、日本語の学習をやめました。
   →早く専門の研究に入るために、日本語の学習をやめました。／为了尽早展开专业的研究，放弃了日语的学习。
3. この研究をする<u>のに</u>、図書館へ行ったほうがいいと思う。
   →この研究をするには、図書館へ行ったほうがいいと思う。／为了进行这项研究，我认为最好去趟图书馆。
4. この辞書は漢字を調べる<u>ために</u>便利です。
   →この辞書は漢字を調べるのに便利です。／这本字典查汉字很方便。

说 明

● **基本的意义及用法**

「～には」「～のに」在前项表示目的，在后项（主句）表示为了达到其目的，"会怎么样，该怎么做"的判断。

1. ～には

「～には」基本上，采用「～には主語が谓语」的形式。通常表示一般的情况，不能用于个别的情况。「には」的前面，除了动词之外，也可以接续名词。

（1）やせるには有酸素運動が一番いい。/ 要减肥，（进行）有氧运动是最好的。
（2）ダイエットにはウォーキングが一番いい。/ 要减肥，步行是最好的。

2. ～のに

「～のに」基本的形式是「主題/主語は ～のに 谓语」。「～のに」既可以表示一般情况又可以表示个别情况，不过总的来说，表示个别情况居多。「のに」前面一般接续动词。后面往往接续「いい、便利だ、役に立つ、時間・費用がかかる」等谓语，但不能接过长的谓语。

（3）有酸素運動はやせるのに一番いい。（一般的）/ 有氧运动对减肥是最好的。
（4）きのうはセーターを選ぶのに3時間もかかった。（个別的）/ 昨天选毛衣竟花了3个小时。

● 构成法及接续方法

● 何时使用

1. 在会话中

下面的例句（5）是表示目的的「～には」「～のに」表示一般情况时的例子。后项（主句）接续表示以「必要だ、役に立つ、いい、便利だ」为主的判断的表达方式。

（5）A：日本語の辞書を買おうと思っているんですが。/ 我想买一本日语字典……。
　　B：それなら電子辞書がいいですよ。/ 那样的话，电子词典挺好呀。
　　A：電子辞書ですか。/ 电子词典吗？
　　B：ええ、留学生が使う{には／のに}一番便利だと思います。/ 嗯，我认为留学生使用（它）最方便了。

以下是表示个别事项时的例子。「～には」不能用于个别事项。

（6）A：きのうは大変でした。/ 昨天太不容易了。
　　B：どうしたんですか。/ 发生什么事了？
　　A：新宿御苑の桜を見る{×には／のに}3時間も並んだんですよ。/ 为了看新宿御苑的樱花，排了3个小时的队呀。
　　B：それはそれは。/ 那可真够（辛苦的了）。

像下面的例句（7）那样具有明确目的情况下，比起「～のに」来，使用明确表示目的的「～ために」更为贴切。由于是个别的事项，所以，「～には」就不恰当了。

（7）A：日本へは何の勉強でいらっしゃったんですか。／您来日本是要学习什么呢?
　　　B：情報工学を勉強する｛×には／？のに／ために｝来ました。／我是来学习信息工程的。
　　　A：情報工学？／信息工程?
　　　B：ええ、具体的にはロボット工学を勉強する｛×には／？のに／ために｝来ました。／嗯，具体来说就是为了来学习机器人工程学。

2. 在文章中（以句子连接为例）

例1　说明事态、状况的句子。　目的的句子[～には／のに～]。
它的形式是，为了说明一件事情的目的，在其前面先设定出情况。

（8）北国ではまだだるまストーブを使っている。だるまストーブは暖かいので、冬を過ごす｛には／のに｝不可欠のものだ。／在北方，（人们）仍然在使用圆火炉。圆火炉很暖和，所以是过冬不可缺少的东西。

（9）これはきわめて特殊なケースだ。これを説明する｛には／のに｝1時間はかかる。／这是个极其特殊的情况。说明这个情况要花一个小时。

例2　事情、状况的句子[～が／けれども]、目的的句子[～には／のに～]。
它的形式是，出现了一个事情或情况，就这个问题的解决进行提问、说明。

（10）住宅ローンを利用しようと思ってるんですが、利用する｛には／のに｝どんなことに注意したらいいでしょうか。／我想要使用住房贷款，要注意些什么好呢?

（11）家のリフォームが盛んだが、リフォームする｛には／のに｝1千万はかかるそうだ。／现在盛行装修房子，听说装修一次要花一千万日元呢。

例3　目的的句子[～には／のに～]。　だから／そのために、～。
它的形式是，在促进事物发展时，先叙述目的，接下来说明"所以，怎么做才好呢"。

（12）申し込みする｛には／のに｝保証人が要ります。ですから、どなたかにお願いしておいてください。／要申请需要担保人。所以，请提前委托某人。

（13）この仕事を成功させる｛には／のに｝地域の人々の情報が役に立つ。そのためにも、地元の人たちとのコミュニケーションを大切にしよう。／要使这项工作成功，当地的人们（提供的）信息会起作用。为此，要非常重视与本地人的交流。

例4　表示目的的句子[～には／のに]～ので／から、～
也有时将例3的两句话，用表示原因、理由的「～ので／から」合成一句话。

（14）申し込みする{には／のに}保証人が要るので、事前にどなたかにお願いしておいてください。

（15）この仕事を成功させる{には／のに}地域の人々の情報が役に立つから、地元の人たちとのコミュニケーションを大切にしよう。

● 容易和哪些词语相连接

Xには／のにY

〈Y处的词〉

◆表示"需要""起作用"意思的表达方式：

必要だ、要る、便利だ、役に立つ、一番だ、（時間・費用が）かかる 等。

（16）東北へ行く{には／のに}新幹線が一番便利だ。／去东北坐新干线最方便。

●「〜には」的其他用法

「〜には」除了表示目的之外，还有表示"评价的基准"的意思和用法。一般采用下面的A、B这样的句型。

A ［主题／主语］は ［成为评价对象的人、物］には ［表示评价的词语］
B ［成为评价对象的人、物］には ［主题／主语］は／が ［表示评价的词语］

（17）チョコレートは子供（が食べる）にはおいしすぎる。／巧克力对于孩子来说是太好吃了。

（18）私にはそんなことは無理だ。／对于我来说那种事很勉强。

"表示评价的词"里，通常出现「できる、できない、いい、悪い、無理だ、難しい、ふさわしい、形容词 + すぎる」等。

● 与近义表达方式的比较

「〜には・〜のに」与「〜（る）うえで」的比较（⇒32）

（19）癌を治療する{には／のに／うえで}この薬が必要だ。／治疗癌症，这个药是必需的。

「〜（る）うえで」是表示"在做……的时候""在做……过程中"的意思，大多叙述在那种场合、那个过程中的注意事项、问题所在等。后项（主句）中，接续「必要だ・便利だ・いい」等词语的话，与「〜には・〜のに」含义相同，但是相对于「〜には・〜のに」表示目的，我们可以说「〜（る）うえで」具有"在那一点、时间点"的意思。

"学生习作中出现病句的例子"的解说

「～には・～のに」表示为了达到目的，在后项（主句）中，表示"会怎么样，该怎么样做呢"的判断。第1句在后项（主句）中，表示的不是判断而是具体的行为，所以，需要使用明确表示目的的「～ために」。第2句和第1句相同，所以一般认为还是使用「～ために」比较好。假如要保留「～には」的话，如下所示，在后项（主句）中，可以接续表示判断的表达方式。

2' 早く専門の研究に入るには、日本語の学習をやめたほうがいいと考えました。/ 为了尽早展开专业的研究，我认为还是放弃日语的学习比较好。

第3句是「のに」与「には」的混用。「～のに」一般使用「（～は）～のに必要だ／要る／大切だ」的形式较为常见，而是「～のに」的后面则不能接很长的句子。再有，由于第3句是在叙述一般的事情，所以比起「～のに」来，还是选「～には」更为稳妥一些。

第4句的谓语接续「便利です」这样表示评价的表达方式，所以，不能选用「～ために」，还是「～のに」显得合适。

52

～場合

A：あした雨が降ったら試合は中止ですか。／明天要是下雨的话，就取消比赛吗？
B：はい、雨の場合は中止です。／嗯，下雨的话就取消比赛。
A：小雨のときは？／（那如果）下小雨呢？
B：小雨の場合は決行します。／要是下小雨就照常举行。

 学生学习中的难点和常提出的问题

1. 不清楚「～場合」确切的使用方法。
2. 「～場合」与「～とき」有什么不同？
3. 「～場合」与「～たら」「～ば」有什么不同？

 学生习作中出现病句的例子

1. 交渉が うまくいける 場合には、条約を結ぶ。
   →交渉がうまくいった場合には、条約を結ぶ。／交渉がうまくいきそうな場合には、条約を結ぶ。／在交涉进展顺利的情况下，缔结条约。／在交涉看似顺利的情况下，缔结条约。
2. 英語の 場合 、ちゃんとイエスやノーを言う。日本語の場合、違います。
   →英語の場合はちゃんとイエスやノーを言いますが、日本語の場合は違います。／英语会清楚地说"是"或"不是"，但日语就不一样了。
3. 地震が起こる 場合 、エレベーターを使わないください。
   →地震が起こった場合は、エレベーターを使わないでください。／发生地震时，请不要使用电梯。
4. 留守中、誰かが 訪ねてくる場合 、私はまもなく戻ってくるように伝えてください。
   →留守中、誰かが訪ねてきた場合は、私はまもなく戻ってくると伝えてください。／我不在时，如果有人来的话，请告诉对方我很快就会回来。

说 明

● 基本的意义及用法

　　「～場合」是从有可能发生的若干情况中仅列出一个，在将它考虑成问题时使用。在这个意义上，它是包含假定性的表达方式。

（1）私が来られなかった場合、あなたが司会をしてください。／我要是不能来的话，就请你来主持。

「～場合」一般用于正规或正式的情况下以及书面语居多。

（2）日本で生まれ、父母がともに知れない場合は、日本国籍を認める。／在日本出生，无法知晓父母（是谁）的情况下，承认其日本国籍。

（3）提出が遅れた場合は、すみやかに申し出ること。／如果提交晚了，就要尽快申请。

● 构成法及接续方法

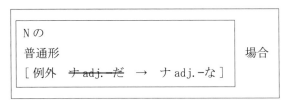

● 何时使用

1. 在会话中

基于从能够发生的若干情况中，列举出一个这点，「～場合」具有「～たら」含义。此时，多用「～場合は」来表达。

（4）A：あした雨が降ったら試合は中止かしら。／明天要是下雨的话，比赛就取消吗？
　　　B：うん、雨が｛降った場合は／降ったら｝中止だよ。／嗯，下雨的话就取消呀。
　　　A：小雨の｛場合は／だったら｝？／那要是下小雨呢？
　　　B：小雨の｛場合は／だったら｝あると思うよ。／我想要是下小雨还是举行的呀。

「～場合」就像例句（5）这样，多使用「～とき」的意思。因为包含假定的含义，所以，不适合用于过去的情况。

（5）A：コンビニのATMの手数料って高いですね。／24小时便利店内ATM的手续费很贵啊。
　　　B：ええ、銀行の休業日に利用する｛場合は／ときは｝、倍になりますよ。／是啊，银行休息日使用的话，（费用）会加倍的呀。
　　　A：先週日曜日に利用した｛×場合／とき｝、８００円もかかってびっくりしました。／上周日用了一次，竟花了800日元呢，真吓了一跳。

「～場合・～場合に・～場合は」的区别和「～とき」大体相同。（⇒初级63）

「～場合」后项（主句）常接续表示动作、变化的表达方式。还有，「～場合は」用于特别举出那种状况，或使其进行对比的时候。

（6）A：このゴムはどう使うんですか。/ 这块胶皮怎么用？
　　B：いすがガタガタする場合に、ここにはめてお使いください。/ 椅子嘎啦嘎啦响的时候，请（将它）插到这里使用。
　　A：ああ、なるほど。/ 啊,原来如此。
　　B：通常の場合は、椅子のうしろのポケットに入れておいてください。/ 平常，就请放在椅子后面的袋子里吧。

2. 在文章中（以句子连接为例）

例1　一般状況的句子［～が／けれども］、～場合（は）、～。

先叙述通常状况，然后再叙述特别状况时，常用「～場合（は）」。

（7）前に立っているだけでは何も反応しませんが、ガラスに触れた場合はベルが鳴ります。/（人）仅仅站在前面，没有任何反应，但是一旦碰到玻璃，铃就会响。

（8）平日は手数料は要らないが、日曜や祝日の場合手数料がかかる。/ 平常日子不需要手续费，但周日或者是节假日时，就要花手续费。

例2　一般状況的句子。しかし／ただし、～場合（は）、～。

它的说法是，将例1的一整句话，在不使用「～が／けれども」时，分成两句来叙述。

（9）前に立っているだけでは何も反応しない。しかし、ガラスに触れた場合はベルが鳴る。/ 仅仅站在前面没有任何反应。但是，一旦碰到玻璃，铃就会响。

（10）平日は手数料は要らない。ただし、日曜や祝日の場合は手数料がかかる。/ 平常日子，不用手续费。只是，周日或者是节假日时，就要花手续费。

例3　事情、前提的句子。特に～場合（は）、～。

这种形式是，一般在前面的句子中，叙述事情或前提，而在下面的句子中，举出与其有关的一个例子来说明。

（11）若者の晩婚化傾向が著しい。特に男性の場合は、結婚の必要性を感じない者も増えている。/年轻人的晚婚化倾向很明显。特别是男性，感觉不到结婚的必要性的人也在增加。

（12）AIについては人間の知的生産性を高める研究が重要である。特に日本の場合、具体的応用研究にこそ力を入れる必要がある。/ 关于AI，提高的人类智能型生产率的研究是很重要的。特别是日本，有必要下功夫进行具体的应用研究。

● **容易和哪些词语相连接**

动词、形容词、名词均可接续。

◆副词、接续词：特に、ただし、また、または等。

（13）咳、喀痰をともなう場合、特に、湿性の咳の場合は、医師の診断を仰いでください。/ 当咳嗽伴有咳痰症状时，特别是出现湿性咳嗽时，请听从医生的诊断。

（14）お申し込みはホームページからできます。ただし、家族会員の場合は、手続きに日数がかかることもあります。／可以从主页进行申请。只是，家庭会员的相关手续，有时也需要几天的时间。

（15）契約されている場合、または、過去にご契約いただいていた場合、入会金は免除になります。／（与我们）签订合同的，或者是过去签过合同的，可以免收入会费。

● 与近义表达方式的比较

「～場合」与「～とき」「～たら」的比较

比较「一場合」与「一とき」「一たら」，如下所示：

	一場合	一とき	一たら
口语	○	○	◎
书面语	○正式、官方场合	○	×
假定性	◎	?	○
表示过去的句子	×	○	○

◎表示"经常使用"，○表示"使用"，? 表示"不能确定是否可以使用"，×表示"不能使用"。（这些比较并不是绝对的，只表示总体来说，可以这么说的程度。）（⇒初级63、64）

与「一とき」比较的话，「一場合」的假定性更强，「一とき」也可以用于表示过去的句子，但「一場合」就不能用了，这是二者的区别。再有，与「一たら」比较，似乎「一たら」完全用于口语，而「一場合」更多出现在书面语中。就假定性这一点来说，「一たら」也可以用于如下的确定条件中，但「一場合」却没有那样的用法。

（16）授業が｛終わったら／×終わった場合｝、いっしょに昼ごはんを食べよう。／下课后，一起去吃午饭吧。

 "学生习作中出现病句的例子"的解说

第1句可以认为是涉及「場合」前面接续的「うまくいく」的时态、体态的问题，（所造成错误）。是"如果交涉顺利的话"呢，还是"交涉看似顺利"呢？据此，可以像订正句那样，修改成两种。

第2句是「～場合」和「～場合は」的区别。「～場合」后项（主句）易于接续表示动作、变化的表达方式，而「～場合は」则加入了提示和对比的心情。由于第2句是在比较英语和日语，所以，应该用「～場合は」。

第3句也是和第1句颇为相似的错误。使用电梯，有必要认识到事实上是在"地震发生之后"，不是"将要发生"，就要定位在"已发生"上。再有，由于提示的是「地震が起こった場合」这样特别的事态，所以，还是在「～場合」后，加上「は」显得贴切。

第4句也和第3句一样，表示"有人来访了的时候"。因为这个时候也是提示前述的"时候"，所以使用「～場合は」为宜。

53

～まま(で)・～まま(に)・～とおり(に)・～っぱなし(で)

A：あ、コンタクト入れたままだった。/（我）一直戴着隐形眼镜。
B：入れたままで寝てはいけないの？/ 不可以戴着睡觉吗？
A：入れたままでも大丈夫だけど、目が痛くなるから。/ 戴着倒也没什么，只是眼睛会疼的。
B：じゃ、外したほうが安心ね。/ 那还是摘下来比较放心啊。

 学生学习中的难点和常提出的问题

1. 「（電気をつけ）たまま（で）、（寝た）」与「（電気をつけ）て、（寝た）」有什么不同？
2. 「（電気をつけ）たまま（で）、（寝た）」与「（電気をつけ）っぱなしで、（寝た）」有什么不同？
3. 「～ままで」与「～ままに」的区别在哪里？
4. 拿不准「まま」前面接续的动词应该用自动词还是他动词？

 学生习作中出现病句的例子

1. 電車の中に3時間に<u>立ったままでいるので</u>、すわりたい。
   →電車の中で3時間立ちっぱなし／立ったままなので、すわりたい。/ 已经在电车里站了3个小时了，想坐下。
2. ゆうべテレビ<u>がついたまま</u>、朝まで眠ってしまった。
   →ゆうべテレビをつけたまま、朝まで眠ってしまった。/ 昨晚开着电视睡到了早上。
3. 友だちが<u>言われるままに</u>、今日は試験になる。
   →友だちが言ったとおりに、今日は試験がある。/ 如朋友所说，今天有考试。
4. 私の新しい髪形は<u>思ったとおり</u>よりかわいい。
   →私の新しい髪型は思っていたよりかわいい。/ 我的新发型比想象中的更讨人喜爱。

说 明

● 基本的意义及用法

「まま」有以下两种意义及用法。

1)"在相同的状态下,没有任何变化"的意思

(1) コンピュータの前に座ったまま(で)、一日が過ぎていく。/ 在电脑前一坐就是一天。

2) 以「言うまま・思うまま・運命のまま」或「被动动词 + まま」的形式,表达"按照其意志""随其意志""以自然的趋势"的意思。

(2) 先輩に勧められるまま(に)、空手部に入ってしまった。/ 前辈一劝,(我)就进了空手道部了。

1)的情况,一般多用「~ままで」的形式;2)的情况,一般多用「~ままに」的形式。

● 构成法及接续方法

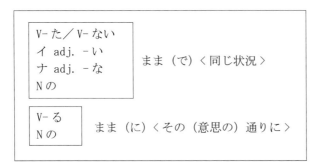

● 何时使用

1. 在会话中

在下面的例句(3)中所使用的「まま」,意思是"在相同的状态下,没有任何变化"。A用「~たままだ」的形式;B用「~たままで」的形式。

(3) A: ゆうべは暑かったね。/ 昨天晚上好热啊。
B: そうね。熱帯夜だったね。/ 是啊。桑拿天啊。
A: クーラーをつけたままだったから、今日は体がだるいよ。/ 一直开着空调(睡的),今天浑身没劲儿呀。
B: クーラーをつけたままで寝るのが体に一番よくないのよ。/ 开着空调睡觉对身体最不好了呀。

下面是ナイ形加「ままで」的情形。

(4) A: このごろの子供達は算数の力が落ちているそうだよ。/ 听说现在孩子们的算术能力下降了呀。
B: 内容が難しくなっているのかしら。/ 是不是内容越来越难了?

> A：いや、そうじゃなくて、子供達はわからなくても質問しないらしい。/ 不，不是（内容的问题），好像孩子们即使不明白也不问。
> B：わからないままで、授業が進んでいくのね。/ 原来是囫囵吞枣式授课的缘故啊。

下面「～ままに」的意思是"按照其（意志的）"。除「気の向くままに」「思うままに」之外，一般多与被动动词连用。

> （5）A：贈賄容疑で逮捕する。/ 因为（你）涉嫌行贿，我们要逮捕（你）。
> B：私は知らない。私は社長に言われるままにしただけだ。/ 不关我的事。我只是按总经理的指示办事。

「～まま」加「を」的「～（た）ままを」，接「見る、思う」等动词，有"就那样（去做）"的意思。

> （6）A：えっ、森さんはそんなこと言ってたんですか。/ 啊？小森说了那样的话吗？
> B：ええ、そうです。/ 嗯，是的。
> A：全部でたらめです。/ 一派胡言。
> B：いや、私は森さんから聞いたままをお話ししています。/ 不，我说的都是小森的原话。

2. 在文章中（以句子连接为例）

例1 ～まま（で）～。そうしたら／そのために、结果的句子。

用于以相同状态下发生的事情成为原因、理由、契机，一般在出现某种结果的上下文中使用。

（7）一晩中冷房をかけたままで寝た。そのために風邪を引いてしまった。/ 整个晚上都开着空调睡，因此就感冒了。

（8）税金を払わないまま放っておいた。そうしたら、延滞税までとられてしまった。/ 一直拖着不交税，那样的话，甚至被罚了滞纳金。

例2 ～しないで、～まま（で）～。

「～まま（で）」有时和「～しないで」一起使用。

（9）その魚は煮たり焼いたりしないで、生のまま食べたほうがおいしいです。/ 那鱼不要煮或烤，还是生吃味道鲜美。

（10）私の祖母は着替えないで、寝巻きを着たままで過ごすことが多い。/ 我的奶奶（总是）不换衣服，日常生活也多穿着睡衣。

例3 事情、前提的句子[～が／けれども]、～ままだ／である。

「～ままだ」的说法，一般用于某种（事件的）前提或情况虽然变好了，但依然保持着与此前相同的状态这类的意思时。

（11）その後ハードウェアは大幅に進歩してきたが、その基本設計は依然として旧型のままであった。／其后硬件有了大幅度的提高，但是它的基本设计依然是旧型的。

（12）スラム街の一部は取り壊されたが、大半は依然として昔のままである。／一部分贫民街虽然被拆掉了，但大部分依旧和以前一样。

例4 ～まま～うちに、结果的句子。

表示不改变某种状态，任其自然发展时，出现了某种结果。

（13）原稿用紙に向かったまま一行も書かないうちに、眠ってしまった。／对着稿纸，一行都没写就睡着了。

（14）対策を打たないまま放っておくうちに、学校は荒れ放題になっていった。／一直不采取对策放置不管，学校就成了乱七八糟的样子。

例5 原因、理由的句子[～ので／から／ために]、～ままになっている。

由于发生某种原因、理由，为此就出现了「～ままになっている」的说法。

（15）バブルがはじけたために、多くのビルが未完成のままになっている。／因为泡沫经济崩溃，所以，很多大楼未竣工就停工了。

（16）原因が解明されていないので、現場は事故当時のままになっている。／因为原因尚未查明，所以，现场还是事故发生时的样子。

● **容易和哪些词语相连接**

1. "表示相同状态的" Xまま(で) Y

〈X处的词〉

接续各种各样的意志动词、非意志动词，但不能接表示存在的动词（ある、いる等）或表示状态的一部分动词（要る、困る等）。

（17）×家にいたまま、外出しようとしない。

（18）×困ったままで、一日が過ぎていった。

2. "表示按照其（意志）的" Xまま（に）Y

〈X处的词〉

◆表示自发意义的动词等：

見える、感じる、思う、被动动词（言われる、命令される、勧められる）等。

（19）足の向くままに歩き回った。／信步而行随便转转了。

（20）聞かれるままに、答えただけだ。／只是回答人家问的话罢了。

● **与近义表达方式的比较**

1.「～ままに」和「～とおりに」的比较

「～とおりに」如下所示，具有与「～ままに」相同的意思。

（21）言われるままに、はんこをついてしまった。／按照所说的，盖了印章。

（22）言われた／言われるとおりに、はんこをついてしまった。／按照所说的，盖了印章。

「～とおりに」的前面是动词的字典形、夕形。接名词时应该像「規定どおりに／按照规定」「命令どおりに／按照命令」一样，使用「どおりに」。

「気が向くままに／随心所欲」「思うままに／按想的那样」中「～ままに」具有非意志的含义，但「～とおりに」一般多用于"发生意志性行为，从而按照……"的意思。在「～とおりに」中前项和后项（主句）的主语，无论相同还是不相同都无妨，但是「～ままに」要用同一主语。

（23）a. 社長が言う {×ままに／とおりに}（私は）書きました。（不同主语）／（我）按总经理说的写了。

　　　b.（私は）社長に言われる {ままに／とおりに} 書きました。（同一主语）／（我）按总经理说的写了。

再有，「～とおりに」的句尾，可以使用意志性表达方式，但是，「～ままに」则不能。

（24）見える {?ままに／とおりに} 描いてください。／请把你看到的画下来。

2.「～ままで」和「～っぱなし（で）」的比较

（25）a. 新幹線が込んでいて3時間立ったままだった。／新干线很挤，（我）站了三个小时。

　　　b. 新幹線が込んでいて3時間立ちっぱなしだった。／新干线很挤，（我）就一直站了三个小时。

「～たまま」「～っぱなし」二者都表示持续不变的状态，但是「～っぱなし」包含对于那种状态持续（先放置）的不满或责备等负面评价。下面的a没有错，但是b用禁止的命令会感到更贴切。

（26）a. 服を脱いだままにするな。／（你）还是穿着衣服吧。

　　　b. 服を脱ぎっぱなしにするな。／（你）别脱了衣服（就不管了）。

"学生习作中出现病句的例子"的解说

第1句使用「立ったままでいる」没有错，但为了表示疲劳的心情或是不满情绪，还是用「～っぱなし」显得合适一些。

第2句如果是某人打开了电视，自己在并不知晓的情况下睡着了这一意思的话，就不能算错。一般情况都是自己开，看着看着就睡着了，所以，改成了「つけたまま」。学生一般都是并没弄清楚「ついたまま」和「つけたまま」的区别，多用「ついたまま」。

在表示"按照某种意志"的意思时，「～ままに」与「～とおりに」都可以使用。「～ままに」包含非意志的自然趋势的意思；而「～とおりに」则包含这是意志性行为的含义。在第3句中，"朋友说了"是意志性的行为，而且，因为前项和后项（主句）的主语不同，所以，用「～ままに」就不合适了。

第4句中的「思ったとおり」的「とおり」应该去掉。「思ったとおりだ」「思ったとおり、（かわいい）」「思ったより（かわいい）」都可以说，但是却没有「思ったとおりより」这样的说法。

54

連用中止（形）

A：ご遺族の皆さんは大変ですね。/ 死者的家属一定很难过啊。
B：ええ、皆さん、苦しみ、悩みながら生活してらっしゃるようです。/ 嗯，好像大家都生活得非常痛苦、烦恼。
A：遺族の会というのがあるそうですね。/ 听说有个死者家属会啊。
B：ええ、皆さん情報を持ち寄り、話し合っておられます。/ 嗯，大家带来信息，互相交流一下。

 学生学习中的难点和常提出的问题

1. 很难理解「〜て」（勉強して）和连用中止（形）（勉強し）的区别。
2. 「〜て」是口语吗？连用中止（形）是书面语吗？
3. 不清楚「〜て」和连用中止（形）在句子中如何搭配使用好呢？

 学生习作中出现病句的例子

1. 留学生にはいろいろな学生がい、一人ひとりの対応が必要だ。
   →留学生にはいろいろな学生がおり、一人ひとりの対応が必要だ。/ 留学生们的情况各不相同，必须逐个对待他们的问题。
2. お父さんは新聞を読み、コーヒーを飲み、出かけた。
   →お父さんは新聞を読み、コーヒーを飲んで、出かけた。/ 爸爸看看报纸，喝喝咖啡，然后就出去了。
3. テレビを見、ご飯を食べる。
   →テレビを見ながら、ご飯を食べる。/ 边看电视边吃饭。
4. 私は小さいとき、よく親戚の家へ遊びに行き、その家はおもしろかったです。
   →私は小さいとき、よく親戚の家へ遊びに行ったが、その家はおもしろかったです。/ 我小时候经常去亲戚家玩，他家很有意思。

说 明

● **基本的意义及用法**

我们把以テ形连接两个以上句子的形式，称为"テ形"接续（⇒初级 59）。而用マス形的词干连

接而成的形式称为"连用中止"接续。其原因在于マス形的词干，在日语的国语学研究中被称为连用形。（本书中使用"连用中止（形）"的说法。）

（1）本を読んで、しばらく考える。（テ形接续）/ 看看书，思考一会儿。
（2）本を読み、しばらく考える。（连用中止（形）接续）/ 看看书，思考一会儿。

"连用中止（形）"并非只有动词，也可以用于イ形容词。而ナ形容词、「名词＋だ」一般使用「—で」或「—であり」的形式。"连用中止（形）"主要用于书面语。

（3）街中は人も少なく、たまに車が通り過ぎるだけであった。/ 街上行人也很少，只是偶尔有车通过。
（4）爆破事件にもかかわらず、市内はにぎやかで(あり)、いつもと変わりがなかった。/ 虽然发生了爆炸事件，但是，市区里喧闹依旧，与平时一模一样。

（这里举出的是"连用中止（形）"的肯定形式。关于动词的否定形式，请参照本书的「48 —ず・—ずに」。

● 构成法及接续方法

```
V—マス形の語幹
イ adj. —く
ナ adj. —で／ナ adj.
—であり
Nで／Nであり
```

虽然二类（一段话用）动词「いる・見る・寝る」、不规则动词「来る」有以下的形式，但并不常用。「いる」一般大多变成「おり」。

いる：？い　→おり
見る：？見　　寝る：？寝　　来る：？来

● 何时使用

1. 在会话中

"连用中止（形）"是书面语，因此很少用于会话中。在会话中（使用）稍显死板、过于郑重。例句（5）的"连用中止（形）"是动作连续发生、"相继出现"的使用方法。

（5）A：今晩のパーティーに出られますか。/ 今晚（您）能来参加聚会吗？
　　　B：ええ、今からうちに戻り、着替えてきます。/ 嗯，现在（我）就回家换一趟衣服。
　　　A：会場へ直接行かれますか。/（您）是直接去会场吗？
　　　B：ええ、そのほうが早いと思いますので。/ 嗯，我想那样会快点。

在郑重的演讲和主持（活动）中，会出现"连用中止（形）"。例句（6）是演讲的一部分内容，而例句（7）是主持人的一部分台词。

(6) A1：今日はドイツにおける日本語教育についてお話したいと思います。まず、私が通っているボン大学についてお話し、次にほかの日本語学校について話したいと思います。／今天我想讲讲有关德国的日语教育问题。首先说一下我所在的波恩大学，然后再想谈谈其他的日语学校。

A2：ドイツでは高校で日本語を教えているところは少なく、ほとんどの人は大学に入ってから勉強を始めます。／德国的高中很少有教日语的，大多数的人都是进入大学以后才开始学习（日语）的。

(7) 主持人：今日は話し合いに参加していただきありがとうございました。今日の話し合いを通じ、いろいろな情報交換ができました。／今天荣幸地邀请各位参加讨论，谨表衷心的感谢。通过今天讨论，大家交换了各种各样的信息。

在说明事物的顺序时，说明中有时也会出现"连用中止（形）"。例句（8）是讲解机器操作的一部分，例句（9）是讲解做菜的一部分。

(8) まずここにカードを差し込み、画面が明るくなるのを待ってください。画面が明るくなってきたら、右下の赤いボタンを押してください。画面に何枚かの写真が出ますから、必要な写真をクリックし、写真の下に希望枚数を入れてください。／首先请在这里插入卡，然后等待画面变得清晰。画面清晰之后请按下右下方的红色按钮。画面会出现若干张照片，请点击需要的，并在照片的下面输入想要的张数。

(9) まずフライパンに油をひき、煙が出るくらい熱してください。フライパンが熱くなったら、にんにくとショウガを入れ、焦がさないように炒めてください。次に冷蔵庫から牡蠣を取り出し、フライパンに静かに入れてください。／首先在煎锅上淋上油，加热至出烟。煎锅热了之后，放入大蒜和生姜，轻轻翻炒避免焦糊。然后从冰箱里取出牡蛎，慢慢地放入煎锅中。

下面"连用中止（形）"一般以并列的表达方式，来使用。

(10) A：今度の演奏会はご兄弟で出演ですか。／这次的演奏会是你们兄弟俩一起演出吗？
B：ええ、弟がギターを弾き、私がドラムをたたきます。／嗯，弟弟弹吉他，我打鼓。
A：そうですか。私もぜひ伺います。／是这样吗，那我一定要去听。

2. 在文章中（以句子连接为例）

例1　事态变化的句子「ーになり、ーになって、（结果）ー」。

这是把「なる」和"连用中止（形）"及「テ形」夹杂在一起的表达形式。表示事物经过各个阶段发生事态变化的过程。

(11) システムが複雑になり、その修正も困難になって、結局手に負えないという状態になっている。／系统很复杂，又不容易修改，最终（我们）束手无策了。

（12）日常の接触が少なくなり、親子意識も希薄になって、そこに断絶が生まれる。／平常接触的少，血缘意识又淡薄，由此产生了隔阂。

例2　事态、状况的句子。补充说明的句子「しかし、～連用中止形、～」。
用于就某些事态、状况进行说明，并就其加上补充说明式的注解的时候。连用中止（形），大多以「(問題・限界が)あり」的形式出現。

（13）ウイルスソフトが次々に作成されている。しかし、現在、その有効性にも限界があり、ソフト開発自体がいくつもの問題を抱えている。／接连不断地制作出杀毒软件。但现在，其有效性也有局限，软件开发本身也存在一些问题。
（14）毎年多くの医学生が世に輩出される。しかし、個々技術には問題があり、中には水準に達していない者もいるようだ。／每年都有很多学医的学生进入社会。可是，每个人存在各自技术问题，其中好像也有达不到水准的人。

例3　～とき／場合、～連用中止（形）、～。
下面是就如何处理某个问题，列举出几个想法时，使用"连用中止（形）"的例子。

（15）ルールの数や採点方法が複雑なとき、どこに基準を置き、どう判定するかが問題である。／规则的数量（大）、评分方法又复杂时，问题就在于标准在哪里、如何判定。
（16）子供を持つ女性が海外出張を命じられたとき、誰に子供を預け、どう家庭を維持するかという問題が起こってくる。／当有孩子的女性奉命去国外出差时，由谁看孩子、怎样持家的问题就会出现。

例4　比較的句子「～と比べて／比べても」、連用中止（形）、～。
它的说法是把某个东西和另一样东西做比较，并且对此做出评价。

（17）このＤＶＤレコーダは、他の機種と比べてはるかに録画が簡単であり、画像が鮮明だ。／这台DVD录像机和其他机种比起来，录制要简单得多，图像也很清晰。
（18）この大学は、他校と比較しても、教育方針がわかりやすく、信頼できる。／这所大学和其他学校比起来，教育方针明确，可以信赖。

● 容易和哪些词语相连接

基本上，除了像「見る、寝る、来る」这类マス形的词干为单音动词以外的动词，都可以变成"连用中止（形）"。

● 与近义表达方式的比较

1. "连用中止（形）"与「～て」的比较（⇒ 初级59）
让我们把「～て」与"连用中止（形）"之间的比较分为"相继出现""附带状况""原因、理由""并列"来加以比较吧。

1）动作持续发生相继出现时

（19）保育園に子供を迎えに行って、スーパーで買い物をして、家に帰る。／去幼儿园接孩子，在超市买东西，然后回家。

例句（19）是使用了「～て」的句子，换用"连用中止（形）"如下：

（20）保育園に子供を迎えに行き、スーパーで買い物をし、家に帰る。／去幼儿园接孩子，在超市买东西，然后回家。

例句（20）虽然是恰当的句子，但是"连用中止（形）"的特征是在此可断句，因此让人感觉句子被切断了。一般，在相继出现的句子中，把「～て」和连用中止（形）组合在一起使用。

（21）a. 保育園に子供を迎えに行き、スーパーで買い物をして、家に帰る。／去幼儿园接孩子，在超市买东西，最后回家。
　　　b. 保育園に子供を迎えに行って、スーパーで買い物をし、家に帰る。／去幼儿园接孩子，然后在超市买东西，最后回家。

2）表示附带状况时

像「ヘッドホンをして音楽を聞く。」「壁にもたれて景色を写生する。」的「ヘッドホンをして」「壁にもたれて」这样，把"某种动作以什么样的状态、状况进行着呢"的情况就叫作附带状况。下面的「座って」「めがねをかけて」也表示附带状况。

（22）座って話す。／坐着说话。
（23）めがねをかけて運転した。／戴着眼镜开车。

附带状况通常用「～て」表示，能不能用"连用中止（形）"来表示呢？

（24）×座り、話す。
（25）×めがねをかけ、運転した。

因为在"连用中止（形）"中，由于在那里隔开，所以，就很难说明以什么样的状况、状态进行动作了。

3）表示原因、理由时

后项（主句）如果出现非意志动词和状态的表达方式时，「～て」大多会表示理由，但"连用中止（形）"是单纯地表示相继出现，还是表示理由，就很难区分了。

（26）a. 肉を食べ過ぎて、おなかが痛い。／肉吃多了，所以肚子疼。
　　　b. 肉を食べ過ぎ、おなかが痛い。／肉吃多了，肚子疼。
（27）a. ゆうべは寒くて、寝られなかった。／因为昨晚很冷，所以睡不着。
　　　b. ゆうべは寒く、寝られなかった。／昨晚很冷，睡不着。

4）表示并列时

在前项和后项，表示对比、对照的情况的时候。「～て」、"连用中止（形）"二者都能使用。例句（28）是动词句，例句（29）是イ形容词句。

(28) a. 姉がピアノを弾いて、弟がドラムをたたく。/ 姐姐弹钢琴，弟弟敲鼓。
　　　b. 姉がピアノを弾き、弟がドラムをたたく。/ 姐姐弹钢琴，弟弟敲鼓。

(29) a. このテレビは画面が明るくて、色がきれいだ。/ 这个电视画面清晰，颜色漂亮。
　　　b. このテレビは画面が明るく、色がきれいだ。/ 这个电视画面清晰，颜色漂亮。

「～て」和「连用中止（形）」的特征大体总结如下：

	～て	连用中止（形）
继起	◎	○
附带状况	○	×
原因、理由	○	?
并列	○	○

以下表示，◎"经常使用"、○"使用"、?"不能确定是否可以使用"、×"不能使用"。（这样的比较并不是绝对的，只表示总的来说，可以这么说的程度。）

 "学生习作中出现病句的例子"的解说

　　第1句是不知道「いる」的"连用中止（形）"，误写成「い」了。「いる」应该变成「おり」。

　　第2句是并列了两个"连用中止（形）"。虽然不能说是错的，但把"连用中止（形）"和「～て」适当地混合使用会更妥当。像第2句那样接续"连用中止（形）"的话，会让人觉得句子一段一段地断开了，所以，应该变成改正后的句子那样比较好。

　　说第3句的学生好像觉得"连用中止（形）"也有表示同时进行的动作「～ながら」的用法，但"连用中止（形）"还是让人感觉在那里可以断句。所以，想表达与下文密切联系时，就有必要使用「～て」「～ながら」等。由于第3句表示同时进行的动作，所以用「～ながら」更好些。

　　第4句是怎样把"去玩"和"他家很有意思"连接在一起的呢？「连用中止（形）」给人一种句子在那里断开了的感觉，所以，很难连接评价的表达方式。开场白式地使用「～が・けれども」来表达会比较好吧。

教学指导〈3〉

30.「〜あいだ(は)・〜あいだに」的练习

练习有A、B两种。

[练习A]
(1) 教师准备好使用了「〜あいだ(は)」的句子，写在黑板上。

例：大学に通っているあいだは、ずっと京都に住んでいる。／（我）上大学期间，一直住在京都。

(2) 给学生一些时间，让他们考虑写在黑板上的句子的形式和意思等。
(3) 让学生说说发现了什么。除了形式和意思以外，别的也可以。

发现的例1：「あいだ」的后面加「は」。
例2：「あいだ」的前面容易加「〜ている」。
例3：「大学に通っている」和「京都に住んでいる」是同时的。

(4) 让学生仍使用例句的「あいだは」，换两个其他的词（词组），造出句子。
(5) 首先，让学生口头上说说，然后写在黑板上。让其他同学判断说的是否正确。

变化句子例1：大学に行っているあいだは、ずっと東京に住んでいる。／（我）上大学期间，一直住在东京。

变化句子例2：大学で勉強しているあいだは、ずっと寮に住んでいる。／（我）在大学学习期间，一直住在宿舍里。

变化句子例3：大阪で仕事をしているあいだは、ずっと寮に住んでいる。／（我）在大阪工作期间，一直住在宿舍里。

变化句子例4：大阪で仕事をしているあいだは、ずっと彼女と付き合っている。／（我）在大阪工作期间，一直和她交往。

[练习B]
(1) 教师准备好使用了「〜あいだに」的句子，写在黑板上。

例：日本にいるあいだに、北海道へ行きたい。／在日本期间，想去北海道。

(2) 给学生一些时间，让他们考虑句子的形式和意思。
(3) 让学生说说他们发现了什么。除了句子形式、意思以外也可以说别的。
(4) 让学生用例句里的「あいだに」，再加上一个词（词组），造出句子。
(5) 首先让学生口头上说说，然后写在黑板上。让其他人判断说的是否正确。

变化句子例1：日本にいるあいだに、友達と北海道へ行きたい。／在日本期间，（我）想和朋友去北海道。

变化句子例2：日本にいるあいだに、友達とオートバイで北海道へ行きたい。／在日本期间，（我）

想和朋友骑摩托车去北海道。

变化句子例3：日本に住んでいるあいだに、友達とオートバイで北海道へ行きたい。／住在日本期间，（我）想和朋友骑摩托车去北海道。

变化句子例4：日本に住んでいるあいだに、友達とオートバイで北海道へ行きたいと思う。／住在日本期间，（我）想和朋友骑摩托车去北海道。

31.「〜一方（で）」的练习

本练习要使用「〜一方（で）」句型完成句子。

（1）教师要考虑出几个符合31课的"以句子连接为例"中例5的句子。
　　　评价性判断的句子。　　　（しかし、）〜一方（で）、〜。

例1：彼は上司に評判がいい。しかし、上司に評判がいい一方で、部下には人気がない。／上司对他评价很好。可是，上司评价好，却不太受部下的欢迎。

例2：マンションは便利だ。しかし、便利な一方で、人とのふれあいが少ない。／公寓很方便。虽然便利，但和人的接触很少。

（2）在以下练习中，让学生完成后面的部分。也可以让他们2人一组。然后，在班上发表。

1）メールは簡単で速い。しかし、（　　　　　　　　　　）／邮件简单迅速。但是……
2）マンションは便利だ。しかし、（　　　　　　　　　　）／公寓很方便。但是……
3）飛行機は速い。しかし、（　　　　　　　　　　）／飞机很快。但是……
4）結婚にあこがれている。しかし、（　　　　　　　　　　）／很想结婚。但是……
5）○○首相は教育問題に熱心だ。しかし、（　　　　　　　　　　）／某某首相对教育问题很关心。但是……
6）????（让学生思考）。しかし、（　　　　　　　　　　）

34.「〜おかげで、〜せいで」的练习

本练习要使用「〜おかげで・〜せいで」来提问或回答。

（1）把学生分成3个人一组。
（2）让各组讨论"由于某人做了某事，才有了好的结果。"或"由于某人做了某事，才出现了不好的结果。"
（3）让大家各自考虑好之后，使用「〜おかげで」和「〜せいで」的形式造句，并写在笔记本上。
（4）让学生把（3）的内容在组内发表一下。
（5）各组代表选几个比较有意思的句子，在班上发表一下。

35.「〜にかぎって」的练习

这是用「〜にかぎって」的造句练习。

（1）把学生分成3人一组。

（2）让各组讨论有关"就在特定时候经常是这样/出现了这样的结果"的话题。老师可以先举个例子。
（3）让各组选出3—5个比较有意思的例子，用「～にかぎって、～」形式，造句。
（4）让大家写在笔记本上。
（5）让各组代表发表一下。

例1：出かけるときにかぎって、お客さんが来る。／唯独要出去的时候，客人来了。
例2：予習をしていないときにかぎって、先生にあてられる。／唯独不预习的时候，就被老师逮到。
例3：シチューを作るときにかぎって、塩を入れるのを忘れる。／唯独做炖菜的时候，就忘了放盐。

36.「～からには・～以上（は）」的练习

练习A是「～からには」的练习，练习B是「～以上（は）」的练习。

[练习A]
（1）老师准备好使用「～からには」的句子，写在黑板上。

例：親の反対を押し切って東京に来たからには、うまくやらなければならない。／既然不顾父母的反对来到了日本，就必须要干好。

（2）让学生理解例句的意思。
（3）让学生扩展例句。
　　让大家加上「が／けれども」，造出「～が／けれども、～からには～。」「～からには、～が／けれども～」这样的复合句。

例1：親は反対したが、親の反対を押し切って都会に出てきたからには、うまくやらなければならない。／父母虽然反对，但既然不顾父母的反对来到了大城市，就必须干好。
例2：親の反対を押し切って都会に出てきたからには、うまくやらなければならないと思うが、やれるかどうか心配だ。／我想既然不顾父母的反对，来到了大城市，就必须要干好。可是却担心是否能做好。

（4）让学生写在本子上。可以2人一组边商量边造句。
（5）让学生在班上发表。也可以2人一组发表。

[练习B]
（1）老师准备好使用了「～以上は」的句子，写在黑板上。

例：親の反対を押し切って東京に来た以上は、どうしても成功したい。／既然不顾父母的反对来到了日本，就怎么都要成功。

（2）让学生理解例句的意思。
（3）让学生造出例句前后出现的句子。

前面的句子示例：私が東京に行きたいと言ったとき、両親は反対した。／（我）说想去东京时，父母反对。

親の反対を押し切って東京に来た以上は、どうしても成功したい。／既然不顾父母的反对来到了日本，就怎么都要成功。

后面的句子示例：成功したら、両親に家を買ってやりたい。／成功了的话，（我）想给父母买房。

（4）让学生们根据需要，适当加入接续词（しかし、そして、そのため等）写出文章。也可以让他们2人一组边商量边做。

（5）让学生写在笔记本上。

6. 让大家在班上发表。也可以2人一组发表。

39.「〜結果」的练习

（1）老师准备好使用「〜結果」的句子，写在黑板上。

例：いろいろ考えた結果、国に帰ることにしました。／再三考虑，最后决定回国。

（2）让学生理解例句的意思。
（3）让学生两人一组，用例句做会话。
（4）让大家写在笔记本上。
（5）在班上以会话的形式发表。

例：A：来年は大学院に進まれるんですか。／（你）要明年考研究生吗？
　　B：いえ、いろいろ考えた結果、国に帰ることにしました。／不，再三考虑，（我）最后决定回国。
　　A：そうですか。帰国されるんですか。／是吗？回国啊？
　　B：いろいろありがとうございました。／一直以来谢谢您了。
　　A：さびしくなりますね。／以后我要寂寞了啊。

40.「〜ものだから・〜わけだから」的练习

这是让学生去采访日本人的练习问题，它也会成为创造一个和日本人接触的机会吧。

（1）老师把以下的话题（作为作业）留给学生。
　　询问日本人在什么时候使用「〜ものだから」「〜わけだから」，并让他们帮忙做出二三句有问有答的对话。

（2）这个活动也可以让学生2人一组进行。
（3）让学生在班上发表。

例：A：もう会を始めちゃったの？／会议已经开始了吗？
　　B：うん。／嗯。
　　A：僕が来るまで待っていてほしかったなあ。／真希望（你们）等我来再开始啊。
　　B：電話もくれないんだから、しかたないよ。／你也没来个电话，（我们也）没有办法呀。

A：携帯を忘れちゃったもんだから、電話できなかったんだよ。/ 忘带手机了，打不了呀。

43.「～(た)ところ・～ところに／へ・～ところを」的练习

这是「一（た）ところ」和「一ところに／へ・一ところを」的练习。有A、B两种。

［练习A］
完成句子的练习。

例：友達のアパートへ行ったところ、大家さんから旅行に出かけたという話を聞いた。/ 去朋友公寓，听房东说他去旅行了。

1）彼女にプロポーズしたところ、（　　　　　　　　　）/ 向她求婚了……
2）先輩にお金を貸してほしいと頼んだところが、（　　　　　　）/ 找前辈借钱……
3）風邪をひいて寝ていたところに（　　　　　　　　）/ 感冒了正躺着……
4）子供たちが横断歩道を渡ろうとしていたところへ（　　　　　）/ 孩子们正要过人行横道时……
5）ケネデイ大統領は車に乗ってパレードしていたところを（　　　）/ 肯尼迪总统乘车盛装出行时……

［练习B］
本练习是在用练习A,完成的句子前后，造出所出现的句子。

例：友達のアパートへ行ったところ、大家さんから旅行に出かけたという話を聞いた。

前面句子的示例：ずっと電話をかけているのに、誰も出ない。/ 一直不停地打电话，但没人接。
　　　　　　　（それで、）友達のアパートへ行ったところ、大家さんから旅行に出かけたという話を聞いた。/ （因此，）跑去朋友的公寓，听房东说他去旅行了。

前面的句子示例：旅行に行くんだったら、電話してくれればよかったのに。/ 要去旅行，给我打个电话就好了。

44.「～とすると」的练习

练习用「一とすると」进行提问或回答。

（1）把学生分成3人一组。
（2）各组成员分别考虑一下现在想要做什么。
（3）考虑好之后用「一たいと思う」的形式说出来，其他人用「一とすると」，进行提问。

例：A：アメリカに留学したいと思います。/ 我想去美国留学。
　　B：そうですか。アメリカに留学するとすると、いくらぐらいかかりますか。/ 是吗？如果去美国留学的话，大概需要多少钱？
　　A：費用ですか。/（你是问）费用吗？
　　B：ええ。/ 对。

A：やはり300万円はかかると思います。／我想大概得花300万日元。

47.「～ないで」的练习
本练习要由「ーて」的句子，造出「ーないで」的句子。

（1）让学生读下面的句子，理解它的意思。

1）たづなを持って馬を走らせる。／持缰策马。
2）お金を払ってコンサート会場に入る。／付款后进入音乐会会场。
3）グラブをはめてボクシングをする。／戴上手套，进行拳击。
4）目を開けて平均台の上を歩く。／睁开眼睛走平衡木。
5）シュノーケルを付けて潜る。／戴上通气管潜水。
6）辞書を引いて、日本語の小説を読む。／查字典看日语小说。
7）メモを見てスピーチする。／看着笔记演讲。
8）テレビを見て一日過ごす。／看电视度过一天。
9）母国語を使って、生活する。／用母语生活。
10）お金を使って、生活する。／花钱生活。
11）？？？（让学生思考）。

（2）让学生把从1）—11）句子中的「ーて」换成「ないで」。
（3）让学生在班上核对答案。
4.让学生在班上讨论能否造出「ないで」句子。

49.「～ながら」的练习
这是表示同时进行的动作以及逆接的「ーながら」的练习。有A、B、C三种。

［练习A］
（1）老师准备好使用了表示同时进行动作的「ーながら」的句子，写在黑板上。

例：クラスの友達と話し合いながら、パーティーの準備を進めていくのは楽しい。／一边和班上的朋友商量，一边推进聚会的准备是很快乐的。

（2）给学生一些时间，让他们思考黑板上所写句子的形式和意思。
（3）把学生分成2人一组，仅仅保持上面句子（例句）中的「ーながら」不变，让他们替换两个其他的词（词组），并造句。

变化句子例子1：寮の友達と話し合いながら、寮祭の準備を進めていくのは楽しい。／一边和宿舍的朋友商量，一边推进宿舍节的准备是很快乐的。

变化句子例子2：寮の友達と議論しながら、寮祭の計画を進めていくのは楽しい。／一边和宿舍的朋友讨论，一边推进宿舍节的计划是很快乐的。

変化句子例子3：会社の友達と話し合いながら、プロジェクトの計画を進めていくのは楽しい。／一边和公司的朋友讨论，一边推进项目的计划是很快乐的。

変化句子例子4：会社の上司と議論しながら、プロジェクトの計画を進めていくのは大変だ。／一边和公司的上司讨论，一边推进项目计划是很麻烦的。

（4）做练习时让学生随时确认句中的「～ながら」不是"逆接"。
（5）完成4句话后，就让学生写在笔记本上，并发表出来。

［练习B］
（1）把学生分成2人一组。
（2）老师给大家两个句子。
（3）让学生把两个句子，一个用「～ながら」，一个用「～て」进行组合。

例1：辞書を見る。作文を書く。／查字典。写作文。

1）辞書を見て、作文を書く。／查字典写作文。
2）辞書を見ながら、作文を書く。／边查字典，边写作文。

例2：いすに座る。話しましょう。／坐在椅子上。聊天吧。

1）いすに座って、話しましょう。／咱们坐在椅子上聊吧。
2）いすに座りながら、話しましょう。／咱们边坐在椅子上边聊吧。

① コーヒーを飲む。話しましょう。／喝咖啡。聊天吧。
② テープを開く。勉強する。／听磁带。学习。
③ 窓を開ける。寝る。／开窗。睡觉。
④ 料理の本を見る。シチューを作る。／看烹饪方面的书。做炖菜。
⑤ めがねをかける。車を運転する。／戴眼镜。开车。
⑥ 父の背中を見る。私は育った。／看父亲的脊背。我成长。
⑦ 立つ。日本語を教えています。／站立。教日语。

（4）让学生思考在以上例句中「～ながら」和「～て」都可以使用，还是只能用其中一个。
（5）让学生在笔记本上，写下正确的句子。

［练习C］
（1）老师准备好使用同时进行的动作以及逆接的「～ながら」的句子。
（2）让学生考虑2个接在「～ながら」后面的句子，并写在笔记本上。

例：携帯電話をかけながら、運転するのは禁じられています。／禁止一边打电话，一边开车。

后边的句子例1：交通事故を起こす可能性が高いですから。／因为发生交通事故的可能性很高。
后边的句子例2：たぶんあなたの国でもそうだと思いますが。／我想大概你的国家也是那样的……。

例：会社の中で何時間も話し合いながら、結局結論は出なかった。　／在公司里虽然商谈了好几个小时，最后也没有得出结论。

后边的句子例1：大変残念だが、しかたがない。／很遗憾，但也没办法。
后边的句子例2：来週もう一度話し合いを持ちたいと思う。／我想下周再谈一次。

（3）让学生发表。

52.「〜場合」的练习

教师准备一个故事或报纸的专栏。
（故事例子如下面所示。）

（1）老师准备一个几处用到「指示詞（こ・そ・あ＋場合）」的故事（或者报纸的专栏）。
（2）让学生阅读。
（3）让大家从故事中找出「指示詞（こ、そ、あ）＋場合」。
（4）让大家思考一下指示词（こ、そ、あ）指的是什么？

例1：テレビで放映された映画を録画して、録画したビデオを友達に売ったとします。著作権法では、こういう場合「ある目的のために録画した」と見なすことになっているので注意が必要です。／假设把电视上播放的电影录下来，然后把录像带卖给了朋友。在著作权法上，这视为"为某种目的而录制"，所以需要注意。

例2：先日セミナーに参加しました。込んでいて領収書がもらえませんでした。このような領収書やレシートをもらえない、もらいにくい場合が時々あります。こういう場合は、経費としてみとめられないのでしょうか。／前几天参加了研讨会。人太多了没有拿到收据。像这样拿不到或很难拿到收据和收条的情况时有发生。这种情况下，是不是就不被认作经费了呢？

例3：1歳の子供が39度ちょっとの熱を出しました。他の症状はありません。こういう場合すぐに病院へ連れて行くべきでしょうか。／1岁的孩子发烧39度多。没有其他的症状。这时应该马上带他去医院吗？

例4：アンケートは、記名だと書きづらいという場合もありますので、そういう場合は、匿名でのコメントという選択肢も取れます。／问卷调查，有时记名的话，很难让人回答。所以，这种时候也可以设一个不记名说明的选项。

53.「〜まま（で）」的练习

这是有关表示"相同状态"的「〜まま（で）」的练习。有A、B两种。

［练习A］
（1）把学生分成2人一组。
（2）让每组学生用「〜まま（で）」造句。
（3）一人说。另一个人在旁边做与句子意思相符的动作。
　　（可以不说句子，只做动作，给其他人看，让他们用「〜まま（で）」造句子。）

[练习B]

学生造好的「～まま」的句子上，加上前面出现的句子和后面出现的句子，让学生进行会话。

前面的句子示例：A：Bさん、どうしたんですか。声が変ですよ。／小B，怎么啦？声音有些怪呀。
　　　　　　　B：窓を開けたまま寝たので、風邪を引いてしまいました。　／开着窗户睡觉，所以感冒了。

后面的句子示例：A：そうですか。気をつけてくださいね。／是吗？请注意（身体）啊。

索 引

(使用日文原词的读音,以五十音图为序排列)

あ

あいだ(は) / 192, 348
あいだに / 192, 348
あげく / 251

い

いうと / 271
いえば / 271
以上(は) 233, 350
いったら / 271
いっても / 274
一方(で) 199, 349
一方だ / 199
いられない / 143, 189

う

うえで(仕事をするうえで) 206
うえで(相談したうえで) 251
うえは / 233
うがーまいが / 165
うちに / 197, 211
うちは / 211
うと思う / 105, 186
うとする / 101, 186
うとーまいと / 165
うる / 112

え

えない / 112
える / 117

お

応じて / 326
おかげで/ 219, 349

か

が / 203, 320
かかわらず / 245
かぎって / 225, 349
限らない / 231
かぎり / 225
かぎりでは / 225
限りに / 231
限る / 231
かけて / 8
かけては / 12
かける / 110
がたい / 119, 187
かねない / 117
かねる / 112
可能表現(可能的表达方式) 178
かもしれない / 152
からこそ / 238
からーにかけて / 8
からには / 233, 350
かわって / 240
かわりに / 240
関して / 19

き

きれない / 112

きれる / 117

く
くせに / 245
くらい / 43
ぐらい / 43

け
結果 / 251, 351
けれども / 203, 320

こ
こそ / 51
ことだ / 124, 172, 188
ことだから / 258

さ
際（に）205
際して / 205
さえ / 57, 93
ざるをえない / 130

し
しか / 68
しかたがない / 136
しかない / 134
次第 / 290
したがって / 321
したら / 284
しては / 1, 5
しまう / 146
じゃない（か）183, 184
しょうがない / 141
しょうがない（寒くてしようがない）141
しょうがない（説明のしようがない）174
しようで / 174
しようによって / 174

す
ず / 310
すえに / 256
ずに / 310
ずにはいられない / 143, 189
すると / 284, 301, 352
すれば / 284

せ
せいで / 219, 349
せざるをえない / 130

そ
相違ない / 149
即して / 30
そって / 25

た
対して / 13, 17, 91
たかと思うと / 290
だけ / 64, 83, 93
だけしか / 69
出す / 107
たところ / 276, 352
たところが / 276
たところで / 283
たとたん（に）290
たほうがいい / 158
たまらない / 136
たら / 270, 288, 336
だろう / 152, 183

ち
ちがいない / 149, 189

つ
ついて / 19, 91

通じて / 38, 92
つつある / 95
っぱなし（で）341
づらい / 119, 187
つれて / 321

て

て / 319, 345
ている / 99
でさえ / 57
てしかたがない / 136
てしまう / 146
でしょう / 183
てしょうがない / 141
てしようがない / 141
てたまらない / 136
てならない / 136
ては / 265
てみる / 105
ても / 265
でも / 76

と

と / 284
というと / 271
といえば / 271
といったら / 271
といっても / 274
通して / 38, 92
と思う / 105, 183, 186
と思うと / 290
とおり（に）340
とき / 336
ところ / 352, 276
ところが / 276
ところで / 282
ところに / 276, 352
ところへ / 276, 352

ところを / 276, 352
としたら / 284
として（は）1
とする / 101, 186
とすると / 301, 318, 352
とすれば / 318
とたん（に）290
とって（は）1
とともに / 321
となったら / 297
となると / 297
となれば / 297
とは限らない / 232
ともなって / 321
ともに / 321

な

ないうちに / 212, 217
ないで / 304, 314, 353
ないではいられない / 143, 189
ないわけにはいかない / 147
ながら / 315, 353
ながら（も）250, 315
なくて / 304, 314
なければならない / 134, 158, 172
なったら / 297
など / 71
なら / 288
ならない / 136
なり / 295
なると / 297
なれば / 297
なんか / 71
なんて / 71

に

に応じて / 326
にかかわらず / 245

にかぎって / 225, 349
に限らない / 231
に限る / 231
にかけて / 8
にかけては / 12
にかわって / 270
に関して / 19
にくい / 119, 187
に際して / 205
にしたがって / 321
にしては / 6
に相違ない / 149
に即して / 30
にそって / 26
に対して / 13, 17, 91
にちがいない / 149, 189
について / 19, 91
につれて / 321
にとって（は） 1
にともなって / 321
にのっとって / 30
には / 328
にもかかわらず / 245
にもとづいて / 25
によって / 31
にわたって / 8

の

のことだから / 258
のじゃないか / 179
のだから / 238, 263
のっとって / 25
のではないか / 179, 191
のに（逆接） 247
のに（目的） 328
のに対して / 17

は

ば / 288
場合 / 333, 355
ばかり / 78
ばかりだ / 204
ばかりに / 223
始める / 107
はずだ / 159
っぱなし（で）341
反面 / 203

へ

べきだ / 154, 172, 190

ほ

ほうがいい / 158
ほかはない / 134
ほど / 43, 92

ま

まい / 161, 191
前に / 217
まで / 62, 85, 94
までに / 89
までもない / 89
まま（で）337, 355
まま（に）337

め

めぐって / 23

も

も / 62
もとづいて / 25
もとにして / 25
もの / 171
ものか / 171

ものだ / 129, 166
ものだから / 258, 351
ものなら / 171
ものの / 171
もん / 171

や

や否や / 294

よ

ようがない / 174
ようが―まいが / 165
ようで / 174
ようと思う / 105, 186
ようとする / 105, 186
ようと―まいと / 165
ようによって / 174
よって / 31

れ

連用中止（形） 342

わ

わけだから / 263, 351
わけにはいかない / 147
わたって / 8

を

を限りに / 231
を通じて / 38, 92
を通して / 38, 92
をめぐって / 19
をもとにして / 25

ん

んじゃない（か） 179
んだから / 238, 263

后　记

　　我们既是日语的教育者也是日语的学习者和实践者。长期以来在实际的工作中，大家面临一个重要的问题，我们作为非母语国家的成年人，如何学习才能将日语表达得自然得体？如何掌握必要的语法知识？我们从事日语教育，不但要研究教学法，还要不断学习新知识、研究新问题，与时俱进。枯燥的、缺乏应用性的语法学习，一般来讲，只能使人对外语"敬而远之"，或者可能收效甚微。子曰："工欲善其事，必先利其器。"我们从教学和实用的角度来看，觉得语法学习的落脚点应该是"学以致用"。于是，我们锁定了日本出版的具有新近知识、实用性和可读性强、易于学习者接受、适合非母语的学员、反映日语语法教学与研究新水平的书籍。为国内的日语学习者介绍一些日本有口碑的日语语法书成为我们的初衷。基于以上的想法，我们决定翻译出版市川保子教授的应用型语法书籍。经过中日双方相关人员长期不懈地努力，中译本终于展现在您面前。

　　为了本书的出版，北京大学出版社的兰婷编辑，给予了特别的关心，并从中斡旋，积极促成此事。此外，原著的日本出版社株式会社スリーエーネットワーク给予了大力支持。原著的作者市川保子教授亲自修订书中部分内容，以促成本书的翻译出版。参加翻译工作的人员是王妍、叶欣、刘勇、初相娟、赵淑玲、崔亚蕾（以姓氏笔划为序）等。为确保本书译文的准确，我们还聘请了中日文专家做顾问。中文顾问是代彭康；日文顾问是：早川正、佐々木裕、松村实（以姓氏笔划为序）等。为了保证本书的翻译水准，我们还邀请了国内日语界知名专家——中国翻译协会副会长、教育部外国语言文学类教学指导委员会日语分委员会主任委员、中国日语教学研究会名誉会长、天津外国语大学校长、博士生导师修刚教授为本书担任审订。他们为本书的出版付出了极大的心血，在此我们一并向有关人员、单位表示崇高的敬意和衷心的感谢！

　　本书中译本的出版，如果能为读者在日语语法学习方面起到一点儿作用的话，那是我们作为译者感到无比欣慰的。希望它能够成为我们学习日语的实用型参考书籍。由于我们翻译的水平所限，译文中的错讹在所难免，敬请广大读者和专家学者给予斧正。

译　者
2016 年 6 月记

作者：

市川保子（いちかわ　やすこ）
筑波大学地域研究研究科修士課程修了。
海外技術者研修協会専任日本語講師、南山大学留学生別科非常勤講師、
名古屋大学非常勤講師を経て、
平成5年筑波大学留学生センター助教授。
平成8年九州大学留学生センター教授。
平成10年東京大学留学生センター教授。平成14年9月同退官。
現在　慶応義塾大学非常勤講師。

『Situational Functional Japanese Ⅰ～Ⅲ』（1991—1992）凡人社（共著）
『Japanese: A Comprehensive Grammar』（2001）ROUTLEDGE（共著）
『日本語教育指導参考書22：日本語教育のための文法用語』（2001）国立国語研究所
『日本語誤用辞典　外国人学習者の誤用から学ぶ
　　　日本語の意味用法と指導のポイント』（2010）スリーエーネットワーク
『中級日本語文法と教え方のポイント』（2007）スリーエーネットワーク
（《初级日语语法使用指南》（2010）南开大学出版社）
（《中级日语语法使用指南》（2010）南开大学出版社）
（《初级日语语法新解》（2017）北京大学出版社）

插图：

向井直子